자유로운 음성을 위

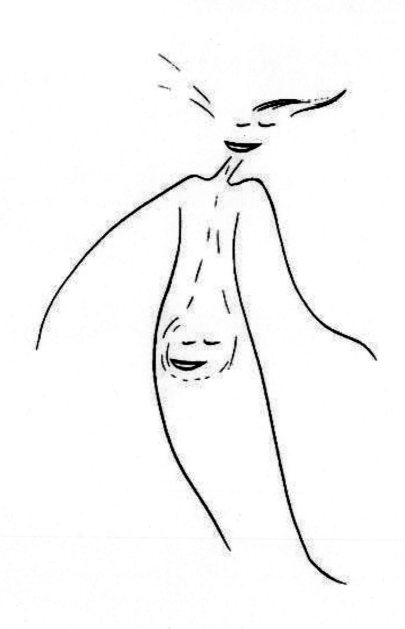

자유로운 음성을 위하여

크리스틴 링크레이터 지음 / 김혜리 옮김

도서출판 동인

차례

제1부 소리의 접촉
처음 4주 동안의 작업

제2부 울림 사다리

앞으로 6주에서 8주 동안의 작업

제3부 대본, 그리고 연기와의 관계

　내가 미국으로 간 때는 시기적으로 운이 좋았습니다. 내가 London Academy of Music and Dramatic Art(LAMDA)에서 가르치던 동안, LAMDA의 배우 1년 훈련 과정을 수강하러 왔었던 미국 배우들의 성화에 따라, 미국행을 결정하게 되었습니다. 그 배우들은 대부분이 대학원 과정에 있거나 전문적으로 활동하는 배우들이었는데, 더 전문적인 훈련을 받고자 영국에 왔었습니다. 그 배우들은 아이리스 워런이나 내가 가르치는 발성 수업 같은 수업은 미국에는 없으며, 이 발성 훈련이 미국의 배우들에게 커다란 도움이 될 것이라고 말했습니다. 내가 1963년 뉴욕에 도착했을 때, 아주 적절한 시기에 적절한 장소에 필요한 발성법을 가지고 갔었던 것 같습니다.

　연기에 있어서 테크닉과 감정적 자유 사이의 균형점을 찾으려는 노력은 1920년부터 그 당시까지 계속 이어져 오고 있었습니다. 실제로, 이 노력은 지금도 계속되고 있습니다. 하지만, 미국과 영국의 배우 훈련 역사에서, 30년대, 40년대, 50년대까지도 이런 노력은 계속 엇나가고 있었습니다. 스타니슬라브

스키의 책들, 그룹씨어터, 리 스트라스버그의 액터즈 스튜디오는 미국 배우들을 감정적 심리적인 것을 탐구하는 방향으로 이끌다가, 결국에는 외적인 기술 자체를 모두 소홀히 하는 시점까지 다다르게 만들었습니다. 감정적으로 살아있는 미국 연극의 영향을 받아서, 1950년대 영국 연극도 테크닉에 감정적인 내용을 담아내려는 시도가 시작되었습니다. 1960년대에 이르러 미국에서는 급격하게 불어나는 지역 레퍼토리 극단들이 아방가르드 연극에서부터 고전에 이르는 다양한 작품들을 공연하게 되면서, 이러한 다양한 작품들을 다루기 위해 배우들과 연출자들이 테크닉에 주의를 기울이기 시작했습니다.

이러한 요구에 부응하기 위해, 미국의 배우들은 배우훈련을 시켜줄 선생님들을 찾으려고 했지만, 웅변술, 발레, 노래, 체조, 그리고 발음기호 등 1920년대와 별 다를 것 없는 수업을 받고 있다는 것을 깨달았습니다. 이런 낡은 배우수업 방식을 가지고는 새로운 창작물(새로운 내용과 형식을 가진 연극들)을 통한 관객과의 의사소통이 불가능했습니다. 창조적이고 상상력 풍부한 내적 요소와 기술적인 외적 요소를 연결시켜 줄 연결고리가 없었던 것입니다.

한편, 런던에서는 쟈끄 꼬뽀가 개발하고, 미셸 생드니와 리츠 피스크가 발전시켜서, 올드빅 연극학교에서 자리잡기 시작한, 감수성이 풍부하고 융화된 창조적인 배우를 길러내는 훈련법이 발달하고 있었습니다. 이러한 올드빅 연극학교의 정신은 1954년 마이클 맥오웬이 London Academy of Music and Dramatic Art(LAMDA)의 책임자가 되면서 LAMDA에 그대로 전수되었고, 마이클 맥오웬은 아이리스 워런과 함께 배우들을 훈련하기 시작했습니다.

1963년에 내가 미국으로 가서 발성 스튜디오를 열었을 때, 이 발성법이 수년간의 발전과 진화를 거쳐 미국식 연기법과 잘 연결될 수 있는 시점까지 진화해 있었다는 것을 깨달았습니다. 미국과 영국 두 나라 모두, 창조적인 내적 자아와 의사소통의 기술적 측면을 사용하는 데 여전히 불균형이 있었습니다. 영국 연극은 감정적 심리적 요구를 충족시키기에 부족했고, 미국 연극은 신체와 음성의 사용에 거의 가치를 두지 않고 있는 상태였지만, 그 상황은 변하고 있었습니다. 내가 아이리스 워런에게서 전수받았던 용어들은, 메소드 연기나 그룹씨어터에서 생성되어 나온 연기법들에서 사용하는 감정적 심리적 용어들과 잘 융화되었습니다.

미국에서도 배울 것이 많았습니다. 특히 1964년부터 1978년 사이에 타이론 거트리 극장에서 타이론 거트리 경과 함께 작업하고, 링컨 센터 레퍼토리 극장에서 로버트 화잇헤드, 헤럴드 클루먼, 엘리야 카잔 같은 연출가들과 일하고, 오픈 씨어터의 조셉 체이킨과 함께 작업하면서, 내 발성 작업은 크게 발전하고 균형을 찾아갔습니다. 내가 선생으로서 발전하는 데 영향을 준 사람은 연기 교수 피터 카스입니다. 이 시기에 나는 뉴욕 대학교의 연기 대학원 과정에서 피터 카스와 함께 교수로 재직했습니다.

알렉산더 테크닉을 처음 접하게 된 것도 미국에서였습니다. (그 당시 주디스 레보비츠에게서 알렉산더 테크닉을 배웠습니다.) 알렉산더 테크닉은 발성법의 신체심리학적 측면을 명확하게 하는 데 도움을 주었습니다. 그리고 60, 70, 80년대를 거치면서, 신체와 심리의 상호관계에 관한 연구와 이런 연구에 대한 관심이 증가하면서 많은 것을 보완할 수 있었습니다. 이런 연구들을 통해, 더 많은 사람들이 심리/정신을 열기 위해서는 몸을 열어야 한다는 것을 발견했습니다. 알렉산더 테크닉, 펠던크라이스, 롤핑(Rolfing), 타이치, 요가, 그리고 Body Mind Centering은 몸의 습관적인 긴장을 없애줌으로써 감정적 심리적으로 자유로워질 수 있도록 하는 데 효과적이며, 대중적으로 알려져 있는 훈련법들입니다. 20세기 말에서 21세기로 들어서면서 신경과학은 인간의 정신, 감정, 몸, 그리고 의식이 어떻게 작용하는지에 대한 새로운 지식들을 제공해 주었습니다. 안토니오 다마지오의 "Descartes' Error"나 "The Feeling of What Happens" 같은 서적들은, 인간의 감정이 가지고 있는 뿌리 깊은 지식과 몸이 가지고 있는 지혜를 배우들에게 가르치는 사람들에게, 과학적인 근거를 제공해 주게 되었습니다.

나는 발성/연기와 관련된 워크숍이나 책들을 꾸준히 접하려고 노력하지만, 무엇보다도 내 학생들에게서 가장 많은 것을 배웁니다. 뉴욕 대학교에서 가르친 이래로, 매사추세츠주 레녹스에 있는 셰익스피어와 컴퍼니 극단에서 가르치고 연기하고 훈련했고, 미국 전역에서 일했고, 이탈리아에서 꾸준히 워크숍을 열고 세계 전역에서 워크숍을 했습니다. 존경스러울 만큼 언어, 문학, 화술을 중요하게 여기는 독일에서도 정기적인 워크숍을 하고 있으며, 독일에 링크레이터 발성법 교수 훈련 프로그램도 설립했습니다. 에머슨 대학 학부에서 오랫동안 가르쳤고, 컬럼비아 대학교 대학원 연기과정에서 가르치면서, 연극, 영화 그리고 텔레비젼에서 일하는 배우들과 노래하는 사람들을 개인적으로 지도해 왔습니다. 제자들을 가르치면서, 인간의 음성 속에 들어 있는 크고 작은 복잡성, 탄성(회복력), 인간의 경험, 그리고 그 경험이 음성에 반영되는 것을 매일 발견합니다. 오랜 세월을 거치면서, 어떤 연습훈련이 유용하고 어떤 연습훈련이 유용하지 못한지도, 제자들을 통해서 듣게 되었습니다. 이 책에 들어있는 모든 연습훈련은 수년간의 반복된 실험을 거쳐서 살아남은 것들입니다. 그리고 이 연습훈련들은 모두 주의 깊게, 기꺼이, 그리고 이해하면서 연습할 때, 결과를 얻을 수 있습니다.

1976년에 처음 출판되었던 "Freeing the Natural Voice"를 2006년에 개정 증보한 이 책은 지난 30년간 내가 얻은 더 깊이 있는 지식의 열매를 담고 있습니다. 또한, 아이리스 워런이 가르쳤던 연습훈련들이 아닌, 내 작업을 통해 새롭게 첨가된 신체훈련들도 담고 있습니다.

여기에 실려있는 신체훈련들 대부분은 내가 만들어낸 것이 아니라 여러 가지 다른 분야에서 흡수한 것을 음성훈련과 결합하여 적합하게 변형시키고 변화한 것입니다. 마치 체육관에서 운동을 하는 것 같은 느낌이 드는 연습훈련들은, 원래 근육을 발달시키는 움직임이었던 것을 변형해서, 에너지의 흐름에 초점을 맞춘 연습훈련으로 바꾼 것들입니다. 요가와 비슷한 움직임들은 특정한 음성적인 목표에 맞추어 재구성되어서, 요가라고 할 수 없는 움직임들로 재탄생했습니다. 나는 가끔 요가 수업을 받기는 하지만, 내가 사용하고 음성에 적용해서 개조한 요가 움직임들은 뉴욕 대학교에 재직 중이었던 1960년대와 70년대에 루스 솔로몬과 켈리 홀트의 현대무용 수업을 통해서 배운 것들입니다. 원래의 형태를 가장 많이 유지한 채로 내 발성법에 사용된 것은, LAMDA에서 나의 움직임 선생님이었던, 트리샤 아놀드의 움직임입니다.

M.F.A. 오디션을 보면서 1999년 처음 링크레이터 선생님과의 인연이 시작되었습니다. 좋은 배우가 되고 싶고, 훌륭한 스승들에게서 훈련받고 싶다는 열망으로 악착같이 미국생활을 이어가고 있었던 시기였습니다. 거의 모든 입학 오디션들이 2분짜리 독백 두 개로 입학여부를 결정하는 반면, 컬럼비아 대학 오디션은 다른 학교의 입학 오디션과는 달리 1차 오디션을 통과하면 교수님들과 7-8시간 동안 집중적인 워크숍을 하면서 움직임, 발성, 다른 배우와의 융화력, 신체 감각적인 이해력, 그리고 개성까지 고르게 평가받는 과정이었습니다. 그 오디션에서 링크레이터 선생님을 처음 만나게 되었습니다. 그때의, 단아하면서도 강하고 사람을 꿰뚫어 보는 듯한 선생님의 인상을 아직도 기억합니다. 그런 단아함과 카리스마, 강인함, 통찰력을 가지고, 선생님께서는 배우들을 강하면서도 따뜻하게 훈련시키셨습니다. 나는 단 한 번도 선생님의 수업이 단순히 정답을 배우거나, 기술만을 배우는 시간이라고 생각하거나 느껴본 적이 없습니다. 내가 내 마음을 완전히 열고, 나 자신을

완전히 던져서 경험들 속에 융화되면, 그 경험은 내 몸이 체득하는 지혜로 남게 되리라는 것을 믿었습니다. 그리고, 몸으로 체득된 지혜는, 다른 선생님들의 연기 수업에서, 그리고 무대 위에서 나를 움직이고, 나를 열어주었습니다.

대학원을 마치고, 배우로서 활동을 하면서 M.F.A.과정 3년 동안의 배우 훈련이, 배우로서뿐만 아니라 인간으로서 나를 어떻게 바꾸어 놓았는지에 대해 스스로 놀라지 않을 수 없었습니다. 그리고 그 변화의 가장 중심에 있었던 것이 링크레이터 발성이었습니다. 졸업과 동시에 뉴욕에서 배우 생활을 시작하면서, 아르바이트와 오디션 그리고 공연 사이를 정신없이 오가면서도, 링크레이터 발성 훈련을 계속했습니다. 그리고 공인된 링크레이터 발성 교수로서의 자격을 갖추기 위해 4년이 넘는 기간 동안의 훈련을 더 받았습니다. 링크레이터 발성 교사 자격증은 4-5년에 한 번씩 미국 내에서 15명 정도에게만 주어집니다. 배우로서 활동을 계속하면서, 2005년부터 뉴욕에 있는 대학에서 학생들을 가르치기 시작했습니다. 이 발성법은 배우이자 인간이 자신을 표현하는 데 있어서, 다시금 자유로워지도록 몸과 마음을 열어주는 과정입니다. 한 사람의 준비된 배우가 되기 위해서 가장 근본적으로 다루어야 할, 자신의 신체에 대한 자각, 호흡/감정/생각/충동/신체/음성을 연결하는 작업, 그리고 배우가 가지고 있는 모든 것을 효과적, 예술적으로, 진실되게 표현하는 데 필요한 기본적인 능력을 갖추기 위한 체계적이고 구체적인 훈련 과정입니다. 아직도 끊임없이 새로운 것을 찾으시고 보완하시고 변화 발전하시는 링크레이터 선생님을 보면서, '진정한 예술가는 평생 새로운 것을 깨우쳐가는 사람이구나'라는 것을 다시금 배웁니다. 진정한 배우는 자신의 일에 대한 열정과 애정 때문에, 평생 자기계발과 훈련을 늦추지 않는 사람이며, 성공과 실패가 오고 갈수 있지만, 그 노력과 열정 때문에, 성공에만 집착하거나 실패에 지나치게 연연하지 않는 사람입니다.

배우로서 그리고 선생으로서 관객이나 학생들과 호흡과 소리를 나눌 수 있다는 것, 그리고 나에게 깊은 의미가 있는 이 작업을 여러 사람들과 함께 나눌 수 있다는 것에 감사하며, 이 책이 한국의 많은 배우들과 일반인들에게, 새로운 경로를 통해 자신을 발견하는 계기가 되길 진심으로 바랍니다. 앞으로 책뿐만이 아니라 워크숍과 수업을 통해 만나게 되기를 바랍니다. 이 발성법은 영어 외에도 러시아어, 독일어, 이탈리아어로 번역되었고, 영어 중심의 발음작업이 아니라, 배우가 자유로운 인간으로 다시 태어나기 위한 호흡, 발성, 연기의 기본이 되는 과정을 다루고 있습니다. 저자의 동의하에, 영어에 맞도록 쓰인 예나 보기들은 한국어에 맞도록 부연 설명을 넣었습니다. 잘 사용되지 않는 용어나 전문 용어는 부연설명을 바로 붙여 써서, 따로 주석을 찾지 않아도 되도록 하였습니다. 이 책의 원제는 "Freeing the Natural Voice"입니다. 한국어의 어감을 생각해서, 직역하지 않고, "자유로운 음성을 위하여"라고 번역하기로 하였습니다.

이 긴 여정에 애정과 격려로 함께 해주신 링크레이터 선생님, 안드리아 선생님께 감사를 드립니다.

한국에서 무대에 설 기회와 학생들을 가르칠 기회를 주신 최형인 교수님께 진심으로 감사를 드리고, 국민대학교의 이혜경 교수님과 경희대학교의 김학민 교수님, 김준삼 교수님, 그리고 선뜻 번역본 출판에 동의해 주신 도서출판 동인의 이성모 사장님께도 깊은 감사를 드립니다. 첫 번째 교정을 도와준 송선미, 서동진에게 감사하고, 여러 가지 어려움 속에서도 포기하지 않도록 격려해 주신 부모님과 사랑하는 가족에게 감사를 드립니다.

아이리스 워런을 기억하며

이 책은 기술적인 정보와 더불어 이미지와 상
상력을 결합한, 자세한 연습훈련들을 담고 있습니다. 신중하게 열심히 배우고
연습하는 학생은 자기 음성을 심리-생리학적으로 이해할 수 있게 되고, 그로
인해 습관적인 의사소통(습관적인 언어와 음성 사용)을 근본적으로 재조정할
수 있게 될 것입니다. 연습훈련들은 빈틈없이 디자인되었고, 지속적인 효과가
있습니다. 이 연습훈련들은 고인이 된 아이리스 워런이 구성한 것입니다.

아이리스 워런은 신체적 지식에 심리적 이해를 더함으로써 21세기 중반
에 영국 배우들을 위한 음성학을 새로운 단계로 올려 놓았습니다. 1900년에서
1925년 사이에 런던에서는 엘시 포거티의 선구적인 연구에 힘입어 배우들을
위한 발성법이 틀을 만들기 시작했습니다. 엘시는 음성의 정확한 신체적 작용
에 기초하여 회술과 발성법을 개발하였습니다. 그녀는 런던에 있는 The
Central School of Speech and Drama의 학장이었고, 그녀만큼 저명한 교수인

구웨네스 썰번이 그녀의 뒤를 이어 The Central School of Speech and Drama 에서 가르쳤습니다. 엘시 포거티와 구웨네스 썰번의 지도하에 The Central School of Speech and Drama 학교는 Royal Acamedy of Dramatic Art (RADA)와 함께 런던 최고의 연기 학교로서 어깨를 나란히 하게 됩니다. 음성과 화술을 배우훈련의 기초로 삼고 있는 이 두 학교는 20세기 초반의 영어권 배우훈련에 있어서 최고의 교육기관으로 군림했습니다.

1930년대 후반에 들어서 아이리스 워런은 그녀의 개인 스튜디오에서 배우들을 가르치면서 배우들에게 있어서 가장 일반적인 문제였던, 깊고 격한 감정을 표현할 때 목이 상하는 문제를 다루기 시작했습니다. 아이리스는 상한 목을 직접적으로 다루기보다는, 막힌 감정에 의해 생긴 신체적 심리적인 긴장들을 다뤘습니다. 배우들에게 발성 연습훈련들을 시키면서, 아이리스는 음성 연습훈련의 성질을 외적 근육적인 조절에서, 내적이고 심리적인 충동으로 옮겼습니다. 음성에 진전이 생기는지 아닌지 알기 위해서 "어떤 소리가 나?"라는 질문 대신, "어떻게 느껴져?"라는 질문을 했습니다. 궁극적인 목표는 그 당시에도 그랬고 지금도 마찬가지로, 음성을 통해 자신을 자유롭게 하는 것입니다. 아이리스 워런이 항상 강조한 것은 "나는 네 목소리를 듣기보다는, 너라는 인간을 듣고 싶어."였습니다. "아름다운 목소리"가 훨씬 더 인기있던 시대에, 아이리스는 이런 선구적인 작업을 하고 있었던 것입니다. 솔직한 감정을 표현하는 것은 "저속하다"고 치부되고, 기술적으로 발음하고 완벽하게 모음 소리를 내는 게 더 대우받던 시절에 말입니다.

내가 아이리스와 작업하기 시작한 것은 내가 London Academy of Music and Dramatic Art(LAMDA)에서 연기를 공부하는 학생이었던 1950년대부터입니다. 졸업을 한 뒤 2년 동안 레퍼토리 극단에서 연기를 하다가, 1957년에 아이리스 워런의 제자이자 발성 교사로서 LAMDA에 초빙되었습니다. 나는 그 후 6년간 아이리스와 함께 일하면서 배우고 가르쳤습니다. 1963년, 미국으로 와서 내 스튜디오를 열고 배우들을 가르치기로 마음먹게 되었습니다.

　그 6년 동안 나는 LAMDA에서 학생이자 선생이었습니다. 그 당시 학장이었던 마이클 맥오웬은 선구적인 교수로서, 내가 그분에게서 배우고, 받은, 예술적 영향력은 오늘날까지도 내 안에 있습니다. 마이클 맥오웬은 런던의 웨스트 엔드에서 성공적인 연출가였습니다. 그러나, 안정적이지 못한 배우들의 기량에 불만을 가지고 있었습니다. 이 문제를 뿌리부터 고치는 방법은 쇠약해지는 연기 학교를 찾아서 교육 목표부터 교육과정까지 완전히 새로 디자인하는 것밖에 없다고 마음 먹었습니다. 그분은 나의 연기 교수였고 내가 셰익스피어를 이해하는 기초를 제공해 주셨습니다. 특유의 선견지명으로, 그분은 선생으로서 나의 잠재력을 보시고, 아이리스의 발성법을 배우도록 나를 초빙해 주셨습니다.

　40년이 넘는 시간 동안, 나는 아이리스의 음성에 대한 해부학적 심리적 이해력의 정확성에 놀라지 않을 수 없었습니다. 1930년대에 아이리스가 직관적으로 알았던 것들을 1970년대와 1980년대에 이르러서야 음성학자들이 과학의 발달에 힘입어 발견하기 시작했습니다. 20세기 중반에 아이리스가 만들어 낸 연습훈련보다 더 실효성 있는 발성 연습 훈련을 만들어 낸 음성학자는 아직까지 아무도 없습니다.

　나의 첫 번째 스승이자 내 작업의 기초를 만들어 주신 스승 마이클 맥오웬과 아이리스 워런에게 내가 평생 진 빚은, 내가 선생으로서 보낸 세월을 통해 어느 정도 갚게 되었다고 생각합니다. 그래도, 아이리스와 마이클에 대한 존경의 기억은 항상 존재할 것이고, 내가 속한 오랜 전통에 대한 경외심은 변치 않을 것입니다. 마이클이 가졌던 진실된 연기에 대한 헌신과, 배우의 음성 속에 존재하는 진실에 대한 아이리스의 정확한 직감이 지난 수십 년을 거치면서 내 안에 보존되어 있기를 바라고, 그 진실들이 내가 지금 가르치는 내용

안에 진화해 있기를 바랍니다. 직감에 의해 검증되고, 열정에서 에너지를 얻어서 수십 년 동안 내 학생들에게 전수되었기를 바랍니다.

서론: 자유로운 음성을 위한 길잡이

이 책은 배우, 배우가 되기 위해 훈련중인 학생, 연기를 가르치는 사람들, 발성과 화법을 가르치는 사람들, 노래 부르는 사람들, 노래를 가르치는 사람들 그리고 이러한 분야에 관심이 있는 모든 사람들을 위해 쓰였습니다. 이 책의 목표는 연기자의 악기로써 그리고 의사소통 수단으로써 사용되는 음성을 자유롭게 해주고, 발전시키고, 강화하기 위한 여러 가지 훈련 방법을 제시하는 것입니다. 다른 이유 때문이 아니라, 편의를 위해서, 지금부터 독자 여러분을 "배우"라고 부르겠습니다. 아마도 "이런 분야에 관심이 있는 일반인" 여러분도 여러분의 일상에서 그리고 일상속의 장면에서 스스로를 배우이자 연기자라고 생각할 수도 있겠지요. 여러분이 스스로 자신의 의사소통에 관련된 습관에 좀 더 주의를 기울이고 훈련을 하면, 그 과정에서 여러분도 훈련된 배우들이 가지게 되는 스스로에 대한 즐거운 자각을 하게 될 것입니다. 스스로를 안다는 것(자각한다는 것)은 배우에게 있어서 매우 중요한 기본적인 요소입니다. 셰익스피어의 "당신이 좋을 대로"에서 자크의 대사처럼 "이 세상은 무대요, 세상의 모든 남자와 여자들은 그저 배우일지니...."
(3막 7장).

링크레이터 발성은 자연적 인간의 음성을 자유롭게 하도록 디자인되었으며, 따라서 이 테크닉은 인간의 표현에 자유를 부여할 수 있도록 계발되었습니다. 이 작업의 기본적인 전제는 인간은 누구나 2에서 4옥타브에 달하는 선천적인 음역과, 감정의 폭, 기분의 복잡성, 그리고 각자가 경험하는 미묘하고 미세한 생각의 변화들을 표현할 수 있는 소리를 가지고 있다는 것입니다. 두 번째 전제는 자기 방어, 억제, 환경의 영향에 대한 거부 반응과 같은 이 세상에 살면서 습득된 긴장(tensions)들이 종종 자연적인 소리의 효율성을 감소시키고, 자연적 소리를 통한 자기표현을 왜곡시킨다는 것입니다. 따라서, 여기서 강조하는 것은 우리의 몸을 음악적인 악기로써만 개발하는 것이 아니라, 악기로서의 기능을 개발하는 동시에, 인간으로서의 표현을 억제하고 가로막는 여러 가지 요소들을 제거하는 데 있습니다. 이 작업을 시작하는 시점에서 나는 다음을 강조하고 싶습니다. 당신이 자신의 목소리에 대해 생각할 때, "자연적인" 소리와 "나한테 익숙한" 소리 사이에는 관찰해야 할 아주 중대한 차이점이 있다는 것입니다.

링크레이터 발성의 궁극적인 목표는 감정적 본능과 직접적으로 연관되어 있는 음성, 지적인 능력에 의해 만들어지되 지적인 능력에만 국한되지 않는 음성을 만드는 데 있습니다. 이러한 음성은 몸 속에 내재하는 신체적인 특성이 될 것입니다. 이 음성은 더 넓은 음역을 소리낼 수 있는 본질적인 가능성, 복잡한 화성, 변화무쌍한 대사전달 능력을 가질 것이며, 의사소통의 욕구와 명확한 생각을 통해서 대사나 말의 전달을 더욱 명료하게 할 것입니다. 자연적인 소리는 투명합니다. 일어나는 상황이나 내적인 감정과 생각을 묘사하는 게 아니라, 내적인 감정의 욕구와 생각을 직접적으로 물 흐르듯 자연스럽게 노출시킵니다. 말하는 사람, 그 인간을 듣는 것이지 말하는 사람의 목소리만 듣는 것이 아니라는 것입니다.

소리를 자유롭게 하는 것은 그 사람을, 개개인이 가지고 있는 서로 분리될 수 없는 마음과 몸을, 자유롭게 하는 것입니다. 발성은 육체적인 과정을 통해 이루어지므로, 뇌에서부터 전달되는, 말을 하게 만드는 민감한 욕구들을 잘 전달할 수 있도록 몸속의 근육들이 자유로워야 합니다. 자연적인 음성은 주로 신체적인 긴장에 의해서 변형되거나 막히게 됩니다. 자연적인 음성은 감정, 정신, 지적인 능력, 청각의 소통을 차단하는 요소들에 의해 방해받게 됩니다. 이러한 장애 요소들은 주로 정신물리학적인 요인에서 비롯되며 이러한 방해요인들이 제거될 때, 비로소 음성은 인간 감정 전반을 표현할 수 있게 되고, 모든 생각의 미묘한 뉘앙스까지 표현할 수 있게 됩니다. 따라서 음성의 한계는 곧 욕구, 재능, 상상력, 그리고 인생의 경험적 한계에서 비롯되는 것입니다.

신체적인 자각과 이완은 발성에 있어서 가장 첫 번째 단계입니다. 내적인 충동을 활성화하고 표출함과 동시에 신체적인 억제를 완화할 수 있도록 몸과 마음이 함께 움직이는 방법을 배워야 합니다. 배우들은 고도로 억제되고 근육화된 몸이 아닌, 민감하면서도 융화된 신체를 가지도록 노력해야 합니다. 그리고, 배우들은 반드시 자기 자신과 몸이 융화된 상태에서 음성이 나오도록 훈련해야 합니다. 이렇게 훈련된 음성은, 무대 위에서나 생활 속에서, 말하는 사람의 내적인 정신과 영혼을, 관객 혹은 듣는 사람과 연결시켜주는 역할을 합니다.

신경과학자 안토니오 다마지오는 자신의 책에서 "psyche(영혼, 정신)"이라는 단어가 원래 "숨과 피"라는 의미로 쓰였다는 것을 다시 한번 밝힙니다: "현재 우리가 psyche(정신)라고 부르는 단어를, 호흡과 피를 부르는 단어로써 사용했던 고대인들의 지혜에 놀라지 않을 수 없습니다(Feeling of What Happens, p. 30)." 이 의미대로 본다면, psych-ology(심리학)는 숨과 피에 대한 학문(지식)이 됩니다. 카타르시스는 인물의 정신(psyche)이 그 인물의 호흡과 피 그리고 관객의 정신(psyche)을 움직일 때 발생합니다. 마사 누스바움의 책 "The Fragility of Goodness"에 의하면, 카타르시스의 원래 의미는 "어두운 곳에 빛을 발한다"였다고 합니다. 카타르시스라는 단어는, 부엌을 깨끗하게 치우는 것이나, 듣는 사람의 내면을 일깨우는 것에 동일하게 사용할 수 있었을 것입니다. 카타르시스의 빛이 숨겨진 이야기나 어두운 것들을 비추고, 관객의 감정을 불러 일으키는 순간, 그 순간의 가장 중요한 극적 요소는 바로 배우의 음성이어야 합니다. 이러한 능력을 가지기 위해서 배우의 음성은 반드시 감정적 충동, 상상력, 정신, 지적인 능력을 전달하고 반영할 수 있도록 훈련된 몸의 신경-신체적 통로들에 깊이 뿌리를 두고 있어야만 합니다. 배우는 반드시 보고, 듣고, 느끼고, 말하는 몸을 만들어야 합니다. 배우에게 있어서는, 몸이 배우의 뇌가 되어야 합니다.

생각과 느낌의 신체적 파장을 감지하고 전달하는 민감한 음성은 관객들을 보이지 않는 에너지의 흐름속에 감쌉니다. 마치 말하는 사람이 무대 위에 있으면서 동시에 관객 속에 있는 듯한 느낌 말입니다. 몸 깊은 곳에서 만들어지는 음성은 배우를 더 커 보이게 만듭니다. 관객이 무대 위에 있는 배우를 보고 180cm가 넘는 큰 키를 가졌다고 생각하다가, 길거리에서 실제로 훨씬 더 키가 작은 것을 보고 깜짝 놀라는 경우가 종종 있습니다. 배우가 인물의 정신 세계에 플러그를 꽂으면, 상상력의 전류가 배가 되고 음성의 진동이 활성화 되면서, 그것을 받아들이는 관객에게 이미지와 충동들을 그대로 전달할 수 있게 됩니다. 말하는 사람의 몸에서부터 발산되어 나오는 진동의 흐름이 바로 그 배우를 실제보다 더 커 보이게 하는 것입니다.

모순되게 들리겠지만, 배우들은 음성을 희생시키기 위해서 음성 훈련을 해야 합니다. 배우의 음성은 생각과 느낌의 충동에 의해 녹아 없어지는 법을 배워야 합니다. 무언가를 묘사하기 위해서 음성을 사용하는 것이 아니라, 상상력의 깊이와 넓이를 드러낼 수 있을 만큼 길고 강하고 넓고 부드러운 소리를 가져야 합니다. 만약 음성이 습관이나 긴장에 의해 제한되어 있다면, 상상력을 전달하는 데에도 제한이 있을 수밖에 없습니다. 상상력은 대본의 내용 (말하는 내용)을 뒷받침해 줄 수 있어야 합니다. 만약 음성이 제한되어 있다면, 상상력을 가지고 대본을 뒷받침하는 데에도 제약이 있을 수밖에 없습니다. 여기서, 상상력은 근거없는 공상이나 환상과는 다르다는 것을 분명히 해 둡시다. 마치 올림픽 출전 선수들이 열성을 다해 신체 훈련을 하듯이, 대사의 긴박함에 정확한 진실성을 부여할 수 있도록 배우들은 상상력을 훈련시켜야 합니다. 특히 고전이나 시적인 작품은 더욱 더 그렇습니다. 하지만, 대사 속의 숨겨진 의도가 더 중요한 의미를 가지는 현대 작품들에서도 상상력의 훈련은 마찬가지로 중요합니다. 대본 속에 들어있는 내용들을 레이저로 집어내듯 정확하게 알고 있지 않다면, 대사 속에 숨은 의도를 정확하게 표현할 수 없습니다. 대본에 공상을 더하는 배우는 제 멋에 겨운 방자한 배우입니다. 대본에 근거한 상상력에 불이 붙여진 배우는, 대본에서 유추한 겹겹의 껍질들을 버리고, 작가의 의도가 몸 속에 심어져 자라고 배우 내부의 세포가 변형되어 다른 사람으로 재탄생하게 될 때까지, 자신의 상상력 속으로 깊이 파고 들어갑니다.

완벽한 의사소통을 위해서는 감정, 지적 능력, 신체, 음성의 네 가지가 균형을 이루어야 합니다. 어떤 역할도 이 네 가지 요소의 균형 없이는 훌륭히 소화해 내기 어렵습니다. 만약, 감정은 뛰어나지만 음성과 지적 능력이 덜 발달된 배우가 햄릿을 연기한다면, 그 배우는 주로 햄릿의 고통에 대한 일반적인 톤만 전달하게 될 것입니다. 관객들은 "저 햄릿은 아주 고통스러워 하는구나 – 하지만, 왜 고통스러워 하는 거지?"라고 생각할 것입니다. 감정만 풍부한 여배우가 오필리어를 연기한다면 자기 특유의 광기를 찾아낼 수도 있을 것입니다. 그러나, 음성이나 대본에 대한 이해가 없다면, 그 여배우가 연기하는 오필리어는 관객들에게 그저 부차적인 존재로 밖에 보이지 않을 것입니다.

이렇게 감정적인 배우들과는 반대로 생각이 연기 전반을 지배하는 배우들도 있습니다. 이런 배우들은 햄릿이나 오필리어에 대해 지적으로 논할 수는 있지만, 관객에게 감동을 주지는 못합니다. 감정이 결여되어 있다면, 그 인물을 완전하게 표현하는 데 실패할 수밖에 없습니다. 신체적인 움직임이 아주 뛰어난 배우는 움직임을 통해서 나머지 세 가지를(감정, 지적 능력, 음성) 보완하려 할 것입니다. 예를 들어, 헨리 5세를 연기할 때 공중에서 뒤돌아 착지하고, 숨이 차서 전장으로 나가는 장면을 바로 시작할 수도 있겠지요. "한번 더 저 성벽으로, 나의 동무들이여, 한번 더! 아니면 이 성벽을 영국인의 시신으로 막아버리자..." 관객들은 그 배우의 뛰어난 몸놀림에 넋을 잃게 되겠지만, 정작 그 배우가 하는 말의 내용에는 하나도 귀기울이지 않을 것입니다. 지적 능력, 음성, 그리고 감정이 없는 신체적 에너지는 반짝하는 재주에 불과합니다. 이 네 가지의 균형이 맞지 않으면, 의사소통은 제대로 이루어질 수 없습니다.

배우의 음성이 가장 큰 장점인 경우에도 마찬가지 불균형이 일어납니다. 관객이 대사의 리듬과 소리에 감동할지도 모르지만, 인물을 몸으로 살려내지 못하고, 생각이 뚜렷하지 못하고, 진실된 감정이 없다면, 그 아름답고 강한 목소리는 완벽한 의사소통을 하는 데 오히려 역효과를 가져올 뿐입니다.

이 네 가지 요소를 지휘하는 것은 바로 창조적인 상상력입니다. 배우 훈련은 반드시 개인적인 습관에 의해 왜곡되지 않은 창조적인 충동을 표현할 수 있는 음성, 신체, 지적 능력, 감정을 창조적인 상상력이 지휘하도록 이루어져야만 합니다. 이 책이 주로 음성에 초점을 두고 있기는 하지만, 이 작업의 궁극적인 목표는 최종적으로 인물을 창조해내기 위해서 배우에게 필요한 이 네 가지 요소를 발달시키는 것입니다.

내가 매일 수업 시간에 학생들에게 가르치는 내용과, 아이리스 워런이 절대 글로 쓰여져서는 안된다고 했던 내용들을 이 책에 담았습니다. 원래 이 작업은 말을 통해 전수되도록 만들어졌고, 따라서 이것을 글로 옮기는 것이 위험한 일이기는 합니다. 나는 처음 이 책을 쓰는 것에 대해 수년간 망설였습니다. 그러나, 이 책을 만든 것이 가치있는 일이었다는 것이 지난 수십 년을 거치면서 증명되었고, 사람들이 이 작업을 잘못 이해할 지도 모른다는 위험 부담보다는, 많은 사람들이 이해하고 경험하게 된 경우가 더 많았습니다. 이제 새롭게 더해진 내용들도 출판을 통해 마찬가지 시험을 거쳐야 합니다.

말을 통해 이 작업을 전수하는 것의 장점은 스승과 제자 간 일대일의 관계입니다. 사람들은 각자 모두 다 다르고, 사람의 음성도 각각 다 다르고, 가지고 있는 문제점도 다 다릅니다. 긴장을 풀고 이완하는 방법을 어떻게 가르칩니까? 호흡이 이루어지는 부위, 어깨, 목 뒤, 또는 턱에 조심스레 손을 대고 각 부위에 보내진 메시지에 따라 근육들이 반응하는지 아닌지를 느끼면서 가르칩니다. 새로운 방법으로 음성을 사용하도록 유도하려면 어떻게 합니까? 습관석으로 움직이거나 조절되는 움직임을 깨트릴 수 있는 새로운 방향으로 몸을 움직이도록 해줍니다. 믿을 수 있는 사람으로부터 외부적인 지도와 피드백을 받지 않으면서 어떻게 학생들이 이런 새로운 경험이 도움이 되는 것인지 아닌지 알 수 있겠습니까? 나는 이 질문에 대해서 명쾌한 답변을 할 수 없고, 책만 통해서 배우는 것은 수업과 비교해서 훨씬 부족하다고 생각합니다.

이 책이 결과보다는 원인을 다루고 있기 때문에 다소 어려울 수 있다는 것을 기억하시기 바랍니다. 책에 들어 있는 연습 훈련들은 소리만 바꾸는데 초점을 맞추는 것이 아니라, 음성을 사용하는 방법을 다시 생각하는 것에 초점을 맞추고 있습니다. 이 책은 시간을 두고 천천히 배우면서 따라가야 합니다. 이 책은 실용적인 사용을 위한 실용서이며, 새로운 아이디어를 찾아 대충 읽어내려가는 책이 아닙니다.

나는 열심히 하고자 하는 학생들에게, 책에 있는 설명을 번갈아 가면서 읽고 결과를 서로 체크해 줄 수 있도록, 가능하다면 최소한 한 사람과 같이 짝을 지어 작업할 것을 권합니다. 서로 가르쳐 주는 것은 성취감을 높여줄 뿐만 아니라, 발성 작업에 있어서 가장 중점적인 요소인 의사소통을, 발성을 배우는 과정과 연결시켜 줍니다.

만약 혼자 작업해야 한다면, 원인을 경험하기 위해서 결과에 대한 욕구를 희생시켜야 합니다. 연습훈련을 이해하기 위해서 지적인 능력을 사용하더라도, 연습훈련을 하는 동안에는 느낌이나 감각적인 요소들에 초점을 맞추어야 합니다. 스스로를 잘 평가할 수 있다고 생각해서, 뭐가 맞고 뭐가 틀렸는지 바로 결론으로 뛰어들지 말아야 합니다. 당신의 판단력을 전적으로 믿어서도 안 됩니다. 왜냐하면, 당신의 판단력도 습관적인 생각들이 좋다고 생각하고, 새로운 경험을 나쁘거나 두려운 것이라고 생각하기 때문입니다.

　　당신이 지금까지 좋아했든 싫어했었든 간에 가지고 살아왔던 의사소통의 방법을, 이제부터 바꾸게 될 것입니다. 그러므로, 진정한 효과적 변화를 경험하기 위해서는 최소한 1년 동안 정기적으로 열심히 연습할 계획을 세워야 합니다. 또한 당신이 당신의 음성을 하루 종일 사용하고 있다는 것을 깨닫고, 지속적으로 연습훈련들을 해야 합니다. 정기적으로 훈련을 한다고 하더라도 발전이 더딜 수 있습니다. 처음 시작할 때는 큰 차이점을 느끼다가 한동안 별다른 점을 느끼지 못할 수도 있습니다. 가장 중요한 것은 참을성을 가지고 꾸준히 해야 한다는 것입니다. 연습 훈련들을 이해하고 연습한다 하더라도, 실제로 공연을 하면서 자유로움을 느끼기까지 오랜 시간이 걸릴 수도 있습니다. 하지만 그 자유로움을 느끼게 될 때, 결과는 형언할 수 없을 만큼 만족스러울 것입니다.

　　이 책 전반에 걸쳐, 각 연습훈련을 하면서 다음 단계로 넘어가기 전에 연습하고 몸에 익히는 데 필요한 권장 소요시간을 적었습니다. 이 시간들은 가이드 라인이며, 물론 개인의 능력에 따라 융통성있게 적용할 수 있습니다.

　　이 머리말에서는 앞으로 할 작업에 대한 일반적인 내용을 알려 드렸습니다. 이와 더불어, 연습훈련들을 시작하기 전에, 음성은 어떻게 작용하는지에 대한 약간의 이론적 이해와 음성을 방해하는 요소들은 어떤 것인지에 대해 신체심리학적 이해를 가져야만 합니다.

음성은 어떻게 작용하는가

다음은 음성이 신체적으로 어떻게 작용하는지에 대한 간략한 설명입니다.

1) 뇌의 운동 피질(Motor corex: 주로 움직임을 조정하는 충동을 관장하는 부위)에 충동이 생깁니다.
2) 그 충동이 호흡을 몸 안으로 들어 왔다 나가도록 자극합니다.
3) 나가는 호흡이 성대와 접촉하면서 떨림을 만듭니다.
4) 그 떨림이 음파(진동)를 만듭니다.
5) 그 진동은 몸 속의 울림판(울림 장치)들에 의해 확대됩니다.
6) 그 울림소리가 입과 혀에 의해서 정확히 발음되면서 단어가 됩니다.

위의 정리한 내용은 쉽게 이해가 되지만, 사실, 이것은 아주 복잡 미묘한 인체의 작용을 지나치게 단순화시킨 것입니다.

이보다 좀 더 과학적인 설명을 해보면:

1) 뇌의 운동 피질에서 여러 가지의 충동이 만들어지고 그것들이 신경계를 따라서 언어 체계로 보내집니다.

2) 이 충동들은 부드럽고 잘 융화된 움직임이 일어나게 하기 위해서 몸의 각각 다른 부위에 다른 속도로 도착하게 됩니다.

3) 먼저 입과 코부터 폐까지 연결된 소리의 통로가 열리고, 들숨과 관계된 근육들이 흉부의 낮은 압력에 반응하면서 비교적 막힘없이 공기가 폐로 날아 들어오도록 합니다.

4) 하고 싶은 말을 할 수 있을 만큼의 공기가 들어오면, 호흡 시스템은 팽창되었던 조직들을 수축시키고, 흉부와 복부의 근육들이 수축하면서, 공기가 소리의 통로를 따라 다시 나가면서 입과 코를 거쳐 밖으로 나가도록 합니다.

5) 그러나, 날숨이 시작됨과 동시에 후두에서 성대가 부분적으로 닫힘으로써 나가는 길에 장애가 생기게 됩니다.

6) 유연한 성대는 공기가 성대 사이를 빠져나감과 동시에 동시 다발적으로 떨리게 됩니다.

7) 이 떨림은 나가는 호흡을 마디 마디 나누어 더 위쪽에 있는 음성 통로로 보냅니다.

8) 이렇게 나뉘어서 올라온 호흡이 인두, 입, 코 속의 공간들을 울리면서, 이 위쪽 음성통로들 안에서 소리를 만들게 됩니다.

9) 기본적인 음높이는 성대가 떨리는 속도에 따라 결정되지만, 소리의 전반적인 구조는 울림 공간들의 모양, 크기, 열린 정도에 따라 결정됩니다.

10) 울림에는 두 가지 타입이 있습니다. 첫 번째 울림은, 특정한 말소리와는 관계없는, 후두에서 만들어진 소리의 색깔이나 형태(예를 들어, 소리의

성격이나 톤 같은 것)를 결정짓습니다. 두 번째 타입의 울림은 특정한 말소리를 내도록, 후두에서 만들어진 소리를 재조정하는, 울림입니다. 첫 번째 타입의 울림 소리는 말하는 사람의 특성이고, 두 번째 타입의 울림은 말하는 이가 하고 싶은 말- 우리가 흔히 말하는 정확한 발음을 할 때 생기는 움직임들과 관련이 있습니다.

로버트 서털로프 박사의 도움으로, 이 책의 부록 부분에 해부학과 생리학에 관한 부연 설명을 덧붙였습니다.

지금부터는, 정확한 과학적인 용어를 될 수 있는 한 적게 사용하도록 하겠습니다. 앞에서, 나는 신체 해부학에 맞게 전반적인 설명을 했습니다. 그러나 이제는 은유와 유추를 사용해서, 생각할 수 있는 형태로써의 음성을 묘사하고자 합니다. 음성을 이렇게 쉬운 형태로 설명하는 것에 대해 음성학자들이 뭐라고 할 수도 있겠지만, 음성을 사용하는 사람들에게는 이것이 최선의 접근법이라는 것은 이미 입증된 바 있습니다.

내가 음성이나 호흡의 작용에 대해 언급할 때 사용하는 이미지들은 거의 항상 해부학적으로 정확합니다. 그러나 너무 해부학적으로 정확하게만 설명하려고 하면, 음성 기능의 자유로움에 역행하게 되는 경우가 생깁니다. 예를 들면, 해부학적으로만 본다면 소리는 후두에서 만들어집니다. 후두는 목안에 있습니다. 발성 훈련을 하면서, 해부학적 사실에만 주의를 기울이면, 단조롭고 목구멍에만 힘이 들어간 소리를 얻게 되거나, 개성이 결여된 소리를 갖게 될 것입니다. 개성과 표현력이 있고 예술적인 음성을 개발하기 위해서는 반드시 호흡과 울림 공간(몸속의 울림장치)의 근원에 주의를 기울여야 합니다.

전적으로 해부학에만 충실하다가 충분한 효과를 거두지 못하게 되는 예를 하나 더 들도록 하겠습니다. 해부학적으로 정확한 사실만 보면, 호흡은 폐속으로 들어갔다 나오고, 폐는 쇄골과 가장 아래 갈비뼈 사이에 위치합니다.

하지만, 상상력을 이용해서 호흡이 골반 바닥, 혹은 다리나 발바닥 아래까지 내려간다고 상상한다면, 폐가 이 상상력에 반응해서 실제로 폐활량이 늘어납니다. 더 중요한 것은, 들숨이 들어오면서 골반 바닥, 골반 관절, 그리고 허벅지에 있는 공간들을 채운다고 상상하면, 몸 깊숙한 곳에 있는 불수의(반사적) 호흡 근육들이 자극되고, 생각을 천골 신경조직 안에 있는 원초적 에너지의 근원(source)과 연결시키게 됩니다. 상상력의 힘을 올바르게 사용한다면, 호흡을 근본적인 차원에서 활성화 시킬 수 있을 뿐만 아니라, 음성의 기능을 향상 시키는데 최대의 효과를 얻을 수 있습니다.

앞서 언급했던 "음성이 어떻게 작용하는가"에 대한 여섯 단계의 답으로 다시 돌아가서, 그 첫 단계를 재해석 해보겠습니다. "뇌의 운동 피질(Motor corex)에 충동이 생깁니다" 대신에 "의사소통을 하고자 하는 욕구가 생깁니다"라고 표현합시다. 이 욕구가 전류같은 충동이 되고, 그 전류 충동이 척추를 타고 언어와 호흡 관련 근육들을 관장하는 신경 말단(nerve ending)에까지 전달됩니다. 이때 어떤 자극을 받았느냐에 따라서, 충동은 크거나 작은 전류를 가지게 됩니다. 만약 당신이 매일 만나는 사람이 별 특별한 일 없이 그냥 "안녕하세요"라고 인사를 한다면, 당신도 의무적으로 대답하는데 필요한 정도의 작은 호흡과 후두 근육이 살짝 움직이는 정도의 반응만 할 것입니다. 반면에, 당신이 오랜만에 보는 반가운 사람, 당신이 아주 아끼는 사람이 인사를 한다면, 그 자극은 당신의 감정을 불러 일으킬 것입니다. 당신의 Solar Plexus (명치)에 있는 신경 말단들이 따뜻하게 빛나고, 당신의 호흡은 아주 생기있게 반응하면서 당신의 성대를 아주 바쁘게 흔들어서 울림 공간들로 진동이 울려 퍼지도록 하고, 그럼으로써 의사소통을 하고자 하는 당신의 욕구는 충족될 것입니다. 무수히 많은 외적인 자극, 내적인 반응, 그리고 충동이 존재하며, 이 것들은 언어 관련 반사적 근육체계를 자극하면서, 동시에 그 근육들의 표현을 조절합니다.

2단계에서, "충동이 호흡을 몸 안으로 들어 왔다 나가도록 자극합니다"는 다음을 의미합니다. 몸통 부위에 있는 무수한 근육들이 여러 가지의 잘 조화된 움직임들을 통해서 갈비뼈들을 확장시키고, 횡격막을 수축시키면서 아래로 내려보내고, 내장들이 밀려 내려가면서 폐가 팽창할 수 있는 공간을 만들어 주고, 허파꽈리의 세포들이 공기를 빨아들이도록 합니다. 그리고 반대의 움직임들을 통해 공기를 몸 밖으로 내뿜게 합니다. 이 모든 것은 불수의적 반사작용입니다.

3단계. 이 신체적 단계에서 호흡과 성대가 작용하게 됩니다. 실제로 호흡 관련 움직임과 후두부의 움직임은 동시에 일어납니다. 호흡관련 근육들을 자극하는 충동이 후두의 근육들도 자극해서 성대가 늘어나도록 하고, 이로 인해 호흡이 나갈 때 성대에 저항이 생기면서 충분한 떨림이 발생하도록 합니다. 부드러운 호흡이 이완된 성대와 만나면 느린 떨림을 만들게 되고, 낮은 진동에 의해 낮은 소리가 납니다. 강한 호흡의 압력이, 강한 충동에 의해 팽팽히 당겨진 상태의 성대와 만나게 되면 높은 음의 소리가 나게 됩니다. (성대의 길이는 보통 30에서 50밀리미터 정도이고, 성대는 연결된 연골에 의해서 늘어나거나 줄어들게 됩니다. 뇌에서 전달된 충동에 반응하는 불수의 근육들이 그 연골의 움직임을 조절합니다.)

4단계. 피아노 속에 연결된 작은 나무 망치가 피아노 줄을 칠 때 울림판이 없으면 소리가 전달되지 않는 것처럼, 처음 발생하는 음성의 진동도 마찬가지입니다. 호흡이 성대에 부딪쳐서 떨림이 생기는 순간, 그 진동은 가장 가까이에 있는 울림판(후두와 연골부위)에 부딪쳐서 나갑니다.

5단계, "그 음파(진동)가 몸 속의 울림 장치들에 의해 확대됩니다". 음성을 가르치는 사람들마다 신체의 울림 구조들이 어떻게 작용하며, 그 구조들을 어떤 방법으로 설명해야 하는지에 대해 의견이 분분합니다. 사실, 아마도 물리학적 설명을 빌리는 것이 가장 적합할지도 모르겠습니다. 우리 작업의 목적상, 나는 좀 더 실용적이고 구체적으로 묘사하도록 하겠습니다. 진동은 적당히 저항하는 표면에 부딪치면, 증가되는 성질을 가지고 있습니다(딱딱한 표면에 부딪치면 더 커지면서 울려나가게 됩니다). 부딪친 표면에서 튕겨져 나가면서, 그 표면의 질감이나 빈공간의 모양에 따라 소리의 질과 양이 변형되면서, 다시(re) 소리 나게(sounding) 됩니다(resounding: 울려 퍼지는, resound: 울리다, 울려 퍼지다). 이렇게, 첫 번째 소리의 진동에 반응할 수 있는, 울리는 표면들—울림(resonating) 장치들—은 우리 몸안에 셀 수 없이 많습니다. 뼈, 연골, 피지(얇은 막), 근육들도 확성기나 지휘자의 역할을 할 수 있습니다.

　　표면이 딱딱하면 딱딱할수록 울림은 더 강해집니다. 뼈는 최고의 울림 표면이고, 연골도 좋은 울림 표면이고, 잘 발달된 근육도 울림 표면이 될 수 있습니다. 하지만, 늘어져 있고, 살이 많고, 저항성이 없는 부위는 (마치 스펀지나 무거운 벨벳처럼) 진동을 흡수해 버립니다. 음성은 인두, 입, 코 처럼 빈 터널모양으로 생긴, 공간이 있는 부위에서 가장 잘 울립니다. 뼈들로 구성된 흉부, 광대뼈, 턱뼈, 그리고 음향효과가 강력한 공동(결각 sinus), 두개골, 후두의 연골, 척추 뼈들도 모두 울림 소리에 기여하는 딱딱한 표면들입니다.

　　음높이와 울림 소리의 관계는 적합한 틈새, 적당한 모양, 그리고 크고 작은 구멍(몸 속에 있는 크고 작은 동굴 모양의 빈 공간들)들과 관련이 있습니다. 인두(pharynx)와 입 안쪽의 근육이 긴장하고 이완하면서 미세하게 소리를 조율하기도 합니다.

　　우리가 하는 발성 작업에서는, 변화하는 음높이에 반응하는 울림의 패턴을 다음과 같이 관찰할 수 있습니다. 낮은 소리는 가슴과 목의 낮은 부분(인두)에서 울림을 얻습니다. 중-저음은 목 구멍 뒤쪽의 벽에서 울리기 시작해서 연구개, 이, 턱뼈, 경구개를 따라 오면서 울리게 됩니다. 중간음으로 올라가면서, 중간 공동(결각 sinus) 부위부터 시작해서, 광대뼈, 코에서 울림을 얻습니다. 마지막으로, 높은 중간음에서 높은 음 소리까지는 코 위쪽의 공동(결각

sinus)과 두개골 안의 공간에서 울림을 얻습니다. 모든 높이의 음들과 울림은 조화로운 소리와 배음(overtones)들을 만들면서 서로 다른 음들과 울림의 영역을 넘나듭니다.

음성을 통한 의사소통의 마지막 단계인 6단계는, 진동의 흐름이 풍부한 울림을 만드는 빈 공간들을 막힘없이 흘러 입 밖으로 나가면서, 말이 되는 과정을 보여줍니다. 입에는 일반적으로 10가지의 정확한 발음을 만드는 부위들이 있습니다. 윗입술과 아랫입술, 혀 끝, 이, 혀 앞날, 경구개 앞 모서리(앞 윗니 뒤쪽 잇몸이 꺾이며 경구개로 올라가는 부분), 혀 중간 부위, 입 천장, 혀 뿌리, 그리고 연구개의 움직임을 포함한 경구개 제일 안쪽입니다. 이것 중에 두개의 표면이 닿거나, 거의 닿게 되면, 나오는 공기나 소리가 막히거나 방해를 받으면서 자음이 만들어집니다. 모음은 입술과 혀가 흘러나오는 진동을 여러 가지 다른 모양으로 만들면서 생깁니다. 생각을 얼마나 정확하게 언어로 표현하느냐는 각 단어가 얼마나 경제적으로 만들어지는지에 달려있습니다(불필요한 힘이 들어가지 않으므로써 최소한의 노력으로 정확한 생각이 음성으로 전달되어서 최대한의 효과를 얻도록 하는 것입니다).

이상적인 의사소통

이렇게 복잡미묘한 악기가 어떻게 의사소통을 하려는 충동에 반응하면서 인간적인 소리를 내는지를 보여주기 위해서, 억제되지 않고, 열려있으며, 감수성이 풍부하고, 감정적으로 성숙하고, 지적이면서, 자기 검열을 하지 않는 이상적인 인간이 있다고 가정하고, 그 완벽한 사람의 생각과 느낌의 변화를 전달하는 자연적인 음성이 어떻게 이상적으로(ideally) 작용하는지 살펴 보겠습니다.

앞에서 가정했던 완벽한 사람이, 이완되고, 따듯하고, 편하고, 만족스럽다고 느낄 때, 근육들은 느슨한 상태이고, 호흡은 막힘이 없고, 에너지는 편안하게 흐릅니다. 만약 이 상태를 말로 표현하려는 충동이 생기면, 그 충동은 호흡을 부드럽게 성대로 보내기 위해 필요한 양 만큼의 에너지를 만들고, 비교적 편안하게 이완된 상태의 성대는 가슴과 낮은 인두(pharynx) 부분에서 울리는 낮은 소리를 내게 됩니다. 이런 나른한 만족감에서, 긍적적인 기쁨, 놀람, 초조함으로 감정상태가 바뀌면, 에너지가 상승하고, 상승된 에너지가 팽팽해진 성대로 더 활기찬 호흡을 보내게 되고, 얼굴 중간에 있는 울림장치들에서 높은 음파의 진동이 생기게 됩니다. 목, 입, 그리고 얼굴뼈 내부의 통로들과 빈 공간들 안쪽에 있는 근육 조직들은, 이런 기분의 변화에 동시 다발적으로 반응하면서 반사적으로 팽팽해지거나 느슨해져서, 증가된 에너지에 의해 생긴 음높이에 울림 장치들이 반응할 수 있도록 조절하는 것을 돕습니다. 흥분이 더 고조되면, 호흡은 더 자극을 받고, 성대는 더 팽팽해지고, 더 높은 소리를 냅니다. 이에 부합해서, 인두 위쪽의 근육들이 팽팽해지고, 연구개가 높이 올라가고, 소리는 위쪽 공동(upper sinus: 콧잔등 콧날과 광대뼈 사이에 있는 뼈 안쪽의 빈 공간들)으로 나갑니다. 마지막으로, 흥분이 히스테리컬한 상태의 높은 음까지 도달하면, 성대의 압력과 긴장이 소리를 두개골 속으로 보낼 것입니다. 딱딱한 탄성을 가진 두개골은 그런 소리가 만드는 압력을 다룰 수 있을 만큼, 훌륭한 음향효과를 내는 지붕입니다.

내가 앞서 말했듯이, 이러한 울림의 반응과 감정적 에너지의 패턴은 가정 (hypothetical)이며, 습관적으로 적극적이거나 수동적인 행위, 방어체계, 혹은 정신상태를 포함하시키지 않은, 단순화된 것입니다. 하지만, 이것은 우리가 우리의 기분을 말로써 표현하는 과정을 이해할 수 있도록, 복잡하지 않은 그림을 제시해 줍니다.

음성을 방해하는 요인들

음성이 완벽한 즉흥성을 가지고 반응하지 못하도록 방해받는 이유는, 즉흥성이 반사적인 행동에 의존하며, 대부분의 사람들은 즉흥적으로 행동하는 능력을 상실했거나, 즉흥적이고 반사적인 행동을 하려는 욕구를 상실했기 때문입니다. 극단적인 고통, 극도의 공포, 혹은 절정의 희열 같은 극한 상황에 처하게 되는 경우를 제외하고, 거의 모든 반사적 음성 작용은 부차적인 충동에 의해 차단됩니다.

부차적인 충동은 일반적으로 보호하려는 성질이 있고, 생각할 시간을 가지도록 해줍니다. 하지만, 이런 부차적 충동이 지나치게 발달되면 기본적(본능적)인 반사적 충동을 억눌러 버리고, 이것이 습관이 되어 버립니다. 습관은 각자가 나름대로 기능하기 위해 필요로 하는 것입니다. 어떤 습관은 의도적으로 선택됩니다(매일 출근길을 정하는 것, 매일 아침 샤워하는 것, 목욕은 저녁에 하는 것). 그러나 대부분의 정신적 감정적인 습관("나는 절대 안 울어", "나는 ....에 대해서 항상...라고 생각해", "난 노래 못 해", "애국가만 들으면 눈물이나")은 자기 자신이 아닌 타인에 의해 무의식적으로 형성됩니다. 이런 정신적 감정적 습관은 마음대로 선택할 수 없습니다. 누군가에 의해서 강요당했거나 외적인 요인에 의해 만들어진 행동은, 오직 부차적인 충동에만 반응하고, 기본적(본능적)인 충동에 반응을 하지 못합니다. "뚝 그쳐! 안 그러면 아이스크림 안 줘." "입 다물지 않으면, 맞을 줄 알아?" "남자는 우는 거 아니야." "착한 여자애는 소리 안 질러" "그건 웃기는 게 아니라, 버릇없는 거야." 혹은, 아주 심한 경우에는, "맞아라. 맞아야 배우지", "교회에서 소리 내서 웃지마. 하나님이 너 벌주려고 보고 있어."

깊은 무의식 속에 있는, 자극에 감정적으로 반응하는 동물적인 본능은, 이미 어릴 때부터 거의 잊어버려야 된다고 배웁니다. 물론, 성숙한 행동을 하려면, 본능적인 반응과 의식적인 조절 사이에 균형이 있어야 합니다. 그러나, 인간 행동의 대부분은 어린시절에 부모님이나(혹은 부모님의 부재), 선생님, 또래 집단, 친구들, 연예인 같은 외부적 영향으로 인해 형성된 습관에 의해 무의식적으로 조절됩니다. 배우로써 웃음, 비애, 분노, 기쁨 같은 감정들의 정수를 느끼고 표현하고 싶어하는 시점에 이르렀을 때, 이러한 감정들이 문명화되거나 이런 감정들을 박탈당해 버렸다는 사실을 (외부적 요인에 의해 형성된 감정적 습관 때문에, 더 이상 순순한 기쁨, 완전한 분노, 처절한 비애 같은 감정을 있는 그대로 느끼고 표현할 줄 모른다) 깨닫게 될 수도 있습니다. 신경계의 충동은 막히게 되거나, 통로가 변경되었거나, 원래의 충동을 억제하려는 다른 충동과 부딪치게 됩니다.

기본적인 충동과 부차적 충동의 조절에 대해 이해하기 쉽도록 얘기를 하나 하겠습니다. 나는 이것을 "초코렛 칩 쿠기 이야기"라고 부릅니다. 이 이야기는 태어나서부터 성인이 될때까지의 복잡한 신체심리학적 발달과정을 간단하게 상징적으로 추려놓은 것입니다. 세부적인 내용은 사람마다 다르겠지만, 대부분의 사람들에게 적용될 수 있는 일반적인 이야기입니다.

아기가 태어난 순간, 몸이 해야할 가장 첫 번째 기능인 생존을 위해서, 많은 기본적 충동들이 바로 활동을 시작합니다. 호흡이 아기의 폐에 들어갔다 나가면서 아기의 생명을 유지하고, 다른 여러 가지 생존 기능들도 작동 합니다. '죽느냐, 사느냐'—이것이 첫 번째 경험입니다. 호흡은 생명을 줍니다.

　　하지만 생명만으로는 부족합니다. 살아남아야 합니다. 아기의 작은 뱃속 깊은 곳 어디에서 고통(고통이라고 부를 수 있는 느낌)이 느껴집니다. 이 고통은 살아있는 상태를 유지하기 위한 욕구입니다. 이것이 없이는 생명이 유지되지 않을 것입니다. 뱃속에서 느껴지는 고통은 아기의 호흡 메카니즘과 신경으로 연결되어 있습니다. 그리고 아기에게 첫 생명을 불어넣어 주었던 호흡은 이제는 생명을 유지하는 도구가 됩니다. 이 고통은 폐와 후두에 동시에 작용해서 울음소리를 만듭니다. 이렇게, 작은 몸에서 나오는 소리라고 믿기 힘들만큼 강한 울음소리를 내면서 아기가 울기 시작합니다. 그리고 누군가가 울음소리를 들을 때까지 계속 웁니다. 기적적으로, 울음소리를 들은 사람은 이 울음소리가 배고픔 때문이라는 것을 이해합니다. 따뜻한 젖이나 우유가 아기의 작은 몸 속으로 들어가고, 고통, 근육의 긴장, 아픈 느낌이 우유의 편안함과 따뜻함에 의해 사라집니다. 호흡과 음성이 생존을 위해 쓰여진 것입니다. 아기가 음성을 사용하는 첫 번째 경험은 생존의 욕구에 대한 반응입니다. 욕구, 고통, 음성, 반응, 생존.

　　그 다음 몇 달 동안, 이 기본적인 경험은 셀 수 없이 반복됩니다. 아기의 신체기관은 기본적인 충동에 의해 전해진 이 경험을 각인하게 됩니다. 고통, 울음, 우유, 그리고 편안함은 모두 생존을 위해 필요합니다. 아기의 신체기관은 의사소통의 기초에 대해 배우게 된 것입니다. 다시 말해서, 살기 위해서는 의사소통을 해야하고, 그 의사소통은 고통에서부터 시작된다는 것입니다. 아기에게 있어서 이것은 죽느냐 사느냐에 대한 학습입니다. 우는 것은 효과가 있구나!

슬픔, 분노, 공포에서부터, 행복감, 기쁨, 사랑까지, 우리가 나중에 알게 되는 모든 감정들의 뿌리가 바로 이 첫 번째 배고픔의 고통, 그 고통과 반대되는 따뜻함, 그 고통이 사라졌을 때 느끼는 만족감에서부터 형성된다는 것을 알 수 있습니다.

이 첫 번째 조절 과정은 아기의 생존과 잘 맞아 떨어집니다. 기본적인 충동에 대한 반응 메커니즘을 조절하는 것을 배우지만, 아직도, 충동은 아기의 삶에 있어서는 엔진처럼 중요한 요소로 남아있습니다. 그러나, 아주 중요한 전환점이 오게 됩니다.

이 아기가 만 세살짜리 어린애가 되었다고 상상해보세요. 단어들도 많이 배웠습니다. 이 단어들 중 대부분이 음식과 연관이 있는 단어들입니다—아이에겐 가장 흥미있는 주제입니다. 그러나 배고픔의 고통은 아직도 강합니다. 엄마나 아빠, 아니면 돌봐주는 사람이 부엌에서 저녁 준비를 하고, 세살짜리 아이는 혼자 장난감을 가지고 노는, 늦은 오후를 상상해 보세요. 아이는 갑자기 초코렛 칩 쿠키가 먹고 싶어서 죽겠다는 욕구를 느낍니다. 그 고통이 온몸과 목소리를 꽉 채운 상태로, 아이가 부엌으로 뛰어들어옵니다. "초코렛 칩 쿠키 먹을래! 초코렛 칩 쿠키 줘! 초코렛 칩 쿠키! 초코렛 칩 쿠키!"

쉽게 상상이 가겠지만, 엄마나 아빠 혹은 돌봐주는 사람은 이렇게 떼쓰는 것에 좋게 반응할 리가 없습니다. 아마도 약간씩 다르겠지만 기본적으로 다음과 같이 반응할 겁니다. "시끄럽게 떼쓰지 마. 예쁘게 말할 때까지, 초코렛 칩 쿠키 안 줄 거야. 소리지르지 말고, 예쁜 소리로 '주세요', '감사합니다', 이렇게 말하면, 쿠키 줄 수도 있어."

불행하게도, 의사소통의 새로운 규칙들을 배우는 이 단계는 다소 시간이 걸리고, 부모님이 매를 드는 경우도 생깁니다. 이 단계에서 아이의 신체기관은 배고픈 고통을 따라 행동하면 살게 되는 게 아니라 죽을 수도 있다고 배웁니다. 유아기 단계에서 아이들은 모든 것을 생사의 기준으로 경험하고, 아이들의 심신의 생태(ecosystem)는 더할나위 없이 민감합니다. 살아남기 위해서, 신체기관들은 기본적인 충동을 억누르는, 부차적인 신경신체 충동들을 내보내는 방법을 배웁니다. 의사소통이 아직도 생존과 연결되어 있기 때문에, 여전히 의사소통이 목표입니다. 하지만, 이제 거의 본능적으로, 신체기관들은 배고픈 고통에 즉각적으로 반응하면 안된다는 것을 배우게 되었습니다. 고통과 그 고통에 따른 기본적 충동은 이제 효과가 없다는 것이 학습되었고, 그 충동에 따라 행동하는 것이 오히려 위험할 수 있다는 것도 학습되었습니다. 느끼는 고통을 그대로 표현하면, 죽을 수도 있구나!

경우에 따라 다르겠지만, 빠르면 그 다음날, 아이는 늦은 오후에 혼자 장난감을 가지고 놀다가 다시 초코렛 칩 쿠키를 먹고 싶다는 생사를 오가는 욕구를 느낍니다. 아이는 어제 배운것을 재빨리 회상합니다. 고통은 억눌려지고, 호흡은 고통이 느껴지는 신체 중심부에서 분리 됩니다. 그 고통이 느껴지는 위험한 곳에서 되도록 멀리 떨어진 가슴 위쪽의 폐에서 약간의 숨을 찾아서 목구멍 위쪽의 근육에게 보냅니다. 작은 웃음을 띠고, 입술과 혀, 그리고 턱이 그 욕구를 감지합니다. 음성은 더 이상 생존을 위해 싸우면서 몸 전체에 울리지 않고, 다른 사람에게 피해를 안 주고 '착하게' 뺨과 머리쪽으로 갑니다. 아이는 조심스럽게 부엌으로 가서 귀여움을 가장한 가볍고 높은 톤으로 "내가 정말 정말 말 잘 듣고, '주세요'하고 예쁘게 말하면 초코렛 칩 쿠키 주나요? 쿠키 주세요. 네?" 그러면, 엄마나 아빠 혹은 돌봐주는 사람은, "아유 예뻐라. 착하고 예쁘네. 이제, 착하게 말하는 거 배웠구나. 여기 초코렛 칩 쿠키 두개 먹어!"

이 아이의 신체기관은 의사소통에 있어서 중요한 다음 단계의 교훈을 얻었습니다. 살아남기 위해서는 부차적 신경신체 충동의 흐름을 따라야 한다.

이 간략한 이야기는 가장 우화적인 형태로 "왜 음성이 제 기능을 못하는지"를 보여줍니다. 뛰어난 자연적 음성 작용에서 점점 더 멀어지면서, 보다

간접적이고 솔직하지 못한 메커니즘인 부차적인 충동을 더 사용하도록 배우게 되는 데에는 사람마다 정도나 시기의 차이는 있을 수 있습니다. 하지만, 자기 자신과 음성의 관계를 향상시키려고 하는 사람들 대부분은 자신의 정신신체적 성장과정 어딘가에서 "초코렛 칩 쿠키" 이야기와 비슷한 과거를 발견할 수 있을 것입니다.

부차적 충동 조정은 성장기 전반에 걸쳐 일어나고, 스스로 보기에 괜찮다고 생각하는 습관적 의사소통의 상태를 형성하게 됩니다.

"음성은 어떻게 작용하는가"의 1단계에서, 나는 "의사소통의 욕구"를 설명하는 예를 들었습니다. 그 의사소통의 욕구를 그냥 당연시 여겨서는 안 됩니다. 어른이 될 때 쯤에는, 간단한 인사를 주고 받는 것조차 옆길로 샐 정도로, 자극을 받는 능력이 망가질 수 있습니다. 이렇게 되면, 누가 "안녕하세요?"하고 인사하면, 그 메시지가 "평소에 말도 없는 사람인데. 저 사람이 왜 나한테 인사하지?", 또는 "저 사람 이마에 멍이 웃기게 들었네", "나보고 진정서에 싸인하라고 인사하는 거지?" 같은 부차적 충동으로 보내지게 됩니다. 이것은 호흡과 후두 근육들에게 전달되는 충동의 흐름을 방해하고, 있는 그대로 즉흥적인 반응을 하지 못하도록 근육들을 긴장시키는 두 번째의 충동을 내보냅니다. 호흡 근육들은 자연스런 호흡을 성대까지 전달하지 못하게 되고, 하지만 인사에 대한 대답은 해야 하기 때문에, 겨우 떨림을 만들 수 있을 정도의 숨을 쇄골 아래에서 찾아 냅니다. 목구멍, 턱, 입술, 혀의 근육들은 부족한 호흡력을 메꾸기 위해 두 배로 더 일을 하게 됩니다. 그 결과로 생긴 목소리 톤은 매우 얇고, 그 소리가 전달하는 메시지는 확신이 없습니다. 이것은 직접적이고 즉흥적인 대답을 회피하는, 티가 안날 정도로 미묘한 수 천 가지의 방법들 가운데 한 가지입니다. 또한, "음성은 어떻게 작용하는가"에서 내가 설명했던 2, 3, 4단계의 과정을, 부차적인 충동이 어떻게 완전히 뒤엎어 버리는지에 대한 좋은 예입니다.

즉흥적으로 반응하는 것이 맞고, 계산하고 생각하는 게 무조건 틀렸다는 말이 아닙니다. 즉흥성은 필요할 때 언제든 사용이 가능해야 하는데, 대부분의 경우가 그렇지 못하다는 말입니다. 방어적 신경근육 체계는 감정과 호흡 사이의 본능적 연결을 끊어버리는 심리적 근육적 습관을 만듭니다. 음성의 기본적인 에너지가 자유로운 호흡에서부터 시작되지 않으면, 음성이 가지고 있는 잠재력을 충분히 발휘할 수 없습니다. 당신이 감정적으로 스스로를 방어하려고만 한다면, 당신의 호흡은 자유로울 수 없습니다. 호흡이 자유롭지 못하면, 음성은 호흡에서 얻지 못하는 힘을 목구멍과 입 안의 근육에서 얻으려고 할 것입니다. 이 근육들이 강한 느낌을 전달하려고 할 때, 여러 가지 결과가 생기게 됩니다. 아주 안전하게 음악적으로 감정들을 묘사하는 방법을 찾던가 (배우가 감정을 직접 느끼지 않고, 예쁜 소리로 대사만 전달하게 되거나); 단조로운 소리가 머리쪽으로 올라가게 되던가; 아니면, 너무 힘을 들여서 이 근육들이 긴장하고, 수축하고, 밀고, 쥐어짜서 성대가 서로 눌리게 됩니다. 그러면 성대가 충혈되거나 염증을 일으켜서 탄성을 잃게 되고, 일반적인 진동을 만들지 못하게 됩니다. 그리고 결국에는 성대를 매끄럽게 만들어 주는 호흡이 없이, 성대끼리 부딪치다가, 성대에 작은 돌기들이 생기게 됩니다. 그렇게 되면, 쉬고 거친 듯한 소리가 나고, 결국에는 아무 소리도 못내게 됩니다.

음성 작용의 1단계부터 4단계까지를 방해했던 억제 메시지(inhibitory message)가, 5단계 "진동은 울림 장치들에 의해 확대된다" 역시 방해합니다.

조화로움을 만들고 복합성을 더해서 소리를 풍부하게 만드는 건설적인 방해 작용도 있지만, 이런 건설적인 방해 작용들을 사용하기 전에, 음역과 울림을 방해하는 요소들을 제거해야만 합니다. 보통, 이런 방해 요소들은 호흡이 제한적일 때 발생합니다. 만약에 목에 힘이 들어가고 근육들이 긴장하면, 소리가 이동하는 이동 경로들도 제약을 받게 됩니다. 대부분의 경우, 낮은 울림 소리가 나는 가슴이나 인두 아래쪽으로 진동이 이동하는 것을 방해해서,

소리가 중간이나 높은 울림 부위로 뜨도록 만듭니다. 그 결과 가볍고, 높고, 귀에 거슬리는 소리가 나게 됩니다. 반면에 가끔, 무의식적으로 남자다운 소리를 내거나 조절된 소리를 내려는 욕구와 목의 긴장이 합쳐져서 후두를 아래쪽으로 내려 누르게 됩니다. 그 결과 낮은 울림 부위만 울리게 되고, 단조로운 저음의 깊은 소리가 나게 되지만, 이런 소리로는 높은 음역에서 다양한 높낮이의 변화에 의해 전달되는 미묘한 생각이나 감정의 변화를 표현할 수 없습니다. 만약 연구개와 혀뿌리가 부족한 호흡을 대신하려고 끼어들면, 소리가 자유롭게 입으로 흘러나가지 못하고, 연구개와 혀뿌리 근육들이 같이 뭉쳐서 소리를 코로 밀어올리게 됩니다. 코 울림 소리는 강력하고, 지배적이며, 미묘한 맛이 없습니다. 만약 음성이 코에 갇히게 되면, 말하는 사람의 목소리는 잘 들리겠지만, 말하는 사람의 의도가 음성에 그대로 전달되지는 못합니다. 미묘한 생각이나 감정, 뉘앙스는 다 없어지고, 다양한 생각은 그 생각에 부합하는 울림소리와 자유롭게 결합하지 못합니다. 오직 한 가지 종류의 울림소리에만 만족할 수밖에 없는 상태가 됩니다.

음성이 습관적인 긴장에 의해서 제약을 받을 때 울림 장치(몸속에서 소리가 울리는 부분: 공명 부위)에서 생기는 가장 대표적인 문제점들 중 세 가지를 위에서 살펴보았습니다. 더 미세하게, 음성 조율 기관 전체는 몸을 긴장시키는 제한적 메시지의 영향을 받습니다. 만약 호흡 관련 근육이 긴장되어 있으면, 인두 안쪽 근육 조직들도 긴장합니다. 이 작은 근육과 근육 조직들이 단단해지면, 생각의 변화에 따라 계속 변화하는 음높이에 맞춰 늘어나고 줄어드는 것, 소리가 흘러나가는 구멍을 조절하고, 변화하는 음들이 잘 들리도록 확대하는 것 같은 미세한 움직임들을 할 수 없게 됩니다. 이런 근육의 긴장은 음성이 생각을 정확하고 직접적으로 전달하는 능력을 감소시킵니다. 의식적으로 근육을 조절하거나 목소리가 어떻게 들리는지에 신경을 쓰면서 억양과 음조의 변화를 조절할 수도 있지만, 이런식으로 조절하는 습관이 발달하면 할수록 음성은 진실성으로부터 점점 더 멀어지게 됩니다.

6단계 "그 울림 소리가 입과 혀에 의해서 정확히 발음되면서 단어가 됩니다"까지 오면서, 모든게 다 잘못 될 수 있고, 정확한 의사 소통은 불가능한 것처럼 보일 수도 있습니다. 호흡과 울림 장치들은 긴장에 의해 제약을 받고, 입과 혀는 호흡과 울림 장치가 못하게 된 일들까지 모두 맡아서 하느라 혀와 입의 원래 기능인 정확한 발음 만들기에는 신경조차 쓸 수 없는 처지에 놓이게 됩니다. 기본적인 소리가 형성될 때 혀가 이완되지 않으면, 혀의 원래의 기능(소리의 형태를 만드는 것)을 할 수 없습니다. 혀는 하이오이드 뼈에 의해 후두에 연결되어 있고, 후두는 호흡관을 통해 횡격막에 직접적으로 연결되어 있습니다. 이 셋 중, 어느 하나에 긴장이 생기면 나머지 둘도 같이 긴장하게 됩니다. 혀에 긴장이 들어가면, 혀는 필요 이상의 노력을 하면서 발음을 하게 되고, 따라서 언어 피질에서부터 전달되는 운동 충동에 반응하는 민감성이 둔화됩니다.

혀가 음성 기관의 내적 작용과 아주 밀접하게 연결되어 있는데 반해, 입술은 억제(inhibitions)의 다른 면을 반영합니다. 입술은, 심리적으로 보내진 억제 메시지에 반응해서 얼굴이라는 창문에 커튼을 치는, 복잡한 얼굴 근육 구조의 일부입니다. 얼굴은 신체에서 가장 노출되기 쉬우면서 동시에 가장 감추기 쉬운 부위입니다. 어떤 얼굴들은 마치 가면처럼 두껍게 굳어져서, 그 얼굴의 주인이 가면 뒤에서 계산하고, 계획하고, 상처입지 않으면서 자기 자신을 유지하도록 해줍니다. 남의 기분을 맞추려는 얼굴도 있습니다─남의 비위를 맞추려는 미소가 점차적으로 얼굴에 그대로 굳어져서 입꼬리가 살짝 올라간 얼굴입니다. 아주 깊은 낙담에 빠져서 어떤 낙관에도 입꼬리를 올려서 웃지 못하는 얼굴도 있습니다. 40-50년 동안 그 사람이 어떤 상태로 살았는지가 얼굴 표정에 나타나는 것은 지극히 정상입니다. 하지만, 변화하는 기분의 복잡성과 반응에 따라 얼굴 근육이 움직이도록 함으로써, 초년에 이 근육들이 너무 일찍 굳어지는 것을 예방할 수 있습니다. 얼굴 근육들은 몸 근육들과 마찬가지로 운동을 하지 않으면 늘어지거나 뻣뻣해 집니다. 자연적으로 운동을 하고 싶다면, 자기 자신을 표현해야 합니다. 얼굴 표정에 열린 생각이 그대로 드러나는 것을 두려워하지 말고, 의사 소통을 할 때 겁내지 않고 자신을 드러내는 것이 강한 장점이라고 생각해야 합니다.

입의 보호자인 입술은, 굳게 닫힌 쇠창살이 될 수도 있고 아니면 잘 기름칠이 된 쉽게 열리는 문이 될 수도 있습니다. 굳어버린 윗입술은 영국인의 침착함의 상징으로써만 존재하는 게 아닙니다. 굳은 윗입술들은 실제로 존재하고, 의심이나 두려움을 보이지 않으려는 강한 욕구에 의해 윗입술이 굳어지는 것으로 추정됩니다. 못생긴 치아를 가리려고 윗입술이 뻣뻣해졌을 수도 있고, 청소년기에 스스로 웃는 게 매력없어 보인다고 생각해서 의식적으로 웃음을 감추려고 했던 습관때문에 뻣뻣해졌을 수도 있습니다. 자유로운 윗입술은 생기있게 정확한 발음을 하는데 필수적인 요소입니다. 최고의 효과를 내기 위해서는, 정확한 발음을 하는 역할을 윗입술과 아랫입술에 동등하게 주어져야 합니다. 만약 윗입술이 뻣뻣하게 굳어있다면 아랫입술이 거의 85퍼센트의 일을 혼자 하게되고, 거의 틀림없이 턱의 힘을 빌리려고 하게 됩니다. 턱은 입술에 비해 서투르며, 그 상태에서는 결코 경제적으로 발음을 할 수 없습니다. 음성이 자기 주인을 드러내지 않기 위해서 하는 일탈 행위는 이 책 전체에 다 써도 모자랄 것입니다. 어떤 음성은 아주 겁많고 불안한 작은 소년을 보호하기 위해서 강하고 공격적인 소리를 내는데 전문가가 됩니다. 희미하게 한숨을 쉬듯 나오는 여자의 음성은 남자들의 세계에서 성공하기 위해서는 자신이 강하다는 걸 감추고 약한면을 보여야 한다는 것을 무의식적으로 알고 있는 여자의 음성이고, 자신감을 상징하는 풍부하고, 긴장이 풀리고, 깊은 소리는 실상은 자신감의 부재를 감추기 위한 소리이고, 거만함이 묻어나는 음성은 사실은 공황(panic) 상태를 감추기 위한 소리입니다. 이런 꾸며진 음성은 아주 놀랄

정도의 이중성을 가질 수 있습니다.

이 머리말은, 만약 주인이 원한다면 아주 투명하게 주인의 진실을 표현할 수 있는 음성을 위해 쓰인, 긍적적인 책의 서론입니다.

혹시라도, 책의 첫머리에 이 작업의 어려운 점들만 잔뜩 설명해 놓았다고 느끼는 독자들이 있을 것입니다. 그 독자들을 위해서 내가 끊임없이 강조하고 싶은 것은, 명확한 생각과 자유로운 감정을 표현하는 것이 이 어려운 문제들을 해결하는데 가장 중요한 도움이 된다는 것입니다. "닭이 먼저냐 달걀이 먼저냐?" 하는 질문과 마찬가지로, 심리-신체적 접근도 어느 것이 먼저인지를 놓고 의견이 분분할 수 있습니다. 그러나 다음의 두 가지가 음성에 대한 작업 전체를 좌우한다는 것은 확실합니다.

- 막혀있는 감정은 자유로운 음성을 방해하는 근본적 장애물이다.
- 불분명한 생각은 명확한 발음을 방해하는 근본적 장애물이다.

작업을 위한 준비

당신은 자신의 음성을 발견하는 긴 여행을 시작하려 하고 있습니다. 그 여행을 통해 자신의 감각에 이끌리게 되고, 자신이 어떠한 사람이며 어떻게 행동하는지에 대해 민감하게 깨닫게 될 것입니다. 발성훈련은 지극히 주관적이고, 자기 스스로를 시험해보는 과정이며, 또한 내면을 둘러보게 되는 작업입니다. 당신이 경험하게 될 훈련 과정에서, 어떠한 개인적인 반응들을 보이는지 일일히 일기를 쓸것을 권합니다. 아마도 혼자 이 책을 보거나, 친구와 함께, 아니면 개인 교습을 받거나 단체 수업을 받을 텐데, 그 중에 어떠한 경우이든지 당신은 당신 자신이나 혹은 연기하는 인물의 진실된 생각과 감정을 쉽게 표현할 수 있는 자기 자신만의 자유로운 소리를 찾고 있을 것입니다.

호흡, 음성, 그리고 신체에 대해 당신이 느끼고 깨달아가는 것들을 기록하는 습관을 기르십시오 단순히 여러분의 청각에만 의존하는 것이 아닌, 신체적, 감정적 그리고 성적인 모든 감각에 대한 반응을 포함하는 음성과 발성에 대한 어휘들을 늘리십시오. 의식적으로 혹은 무의식적으로 우리는 우리의 귀에 들리는 소리만으로 스스로의 음성을 평가해버리곤 합니다. 청각 뿐만이 아닌 당신의 다른 감각들로도 감지할 수 있는 열린 소리를 내기 위해서, 기술적인 측면으로만 접근하기 전에 상상력을 가지고 자신의 음성을 대하라고 권하고 싶습니다.

크레용 세트와 종이를 준비하세요.

1) "지금의 내 음성"이라는 제목으로 그림을 그려보세요. (크레용을 종이에 대기 전에 먼저 눈을 감고 마음속에 그림이 떠오르도록 시간을 가지세요)
2) "내가 원하는 내 음성"이라는 제목으로 그림을 그려보세요.
3) 사람 몸 모양으로 선을 그리세요. 몸 모양으로 그려진 선 안의 공간에 내가 원하는 내 음성이 나오지 못하도록 가로막고 있는 나의 문제들을 색깔로 표현하거나 추상적으로 그려넣으세요.

그림들을 보면서 머리에 떠오르는 단어들을 각각의 그림속에 적어 넣으세요. 이 때 머리 속에 떠오르는 단어들은 모양, 형태, 색깔, 질감, 감정, 정신상태 등 다양한 것들을 표현하는 단어들일 수 있습니다.

생각하지 말고 떠오르는 대로 이 단어들을 빠르게 받아 적고, 이 단어들을 이용해서 "내 음성에게 보내는 시"라는 제목의 시를 지으세요.

시를 쓰는 동안 떠올랐던 느낌들과 그림을 보았을 때 생각났던 단어들은 당신에게 그리고 당신의 음성에게 나름의 의미가 있는 단어들입니다. 당신이 이 작업을 시작하고, 당신 자신의 음성과의 관계를 넓혀나가는 과정에서, 이 단어들이 도움이 되도록 하세요.

당신이 그린 그림을 통해서 어느 정도는 당신 나름대로 자신의 음성이 어떠한 상태인가를 파악하셨을 것입니다. 예를 들자면, 무엇이 문제인지, 내 음성의 최대한의 가능성을 끌어내기 위해서 어떻게 해야할지 등의 개인적인 생각들 말입니다.

이제부터, 당신 스스로 자신의 음성에 대한 상세한 검토를 시작할 것입니다. 앞으로 더 배우게 될 음성 관련 어휘들과, 당신과 당신의 음성 사이의 상상의 연결고리를 발전시키도록 도와줄 색깔, 그림, 추상적 모양들을 모두 일기에 쓰세요.

새로운 단계에 들어설 때마다, 그 단계의 특정한 연습훈련을 배우는데 필요한 예상 소요시간과, 그 다음 단계로 넘어가기 전에 필요한 연습과 반복 시간을 알려 드리겠습니다. 예를 들자면, "이 단계의 훈련은 배우는 데 한 시간이 걸리고 일주일 동안 꾸준히 연습해야 그 다음 단계로 넘어갈 수 있습니다." 같은 지침을 드리겠습니다.

이 소요시간과 연습시간들은 당신이 가이드 라인으로 이용하도록 드리는 것이며, 개인에 따라 차이가 있을 수 있습니다.

내 계획에 의하자면, 각 단계는 새로운 "작업알"에 시작되며 링크레이터 발성법의 전체 훈련과정을 배우기만 하는 것은 20-30 정도의 "작업알"이 걸립니다. "작업알"에 배운것을 주중에 다시 스스로 반복하고, 배우고, 연습하는 시간을 포함해서 전 과정을 배우는데 걸리는 시간은 보통 6개월에서 1년 정도가 소요됩니다. 이 전과정을 통해 여러분의 음성이 얼마나 발전하느냐는 여러분의 각오와 노력에 달려있습니다.

제1부

소리의 접촉

처음 4주 동안의 작업

전체적으로, 연습훈련은 각 연습훈련을 배우는데 걸리는 시간, 배운것을 연습하는데 소요되는 시간, 그 작업일의 연습훈련 전체를 다 하는 데 걸리는 소요시간과 함께 소개하였습니다. 이것은 단지 저의 제안일 뿐입니다. 학생이나 선생님들은 각자 개인의 속도에 맞추어 작업해 나갈 수 있습니다. 성실히 하는 학생은 6개월에서 1년에 걸친 작업을 통해 자신의 음성에 커다란 발전을 기대할 수 있습니다. 이 책에 소개된 연습과정들의 오디오 샘플은 www.kristinlinklater.com에서 들으실 수 있습니다.

작업 1일

신체 자각 : 척추

자연스런 호흡의 지지대 ... 나무

예상 소요시간 : 1시간

자연적 음성을 자유롭게 하기 위한 첫걸음은 자신의 습관들을 자각하는 능력과 새로운 경험을 마음속에 기록하는 능력을 키우는 것입니다. 이러한 능력은 정신적이면서 동시에 신체적인 것이어야 합니다. 그리고, 인간의 의사소통의 욕구를 전달하는 신경조직적 섬세함까지도 관찰할 수 있으려면, 이러한 자각력은 궁극적으로 극도로 미세한 시점까지 다듬어 져야만 합니다. 아주 잘 발달된 즉흥적 신체적 자각력을 가지고 있는 사람들은 거의 없기 때문에, 음성에 관한 작업을 시작하는 상태에서 처음부터 이러한 미세함을 기대하는 것은 무리입니다. 신뢰할 수 있는 정보를 얻는 상태까지 자각력을 발달시키기 위해서는, 신중하게 나뉘어진 단계들을 거쳐가야 합니다. 자연적인 음성이 가장 잘 발휘되는 '미세한 경제성'에 접근하기 전에, 비교적 크고, 단순한 이미지와 연습훈련들부터 시작하도록 하겠습니다.

만약 여러분이 급하게 본문을 읽어 내려가고 나서 "이 첫 번째 연습훈련은 척추 스트레치를 하고 척추를 따라 굽히며 내려오는 거구나"라고 단정지어

버리면, 첫 번째 연습훈련은 아무 쓸모가 없게 됩니다. 이것은 여러분에게 익숙한 연습훈련일 수도 있고, 아주 기계적으로 해서 몸 바깥쪽의 큰 근육들을 이완시키는 지극히 표면적인 효과만 얻을 수도 있습니다. 하지만 이 연습훈련의 가장 중요한 요소는 스트레치를 하고 척추를 따라 내려오는 동안의 과정입니다. 일반적으로 "무엇을 하느냐가 중요한 게 아니라 어떻게 그 훈련을 하는가 하는 것이 중요하다"는 말은 진리입니다. 우리의 자각력은 새로운 경험을 혼란스럽게 받아들이거나, 그 과정을 빠르게 건너뛰도록 만들어서 결과에만 도달하게 함으로써 새로운 경험을 왜곡시켜버리는 능력을 가지고 있습니다. 예를 들면, 깊은 relaxation(이완)의 느낌을 가질 때 만약 "이건 내가 밤에 잠들기 전에 느끼는 느낌이네."라고 말한다면, 결국은 잠자는 것과 이완은 마찬가지라고 단순히 동일화 시킴으로써 "이완도 에너지를 만들어낸다"라는 가능성을 완전히 배제하게 되는 것입니다. 척추에 대한 작업의 궁극적인 목표는 구체적인 이완을 통해서 신체적인 자각력을 발달시키는 것입니다. 뭉쳐있는 긴장감(근육의 긴장, 호흡의 긴장, 정신적 긴장감)을 풀면, 이것이 그동안 뭉쳐있던 에너지를 온 몸에 퍼지게 하고, 생동감 있는 자각 상태를 만들고, 잠재적인 운동성을 향상시키게 됩니다.

좀 더 구체적으로 말하자면, 발성기관의 효율성은 몸이 바르게 서 있는 것과 몸 기능의 경제성에 의해 좌우된다는 것입니다. 척추가 비뚤어진 상태에서는 몸을 지탱하는 기능이 떨어지고, 원래 다른 용도로 쓰이는 근육들이 척추의 기능을 대신해 몸을 지탱하게 됩니다. 만약 아래쪽 척추가 약하다면 배에 있는 근육이 상체를 지탱하는 힘을 보완할 것입니다. 이렇게 배 근육이 몸을 지탱하는데 사용된다면 이 복근은 자유롭게 호흡하려는 욕구에 자유자재로 반응할 수 없게 됩니다. 마찬가지로, 척추 윗부분이 갈비뼈들과 쇄골 그리고 어깨뼈들을 지탱하는 역할을 하지 못한다면 갈비뼈 사이의 늑간 근육이 가슴 부분을 받쳐주는 역할을 대신하게 됩니다. 이런 경우에는 갈비뼈 사이사이로 자유롭게 숨을 쉴수가 없게 됩니다(공기가 들어오고 폐가 팽창할 때 늑간 근육들이 긴장해 있으므로, 폐가 마음껏 팽창하지 못하고 항상 조여있는 상태가 됨). 마지막으로, 목에 있는 척추뼈들이 비뚤어져 있으면 음성이 나오게 되는 통로가 전반적으로 비뚤어지게 됩니다. 목이 약하면 턱 근육, 혀 근육, 성대주위 목 근육들, 심지어는 입술과 눈썹까지도 머리를 지탱하는데 쓰여지게 됩니다. 이 상황에서 음성이 자유롭게 나올 수 있는 통로는 없습니다. 강하고, 유연하면서도 바르게 서 있는 척추가 자유로운 호흡과 발성의 필수적인 출발점이 되는 것입니다.

모셰이 펠던크라이스의 정신물리학 재교육 분야의 작업은 많은 배우 훈련 프로그램에 응용되었는데, 그는 "움직임을 통한 자각"이라는 매우 귀중한 저서를 통해 다음과 같이 말합니다.

어떠한 자세라도 자연의 법칙을 거스르지 않는 한 허용될 수 있다. 여기에서 자연의 법칙이란, 골격 구조는 중력과 상호 작용을 하고, 근육은 움직일 수 있도록 자유롭게 놓아둔다는 것이다. 신경조직과 골격구조는 중력의 영향을 받으며 동시에 발전해서, 중력이 끌어당김에도 불구하고 몸속의 에너지를 분산시키지 않으면서 몸을 세우고 지탱하게 한다. 반면에, 만약 근육이 골격구조가 할 일을 대신 한다면, 몸을 세우고 지탱하기 위해 근육이 쓸데없는 에너지를 소모하게 될 뿐 아니라, 몸의 자세를 바꾸는 것, 즉 "움직임" 이라는 근육 본연의 임무를 수행할 수 없게 된다.

음성을 자유롭게 만드는 첫 단계는 "자신의 척추를 알게 되는 것" 그리고 자신의 골격구조를 아는 것입니다. 당신이 골격구조를 생각하면서 다음 동작들을 상상하면 할수록, 당신의 근육은 더 경제적으로 움직이게 될 것입니다. 당신의 뼈와 대화를 하세요.

자신의 신체 내부구조를 마음 속에 그려서 명확히 하는 작업은, 거의 모두, 눈을 감고 하시기 바랍니다. 이런 경우에는, 미리 다음의 단계들을 읽어서 녹음한 후, 녹음된 자신의 목소리를 들으면서 하거나, 아니면 미리 각 단계들을 암기하신 후에 하십시오.

1단계

두 발을 약 15- 20CM 정도 떨어지게 벌리고 편하게 섭니다. 두 발에 몸무게가 고르게 분배되었는지 확인합니다. 몸무게가 발 앞부분과 뒤꿈치에 고르게 분배되었는지 확인합니다.

- "마음의 눈"으로 발에 있는 뼈들을 보세요.
- 발목 관절에서부터 정강이뼈가 자라나는 것을 보세요.
- 무릎 관절에서부터 허벅지 뼈가 자라나는 것을 보세요.
- 허벅지 뼈가 엉덩이와 만나는 관절 부분과 골반을 보세요.
- 척추의 가장 기반이 되는 천골(세이크럼)을 보세요.
- 척추가 세이크럼부터 자라면서, 등 아래쪽을 거쳐, 등에 있는 어깻죽지 뼈 사이로 올라가고, 이 척추를 따라 새장모양의 갈비뼈들이 떠 있고, 어깨 뼈들이 그 위에 떠 있는 것을 보세요.
- 어깨 관절에 두 팔이 매달려 있는 것을 느껴보세요.
- 어깨뼈 부터 내려오는 팔 뼈를 봅니다. 팔 위쪽을 지나, 팔꿈치, 팔꿈치 아래의 팔뼈, 손목 관절, 그리고 손바닥에 있는 뼈들과 손가락 뼈들을 그려보세요.
- 마음의 눈이 팔을 거쳐서 목까지, 다시 올라갑니다.
- 목의 척추(경추) 하나하나가 두개골까지 올라가는 것을 마음의 눈으로 그

려보세요.

- 귀와 코 높이 정도에 있는, 제일 위쪽의 척추뼈를 마음의 눈으로 그려보세요.
- 당신의 두개골이 척추 가장 위쪽에서 풍선처럼 떠있는 것을 상상해 봅니다.

2단계

팔꿈치에 주의를 기울이세요. 팔꿈치를 몸 앞쪽으로 살짝 틀어서 몸보다 약간 앞쪽에서, 천장을 향해 부드럽게 떠 오르도록 하세요. 이때 팔 위쪽(팔꿈치에서 어깨 아래까지)만 사용하고 다른 부분은 사용하지 않습니다. 어깨 근육들은 편하게 이완된 상태로 두고, 아래팔 근육도 이완된 상태로, 그리고 두 손은 느슨하게 매달려 있듯이 둡니다.

팔목에 주의를 기울이세요. 그리고 이번에는 팔목이 천정을 향해 떠 오르도록 합니다. 두손은 그대로 느슨하게 매달려있도록 둡니다.

손가락 끝에 주의를 기울이세요, 그리고 손가락들이 천정을 향해 떠 오르도록 합니다.

- 누군가가 당신의 손끝을 살짝 잡아 당기면서 당신을 위쪽으로 당긴다고 상상해보세요. 그리고 당신의 갈비뼈들이 허리에서 멀어지면서 위쪽부터 스트레치 되도록 하세요. 이때 골반과 다리, 그리고 발은, 윗몸이 경험하는 스트레치와 상관없이 그대로 두세요.

이제 한번에 단 한 가지만 하세요: 손이 팔목에 그냥 매달려있는 상태가 되도록 손의 긴장을 풉니다.

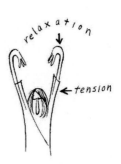

- 손과 팔이 느끼는 서로 상반되는 느낌에 주목하세요. 당신의 팔이 느끼고 있는 것을 "긴장"이라고 부르고, 손이 느끼고 있는 것을 "이완"이라고 부릅시다. 이제 아래 팔(팔꿈치에서 손목 사이)이 팔꿈치에 매달려있는 상태가 될 때까지 아래팔의 긴장을 풉니다.

- 손과 아래팔, 그리고 어깨와 팔 윗부분이 느끼는 서로 상반되는 느낌에 주목하세요. 당신의 윗팔과 어깨가 느끼고 있는 것을 "긴장"이라고 부르고, 손과 아래팔이 느끼고 있는 것을 "이완"이라고 부릅시다.

이제 윗팔을 무겁게 떨어뜨리고, 팔이 느슨하게 어깨에 매달려있도록 합니다.

- 팔의 무게에 주의를 기울여 보세요. 피가 당신의 손으로 다시 흐르는 것과 체온의 변화에도 주의를 기울여 보세요. 지금 팔이 느끼고 있는 것을

"이완"이라고 부릅시다. 중력이 팔에 무게를 더 하는 것을 느껴보세요.

이제 머리의 무게가 앞으로 쏠리면서 무겁게 떨어지 도록 해서, 머리와 목이 몸통 위에서 앞쪽으로 떨어 져 매달리게 합니다.

목에 있는 척추들과 몸의 척추를 연결하는 큰 뼈─이 뼈를 "황소뼈(bull vertebra)"라고도 합니다─를 머리의 무게가 내려 당기는 것을 느끼십시오. 천 천히 머리의 무게를 따라서 황소 척추뼈가 어깨뼈들을 같이 데리고 앞으로 내 려가도록 하세요. 머리, 어깨, 그리고 팔의 무게가 천천히 중력을 따라서, 척 추뼈 하나 하나씩, 갈비뼈들부터 등 아래쪽까지, 천천히 바닥을 향해 내려가 도록 하세요. 척추뼈 하나 하나씩 그려보면서 천천히 내려가도록 하세요.

- 무릎을 이완 상태로 유지하고, 발바닥 중심을 축으 로 몸무게가 유지되도록 합니다. 뒤꿈치에 힘이 더 가거나 발가락 쪽으로 몸무게가 쏠리지 않도록 합니 다. 무릎이 부드러운지 확인합니다(무릎을 뒤로 밀 어서 다리가 뻣뻣하게 되지 않도록 합니다). 무게를 더 이상 지탱하기 힘들다고 느낄 때, 척추 가장 아 래쪽을 빠르게 내리면서 아래쪽으로 매달리는 상태 가 됩니다.
- 중력에 몸통을 맡긴 채로, 몸통이 꼬리뼈에 매달려있는 것을 그려보세요.

■ 편하게 숨을 쉽니다. 몸통의 모든 근육과 어깨 근육, 목 근육, 팔과 손에 있는 근육들 모두를 이완시키기 위해서, 이렇게 하는 것입니다.

만약에 이 익숙하지 않은 자세 때문에 다리가 아프면, 발목부터 엉덩이까지 (발목부터 종아리 뒤쪽, 허벅지 뒤쪽을 지나 엉덩이까지) 서너 번씩 손으로 쓰다듬듯이 쓸어올려서 남아있는 긴장을 풉니다.

이제 꼬리뼈에 주의를 기울이고 꼬리뼈부터 척추를, 마치 어린이들이 장난감 벽돌로 성을 쌓듯이, 하나 하나씩 쌓아 올립니다.

■ 뼈와 대화하세요. 마음의 눈으로 뼈들을 보십시요.

■ 복근을 사용하지 마세요: 복근은 느슨하게 두세요; 숨쉬세요. 어깨근육을 느슨하게 두세요.
■ 갑자기 무릎을 쫙 펴지 마세요. 무릎이 뻣뻣해지거나 무게중심이 옮겨지지 않도록 하면서, 무릎을 천천히 펴세요.
■ 갈비뼈들을 받쳐주는 척추뼈들을 찾아 가면서, 그 뼈들을 등 아래쪽부터 황소뼈까지 쌓아 올립니다.

이제 머리만 아래로 매달린 채, 서 있습니다. 목 척추뼈(경추)들이 몸통의 척추뼈들과 같은 각도로 몸통 앞에 매달려 있는 것을 그려 보세요.

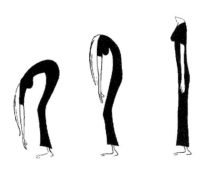

■ 목에 있는 마지막 7개 척추뼈(경추)들에 주의를 기울이고 몸의 척추뼈와 일직선으로 천천히 하나씩 쌓아 올립니다. 목이 올라오면서 머리가 저절로 위로 떠오르는 것에 주목하세요. 그러므로, 당신이 머리를 들어올릴 필요가 없습니다.

3단계

눈을 감고, 마음의 눈으로 머리끝부터 발끝까지 한번 훑어보세요. 다시, 발끝부터 다리와 몸통을 지나 머리끝까지 마음의 눈으로 훑으며 올라옵니다. 배, 엉덩이, 어깨, 혹은 목 부분에 긴장되거나 힘이 들어가는 근육이 있다면 의식적으로 그 근육의 긴장을 푸십시오. 지금 당신은 서 있기 위해 필요한 에너지를, 몸의 크고 외적인 근육들로부터 중력의 반대 방향(위쪽)으로 뻗어가는 척추의 내면적 그림으로, 이동시키고 있는 중입니다.

척추를 "마음에 의해 위쪽으로 떠오르는 에너지"라고 생각하세요. 마치 척추가 나무이고, 세이크럼－엉덩이쪽 골반뼈의 중앙에 있는 큰 뼈－에서부터 뿌리가 자라나 다리, 발이 뿌리가 되고 갈비뼈들은 뻗어나온 나뭇가지인것 처럼 말입니다.

몸이 어떤 모양으로 공기 중에 서 있는지 관찰하세요.

공기가 피부에 닿는 느낌을 관찰하세요.

눈을 뜨고 방안을 걸어보세요. 당신의 뼈, 당신의 골격이 걷고 있다는 것을 상기해 보세요.

다시 멈추어 서서 눈을 감고, 주의를 몸의 내부로 돌리세요. 그리고 몸을 내부에서부터 관찰하세요. 몸 속을 관찰하는 "마음의 눈"으로 몸 안쪽에서 당신의 얼굴을 보세요; 안면근육의 긴장을 푸세요; 목구멍을 내려다 보고, 목구멍이 텅빈 열린 통로라는 것을 보세요; 갈비뼈들 안에 있는 폐를 내려다 보세요; 폐의 바닥이 되면서 동시에 배의 천정이 되는 횡격막을 보세요; 횡격막에서 골반 바닥을 내려다 보세요; 계속해서, 다리부터, 땅을 딛고 있는 발까지, 내려다 보세요.

몸 속을 관찰하는 "마음의 눈"이 발에 있는 뼈들부터 시작해서 머리의 두개골까지 올라갔다가 다시 척추를 따라 여행하며 내려오도록 하세요.

조용히 2분간 선채로, '몸의 근육과 살들은 느슨하게 뼈에 매달려 있고, 발에 있는 뼈들과 머리의 두개골 사이에 떠있는 골격구조를 척추가 지지하고 있다'는 사실에 주의를 기울이세요.

스트레치를 하고, 하품을 하고, 눈을 뜨고, 몸 구석구석 전부 흔드세요.

이 연습훈련은 뇌에서부터 몸으로 전달되는 메시지 시스템을 큰 근육들에서 섬세한 작은 근육들로 바꾸도록 디자인한 여러 가지 연습훈련 중 첫 번째입니다. 자연적인 음성은 자율 신경계(불수의적, 반사적 신경계: involuntary nervous system)를 통해 반사적 근육조직으로 흐릅니다. 몸의 근육 체계를 간단히 들여다보면, 우리의 몸은 우리가 원하는대로 조절할 수 있는 바깥쪽의 큰 근육들부터, 자율 신경계에 의해 조절되는 골격에 연결된 가장 깊이 있는 근육들까지 2개에서 5개까지의 층으로 구성되어 있는 것을 볼 수 있습니다. 신체 가장 깊이 있는 근육층은, 뼈들과 내장 가까이에 있습니다. 이 근육들은 외부에서 조절이 되지 않습니다. 이 근육들은 자기감수체의 근육들이며, 이 근육들은 외부의 통제를 받는 대신 스스로가 인식하는 바에 따라 자기를 움직입니다. 그러나, 감정과 상상력은 이 근육들에 영향을 줄 수 있습니다.

주석... 일반적으로, 최고의 배우들, 음악가, 무용수, 가수들을 모두 포함한 최고의 공연 예술인들은 공연을 할 때 긴장하지 않습니다. 여기서 내가 말하는 "긴장하지 않는다"는 것은 외적인 긴장이 없다는 것입니다. 최고 공연 예술인들의 근육은 공연에 필요한 연기나 움직임을 하는데 필요한 어떠한 충동도 받아들일 준비가 되어 있으며, 이런 특별한 자극을 돕는 에너지를 퍼트리는 역할을 해냅니다. 하나의 충동을 표현하자마자, 곧 이 근육들은 다음 충동을 표현할 준비를 마칩니다.

딱딱하게 긴장된 근육의 힘으로만 하는 공연은, 외적 흥분이나 관객의 호응을 얻을 수는 있을지 모르겠지만, 관객의 감정을 꿰뚫는 깊이 있는 반응은 불러일으킬 수 없습니다. "최소의 노력으로 최대의 효과를 내는 것"은 위대한 예술 작품들의 대표적 공통점입니다. 위대한 예술은 그 "진실성"에 뿌리를 둡니다. "최소한의 노력(소리, 감정, 연기 등을 힘들여가며 억지로 짜내지 않는 것)"은 몸과 음성이 진실한 표현을 내면에서부터 외부로 표출하도록, 상상력과 감정의 내적인 과정에 매진할 것을 요구합니다. 심지어 극한 상황을 표현할 때에도, 억지스럽게 애쓰지 않는 편안함이 있을 때, 몸과 음성은 크고 작은 진실성들을 가장 확실하게 표현할 수 있게 됩니다. 최소의 노력으로 최대의 효과를 내는 음성, 즉 진실한 음성으로 발전시키기 위해서, 배우들은 음성과 관련된 근육조직들을 상상력과 감정에 반응하도록 만들어야 합니다. 이제 소개할 연습훈련들이 바로 이것에 관한 것입니다. 아주 간단히 말해서, '음성은 어떻게 작용하는가'에 대해 무의식적이고 부정확한 생각들을, 해부학적으로 더 정확하고 경제적인 생각으로 교체하고, 생각과 감정적 충동에 반응하도록 훈련된 음성으로 교체시키기 시작하는 것입니다.

4단계

4단계에서는, 3단계에서의 경험을 다시 재현하면서, 동시에 새로운 것들을 관찰해야 합니다. 이 과정은 눈을 감고 하십시오. 만약 혼자한다면, 읽거나, 시작하기 전에 미리 녹음을 하세요.

상체를 지지하기 위해서, 척추가 위쪽으로 올라간다는 것을 느끼면서, 편하게 서서 다시 눈을 감으세요. 신체 내부의 근육들을 이완시키기 위해서, 몸 속을 관찰하는 "마음의 눈"이 두개골 꼭대기부터 얼굴의 내부까지 여행하도록 하세요. 얼굴을 감싸고 있는 근육들과 피부를 이완하고, 목을 거쳐 가슴으로 내려갑니다. 마음의 눈이 복부로 내려가고, 내장으로, 아랫배를 통해 골반 아래까지 내려가는 동안, 호흡 때문에 생기는, 작고 피할 수 없는 움직임(들숨과 날숨 때, 배에 생기는 아주 작은 움직임)에 주목하세요. 몸 속에 긴장하고 있는 부분이 있다면 긴장을 푸세요. 근육의 긴장을 푸는 동안에도, 척추가 위쪽으로 움직이는 이미지를 계속 마음속에 그리세요. 그렇지 않는다면, 넘어지겠지요.

상체의 내부 전체가 숨의 움직임에 반응하도록 두세요.

- 호흡기관의 반사적인 움직임에 몸 내부가 어떻게 반응하는지 관찰하세요.
- 그리고 나서, 하품하고 기지개를 켜고 싶다는 깊은 곳에서부터 우러나오는 욕구를 느끼세요. 천천히, 즐기면서, 그 욕구를 받아들입니다.
- 아침에 막 일어난 듯, 아니면 강아지가 하품과 스트레치를 하고 몸을 털어내듯이 하품을 하고 기지개를 켜고 몸을 흔드세요.
- 몸이 어떻게 느끼는지, 당신은 어떤 기분이 드는지 관찰하세요.

이 연습훈련을 하는 동안 당신은 어떻게 신체의 에너지를 배치할 것인가에 대해 의식적인 결정을 내렸을 것입니다. 만약 이 훈련과정을 신체적 정신적으로 자세히 따라했다면, 당신은 아마도 몇 가지 습관적인 근육 반응들을 잠시나마 제거할 수 있었을 것입니다. 당신은 비교적 접하기 쉬운 신체부위에서, 서로 상반되는 감각인 긴장과 이완을 경험했을 것입니다. 이 경험은 보다 접하기 어려운 신체부위(뒤쪽 혀, 횡격막의 중심, 그리고 윗입술 같은 신체부위들)의 긴장을 감지하고, 그 긴장을 풀어주는 능력을 기르는 기초가 됩니다.

긴장을 풀고 이완할 수 있는 능력은 반드시 천천히 구체적인 의도를 가지고 길러져야 합니다. 그렇지 않으면 그로토우스키가 정확하게 꼬집었던, '일반적이고 축 처진 상태'로 퇴화됩니다. "그 누구도, 많은 연극학교에서 가르치듯이, 완전하게 이완할 수는 없다. 완전히 이완된 사람은 축 처진 걸레 같을 테니까." 하지만, 정신적으로 처지게 만드는 '이완만을 위한 이완'과, '무엇인가를 성취하기 위해 이완하는 것' 사이에는 지극히 중대한 차이가 있습니다.

우리의 목표는 불필요한 습관적 긴장을 제거하여, 습관에 의해 생성된 방해작용 없이, 근육들이 충동에 자유롭게 반응하도록 하는 것입니다.

연습

내일부터 2-3일 동안 아침마다 척추를 스트레치하고 이완하세요. 앞서 언급했던 세부적인 사항들에 주목하면서, 당신 골격의 행동습성과 하루동안 일상에서 느끼는 상반되는 긴장과 이완을 관찰하세요.

작업 2일

호흡 자각 : 호흡을 자유롭게

소리의 원천 ... 공기

예상 소요시간 : 45분에서 1시간

숨을 쉬지 않고, 공기 없이 살 수는 없습니다. 호흡은 생명의 근원이며 음성의 근원이기도 합니다. 당신이 지금까지 O OO라는 사람으로 자라난 것처럼, 당신의 호흡 습관도 그렇게 발달해 왔습니다. 진정한 배우의 근본적인 목표는 공연에서 다른 인물(캐릭터)로 재탄생 하는 것입니다. 만들어 내려는 인물(캐릭터) 고유의 행동, 생각, 감정, 호흡에 실제로 부합하는, 행동, 생각, 감정, 호흡을 재현해 내는 것입니다. 만약, 배우의 호흡에 유연성이 없고, 습관적 근육사용의 틀에 매여있다면, 그 배우가 다른 인물로 재탄생하려는 시도에는 깊이가 있을 수 없습니다. 다른 인물의 삶에 들어가고 그 인물의 삶을 살아내기 위해서는 몸 속에 깊이 배어있는 자신의 호흡 패턴을 당분간 잊어버리고, 다른 사람의 정신 상태에서 나타나는 호흡 패턴을 작동할 수 있어야 합니다. 극중 인물이 실제 인물처럼 보이고 그 인물의 목소리가 진실 되길 원한다면, 극중 인물이 처한 상황이 배우의 호흡 속에서 경험되어야 합니다.

이제부터 소개하는 것은 호흡의 정신물리학적인 지형에 대한 안내입니다. 바르게 숨쉬는 방법이란 없습니다. 모든 목적을 다 만족시키는 단 한 가지의 올바른 호흡법이란 없다는 것입니다. 호흡은 목적에 따라 달라질 수 있습니다. 수영선수의 폐는 요가에 심취한 사람이나 오페라 가수의 폐와는 다른 요건을 필요로 합니다. 요가하는 사람, 오페라 가수, 수영 선수를 위해 만든 호흡법은 배우에게는 무용지물입니다. 당신은 내 의견에 논쟁의 여지가 있다고 생각할 지도 모릅니다. 뭐, 굳이 내 의견에 동의하지 않더라도, 이 훈련을 하는데 무리는 없습니다. 하지만, 호흡을 탐구하는 "목적"을 생각해 보세요. 오페라 가수, 수영 선수, 전문적인 요가 수련자를 위한 호흡의 "목적"은 호흡을 조절하는 것입니다. 그럼으로써 갑작스런 충동, 특히 갑작스런 감정적인 충동이 호흡의 리듬(노래의 리듬, 수영하면서 숨쉬는 리듬, 요가의 호흡리듬 등등)을 방해하지 않도록 하는 것입니다. 연기의 목적은 의식적으로 즉흥성을 추구하는 데 있습니다. 배우의 호흡 근육기관은 상상력을 바탕으로 만들어진 존재의 급변하는 생각과 감정들을 잡아낼 수 있어야 합니다. 진실성 있는 표현을 중시하는 배우라면, 반드시, 근육이 아닌, 충동에 의해 호흡 조절이 이루어지도록 해야 합니다. 결국은 상상력과 감정으로 조절하는 것입니다.

다음 단계는, 마음을 열고 즐거운 기대감을 가진 상태에서 해야 합니다. 천천히 각 단계를 거치면서 자신의 경험을 즐기세요. 목표를 성취하는 것에만 매달리지 마세요.

먼저 척추를 탐구하면서 자각과 이완의 상태를 경험했기 때문에, 당신은 이제 호흡 과정을 탐험할 준비가 되었습니다. 호흡기관은 매우 복잡하기 때문에, 이 시점에서 호흡기관이 어떻게 작용하는가에 대한 결론에 성급하게 도달하는 것은 현명한 일이 아닙니다. 그 대신, 통제하지 않으면서 관찰하는 능력을 기르기 시작하세요. 이것의 목표는 습관적인 근육에 의한 통제를 제거하고, 그 대신 불수의적(반사적, 본능적) 과정이 작용하도록 하는 일입니다. 의식이 불수의적 신경계의 작용을 방해하지 않으면서 그 작용을 인지하는 것은 가능하지만, 익숙한 일은 아닙니다. 숨이 들어올 때 배가 밖으로 나오고 숨이 나갈 때 배가 들어간다는 것을 바르게 관찰하고 나서도, 그 관찰한 내용을 "복근을 움직여서 호흡을 조절하는"것으로 대체해버리는 경향이 있습니다. 배를 집어넣어서 숨이 밀려 나가면서 내쉬어지고, 배를 밀어내면서 숨을 들이쉬기 시작할 수 있습니다. 그러나, 이것은 자각한 것을 잘못 사용하는 것입니다.

불수의(반사적, 본능적) 호흡관련 근육은 복잡하고, 섬세하고, 강하며, 몸 깊숙히 있습니다. 수의근(의지대로 움직일 수 있는 근육)을 이용한 통제 및 조절은 크고, 엉성하며, 외적이고, 폐로부터 몇 단계나 떨어져 있습니다. 의식적으로 호흡을 조절하는 것은 감정적 충동과 호흡 사이의 반사관계(reflex connection)를 심각하게 훼손시키고, 내적인 감정을 바꾸는 호흡의 민감성을 파괴하는 일입니다. 반사적인 행동은 모방할 수 없다는 사실에 한번 더 주의할 필요가 있습니다. 자연적인 호흡은 반사적이며, 호흡의 반사적인 가능성(potential)을 회복하기 위해서 할 수 있는 유일한 것은, 억제하고 조절하는 긴장을 없애고, 다양한 자극을 주는 일입니다. 이러한 자극은 우리가 보통 일상에서 사용하는 것보다 훨씬 더 섬세하고, 깊이 있고, 궁극적으로 더 강한 반사행동을 일으킬 수 있습니다. 당신의 호흡관련 근육들은 곧 반응에 민감한 언어 예술의 매개가 될 것입니다.

앉은 자세, 누운 자세와 나중에 비교하는 데 도움이 되도록, 이 호흡 관찰 연습훈련은 서서 시작하는 것이 좋겠습니다.

1단계

신체 자각 연습과 척추 연습훈련을 반복 하세요. 당신을 지탱해주는 그 나무와, 뿌리, 나뭇가지들을 다시 찾으세요.

2단계

척추는 길게 그리고 근육은 이완된 상태로 편하게 서서, 당신의 자각력이 몸 속으로 그리고 아래쪽으로 움직이도록 해서, 당신의 초점이 몸 속 깊이 몸의 가장 중심에 편하게 놓이도록 합니다.

- 숨이 몸 속으로 들어오고 나가는 동안 몸에 나타나는 작은 움직임들에 주의를 기울이세요.
- 무의식적(본능적, 반사적) 호흡의 리듬이 무엇인지 느껴보세요.
- 호흡이 당신에게 무엇을 요구하는지 주의를 기울여 보세요.

매 순간 당신을 살아있도록 해주는 바로 그 숨은—들어오고 나가고, 들어오고 나가는—작습니다.

- 의식적으로 당신이 할 수 있는 것은 계속해서 복부와 어깨, 그리고 아랫 배에서 긴장이 빠지도록 하는 것입니다.

몸이 호흡을 만들도록 하지 말고, 몸을 움직이는 호흡에 주의를 기울이세요, 당신의 자연적인 호흡 리듬은 평상시 당신의 호흡리듬과 다를 수 있습니다.

다음의 호흡 과정을 경험하고 탐구해 보세요.

- 나오는 숨은 내 몸속을 완전히 이완시킨다.
- 들어오는 숨은 내가 기다리면 저절로 알아서 들어올 것이다.

3단계

- 숨이 밖으로 빠져나가도록 합니다.
- 기다리세요–근육을 긴장시키지 마세요!–새로 들숨이 필요할 때까지 기다리세요.
- 숨을 쉬어야 한다는 필요성이 느껴질때 숨이 들어오도록 합니다. 숨이 제 스스로 들어오고, 나가도록 내버려 두세요 (당신이 숨을 "들이쉬지" 마세요)
- 숨이 다시 밖으로 빠져나가도록 합니다.
- 중간에 생기는 잠깐의 공백 동안 긴장을 풉니다. (날숨과 새로 들어오는 들숨 사이에 아무것도 일어나지 않는 짧은 공백이 있습니다. 새로 들숨이 들어오기 직전의 이 짧은 공백 동안 긴장을 푼 상태로 있도록 합니다.)
- 몸 깊은 곳에서 숨이 필요하다는 아주 작은 욕구가 들면 그 욕구에 몸을 맡기고 새로운 숨이 들어오도록 합니다.
- 마음으로 하는, 이 3단계 과정들을 반복하면서 몸 속 깊은 곳에서 일어나는 반사작용을 관찰합니다.
- 날숨이 나가도록 둔다. 기다린다. (숨을 참거나 숨죽이지 않는다.)
- 들숨이 들어오도록 둔다.
- 즉시 날숨이 나가도록 둔다. 몸의 근육이 완전히 이완된 상태로 기다린다.
- 들숨이 들어오도록 둔다. 날숨이 즉시 날아 나가도록 둔다.
- 기다린다.
- 들숨이 들어오도록 둔다. . . 반복
- 2-3분간 이 과정을 계속해서 관찰합니다.

주석... 아주 작은 규모로, 이 숨들은 몸의 가장 중심에 있으며, 매 순간 당신이 살아있도록 유지하기에 충분합니다. 당신이 더 긴장을 풀면 풀수록, 몸을 지탱하기 위해서 교환해야 하는 산소의 양은 더 줄어듭니다. 깊은 명상을 하는 중에는 호흡이 아주 급격히 느려져서 때로는 호흡을 거의 인지 할 수 없다는 사실은 주목할 만 합니다. 걱정과 긴장은 호흡의 빈도를 높이거나 아주 힘들정도로 느리게 만들거나, 혹은 산소의 교환을 더 길고 무겁게 만듭니다. 일상의 편안하고 정상적인 호흡은 보편적인 리듬과 속도를 가지고 있습니다. 다시 말하자면, 각 개인의 습관적인 긴장이 완화되고 본능적이고 무의식적인 과정이 재정립되면, 모든 사람들은 거의 비슷한 호흡 리듬을 가집니다. 하나의 날숨부터 그 다음 날숨까지는 보통 4초정도의 시간이 걸립니다. 물론 이 기본적인 리듬은 욕구의 변화에 따라 깨지게 되지요. 자신의 자연적인 호흡리듬을 1-2분 정도 관찰하고 나면 아마도 한숨을 쉬고 싶다거나 하품을 참을 수 없다는 욕구를 느낄겁니다. 어찌됐건, 모든것을 자각하는 상태에서 자연적 호흡리듬으로 언제든지 되돌아올 수 있는 능력은 아주 중요합니다. (우리가 잠잘 때 하는 호흡을 완전히 이완된 호흡으로 보기는 어렵습니다. 호흡 기관이 느려지는 신진 대사에 반응할 뿐만 아니라, 잠자는 성인을 관찰해보면 수면 중에 스트레스를 처리하는 것 때문에 호흡이 불규칙해지는 것을 볼 수 있습니다. 반면에 갓난아기의 호흡은 우리에게 가르쳐주는 것이 많습니다.)

4단계

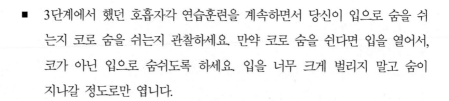

- 3단계에서 했던 호흡자각 연습훈련을 계속하면서 당신이 입으로 숨을 쉬는지 코로 숨을 쉬는지 관찰하세요. 만약 코로 숨을 쉰다면 입을 열어서, 코가 아닌 입으로 숨쉬도록 하세요. 입을 너무 크게 벌리지 말고 숨이 지나갈 정도로만 엽니다.

입이 이완되었으면 날숨은 윗니와 아랫입술 사이에서, 또는 두 입술 사이에서 작은 "ㅍ (fff)"소리를 만들며 지나갈 것입니다.

■ 입술에 침을 바르고 입술 위로 시원한 들숨이 지나가는 것을 느끼세요. 그리고 따뜻한 날숨이 지나가는 것을 느껴보세요. 따뜻한 날숨은 젖은 입술 사이로 느슨하게 "ㅍ (fff)"소리를 만들며 지나갈 것입니다.

"ㅍ (fff)"소리를 억지로 만들려고 하지 말고, 숨이 나가는 것과 입이 이완된 위치에 의해 그 소리가 저절로 생기게 하세요.

사람에 따라서, 어떤 사람은 두 입술 사이에서, 어떤 사람은 윗니와 아랫입술 사이에서 "ㅍ (fff)" 소리가 생길 것입니다. 중요한 것은 그 작은 "ㅍ (fff)" 소리가 당신의 호흡이 몸의 가장 중심에서부터 생겨나서 입의 앞쪽을 통해 나가는 것이며, 이것은 자유로운 소리에서 생기는 현상입니다. 모든 호흡자각 연습훈련은 소리(음성)의 기본 설계도가 됩니다. 모든 호흡 연습훈련을, 말을 할 때처럼 입을 연상태로 하는 것은 아주 필수적입니다.

　휴식을 취할 때, 거리를 걸을 때, 코로 숨쉬는 것이 실용적이고, 보기에도 좋고, 병이나 알레르기에 걸릴 위험도 줄어듭니다. 코는 깨끗하게 걸러진 습한 공기가 비교적 천천히 긴 통로를 지나 폐까지 공급되도록 합니다. 반면에, 말하기를 위해서는 호흡이 빠르게 변화하는 충동에 민첩하게 반응할 수 있어야 하며, 직접적이고 열린 통로인 입을 통한 호흡이 필요합니다. 그러나, 만약 입을 너무 크게 벌리면 호흡은 입의 앞쪽보다는 목구멍에 걸리게 됩니다. 그 결과 "ㅍ (fff)" 소리 대신, "hhhh" 소리가 날 것입니다. 입을 너무 많이 벌리면 소리가 목구멍 쪽으로 쏠리는 현상이 생기고, 자유로운 소리가 나지 않게 됩니다. 배우들에게 있어 코로 하는 호흡은 진실된 대사전달을 막는 역효과를 발생시킵니다.

호흡 자각 연습훈련을 할 때 "숨이 입술 앞쪽으로 나가야 하니까 그쪽으로 내보내야지" 하는 생각과, "만약에 숨이 내 몸속에서부터 자유롭게 뿜어 나온다면, 숨이 몸속에서 밖으로 나오는 동안 숨을 통제하려는 긴장감이 없기 때문에 자연스럽게 입 앞쪽에 도착할 거야' 라고 생각하는 것에는 엄청난 차이가 있습니다. 결과와 도착점에만 연연하지 않고, 먼저 자연스럽고 자유로운 출발점에 마음을 두는 것이 중요합니다.

5단계

- 당신의 자연적 호흡의 리듬에 계속해서 주의를 기울이세요. 이제, 숨이 밖으로 나올때 횡격막이 위로 움직이고, 숨이 들어올 때 횡격막이 아래로 내려가는 모습을 상상해보세요. 당신의 횡격막은 폐의 바닥이 되면서 동시에 배 속 내장의 천정이 되어주는 큰 반구형(둥근 지붕 모양)의 근육입니다. 횡격막의 끝은 흉곽(새장 모양의 갈비뼈들 전체) 가장 아래쪽에 연결되어 있습니다. 횡격막은 우리가 시키는 대로 움직이는 근육이 아닙니다. 그러나, 횡격막의 움직임을 정확하게 머릿속에 그려봄으로써 그 움직임에 영향을 줄 수는 있습니다.

- 입을 살짝 연 상태로 날숨이 작은 "ㅍ (fff)"로 나가도록 둡니다. 당신의 호흡과 호흡을 관찰하는 정신이 몸의 중심부에서 같이 움직이는 것을 느끼세요. 이 둘이 따로 분리된 채로, 머릿속에서 이리저리 통제하고 비평을 하지 않도록 하세요. 당신과 당신의 숨은 하나이며, 당신이 곧 당신의 숨입니다. 날숨이 나올 때, 당신도 함께 나옵니다. 당신과 당신의 숨이 자유롭게 나올 때, 당신의 횡격막은 흉곽(새장 모양의 갈비뼈들 전체)이 있는 위쪽으로 떠오르게 됩니다. 당신과 당신의 숨이 새롭게 들어갈 때,

횡격막은 아래로 떨어지면서 폐가 열립니다. 횡격막이 아래로 그리고 위로 움직이는 두 가지 움직임 모두 횡격막이 자유롭게 풀어지는 듯한 경험을 줄 수 있습니다.

- 각각의 날숨이 "나가고 싶어하는 욕구"를 가지도록 하세요. 당신이 자신의 내면에서부터 빠져나와 세상으로 나가는 것입니다. 각각의 들숨이 들어올 때마다 재탄생을 반기는 느낌을 가지세요. 들숨과 날숨은 자연적인 호흡 내에서 지속되는 연결고리로써 살아갑니다.

  몸 중심부터 부드러운 "안도의 한숨"을 쉬고 싶다는 충동을 느낍니다. - 소리는 내지말고 숨만-

- 단순하고 편한 안도감에 대해 당신의 호흡이 어떻게 반응하는지 관찰해 보세요.

- "안도의 한숨"을 쉬고 싶은 충동에 대한 반응으로 더 많은 양의 들숨이 들어오고, 그만큼 더 많은 양의 날숨이 "ㅍ (fff)"로 나가게 되는 것을 관찰할 수 있을 것입니다. - 입술을 이완한 상태로 유지하세요.

- 다시 의식적으로 '안도의 한숨을 쉬고 싶다'고 생각하세요. 그것에 대한 반응으로 호흡관련 근육들과 횡격막이 어떻게 반응하는지 관찰해 보세요. 당신의 정신(욕구/충동을 보내는 주체)과 감정(욕구/충동을 받는 주체), 그리고 당신의 숨, 이 세 가지 모두가 당신 몸의 중심에 위치하고 있습니다.

- 다시 안도의 한숨을 쉬고 싶다는 충동을 느껴보세요.

- 그 안도감이 몸의 더 아래쪽으로 깊이 내려가는 것을 느껴보세요. 아주 많이 내려가서 거의 골반 바닥까지 도달할 수도 있습니다.

- 안도감과 숨이 하나가 되어 몸 밖으로 나갑니다.

- 내적인 긴장을 푸세요. 새 숨이 들어오도록 두세요.

골반 바닥은 타원형의 골반 둘레 안에 유연한 근육들이 거미줄처럼 얽혀있는 곳입니다(횡격막과 골반 바닥의 연관성에 대해서는 나중에 더 상세히 설명하겠습니다). 지금은, 골반 바닥을 몸통의 가장 아랫부분이자 횡격막에서 약 30cm 정도 아래에 있는 호흡에 반응하는 부분이라고 생각하세요.

당신은 호흡관련 근육에 영향을 줄 수도 있고, 그 근육들을 힘을 써서 많이 움직이게 만들 수도 있습니다. 하지만, 의식적 근육적 조절과 시각적 감정적 충동을 이용한 감정적 조절에 대한 자각을 혼동해서는 안 됩니다.

안도의 한숨

한숨을 쉬는 것과 하품하는 것은 몸이 더 많은 양의 산소 교환을 필요로 할 때 생기는 자연적이고 동물적인 행위입니다. 아기들, 강아지들, 고양이들은 창피해하거나 남의 눈치를 보지 않고, 하고 싶은 만큼 하품을 합니다. 그들은 몸이 산소를 필요로 할 때 소리없이 한숨도 쉽니다. 성인들은 이러한 자연적인 행동을 하지 말라고 교육을 받습니다. 다른 사람 앞에서 하품을 하면 예의가 없다는 소리를 듣거나, 한숨은 속상한 일이 있을 때나 쉬는 것이라고 생각합니다. 상황에 따라서는, 둘 다 창피한 일로 여겨지기도 합니다.

그러나 만약 당신이 이제부터라도 원래의 목적대로 한숨과 하품을 즐기면서 하기 시작한다면, 당신은 몸과 마음에 생기를 불어넣게 될 것입니다. 산소의 원활한 순환은 당신의 몸과 마음의 활력을 좌우합니다. 습관적인 긴장이나 억제 때문에 지금까지 당신의 몸과 마음은 이 필수적인 산소를 덜 공급받아 왔거나 활기를 잃었을 수도 있습니다.

자연적인 음성을 자유롭게 하는 기본적 호흡을 갖추기 위해서는 "큰 숨"과 "안도의 한숨"은 전혀 다르다는 것을 구별해야 합니다. 큰 숨은 만족감을 느끼는 것과 상관없이 근육을 움직여 숨을 만드는 것입니다. 반면에, "안도의 한숨"은 생각-감정과 연결된 충동에 의해 시작됩니다. 생각과 감정을 묘사하는 음성이 아니라, 생각과 감정을 드러내는 음성을 가지고 싶어 하는 하는 배우가 "안도의 한숨"을 연습하는 것은 생각과 느낌, 숨과 음성을 연결하는 훈련입니다. 욕구/충동을 만들어내고 반복할 수 있는 능력은 배우의 예술적 능력 가운데 하나입니다. 호흡과 음성의 기본적 에너지가 되는 (정말로 느끼는) 안도의 한숨을 쉬고 반복하는 것은 이러한 연결관계에 대한 재교육이 됩니다. 이 연습훈련을 반복하는 것은 상상속의 욕구를 만들어 내는 능력을 연습하는 것을 의미합니다.

배우들은 종종 연기할 때 "힘을 빼고 자유롭게"라거나, "긴장을 풀라"는 요구를 받습니다. 종종 그렇듯이, 만약 그 배우가 "조절"하도록 훈련을 받아왔다면, "자유롭게, 긴장을 풀고" 연기하는 것은 불가능할 것입니다. 그 배우의 심리 깊은 곳에는 "긴장을 늦추면 안 돼, 내가 정말 무슨 생각을 하고 무엇을 느끼는지를 보여주는 것은 위험한 짓이야"라는 자기 방어적인 생각이 자리잡고 있습니다. 우리의 원초적인 신경 경로는 그 신경 경로가 가지고 있는 표현력 풍부한 지식보다 "방어와 조절"이라는 부수적 욕구에 오랫동안 끌려 다녔습니다.

안도의 한숨은 이러한 원초적인 충동의 중심에 도달하는 문을 열고, 몸과 뇌사이의 원초적 신경정신적 통로를 다시 열어주는 첫 번째 열쇠입니다. 그 열쇠는 정신적인 것이지만, 신체적 방법으로노 열 수 있습니다. 우리 자신에게 "지유롭게 하라"거나 "긴장을 풀라"고 한다고, 꼭 긴장이 풀리거나 자유롭게 된다는 보장은 없습니다. 이것을 할 수 있기 위해서는 먼저 "자유롭게 하고 긴장을 푸는" 것이 어떤 것인지를 아주 간단하면서도 논쟁의 여지가 없는 방법으로 경험해보아야 합니다. "힘을 빼고 자유로운" 게 무엇인지를 알아내는 데 가장 도움이 되는 것은 바로 중력입니다.

6단계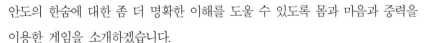

안도의 한숨에 대한 좀 더 명확한 이해를 도울 수 있도록 몸과 마음과 중력을 이용한 게임을 소개하겠습니다.

- 편하게 서서, 한 팔이 어깨와 일직선이 되고, 땅과 평행이 되면서 몸통과 직각이 될 때까지 서서히 옆으로 떠오르게 합니다.
- "내 팔을 중력의 반대방향으로 허공에 떠 있도록 유지시키는 게 뭘까?"라는 질문을 하세요.

나는 종종 내가 가르치는 학생들이 "내 팔이요", "아무것도 아닌 것 같은데요", "그냥 옆으로 떠 있는 거 아닌가?", "하나님" 등의 대답을 하는데, 좀 오랫동안 나는 학생들을 그냥 내버려둡니다. 하지만, 결국에는 "마음(의식)이 팔을 그렇게 떠 있도록 하는 것"에 동의하게 됩니다.

■ 이제 "나는 이 팔에서 내 마음을 빼내야지"라고 생각하세요.

다시, 실패와 도전을 거듭하고 제법 철학적인 대화까지 오고 간 뒤에서야, 학생들은 마음이 팔을 놓아 버리면 결국 팔은 중력에 의해 아래로 떨어진다는 결론에 도달합니다. (몸-마음의 의식consciousness이, 중력이 끌어 당김에도 불구하고 우리를 서 있게 하는 것입니다. 의식(마음)을 잃으면, 우리는 쓰러집니다.)

■ 이제 팔이 떨어지는 것의 특성을 주의깊게 관찰하세요. 떨어질 때 팔은 갑자기, 조절되지 않은 상태로 떨어집니다. 그리고, 어느 정도의 낙하 에너지를 받아 몸의 옆을 치면서 떨어지게 됩니다.

이 관찰은 마음(의식)이 "힘을 빼고 자유롭게" 나가버리면, 그 다음엔 중력이 지배하게 되고, 에너지가 방출된다는 것을 보여줍니다. 이제 이 경험을 안도의 한숨으로 대체해 보세요.

■ 중력에도 불구하고 당신의 팔을 떠오르게 할 수 있을 정도의 에너지를 가지고 있는, 아주 기분 좋고 깊은 안도의 한숨(소리 없이 숨만 나는)을 쉬고 싶다는 욕구를 느끼세요. 안도의 한숨을 쉬기가 어려우면, 어떤 나쁜 일이 일어나려다가 간신히 위기를 모면한 상황을 상상해 보세요. 그

결과로써 몸의 깊은 호흡 부위에서 생겨나는 안도감을 느끼면서 숨이 밀려들어오는 것을 느껴보세요.

■ 이제 마음을 호흡부위에서 분리시키세요. 팔이 몸의 옆쪽으로 떨어질 때 생기는 에너지에 맞먹는 정도의 에너지가 숨으로 방출될 것입니다. 이 한숨은 "힘을 빼고 자유롭게"한 결과로 생겨납니다. 이것의 에너지는 횡격막을 갈비뼈들이 있는 부위까지 떠오르게 합니다.

한숨이 방출하는 에너지는 들어오는 충동의 크기에 의해 결정됩니다. 중력이 도와주지 않는다 하더라도, 팔을 중력을 향해 떨어뜨리는 정신적 경험이 한숨을 성험하는 데에 직접적인 영향을 미칩니다. 중력은 당신의 마음에게 "힘을 빼고 자유롭게" 하는 것이 무엇인지를 가르쳐 줄 수 있습니다.

■ 이제 어깨 쪽으로 반 정도만 팔을 떠오르게 합니다. (한 45도 각도 정도, 혹은 38cm 정도)
■ "내 팔을 중력의 반대 방향으로 허공에 떠 있도록 유지시키는 게 뭘까?" 라는 질문을 해보세요.
■ 답은 마찬가지로 "내 마음(의식)"입니다.
■ 당신의 팔에서 마음(의식)을 빼 보세요.

당신의 팔은 갑자기 중력에 따라 떨어지게 될 것입니다. 팔은 어깨 높이에서 떨어뜨렸을 때의 절반의 힘으로 당신의 몸 옆쪽을 치면서 떨어질 것입니다.

■ 이 경험을 중간 크기의 안도의 한숨(소리 없이 숨만 나는)을 쉬는 것으로 대체해 보세요.

중간 크기의 안도감에 대한 충동이 몸과 마음 속으로 중간 크기 용량의 공기를 가지고 들어갑니다. 그리고 자유롭게 방출할 때 중간 크기의 날숨이 나갑니다. 이것은 "자유롭게 방출하는" 것입니다. 이때 방출되는 에너지는 아주 갑작스럽게 나가고 의식적 근육에 의해 조절되지 않습니다. 횡격막은 떠오르지만 아주 많이 떠오르지는 않습니다.

- 마지막으로 팔은 움직이지 않고, 손만 손목에서부터 떠오르게 해보세요.
- "내 손을 중력의 반대방향으로 허공에 떠 있도록 유지시키는 게 뭘까?"라는 질문을 해보세요.
- 답은 마찬가지로 "내 마음(의식)"입니다.
- 당신의 손에서 마음(의식)을 빼 보세요.

당신의 손은 갑자기 중력에 따라 떨어지게 될 겁니다. 손은 의식적인 조절을 없이 작은 에너지를 가지고 당신의 몸 옆쪽을 치면서 떨어질 것입니다.
- 이 경험을 몸의 중심에서 생성되는 아주 작은 안도의 한숨(소리 없이 숨만 나는)을 쉬는 것으로 대체해 보세요.

이 호흡이 얼마나 내적이고 작은지에 관계없이 이 숨은 해방감, 안도감, 자유로움을 가지고 나갑니다. 이때 방출되는 에너지는 아주 작지만 자유롭습니다. 횡격막은 횡격막의 가장 중심부에서 아주 작게 위로 움직입니다.

자연적인 호흡의 리듬은 자유롭고 통제되지 않으며 무한한 섬세함을 가지고 있습니다. 이 연습훈련은 몸-마음이 자유로운 방출로써의 의사소통과, 말하고 싶어하는 자유로운 욕구의 부산물로써의 의사소통을 경험하도록 하는 것부터 시작합니다. 즐거운 안도의 한숨에서 시작해서, 나중에는 우리가 고통스럽고 큰 감정들을 표현할 때도 그것이 자유롭게 방출되도록 할 것입니다. 중력을 스승이라 생각하세요.

7단계

불필요한 에너지를 소모하지 않으면서 호흡과정을 관찰할 수 있게, 바닥에 등을 대고 누운 자세에서 하는 것이 좋겠습니다. 몸이 완전히 이완되었을 때 호흡이 어떻게 작용하는지에 모든 주의를 기울이세요.

> 다음의 연습훈련은 읽지 말고 들으면서 진행하세요. 녹음을 하고 따라하든지, 아니면 친구에게 천천히 읽어달라고 부탁하세요.

- 바닥에 등을 대고 누운 상태에서 몸 전체를 중력에 맡기세요.
- 마음을 발바닥으로 보내고 발가락과 발을 이완한다고 생각해서 발이 발목에서 무겁게 떨어진 것 같다고 상상하세요.
- 발목 관절에 공기가 가득 차 있다고 상상하세요.
- 종아리 근육을 이완시켜서 살, 피부, 근육이 뼈에서부터 서서히 녹아내리듯 느껴집니다.
- 무릎 관절에도 공기가 가득 찼다고 상상하세요.
- 허벅지 근육을 이완하고, 살, 피부, 근육이 허벅지 뼈에서 녹아내리는 듯이 느껴집니다. 엉덩이 관절과 골반 관절에 공기가 가득차서 다리가 더 이상 몸통에 연결되지 않은 것 같다고 상상하세요.
- 엉덩이 근육, 골반 근육, 괄약근, 아랫배 근육들 모두가 녹아 없어진다고 상상하세요.
- 척추가 꼬리뼈부터 두개골까지 중력에 몸을 맡기는 것에 주의를 기울여

보세요.

- 허리 뒤쪽에 살짝 떠 있는 부분의 긴장을 풀고, 그곳에 자연적인 곡선이 생기는 것을 자각하되, 그것을 억지로 펴려고 하지 마세요.
- 복부 전체가 풀어지고 녹아서 이완되도록 하세요.
- 양쪽 어깻죽지와 그 뼈가 척추를 사이에 두고 서로 점점 멀어집니다.
- 갈비뼈들이 뱃살처럼 부드럽다고 상상하세요. 갈비뼈들이 중력에 몸을 맡기고 호흡을 따라 자유롭게 풀어지도록 합니다.
- 몸통이 바닥을 따라 사방으로 자유롭게 풀어지는 것을 상상해 봅니다.
- 어깨 관절에 공기가 가득차서, 팔이 마치 어깨에 연결되지 않은 채 놓여 있는 것 같다고 상상합니다.
- 무겁게 바닥에 놓여 있는 팔과 손의 무게에 주의를 기울입니다.
- 손가락들에 주의를 기울입니다.
- 당신의 마음의 눈이 팔을 따라 올라가서, 어깨를 지나, 목으로 거슬러 여행하도록 합니다.
- 목에 있는 경추들이 중력에 무게를 맡기도록 하고, 목에 있는 7개의 척추뼈들이 자연적인 곡선을 그리는 것에 주목하되, 그것을 억지로 펴지 마세요.
- 목구멍에 긴장을 푸세요.
- 바닥에 놓여있는 머리의 무게에 주의를 기울이세요.
- 턱에 있는 근육들이 귀 바로 뒤쪽으로 이완해서, 아랫니와 윗니가 서로 맞물리지 않도록 합니다.
- 혀가 입속에서 이완해서 혀가 입천장을 밀고 있는(혓바닥이 입천장에 닿은 상태로 입천장을 미는) 상태가 되지 않도록 합니다.
- 얼굴 근육들에 주의를 기울이고 이 근육들이 풀린다고 상상하여 얼굴의 피부가 무겁게 얼굴뼈 위에 덮여 있도록 합니다.

- 뺨을 이완하고, 입술, 이마, 눈꺼풀도 긴장을 풉니다.
- 머리를 둘러싼 근육을 이완합니다.
- 이제 바닥에 완전히 긴장이 이완된 상태로 놓여있는 당신의 몸속을 여행하며 주의를 기울이도록 합니다.
- 마룻바닥에 당신의 몸이 녹아버릴 수도 있다고 상상해보세요.
- 이 상태로 잠시 동안 머물면서 이 느낌을 즐겨봅니다.

이제 완전하게 이완되어 움직임이 없는 당신의 몸 중심에서 숨이 들어가고 나감에 따라 생겨나는 작은 무의식적인 움직임이 있다는 것에 주의를 기울이세요.

- 긴장을 풀고 입이 열리게 합니다. 침으로 입술을 적시세요. 바깥으로부터 시원한 공기가 입을 통해 들어와, 몸의 중심 아래쪽으로 여행하고, 다시 몸의 중심에서 방출되어 따듯한 공기로 몸 밖으로 빠져나가는 것을 느껴보세요.
- 힘을 뺀 손 하나를 몸의 중심(이 단계에서는 몸의 중심이자 숨쉬는 곳을, 흉곽 아래와 배꼽의 중간쯤으로 규정하겠습니다. 당신의 손이 얹어져 있는 부분은 "복부의 벽"이라고 부르는 곳입니다.)에 얹어서 몸속에서 일어나는 현상을 바깥에서 느끼도록 해보세요.
- 숨이 나갈 때, 복부의 벽이 땅쪽으로 떨어지면서 당신의 손 아래에 있는 부분도 같이 내려갑니다.
- 이제 크고 아주 깊은 안도의 한숨(소리 없이 숨만)을 몸의 아주 깊은 곳에서부터(그 안도감이 사타구니까지 내려가서 골반 바닥을 움직일 정도로) 쉬고 싶다고 느끼면서 숨이 들어가게 두고, 그 느낌과 당신의 숨이 바로 몸 밖으로 빠져나오도록 내버려둡니다.

- 이제 숨쉬는 곳은 배꼽 아래까지 내려갔습니다. 아랫배와 복부의 벽도 한숨의 크기에 따라 움직이는 양이 달라집니다.

주석... 이 연습훈련에서는, 날숨이 나갈 때 근육의 완전한 이완효과를 극대화하기 위해 중력의 도움을 받고 있습니다. 복부 전체가, 갑자기 중력에 팔을 맡기며 떨어뜨릴 때 나타나는 현상과 마찬가지로, 어떠한 통제나 조절 없이 갑자기 떨어질 수 있어야 합니다. 당신의 몸-마음에게 호흡과정을 단순히 중력에만 맡겨보라고 시킴으로써, 당신의 몸-마음이 호흡과정 중의 신체적 통제를 포기할 자세가 얼마나 되어있는지 시험해 볼 수 있습니다. 당신이 모든 통제를 다 제거하기 전에는, 당신은 여전히 습관적이고 무의식적인 통제에 매여있게 되므로, 필요할 때만 선택해서 통제하는 것이 불가능합니다.

따라서, 연습훈련은;

- 안도감 느끼면서 들숨이 들어오도록 돕다. (보통의 충동)
- 그 숨이 통제받지 않고 자유롭게 몸 밖으로 날아 나가도록 합니다. (결과로서 생겨나는 의사소통)
- 더 크고 깊은 안도감에 대한 충동이 더 큰 호흡을 경험하게 만듭니다.
- 마룻바닥에 누워있는 상태에서, 숨이 들어올 때 횡격막이 골반바닥을 향해 퍼지고 숨이 나가는 것과 동시에 갈비뼈들 쪽으로 떠오르면서, 각기 다른 충동에 따라 변화하는 횡격막의 움직임들을 관찰해 보세요.

충동이 호흡을 움직이고, 호흡이 몸을 움직이는 것을 관찰해 보세요.

여기에 제시한 내용대로 생각한다면, 불수의(반사적, 본능적) 신경계에 의해

행해지는 이 경제적인 호흡에, 불필요한 노력을 더하지 않을 수 있습니다.

■ 호흡의 중심부(몸의 중심부)에 전해지는, 평상시에 우리가 갖는 다양한 충동의 강도를 탐구하세요. 먼저, 자연적 호흡의 리듬에서 시작해서, 작고 만족스러운 한숨들로, 거기서 좀 더 크고 고마워하는 한숨으로, 그리고 아주 크고 깊은 안도의 한숨으로 충동의 강도를 바꿔가며 관찰해 보세요. 여러 가지 다른 상황들을 상상해서, 각각 다른 강도의 한숨들이 생기도록 하세요.
■ 자연적 호흡으로 돌아와서 긴장을 풉니다.

8단계

■ 척추의 움직임과 근육의 이완상태를 신체적으로 자각하면서, 천천히 바닥에서 일어나 두 발로 섭니다. 머리 부분이 가장 마지막에 올라옵니다.

바르게 서서, 마루에 누워 있는 동안 느꼈던 이완상태를 얼마나 유지할 수 있는지 살펴보십시오. 예를 들자면;
■ 마룻바닥이 아직도 당신의 등을 받쳐주고 있다고 상상합니다.
■ 누워있었을 때처럼 복근을 아주 느슨하고 물렁물렁하게 놓아둡니다.
■ 중력이 몸의 뒤쪽을 받쳐주고 있다고 상상하면서, 숨이 나갈 때 복부의 벽이 몸의 뒤쪽을 향해 떨어지도록 합니다.
■ 당신의 자연적 호흡의 리듬을 관찰합니다.
■ 누웠을 때와 섰을 때 호흡에 어떠한 차이점이 있는지 관찰합니다.
■ 지금은, 횡격막이 수평이 아닌 수직으로 움직이는 것을 관찰합니다.

■ 지난번에 서 있는 동안 호흡에 대해 자각하면서 관찰했을 때와 지금의 호흡 사이에 다른 점은 없는지 관찰합니다.

맞는지 틀리는지에 관심을 두기보다는, 달라진 무언가를 경험했는지에 대해 이해하려고 노력하세요:

특히 몸의 어느 부분이 호흡에 대해 반응하면서 움직였나요? 갈비뼈? 등? 옆구리? 배? 사타구니인가요? 내적인 움직임이었나요, 아니면 외적인 움직임이었나요?

이전과 비교했을 때 더 좋다고 느낀 점이 있나요? 더 나쁘다고 느낀점은요? 기분은 어떻습니까?

몸의 어느 부분에서 숨이 나옵니까? 숨이 어디로 갑니까?

숨이 들어올 때 횡격막이 아래로 떨어지는 게 느껴집니까? 숨이 나갈 때 횡격막이 갈비뼈들(흉곽) 쪽으로 떠오르는 게 느껴집니까?

좀 더 깨어있는 기분이 듭니까? 졸립니까? 혼란스러운가요?

새로운 걸 발견한 건 없습니까?

나는 이 질문들에 대한 답을 가지고 있지 않습니다. 당신이 그 답을 가지고 있습니다. 여러분 각자가 이러한 질문들을 끊임없이 스스로에게 던짐으로써 자신만의 진정한 본질적 경험을 통해 얻는, 진실된 지식을 계속해서 늘려가는 것이 중요합니다. 자기 자신을 훈련시키면서 가장 힘든 것은, 새로운 경험을 받아들이는 것입니다. 대부분의 사람들은 자신이 만든 생활의 조건들에 아주 많이 집착합니다. 왜냐하면, 자기만의 생활의 조건들이 자신을 오늘에 이르게 해주었고, 안전하고 믿을 만하다고 느껴지기 때문입니다. 만약 당신이 경험한 새로운 감각이나 감정에 대해 질문을 하고 그 질문에 대해 조리있게 답변할 수 있도록 계속해서 연습을 한다면 당신은 두 배 이상으로 새로운 것을 빨리 배우고 두 배 이상 빨리 자신을 바꿔 나갈 수 있을 것입니다. 전에 언급했듯이, 우리의 마음은 깊이 있는 변화를 꺼리고, 현상태를 유지시키려고 빗나간 게임을 하곤 합니다. 우리는 지금 반드시 자발적이고 무의식적이어야 하는 기능들을 다루고 있습니다. 이렇게 어느 정도까지 몸에 밴 습관을 바꾸는 데에는 아주 대단한 각오가 필요합니다. 연습훈련들에서 얻은 새로운 경험들은 일상보다 더 깊은 의식의 단계에 있습니다. 이런 새로운 경험을 말로 표현함으로써 그 경험은 보다 친숙한 단계로 발전하게 되고, 그 경험은 더 단단한 인상을 남기면서 강화되게 됩니다. 정도의 차이는 있지만, 다음은 내가 가르치는 수업시간에 종종 발생하는 장면입니다. 이 대화는 의식(마음)이 변화로부터 도망가려는 방법 몇 가지를 잘 보여주고 있습니다. 이 학생은 이번 단계와 지난 단계를 거치면서, 그결과 몸안의 호흡이 깊어지고 자유로워지고 힘이 덜 들어가는 것이 눈에 띄게 드러납니다.

나: 느낌이 어때?

학생: 괜찮아요. 좋아요.

나: 무엇이 느껴지니?

학생: 정확히 모르겠는데요.

나: 어떤 차이점들이 느껴지니?

학생: 글쎄요. 별로. 어지럽고, 속이 메스꺼워요.

나: 호흡은 어때?

(침묵)

호흡이 몸 어떤 부위에 영향을 주는 것 같이 느껴지니?

학생: 아. 예. 훨씬 편해요.

나: 어디가?

학생: 잠깐만요. 되짚어 봐야겠는데요. 음—예−저기, 내 등 아래쪽에서 호흡을 느껴본 적이 없어요. (배이든 혹은 다리이든, 그건 중요치 않습니다.)

나: 지금은 거기가 어떤 것 같은데?

학생: 글쎄요, 어쩐지 내가 엉덩이(골반, 무릎, 혹은 등)로 숨쉬는 것 같아요.

나: 그래. 좋아.

학생: 이게 맞는 건가요?

나: 네가 그렇게 느낀다면 지금은 그걸로 충분해.

학생: 하지만, 엉덩이로 숨을 쉰다는 게 맞는 거예요?

그러고 나서, 아마도 학생들과 나는 몸을 수평으로 이등분하는 횡격막까지 폐가 내려간다는 것에 대해 얘기하고, 따라서, 숨이 들어갈 때 횡격막이 내려가고, 그로 인해 배가 내려가고 횡격막이 배 속의 내장들을 아래로 밀기 때문에 호흡에 의해 몸통 아래쪽에 아주 많은 움직임이 일어난다는 것에 대해 토론합니다. 이러한 움직임은 몸의 앞부분에만 국한된 것이 아니기 때문에, 호흡과 관련된 모든 신체기관을 사용할 수 있도록 하기 위해서는 아래쪽의 척추까지도 반드시 긴장으로부터 자유로워야 합니다. 척추는 아주 큰 숨이 들어올 경우 몸속에서 폐가 팽창할 수 있는 공간을 만들어주면서 길어지고, 숨이 나감과 동시에 다시 짧아집니다. 이러한 척추의 움직임은 서 있을 때에는 거의 느낄 수 없지만, 엎드려 누운 자세에서는 쉽게 관찰할 수 있습니다.

내가 연습 과정에 대해, 학생들이 귀찮아 할 정도로 질문을 하는 중요한 이유는 바로 일반적인 전체 연습훈련 과정 가운데에서 하나라도 구체적인 점을 지적해내고 학생 스스로가 구체적으로 이야기함으로써 더 자연적으로 그리고 의식적으로 배우도록 하기 위해서입니다. 새로운 경험으로부터 주의를 다른 곳으로 돌리려는 수단으로 학생들은 보통 다음과 같이 반응하곤 합니다. 첫 번째로 "예. 좋아요."라고 대답하는 경우의 학생들은 내가 그 대답에 흡족해하면서 더 이상 그 학생들에게 주의를 기울이지 않고 그냥 넘어가기를 기대하는 경우가 많습니다. 두 번째 반응은 "모르겠는데요."인데, 이 경우는 대부분 "내가 느낀 것은 개인적인 거니까 굳이 이야기해서 개인적인 경험을 망칠

필요는 없잖아요"라고 생각하고 있는 경우이며 이런 경우는 대부분 대화를 거부하는 성향이 강합니다. 세 번째 경우는 회피하려는 성향인데 다음과 같이 해석될 수 있습니다. "나는 좋은 쪽으로 변화한다고 인정하고 싶지 않아요. 변화보다는 지금 불편하고, 어지럽고, 짜증난다는 느낌이 난다는 것에 더 집중할 거예요."라고 생각하고 있는 경우입니다.

주석... 수업이나 연습훈련 중에 어지럽거나 구토증상이 느껴질 때, 이런 증상을 내 몸의 유용한 혼란상태에 대해 몸이 보내는 신호로써 받아들일 줄 알게 되면, 자신의 몸을 새롭게 사용하는 방법들을 터득할 수 있게 됩니다. 그러나 만약, 새로운 경험에 대한 두려움이 앞서서 구토를 하거나 그냥 주저앉아 버린다면 여러분은 새로운 경험을 할 기회로부터 아주 성공적으로 도망쳐 버리는 것입니다.

극도로 소심한 사람들 중에는 긴장을 완화하는 것, 그리고 그로 인해 강력한 자율신경에 폐를 완전히 맡겨버리는 것이 자신의 존재 전체를 뒤집는 듯한 경험이 될 수 있습니다. 그래서 잠시 어지러운 상태가 되는 것이지요. 이런 사람들이 몇 차례 쓰러지고 나면 그 뒤에는 이 과정에 익숙해져서 좀 더 버틸 수 있는지, 멈추어야 할 지 아니면 이 순간 가장 흥미로운 것에 (예를 들면 현재 하고 있는 연습훈련 자체에), 계속 주의를 기울일 수 있는지를 스스로 알게 됩니다. 좀 냉정하다고 생각될지 모르지만, 이런 과정에 부딪치지 않고서는 큰 변화나 발전은 영영 없을 것입니다. 그러나, 자유로운 호흡을 하려면 쓰러진다거나 토한다거나 하는 것이 꼭 필요한 것은 절대 아니라는 점을 강조하는 바입니다.

오랫동안 누워있다가 일어서면 균형 매커니즘의 변화로 인해 어지러운 것은 당연합니다. 또한 아주 깊은 이완 상태에서는 더 많은 산소가 몸 속에 들어오고 나가면서 더 많은 혈액순환이 뇌와 심장에서 일어나기 때문에 몸의 화학적이고 선천적인 상태를 변화시키므로 약간의 현기증을 느끼게 됩니다. 이 발성

훈련 과정에서 현기증은 좋은 현상이라고 볼 수 있습니다. 왜냐하면 현기증을 느꼈다는 것은 무엇인가 몸 속에 변화가 있었다는 것을 의미하기 때문입니다. 학생들에게서 반응이나 생각을 끌어낼 때, 우리들이 보통 우리가 잘한 것보다 못한 것을 끄집어내리는 성향, 항상 스스로를 평가하려드는 경향, 자신을 깎아내리는 경향을 가지고 있는데, 나는 이런 성향들을 학생들 스스로가 감지하고 이런 자세를 버리는 방법들을 가르치려고 노력합니다. 내가 "기분이 어때?"라고 물으면 답변들은 보통 다음과 같습니다. "바닥에 누워 있으니까 추웠어요." "일어섰을 때 등이 아팠어요." "다리가 후들거려요." "내 뼈들을 그런 식으로 머릿속에 그려보는 게 싫었어요." "잠이 들어버려서 하나도 못 들었어요." "일어서니까 다시 몸이 경직됐어요." 위의 경우들 하나하나가 학생들에게는 중요하게 느껴질지도 모르지만 이 중에 호흡에 관한 연습 훈련과 직접적으로 관련이 있는 대답은 하나도 없습니다. 그렇다면, 나는 다음의 질문을 합니다. "지금 얘기한 것들이 이렇게 오랫동안 했던 호흡 인식 연습훈련 과정 중에서 가장 흥미있는 점이었다는 거냐?" 내가 자극하고 생각하도록 동요시키면 학생들은 결국에는 다음과 같이 답변을 합니다. "보통 때보다 훨씬 더 많은 숨이 들어오는 걸 느꼈어요." 혹은 "정말로 안도의 한숨을 쉬기 시작했을 때 온갖 색깔들이 보였어요." "울음이 터질 것 같았어요."

여기에서 내가 무엇보다 먼저 가르치려 하는 것은 아무리 사소한 것이라도 신선하고, 새롭고, 흥미로운 것이 있다면 반드시 그것에 대해서 구체적으로 이야기하도록 하는 것입니다. 그렇게 하고 난 후에 문제점이나 불편했던 점들에 대해서 이야기해도 늦지 않습니다. 의식적인 변화(변화를 스스로 자각할 수 있으려면)를 위해서는 먼저 모든 새로운 경험들을 인식할 수 있어야 합니다. 그렇지 않다면 새로운 경험들은 그냥 지나가 버리고 낡은 습관들이 다시 자리잡게 됩니다. 가장 끈질긴 낡은 습관 중 하나가 바로 오랫동안 자기도 인식하지 못하는 사이에 조용히 "틀렸잖아" "넌 절대 못 할 거야." "넌 똑똑

하지 못해." "넌 잘 할 만한 재능이 없어." "선생님이 가르쳐준 내용을 이해 못 했지?" 등의 말들이 자기 머릿속에서 계속 반복되는 것입니다. 오래전에 선생님이나 부모님으로부터 들은 부정적인 말들이 민감한 마음속에 박혀서 그 이후로부터 어떠한 작은 실수도 그냥 넘기지 못하게 되면서 이런 습관이 생기기도 합니다. 내가 가르친 연습훈련들을 제대로 못 따라왔을 수도 있다는 가능성으로부터 자신을 보호하기 위해, 연습 훈련에 대한 간단한 질문에 대해 엉뚱한 문제점들을 제기함으로써 질문을 비껴가는 것입니다.

만약 여러분이 계속해서 새롭고 신선하고 흥미로운 것을 찾아내고, 그것들에 대해 구체적으로 이야기하는 습관을 길러나간다면, 이런 오래된 부정적인 습관들을 긍정적인 습관으로 교체할 수 있습니다. 수업을 하면서 잘 안 되고 불편한 것들에 대해 자신을 질책하는 대신, 연습 훈련 중에서 자신이 경험한 흥미로운 것들을 자축하고 격려하세요. 축하하자—자책하지 말자가 슬로건입니다. 이것은 반드시 모든 과정이 훌륭하고, 깊은 의미가 있고, 내가 몰랐던 뭔가를 드러내주는 경험들만이 되어야 한다는 것은 아닙니다. 변화라는 것은 작지만 점점 더 커지는 단계들을 거치며 생겨나고, 이런 단계들은 긍정적인 자각에 근거해야 한다는 말입니다.

그러므로 나는 여러분이 자유로운 호흡에 대한 기초적인 자각을 경험하고 탐구하면서, 조금 전의 연습훈련 중에 경험했던 새롭거나(지금까지 한번도 경험해보지 못한것), 신선하거나(익숙한 듯한 느낌이지만 갑자기 신선하게 다가오거나, 전에 알았던 것이 갑자기 다른 각도에서 보이는 것), 흥미로운 것(당신의 흥미를 유발시켰거나 혹은 다시 생각해보게 만든 것)들에 대해 자축할 것을 권합니다. 만약 반대의 것을 한다고 생각해 보세요. 여러분은 재미없고, 고리타분하고 지루한 점들에 대해 평가하고 있겠지요.

이 연습훈련에서 불수의 신경이 가장 일을 잘한다고 언급했었습니다. 그 말은 결국, 여러분의 호흡이 원하는 것을 하도록 허락해 준다면, 여러분이 의식적으로 숨을 통제하거나 유지하거나 할 필요가 없다는 것입니다. 궁극적으로 호흡을 통제한다는 것은 생각과 감정을 통제한다는 것입니다.

스스로에게 "숨을 들이쉬어라", "숨을 내쉬어라", "숨을 한번 들이쉬어라", "숨을 마시고" "내뱉어라" "숨을 고른다" 같은 동적인 메시지를 보내지 말고, 수동적인 메시지, 예를 들면 "숨이 날아 들어오게 둔다." "숨이 빠져나가게 둔다" 같은 메시지를 사용하도록 합니다. 호흡과 관련된 명사를 사용하는 경우에도 "숨 들이마시기" "숨 내뱉기" 같은 표현은 쓰지 말고 "들어오는 숨; 들숨" "나가는 숨, 날숨"의 표현을 사용합니다. 여러분이 사용하는 호흡과 관련된 언어부터 바꾸지 않으면, 여러분의 호흡 습관은 바뀌지 않을 것입니다. 처음에는 시간이 걸리지만 일단 습관과 인식을 바꾸면, 숨을 의식적으로 조절하는 것보다, 자연적인 이 새로운 방법이 훨씬 더 효과적이라는 것을 알게 될 것입니다.

연습

척추와 호흡 연습훈련을 2-3일 동안 하세요. 근육이나 몸의 긴장에 주의를 기울이세요. 그리고 긴장을 풀고 이완하세요. 당신의 하루 일과나 그날 있었던 일들이 어떻게 당신의 호흡에 영향을 미치는지 관찰하세요. 숨을 멈추거나 숨을 고르고 있나요? 왜 그렇죠? 당신이 완전히 이완하고 자연스럽게 숨을 쉴 때 어떤 느낌이 드는지 관찰하세요. 여러분의 친구인 '안도의 한숨'을 잘 이용하세요.

관찰한 것들은 반드시 기록하세요.

작업 3일

첫 소리 : 소리의 접촉

첫 바이브레이션(울림) ... 연못

예상 소요시간 : 1시간, 또는 그 이상

이 장과 다음 장들에서 내가 끈질기게 주의를 기울일 부분은 소리를 청각적인 면에서 평가하는 것에서 방향을 바꿔서, 시각적 감각적으로 평가하는 것입니다. 발성 훈련에 있어서 소리의 질을 평가하기 위해 청각적인 면에 의존한다면, 머리와 가슴이 분리될 것입니다. 즉, 감정이 지적인 능력에 의해 모양을 갖추게 되는 게 아니라, 지적인 능력에 의해 검열을 받게 되는 것입니다. "소리의 접촉"이라는 용어를 통해서 내가 말하고자 하는 것은 "몸속에서의 소리의 진동(울림)을 느끼는 것"입니다. 우리는 먼저 숨, 감정, 그리고 충동이 살고 있는 몸의 중심에 존재하는 또 하나의 요소로서, 소리를 탐구할 것입니다. 소리의 가장 근본이 되는 원동력은 충동입니다. 그리고 소리의 기본 재료는 바로 숨입니다. 목에 힘을 주는 것을 예방하기 위해서, 소리와 숨이 몸의 중심에서 나온다고 생각하는 것이 도움이 됩니다. 이것을 위해서, 당신의 무한한 상상력을 이용할 준비를 하십시오. 사람들은 소리가 얼굴 바로 뒤에서 만들어진다는 통념을 무의식적으로 받아들이는 경향이 있습니다. 생각해보지도 않고, 목에서 소리가 만들어지고 그 소리가 턱을 지나서 밖으로 나온다는 그림을 머릿속에 가지고 있습니다. 이제 당신은 당신이 생각했던 곳보다 18인치 정도 더 아래쪽에 의사소통의 중심부가 있다는 것을 발견하게 될 것이고, 소리의 통로는 4인치에서 6인치 정도 더 위쪽에 있다는 사실을 발견하게 될 것입니다.

지금까지 나는 당신이 당신의 몸에 대해 자각하는 기본적인 과정과 호흡에 대해 자각하게 되는 과정으로 이끌었습니다. 이제 앞으로 더 나갈 것이고, 이 과정에서는 상상력을 이용하여 이미지를 떠올리는 일(상:imagery을 이용하는 일)이 더욱 더 많이 필요하게 될 것입니다. 이 시점에서, 의식의 창조(the creation of consciousness)에 있어서, 몸과 감정의 상관관계를 재조명한 신경과학자 안토니오 다마지오에 대해 다시 언급하겠습니다. 종종, 이것은 배우가 무대 위에서 경험하는 여정, 즉 연극의 순간성, 각 단계에 순간적으로 일어나는 일들을 배우가 구체화하는 과정을 암시하기도 합니다. 그의 책 "The Feeling of What Happens"에서 그는 'Core consciousness: 핵심 의식'이라는 용어를 사용합니다.

> "('Core consciousness: 핵심 의식'은) 유기적 조직에 어떤 한순간— 현재, 바로 지금 —, 그리고 한 장소— 바로 여기— 에서 느껴진 존재감을 전달한다. 핵심 의식의 범위는 바로 지금, 여기이다. 핵심 의식은 미래를 반영하지 않으며, 그것이 희미하게나마 보여주는 과거는 바로 조금전에 일어났던 일이다. 여기 말고는 다른 장소는 없으며, 과거도 없으며, 미래도 없다." (p.9)

학생들을 가르칠 때 나도 자각이라는 단어를 일반적으로 사용하기는 하지만, 내 생각에 안토니오 다마지오의 "핵심 의식"이라는 용어는, 살아있고 아주 민감하게 깨어있으며 인식이 열려있는 상태, 즉 창조성을 향한 발사대로써 배우들이 열망하는 그러한 상태를 의미한다고 생각합니다. 그것은 "연장된 의식"의 기반이 되며, 상상력 훈련의 기반이 되기도 합니다(다마지오). 소리의 접촉은 '지금 바로 여기 이 순간'에 근거를 두는 상상력을 단련하는 연습훈련입니다.

다음의 연습훈련에서, 나는 여러분의 소리가 자유로워지도록 자극하고 돕기 위해 여러분의 상상력을 이용하라고 할 것입니다. 상(이미지,imagery)은 몸의 언어입니다. 상상력은 연기의 언어입니다. 만약 여러분이 발성훈련을 할 때 주기적으로 상(imagery)을 적용한다면, 여러분은 머리속에만 매여있던 상상력을 해방시켜서 당신의 상상력을 신체 영역으로 확장 이동하도록, 신체와 마음의 연결관계를 구축하게 됩니다. 이미지들은 감정을 유발시키고 충동을 촉발시키기도 하고, 행동을 유발하기도 합니다. 머리속에만 머물고 있는 상상력은 배우에겐 별 쓸모가 없습니다(나는 그런 상상력을 '허구'라고 봅니다). 그러나 몸 속에 살고있는 상상력은 연기를 위한 필수 요소입니다. 몸 속에 있는 상상력은 마치 근육이 운동하고 단련되듯이 훈련되고 발전될 수 있습니다. 상상력이 배우의 몸 속에 유기체로써 살아있어야만 비로소 그 배우는 하나의 통일된 존재로써 관객 앞에서 연기할 수 있습니다. 여러분이 평소에 자신의 몸과 소리를 단련하는 방식에 따라, 무대 위에서 여러분의 몸과 소리의 능력은 달라질 수밖에 없습니다. 나는 상(imagery)이 단지 시각적인 것에만 국한된다고 보지 않습니다. 다른 모든 감각들도 상(imagery)을 몸과 마음에 연결시켜 줍니다. 특히 후각과 촉각은 기억이나 감정을 유발시키는데 아주 효과적인 감각들입니다. 안토니오 다마지오를 더 인용하겠습니다.

나는 의식의 문제가 아주 밀접한 두 가지 문제들의 복합체라고 본다. 첫 번째 문제는 인간이라는 유기조직 속의 뇌가 어떻게 우리가 "물체의 이미지"(딱히 더나은 표현이 없으므로 물체의 이미지라고 쓰겠다) 라고 부르는 의식 패턴을 유발하는지에

대한 이해의 문제(problem of undrstanding)이다. 여기서 내가 "물체"라고 하는 것은 사람, 장소, 멜로디, 치통, 황홀감 등 광범위한 실체들을 의미하고, "이미지"라고 하는 것은 감각양식들에 속하는 의식패턴들, 예를 들자면 소리 이미지, 촉각 이미지, 건강하다고 느끼는 상태의 이미지등을 의미한다. 이런 이미지들은 그 물체의 신체적 양상들을 포함하고 있으며, 그 물체에 대한 호감이나 반감같은 반응, 그 물체에 대해 가지고 있는 계획, 혹은 그 물체와 다른 물체들간의 복잡한 관계 등을 포함하기도 한다. 아주 솔직하게 의식의 첫 번째 문제는 어떻게 우리가 "뇌속의 영화"를 가지게 되느냐 하는 것이다. 비유가 약간 엉성하긴 하지만 "뇌속의 영화"라는 비유를 통해 우리는 우리 뇌속의 영화가 다수의 감각 포털(문:portals)들을 - 시각, 청각, 미각, 후각, 촉각, 그리고 내적인 감각 등을 - 가지고 있다는 것을 알 수 있다.

(From The Feeling of What Happens, P.9)

사람이나 장소에서 치통까지 우리가 다양한 "물체"들을 연관시킬때 이미지들은 뇌의 바깥에서부터 뇌 안쪽으로 만들어진다. 혹은, 우리가 기억을 더듬어서 물체를 재구성 할 때에는 뇌 안쪽에서부터 밖으로 그 물체가 존재했었던 대로 재구성하게 된다. 이미지들을 만드는 작업은 우리가 깨어있는 동안에는 끊임없이 진행된다. 그리고 잠을 자고 있는 동안에도 꿈속에서 계속된다.
이미지는 우리 마음속의 화폐라고 말할 수 있다. (Ibid., pp.318-319)

1단계와 2단계는 오랜 시간에 걸친 신체적 자각과 시각화를 필요로 하며 눈을 감고 할 때 최고의 효과를 얻게 됩니다. 만약 혼자 다음의 연습 훈련들을 한다면 미리 처음 두 단계의 설명을 녹음해 놓고, 3단계부터 8단계는 그 다음에 하도록 하십시오.

1단계

- 편하게 서서, 몸통의 무게가 다리에 가중되지 않도록 긴 척추가 몸통을 띄워 주면서 위로 올라가는 것을 느끼세요.
- 복근의 긴장을 풉니다.

복부 안쪽의 긴장까지 완전히 풀어야 합니다. 배가 좀 나오는 게 마음에 걸리더라도 날씬해 보이기 위해 배에 힘주는 것은 이 순간 만큼은 잠시 잊으세요. 무릎을 뒤로 밀거나 몸통이 뒤쪽으로 밀리지 않도록 하면서, 배가 처지게 둡니다.

계속해서 두 가지 메시지를 스스로에게 보냅니다.
- 척추가 길어진다.
  근육은 긴장을 풀어주고 이완한다.
- 몸 깊은 곳에 있는 자연스럽고 평범한 호흡에 주의를 기울입니다.
- 깊은 안도의 한숨을 쉽니다.
- 입술 사이로 들어오고 빠져나가는 공기가, 힘들이지 않고 아주 느슨하게 "ㅍ一(ff一)" 소리를 내며 들어오고 나가는 것을 느낍니다.
- 숨이 안도감이 되고, 안도감이 숨이 되는 것을 느끼세요. 몸통 아래 부분 (횡격막에서 골반 바닥까지)까지 열고 들어갈 수 있을 만큼 아주 커다란 안도의 한숨을 쉬고 싶다는 충동을 느낄 수 있는지 보십시오.
- 횡격막의 움직임(들어오는 숨을 받으려고 횡격막이 내려가고, 숨이 나감과 동시에 갈비뼈들을 향해 떠오르는)을 마음속에 그려보세요.

당신의 마음의 눈이 골반 바닥부터 시작해서 다리를 거쳐 발까지 여행해서 내려가도록 하세요. 그리고 발에서부터 계속해서 땅을 지나, 땅속에 흐르고 있는 전자기류까지 여행하도록 합니다.

■ 이 전자기류가 다시 지표면 아래 부터 시작해서 당신의 발을 지나 다리를 거치고 골반과 몸통을 따라, 숨이 들어오고 나가는 호흡 부위까지 흐르는 것을 마음속에 상상해 봅니다.

■ 당신의 마음이 들어오고 나가는 숨과 함께 편안해지도록 합니다.

이제 횡격막부터 그 아랫부분에 해당하는 당신의 몸 내부를 대체할 이미지를 소개하도록 하겠습니다.

■ 상상하세요:
연못 물의 표면이 당신의 횡격막 정도까지 오고, 그 연못의 바닥은 골반 바닥 정도까지 되는 깊고 잔잔한 숲속의 연못입니다. 이 연못은 땅속에서부터 시작해서 당신의 다리를 통해 공급되는 지하수와 연결되어 있습니다.

■ 상상하세요:
당신의 척추는 이 숲속 연못가에 뿌리를 내리고 있는 아주 거대한 나무입니다.

■ 상상하세요:
이 연못의 수면위로 햇빛이 쏟아지고 있습니다.

■ 상상하세요:
작은 크기의 당신이, 연못의 가장자리에서 큰 나무기둥에 기댄 채, 햇빛에 반사되어 수면에 비친 자신의 모습을 보며 서 있습니다.

■ 상상하세요:

연못의 수면에 크게 반사된 당신의 얼굴이 당신을 바라봅니다. 반사된 당신 얼굴에 살짝 미소가 떠오릅니다. 당신의 입은 열려 있습니다.

2단계

마음속에 이 이미지가 선명해지면, 그 연못 속에 물 대신, 소리의 진동을 가득 채워보세요. 이 연못은 소리의 진동(울림)으로 가득 찬 연못입니다. 이 연못은 이제 당신의 소리의 연못이 됩니다.

■ 당신의 마음의 눈으로, 연못 표면에 비친 당신의 얼굴을 바라보세요. 당신의 입술에 집중하세요. 당신의 입이 열려있고(아마도 살짝 미소짓고 있을 수도 있겠네요), 공기방울이 연못 바닥에서 시작해서 수면을 뚫고 떠오르듯이, 소리의 진동(울림)이 연못 표면을 뚫고 당신의 입술의 이미지와 당신의 실제 입술을 통과해 도망치듯 빠져 나옵니다.

■ 허 (Huh)

입이 살짝 열려있고 아주 이완된 상태이며, 그 결과로써 이 진동의 연못에서 나오는 한숨 소리는 공기방울, 즉 형체가 없는 "huh" (이것은 영국식 영어 her, 또는 미국식 영어 her에서 R발음을 하지 않은 소리와 흡사하고, 모음의 소리는 hut을 발음할 때의 소리와 같습니다. 나는 이 소리의 철자를 huh라고 쓰겠습니다.) 만약 입을 더 벌리려고 하면, 아빠를 발음할 때처럼 /아/ 소리, 즉 "하-아"처럼 소리가 나고 만약 입이 완전히 이완되지 않아서 쉽게 열리지 않는 경우에는 소리의 3분의 2가 코로 갈 것입니다. 이 소리는 목이나 입에 전혀 힘이 들어가지 않고 소리를 만들기 위해 특정한 모음모양을 요구하지 않는, 아주 원시적이고, 형태가 잡히지 않은, 중립적인 소리여야만 합니다.

- 이제는 아주 깊은 곳에서부터 그 연못의 표면을 뚫고, 공기방울 두개가 떠오릅니다.
- 허- 허
- 입이 느슨하게 열려있는 상태로 그냥 두세요.

진동의 연못 깊은 곳에서부터 큰 안도의 한숨을 쉬고 싶다는 충동을 느낍니다.

- 연못 바닥의 깊은 지하수에서부터 당신의 입을 통해 나가는 긴 분수처럼 솟아나오는 안도의 한숨이 나갑니다.
- 허-어-어-어-어-어
- 몸속의 긴장을 풀고, 숨이 스스로 들어오도록 둡니다.

하품을 하고 스트레치를 하고 눈을 뜨세요. 그리고 이 소리의 진동들을 연못 깊은 곳에서부터 몸통 전체, 그리고 팔다리로 흔들고 털면서 내보내세요.

안도감을 소리의 진동에 실어 한숨으로 나가도록 해 보세요. 어떠한 방해도 받지않고 허(huh) 소리가 입을 지나 밖으로 빠져나가도록 하면서, 당신의 몸 깊숙한 곳에 있는, 이 안도의 한숨 소리의 근원이 된 감정을 그려보세요. 그 연못은 안도감으로 가득찬 연못입니다.

이 안도감이 100% 진동(소리의 울림)과 연결되도록 하세요. 소리의 반은 진동이고 반은 바람소리(숨소리)가 되면 안 됩니다.

　전반적으로 이 연습훈련은, 소리의 진동과 감정의 명백한 연결관계를 경험하기 시작하게 하고, 이미지와 감정을 소리와 연결하는 에너지의 근원을 향해 주의를 기울이도록 하기 위한 훈련입니다. 상상력이 동원되고 동시에 해부학적으로 정확한 호흡과정이 사용됩니다.

　세 번째 단계에서는 더 정확하고 민감한 "소리의 접촉"을 찾기 위해 노력할 것입니다. 호흡과 성대가 경제적으로 반응하면 할수록, 진실성있는 생각을 전달할 수 있는 소리를 찾으려는 노력과 신체적으로 건강한 소리를 가지는 것 두 가지 모두 더 나은 성과를 얻게 됩니다. 모순적이긴 하지만, 인체 해부학적으로 약간 부정확한 이미지를 상상할 때 호흡과 성대가 가장 경제적으로 상호작용하는 효과를 얻을 수 있습니다. 다시 말해서, 해부학적으로 말하자면 소리는 처음 후두(Larynx)에서 성대가 서로 부딪쳐 떨리면서 생기게 됩니다. 그러나 소리가 후두에서 나지 않고, 호흡과 소리는 동일한 곳에서 생성되며, 이 곳은 목 보다 훨씬 아랫부분이라고 상상하면 소리가 훨씬 더 효과적으로 만들어질 수 있습니다.

　먼저, 소리와 호흡이 동시에 생성되는 구심점으로써, 횡격막의 중심에 초점을 맞추겠습니다. 경제적인 발성을 위해, 소리와 호흡의 상호관계에 있어서 가장 정점이자 시발점을 횡격막의 중심부에 놓고 아주 구체적인 그림을 그리는 것은 중요합니다. 이 구체적인 그림은, 의식적으로 그리고 무의식적으로 Solar Plexus라고 알려져 있는 강력한 신경조직을 포함합니다. 일반적으로 감정이나 느낌들이 제각각의 선명도를 가지고 몸의 여러 다른 부분을 통해 느껴질 수 있지만, 슬픔, 기쁨, 분노, 정신적 충격, 비통함 등의 감정들은 주로 이 Solar Plexus/횡격막 부근에서 실제로 느껴집니다. 소리가 자신의 느낌이나 감정을 있는 그대로 전달해 줄 수 있기를 바라는 사람은, 반복된 상상력 훈련을 통해 이 소리, 호흡, Solar Plexus, 횡격막이 서로 교차되는 부분을 감지할 수 있게 됩니다. 이 교차로에서 소리가 시작되고 밖으로 나가는 경험은 점차 습관화 됩니다. 이런 발성의 경험들이 진실성있는 소리의 초석이 되고, 결국에는 자연적인 화법의 시금석이 되는 것입니다.

"대부분의 일상적인 대화는 감정적이지 않은데 이게 뭐 필요하냐?"고 반론을 제기할 수도 있을 것입니다. 그러나 인간이라는 생물은 멈출 수 없는 감정적인 유기체 안에 존재하며, 감정을 느끼는 것이 삶의 본질 가운데 하나라는 것은 명백한 사실입니다.

여기서 앞에서 언급했던 안토니오 다마지오를 다시 인용하도록 하겠습니다.

> *정상적인 인간의 행동은 생각의 지속성에 의해 유발된 감정의 지속성을 나타낸다. 이런 생각들의 내용, 주로 평행적이고 동시성을 가진 내용들은, 방금 일어난 감정의 느낌들이나, 기억을 통해 회상된 물체, 또는 현재에 연관된 물체를 포함한다. 이 무수한 생각의 "흐름"들, 혹은 실질적 물체, 회상속의 물체 그리고 느낌의 "흐름"들은 우리가 인식하든지 못하든지 아주 부수적인 것에서부터 2차적인 감정까지 유발시킬 수 있다. 간단하거나 혹은 복잡하거나, 알려져있거나 혹은 그렇지 않은 이런 무수히 많은 유발체들로 부터 연속적인 감정의 표현이 발생한다.*
> *이런 부차적인 감정의 음율적인 지속성(우리가 자각을 하건 못하건, 복잡한 감정이든 단순한 감정이든지에 상관없이, 이런 부차적인 감정이 끊임없이 우리속에 지속적으로 흐르고 있다는 것)은 정상적인 인간 행위를 관찰하는데에 아주 중요하게 고려해야할 사실이다.*
>
> (From The Feeling of What Happens, p.93)

잠시 눈을 돌려 생각해보면, 이것은 연기에 관한 책의 좋은 소재가 될 듯 합니다. 배우가 연극 속의 인물의 행동을 어떻게 자기것으로 만들것인지를 알수 있으려면 먼저 자기 자신의 행동을 알고 이해하고 관찰해야 한다는 것을 기억하면서, 이제 본론으로 돌아가서 감정과 호흡, 소리 사이의 행위적 연관성을 더 깊이 탐구해 보도록 합시다.

이 탐구에서의 초점은 횡격막 위에만 있는 것이 아니라, 횡격막의 중심점에도 있습니다. 횡격막을 느낄 수는 없지만, 그것을 머릿속에 그려봄으로써 횡격막의 움직임에 영향을 미칠 수 있으며, 생각과 소리의 관계를 더욱 민감하고 뚜렷하게 할 수 있습니다. 횡격막과 횡격막의 움직임을 마음속에 더 뚜렷하게 그려볼 수 있으면 있을수록, 횡격막의 작용을 재생시키고 더 활발하게 할 수 있습니다.

쉬고 있을 때, 횡격막은 둥근 반구 모양입니다(경기장의 돔, 둥근 초가지붕 모양, 낙하산 모양). 단 하나로 이루어진 근육 중에서는 몸속에서 가장 큰 근육입니다. 새장 모양으로 생긴 갈비뼈(흉곽)들 가장 아랫부분을 따라서 연결되어, 앞부분은 복부벽과 흉곽 아래에 연결되고, 뒷부분은 척추에 연결되어 있습니다. 횡격막은 수평으로 우리의 몸을 2 등분합니다.

숨이 들어올 때, 횡격막은 아래로 움직이고 평평해집니다. 숨이 나갈 때, 횡격막은 위로 떠오르며 이 둥근 반구형의 모양이 원뿔형에 가깝게 됩니다. 아래 방향으로의 움직임이 수축이며, 위쪽으로의 움직임이 이완입니다. 그러나 이것은 과학적인 사실일 뿐이며 쉽게 이해하려는 사람들을 오히려 더 혼동시키기도 합니다. 좀 더 주관적인 개념으로 해석하는 게 훨씬 이해하기 쉽습니다. 주관적으로 볼 때, 숨이 들어오면, 폐가 팽창하게 되고 횡격막 부근에서 느끼는 감각은 횡격막이 아래쪽을 향해 이완하는 것처럼 느껴집니다. 일상에서 숨쉬는 것은 작게 이완되고, 한숨을 쉴 때처럼 들어오는 숨이 클 때는 크게 이완되는 것처럼 느껴집니다. 나가는 숨의 감각을 그려보면, 횡격막이 갈비뼈들을 향해 떠오르는 듯이 보입니다. 복부의 바깥쪽(보통 '배를 내밀고 집어 넣는다'라고 할 때 쓰는 가장 바깥쪽에 있는 근육) 근육이 이 횡격막의 움직임을 조절하려면 횡격막을 포함한 모든 복부 안쪽의 움직임들은 방해를 받게될 수밖에 없습니다.

다음의 세 그림에서 숨이 들어가고 나감에 따라 횡격막이 어떻게 움직이게 되는지 볼 수 있습니다.

3단계로 가기 전에, 당신의 횡격막이 아주 얇고 탄력적인 고무로 된 지붕모양이고 숨이 들어올 때 아래로 날려서 내려가고, 숨이 나갈 때 위로 날아 올라간다고 상상하면서 서너 번 정도 안도의 한숨을 쉬세요.

그림에서 보는 것은 아주 큰 한숨을 쉬고 싶다는 충동의 결과로 나타나는 현상입니다. 일상에서의 호흡은 이것에 비해 훨씬 더 미묘하리만큼 작은 움직임이 나타납니다. 아주 큰 안도의 한숨이 나올 때는 횡격막의 지붕 모양이 점점 더 부드러워지면서 위로 떠올라서 횡격막의 모양이 거의 원뿔형에 가깝게 되며, 그 원뿔모양의 끝이 거의 쇄골까지 올라간다고 상상합니다. 그리고는 횡격막이 갑자기 폐의 바닥까지 떨어지도록 합니다. 숨을 억지로 짜내지 말고 숨이 나갈때 부드럽게 긴장을 풀어 버립니다.

3단계

일상에서의 들숨과 날숨의 아주 작은 움직임에 반응하는 횡격막의 중심점을 마음속에 그립니다. 입을 살짝 열고 자연적인 호흡의 리듬에 따라 들어가고 나가는 숨이 만드는 작은 "프(윗니와 아랫입술이 서로 닿은 상태에서 숨이 나갈 때 나는 소리)" 소리를 관찰합니다. 횡격막 중심점이 숨이 시작되는 시작점이라고 생각하며 관찰을 계속합니다.

- 숨이 들어올 때, 형태가 잡히지 않은 중립적인 소리에 대한 생각이 횡격막의 중심점으로 들어옵니다. 그리고 숨이 나감과 동시에 이 생각이 소리가 되어 나가는 것을 관찰합니다. 이 결과로 발생하는 소리는 "허 (huh)"입니다.

이것이 바로 2단계에서 "진동의 연못"에서 생겨난 "공기방울"입니다.

당신의 자연적인 호흡의 리듬과 속도의 범위를 유지하도록 하세요.

나가는 숨에 "프 (fff)" 대신에 이제는 작은 "허(huh)"소리가 납니다.

- "허"소리가 밖으로 새어 나오자마자 바로 횡격막 중심의 긴장을 풀어버립니다. 그러면 숨은 저절로 다시 들어올 것입니다.

진동의 연못과 "허"소리의 공기방울이 연못에서 솟아나가는 것을 마음속으로 그리면서, 이 과정을 반복하여 경험해 봅니다.

"허"소리가 가볍게 나가도록 합니다. 소리를 길게 끌려고 하지 마세요 (작은 "프"소리 정도의 길이이며 더 길지 않습니다.)

들숨이 자동적으로 들어옵니다.

소리를 들으려 하지 말고 ‒ 소리의 경로를 마음속에 그려보세요. 가능하다면 느껴보세요. (결국에는, 당신의 횡격막 정중앙에서 진동을 느끼게 됩니다. 하지만 지금 당장 못 느낀다고 해서 걱정하지는 마세요. 계속해서 마음속으로 그림을 그려보면 실질적인 감각도 결국에는 오게 됩니다.)

소리가 난다는 생각과 그 경로를 그려보는 행위의 결과로써 소리가 횡격막의 중심을 건드립니다. 내가 소리를 만드는 것이 아니라―생각과 충동의 결과물로써 소리가 발생하는 것입니다.

이것이 "소리의 접촉; The Touch of Sound"입니다.

- "허"라는 생각이 몸 속으로 반복해서 들어가도록 하고 소리의 접촉이 되어 나오도록 합니다. "허" 긴장을 푸세요. 숨은 저절로 들어올 것입니다.
- 이것을 당신의 자연적인 호흡의 리듬 안에서 반복합니다.

이것은 작은 소리이고, 작은 들숨과 날숨의 교환입니다.

- 자연적 호흡의 리듬을 유지하면서, 이제 두번의 진동이 생겨나도록 합니다; "허-허 (huh-huh)". 진동의 연못 중심에서 올라오는 두개의 공기방울이 터집니다. 공기방울을 생각하되, 억지로 만들어내지는 마십시오.

소리의 접촉은 횡격막의 중심 (정중앙)에서 생깁니다.

- "허-허"
- 숨이 들어오거나 나가려는 욕구가 생길 때까지 기다리세요. 그리고 그 욕구에 따르세요.
- 숨이 들어가고
  (△은 새로운 들숨이라는 표시입니다.)

"소리의 접촉" 과정의 순서를 따릅니다.

- 허-허
- 몸속의 긴장을 풉니다.
- 들숨이 들어갑니다. △
- 소리의 접촉
- 허-허
- 긴장을 풉니다.
- 숨이 교체됩니다.△
- 허-허
- 허-허 △ 허-허 △ 허-허 △

이제 이 소리의 접촉을 반음씩 도(중간 C)부터 내려갔다가 다시 도까지 올라옵니다. 그리고 허-허 라고 한번 더 말해봅니다.

- 음계를 따라 올라가면서 "허-허"를 반복하고, 척추를 하나씩 떨어뜨려서 꼬리뼈부터 매달려있는 자세까지 갑니다. 음계를 따라 내려가면서 척추를 하나씩 올립니다.

3단계 전반을 통해 몸의 중심에 있는 소리가 신체적으로 주는 감각을 경험해 봅니다. 이 때, 호흡을 통해 느끼는 신체적 감각은 소리없이 자연적으로 호흡할 때와 거의 유사하게 유지되어야 합니다. 소리를 만들려고 하지 마세요: 소리가 "접촉"의 부산물로써 생겨나도록 합니다. 예를 들자면, 빛은 전구 안에서 켜는 게 아니라 스위치를 올리거나 플러그를 꽂아야 켜지게 됩니다. 소리를 만들지 말고 소리가 나게 놔두세요 ─ 이 설명은 정확합니다. 다시 말하자면, 여러분은 지금 어떻게 "원인"을 다루는지를 연습하고 있는 것입니다. 그러니까 그 "원인"에 상응하는 결과가 따라오도록 내버려 두십시오.

이 시점에서 휴식을 취하세요. 호흡과 소리와 이미지를 경험하는 다음 단계에서, 나는 등을 바닥에 대고 누워서 긴 시간 동안 마음속에 그림을 그리는 여정으로 당신을 이끌 것입니다. 이 단계에서는 20분에서 30분정도의 시간이 필요하며, 책을 읽으면서 하지 말고 가능한 한 이 과정을 녹음해서 들으면서 동시에 하도록 하십시오. 만약에 누군가 당신의 옆에서 설명을 읽어주면서 할 수 있다면, 더 좋습니다.

4단계

중력과 호흡: 호흡, 발성, 충동의 연관성을 경험하는 데 도움이 되는 훌륭한 자세들 몇 가지가 있습니다. 이 자세들 자체보다는 각 자세들을 만들고 유지하는데 기여하는 이미지들이 더 중요합니다. 지금부터 경험하게 될 자세들은, 그 효과를 높이기 위해 중력을 이용합니다.

두 가지의 상호작용을 하는 그림을 그리면서 실험을 즐기십시오. 첫 번째 그림은 중력입니다. 지구의 중심에 있는 아주 활동적인 자기력을 가진 힘입니다. 중력은 당신이 가지고 있는 불필요한 긴장을 끌어가는 것을 좋아합니다. 당신이 편안하게 바닥에 누워있을 때, 중력은 당신의 모든 긴장감을 즐겁게 끌어가 버립니다. 당신이 서 있을 때, 중력은 중력의 당기는 힘에 당신이 어떻게 버티는지 겨루기를 즐깁니다. 중력은 삶이라는 게임에서 우리와 끊임없이 겨루기를 즐깁니다.

두 번째 그림은 좀 더 상상력이 풍부할 필요가 있습니다. 조금 추상적이든 아니면 아주 뚜렷하게든 하늘에 마리어넷티스트(실에 인형을 매달고 인형을 움직이는 사람)를 상상합니다. 그 마리어넷티스트가 당신의 몸 모든 관절에 연결된 실을 들고 즐겁게 중력과 겨루고 있다고 상상하십시오.

이 상상력 풍부한 연습훈련은 신체와 정신 사이의 가장 경제적인 관계를 유발하기 위해 만들어 졌습니다. 당신은, 마치 근육들이 존재하지 않는듯이, 몸속의 뼈들이 당신의 상상력에 반응하도록 생각의 힘을 훈련시키게 될 것입니다.

이것은 길고, 느리고, 명상적인 과정입니다.

서두르지 마십시오.

결과에만 집착하지 마십시오.

게을러 지세요. "시간 낭비를 하십시오" (모셰이 펠던크라이스, "움직임을 통한 자각")

바닥에 등을 대고 다리를 길고 편하게 펴고 누우세요.

- 몸의 내부 구조와 친근감을 높이기 위해 눈을 감으세요.
- 양팔을 옆으로 밀어서 몸통과 양팔이 직각이되도록 어깨 높이만큼 팔을 폅니다.
- 아까 처음 그렸던 중력 그림을 상상합니다. 당신 몸의 구석구석까지 다 중력에 맡깁니다. 중력이 당신 몸에 있는 모든 긴장감을 다 끌어가 버리도록 합니다.
- 당신의 몸 속에 있는 모든 뼈들이 근육구조로부터 완전히 자유로운 상태로 바닥에 누워있는 모습을 봅니다.

이제 하늘에 있는 마리어넷티스트를 봅니다.

- 마리어넷티스트가 당신의 오른 무릎에 연결된 실을 잡고있는 것을 상상합니다. 이제 그 마리어넷티스트가 당신의 오른쪽 무릎에 연결된 실을 당깁니다. 그 실이 당겨지면서 당신의 무릎은 천장을 향해 올라가고, 이 때 발꿈치가 땅에서 떨어지지 않도록 하면서, 발은 몸통쪽으로 갑니다. 그 결과 발바닥 전체가 바닥에 놓이게 되고 무릎은 하늘을 향해 서게 됩니다.

근육을 사용하지 마십시오. 눈을 감은 채로 뼈들을 그려봅니다.

오른쪽 허리가 좀 더 바닥에 가까이 닿게 된 것에 주의를 기울여 봅니다.

- 이제 마리어넷티스트가 당신의 왼쪽 무릎에 연결된 실을 잡고 있는 것을 상상합니다. 마리어넷티스트가 그 실을 당기도록 하십시오. 당신의 왼쪽 무릎이 천장을 향해 움직이면서 당신의 발꿈치를 몸 가까이로 끌고 가서 발바닥이 땅바닥에 완전히 닿게 됩니다.

등 아래쪽의 허리부분이 오른쪽 왼쪽 모두 바닥에 더 까까이 있는 것에 주의를 기울입니다.

- 이제 마리어넷티스트가 오른쪽 무릎에 연결된 실을 재빨리 당기고, 그것에 의해 당신의 오른쪽 무릎과 허벅지뼈가 가볍게 날아오르듯 움직이면서 당신의 배 위로 떠오르게 됩니다.
- 둥글고 매끄러운 허벅지 뼈의 가장 윗부분이 골반 관절 안쪽에서 작고 가볍게 흔들거리는 것을 상상해보세요.
- 이제 마리어넷티스트가 왼쪽 무릎에 연결된 실을 재빨리 당겨서 왼쪽무릎이 떠오르고, 그것에 의해 당신의 왼쪽 무릎과 허벅지뼈가 가볍게 날아오르듯 움직이면서 당신의 배 위로 떠오르게 됩니다.
- 둥글고 매끄러운 허벅지 뼈의 끝부분(오른쪽 허벅지뼈 가장 윗부분과 왼쪽 허벅지뼈 가장 윗부분)이 골반 관절 안쪽에서 균형을 유지하고 있는 것을 상상해보세요.
- 마리어넷티스트가 양쪽 무릎을 동시에 가볍게 날리듯이 당기면서 몸통의 오른쪽으로 떨어뜨립니다. 양쪽 무릎이 동시에 오른쪽 바닥을 향해 떨어

집니다. 오른쪽 무릎은 바닥에 왼쪽무릎은 오른쪽 무릎위에 놓이고, 두 무릎은 가슴에서부터 편안하게 느껴질 정도로 떨어져 있습니다.

- 이때 당신의 머리를 왼쪽으로 굴립니다(얼굴이 무릎과 반대 방향을 향하게).

당신의 몸통은 지금 대각선 스트레치를 경험하고 있습니다.

- 다리, 허벅지, 그리고 엉덩이가 완전히 몸 오른쪽의 중력에 맡기고 긴장을 풀도록 합니다. 반면에, 당신의 머리와 왼쪽 어깨죽지, 그리고 왼팔은 완전하게 몸 왼쪽의 중력에 맡기고 긴장을 풀어버립니다. 아무것도 하려고 하지 마십시요. 당신의 몸통이 이 길고 유연한 대각선 스트레치를 충분히 경험하도록 중력에 몸을 맡기십시요.
- 숨 쉬세요. 당기거나 아픈 부위가 있다면 그 부위를 향해 안도의 한숨을 쉽니다.
- 중력이 당신 몸 속의 긴장을 풀어주고, 몸통 속의 막힌 부분들을 열어줄 수 있도록, 이 자세를 오래동안 유지하도록 하세요.

오른쪽 골반 관절(hip socket:허벅지 뼈가 골반과 만나는 부분)을 눈감고 그려봅니다.

- 당신의 폐가 골반 관절까지 내려간다고 상상합니다.

당신의 골반 관절의 크기를 상상속에서 부풀려 보세요. 폐가 아래쪽으로 갈수록 더 커지는 것을 상상합니다.

- 골반 관절(hip socket:허벅지 뼈가 골반과 만나는 부분) 아래까지 아주 깊이 안도의 한숨을 쉬고 싶다는 욕구를 느낍니다.

  오른쪽 골반 관절에서부터 왼쪽 어깨까지, 하나의 거대한 대각선의 통로를 봅니다. 그리고 그 통로를 통해 밀려나오는 안도의 한숨이 오른쪽 힙 소켓(골반 관절)에서부터 시작해서 왼쪽 어깨까지 물밀듯 밀려와서 왼쪽 어깨에 있는 거대한 상상의 입을 통해 빠져나간다고 상상합니다.

- 안도의 한숨이 나갈 때 흉곽(새장 모양의 갈비뼈들 전체)안에서 수평으로 움직이는 횡격막의 움직임을 그려 봅니다.

다시 마리어넷티스트를 상상합니다.

- 마리어넷티스트가 당신의 왼쪽 무릎에 연결된 실을 당겨서 왼쪽 무릎이 당신의 배 위로 떠오르고, 왼쪽 발바닥은 바닥에 닿지 않고 떠 있는 상태가 됩니다. 당신의 등이 평평하게 바닥에 닿게됨과 동시에 당신의 오른쪽 무릎도 같이 배 위로 뜨고, 오른쪽 발바닥도 바닥에 닿지 않고 떠 있게 됩니다. 두 발바닥 모두 바닥에서 떨어져 떠있게 됩니다.

- 양쪽 무릎과 다리가 몸통 위에 떠 있고, 양쪽 무릎에 연결된 실이 왼쪽으로 움직이면서 마리어넷티스트가 줄을 왼쪽으로 놓음과 동시에 양무릎이 무겁게 왼쪽 바닥으로 떨어지게 됩니다. 두 무릎은 편안하게 느껴지는 거리만큼 가슴에서부터 떨어져 있습니다. 당신의 머리는 오른쪽으로 떨어집니다.

오른쪽 대각선 스트레치에서 했던, 상상하고 마음속에 그려 보는 연습훈련을,

왼쪽 힙소켓(골반 관절)부터 오른쪽 어깨까지 몸통 속에 있는 공간을 그려보고 상상하면서 똑같이 합니다.

- 소리 없이 숨으로만, 왼쪽 힙소켓에서부터 몸속의 대각선 통로를 따라 안도의 한숨을 쉽니다. 다시 마리어넷티스트를 상상합니다.
- 마리어넷티스트가 당신의 오른쪽 무릎에 연결된 실을 당겨서 오른쪽 무릎을 배 위쪽으로 가볍게 떠오르게 하고, 오른발은 바닥에 닿지 않고 떠 있는 상태가 됩니다. 당신의 등이 평평하게 바닥에 닿게됨과 동시에 당신의 왼쪽 무릎도 같이 배 위로 뜨고 왼쪽 발바닥도 바닥에 닿지 않고 떠있게 됩니다. 두 발바닥 모두 바닥에서 떨어져 떠있게 됩니다.
- 잠시 동안 양쪽 무릎과 다리가 몸통위에 떠 있게 되고, 마리어넷티스트가 무릎에 연결된 실을 놓으면, 양발이 바닥으로 떨어집니다.

이제 당신은 등을 평평하게 바닥에 대고, 양무릎은 천장을 향해 세워져있고 양발바닥은 땅바닥에 닿은 자세로 누워있습니다.

양쪽 골반 관절을 머릿속에 그려보고 두 골반 관절 사이에 있는 공간과 골반바닥 전체에 있는 공간을 그려봅니다.

- 골반 바닥에 있는 공간들과 양쪽 힙소켓(골반 관절)에 있는 모든 공간을 채울만큼 아주 커다란 안도의 한숨을 쉬고 싶다는 욕구를 느낍니다.
- 이 커다란 안도의 한숨이 몸 밖으로 빠져나갈 때(소리말고 숨만), 그 한숨은 골반 바닥에서부터 어깨까지에 해당하는 당신 몸통의 깊이와 넓이를 지나며 나가고, 횡격막은 갈비뼈들 안에서 몸통 위쪽을 향해 떠오를 것입니다.

소리를 더하기

다음의 실험에서는 이미지들을 조심스럽게 재구성하면서 대각선 스트레치를
반복하겠습니다.

5단계

양 무릎이 오른쪽에 놓이고 머리가 왼쪽으로 향한 대각선 스트레치를 하면서,
마음의 눈으로 오른쪽 골반 관절 안에 있는 공간을 보세요. 그리고 가능하다
면, 소리의 진동들이 그 공간안에 이미 존재하고 있는 것을 상상합니다. 힙소
켓이 돌로 만들어진 연못이고, 소리의 진동이 그 연못안에 고여있는 물이라고
상상합니다.

- 돌로 만들어진 연못이 있는 골반 관절부터 깊고 긴 기분 좋은 안도의 한
  숨을 쉬고싶다는 욕구를 느끼면서 소리의 진동에 생기를 불어넣으십시오.
  그 소리의 진동이 당신의 힙소켓에서부터 시작해 당신의 왼쪽 어깨와 입
  까지 연결된 커다란 대각선의 통로를 통해 쏟아져나오는, 마치 강물같은
  안도감이 됩니다.
- Hu--u-u-uh (허--어---어--ㅎ)
- 두 세번정도 더 새로운 충동을 느끼면서 반복합니다. 매번 다시 충동을
  느낄때 소리의 진동이, 막힘없고, 장애물 없이, 시원하게 뚫린 채, 넓게
  흐르는 안도감의 강물이라고 상상합니다.
- Hu--u-u-uh (허--어---어--ㅎ)
- 두 다리를 반대 방향으로 떨어뜨리고 반대 방향 대각선 스트레치를 합니
  다. 앞에서 상상했던 것을 반복하면서 소리의 진동이 안도감의 강물처럼
  당신의 왼쪽 골반 관절 연못에서부터 시작해서 대각선으로 놓인 몸통 속

의 열린 통로를 지나 당신의 얼굴 앞에 있는 공간까지 쏟아져나가는 것을 느낍니다.

- Hu--u-u-uh (허--어---어--ㅎ)
- 이제 두 다리를 몸 중앙, 배 위로 뜨게 한 다음, 양발을 바닥에 떨어뜨립니다.

한쪽 힙소켓에서부터 다른쪽 힙소켓까지 이르는 공간과 골반 바닥 안에, 저수지에 가득 고인 물처럼 소리의 진동들이 존재하고 있는 것을 그려봅니다.

- 골반 바닥까지 도달해서 골반 바닥의 공간을 가득 채울 정도의 커다란 안도의 한숨을 느끼고 싶다는 충동을 불러일으킵니다. 안도의 한숨을 쉬고 싶다는 욕구가 그 진동의 저수지까지 들어와서, 아주 길고 넓은 소리의 강물을 당신의 몸통전체를 지나 얼굴 앞에있는 공간까지 쏟아져 나오게 합니다.
- Hu--u-u-uh (허--어---어--ㅎ)
- 몸 중심에서부터 시작해서 크게 하품을 합니다. 그리고 그 하품이 몸 전체를, 손가락 발가락까지 다, 스트레치하면서 몸 전체로 퍼지게 합니다.
- 소리를 내면서 하품을 하고, 소리의 진동이 당신의 다리를 타고 내려가고, 당신의 팔과 머리를 통해서 뻗어나가서, 온 몸이 다 소리의 진동으로 가득찬 것처럼 느껴지는 것을 봅니다.

6단계

천천히 한쪽으로 돌아눕고, 계속 돌아서 손바닥과 무릎이 바닥에 닿게 합니다 (무릎을 꿇은 채로 정강이가 바닥에 닿게 웅크린 채로 엎드린 자세); 그 다음, 엉덩이를 들고, 머리는 무겁게 매달려있도록 두고(목을 들지 말고 목이나 뒤통수에 힘을 뺀 채로 그대로 둡니다), 꼬리뼈가 천장을 향해 올라가도록 합니다. 손에 있는 몸무게를 발쪽으로 모두 옮깁니다(바닥에서 손을 뗍니다). 이제 꼬리뼈부터 몸통과 머리가 아래로 매달려있는 자세가 됩니다. 천천히 척추를 하나씩 세우면서 올라옵니다. 머리는 가장 마지막에 올라옵니다.

마치 뼈에서 살과 피부를 흔들어 떼어내듯이―마치 물에 젖은 강아지가 몸을 흔들어 물을 털이내듯이―몸 전체를 느슨하게 흔들어 줍니다.

■   소리의 진동을 당신의 몸 전체에서 흔들어 내보냅니다.

걸으세요. 지금 몸 상태와 마음 상태를 체크해보세요. 새롭고, 신선하고, 흥미로운 점을 발견했다면 그것에 주의를 기울이세요. 그것들이 무엇인지 크게 말하세요. 지금까지의 연습훈련 과정에서 갑자기 깨닫게 된 것이 있거나 자신의 음성에 대해 신선하고 새롭고 흥미로운 점을 발견하게 되었다면 큰소리로 말해보세요.

지금의 단계에서는 아마도 소리를 내기 위해서 근육을 쓰지 않는 것이 당신에게 불가능하게 느껴질 수도 있을 것입니다. 아무리 몸속 깊은 골반쪽에서 소리가 나온다는 것을 상상하고 그려보려고 해도, 목구멍에서 소리가 나오는 게 느껴질 수도 있습니다. 그러나, 당신이 점점 더 긴장을 풀어가면 갈수록, 복근이 중력에 굴복하게 되고, 당신이 상상하는 그림과 소리의 감각이 몸속 깊은 곳에서 발생한다는 것이 점점 더 명확해 질 것입니다.

7단계

다시 바닥에 누우세요.

- 안도의 한숨을 소리내면서 쉽니다. 한숨을 쉬면서 소리가 흔들리도록 손으로 배를 흔들어줍니다.
- Hu--u-u-uh (허--어---어--ㅎ)
  (숨이 끝날 때까지 길게 나가도록 합니다.)
- 몸 속에 있는 소리의 진동을 실제로 마사지한다고 상상하면서 하세요. 이렇게 함으로써, 소리가 목이나 입에서 나는 게 아니라 몸 중앙에서부터 나온다는 아이디어에 친숙해질 수 있도록 말입니다.

이제, 둥근 지붕 모양의 횡격막 정중앙에 위치한, 민감한 소리의 접촉을 다시 경험합니다.

- 허-허 △
- 허-허 △

이 민감함을 유지한 채로, 몸 중심과 연결된 명확한 소리를 그리면서:

- 하나부터 다섯까지 셉니다.
  자신의 이름을 불러봅니다.
  어떻게 느끼는지 말해봅니다.
  시 한편을 낭송해 봅니다.
  몸 정중앙에 있는 소리의 감각을 인지하면서, 위에 나열된 것들을 하십시오 골반 바닥부터 어깻죽지까지, 몸통 전체가 호흡과 진동을 할 수 있다고 상상합니다. 이를 통해, 인간의 감정을 받고 전달하는 신체부위인 명치(솔라 플렉서스:Solar Plexus)와 경제적이면서도 민감하게 교류할 수 있는 생각-충동을 가지도록 훈련하는 것입니다. (명치:솔라 플렉서스는 우리몸 중앙, 복부의 중심에 위치하고 횡격막과 연결되어 있습니다.)

8단계

천천히 한쪽으로 돌아눕고, 계속 돌아서 손 바닥과 무릎이 바닥에 닿게 합니다(무릎을 꿇은 채로 정강이가 바닥에 닿게 웅크린 채로 엎드린 자세); 그 다음, 엉덩이를 들고, 머리는 무겁게 매달려있도록 두고(목을 들지 말고 목이나 뒤통수에 힘을 뺀채로 그대로 둡니다), 꼬리뼈가 천장을 향해 올라가도록 합니다. 손에 있는 몸무게를 발쪽으로 모두 옮깁니다(바닥에서 손을 뗍니다). 이제 꼬리뼈부터 몸통과 머리가 아래로 매달려있는 자세가 됩니다. 천천히 척추를 하나씩 세우면서 올라옵니다. 머리는 가장 마지막에 올라옵니다. 7단계에서 누워서 했던 과정을, 서서 반복합니다.

- 안도의 한숨이 소리를 내면서 나갑니다.
  Hu-u-u-u-uh(허-어-어-ㅓ-ㅓ히) △
- 소리가 흔들리도록 손으로 배를 흔들어 줍니다.
  Hu-u-u-u-uh(허-어-어-ㅓ-ㅓ히) △

그리고 나서,

- 허△ 허△

- 새로운 들숨(△)은 몸 중심에서부터 나오는 작은 안도의 한숨입니다.
- 음계를 따라 올라가고 내려가면서 반복합니다. 음계가 올라갈때 척추를 하나씩 떨어뜨리며 몸이 앞으로 내려가고, 음계가 내려갈 때 척추를 하나씩 쌓아올리면서 몸도 올라옵니다.
- 허-허△ 허-허△ 허-허△

소리는 점차적으로 쉽고, 자유롭고, 몸속 깊은 곳에서부터 나오고, 더 즐겁게 나와야합니다.

이 단계에서는 단지 소리가 어디서부터 나오게 되는지(소리의 원천)만을 다루고 있다는 것을 기억하세요. 그러니까 혹시라도 소리가 깊고, 몸 안에 갇혀 있는 것 같고, 좀 답답한 느낌이 들더라도 걱정하지 마세요. 충분히 그런 느낌이 들 수 있습니다. 음의 높낮이에 있어서(음계를 따라서 올라가고 내려갈 때) 소리의 깊이는 호흡에 관련된 근육들과 후두부의 근육들이 긴장을 푸는 것의 결과로 나타납니다. 지금 당신은 낮은 에너지를 경험하고 있으며, 그 이유는 지금은 경직된 부분들의 긴장을 완화하는 첫 단계에 있기 때문입니다. 긴장이 풀린 상태의 성대는 낮은 진동수와 낮은 소리를 냅니다.

긴장이 완화된 상태에 익숙해지는 것은 아주 중요합니다. 이 상태에 도달하는 것을 연습해서, 음성을 많이 쓰지 않아도 될 때 이 상태에 쉽게 도달할 수 있게 되면, 음성을 많이 써야하는 경우에 필요한 긴장과 불필요한 긴장 사이의 균형을 유지하는 것이 훨씬 수월해집니다. 이것이 바로 최소의 노력으로 최대의 효과를 누리는 지름길이 됩니다. 쉽고, 낮은 소리, 에너지가 많이 필요하지 않은 소리를 낼 때 긴장하지 않는 방법을 터득하지 않고서는, 노래 부를 때 높은 음을 낸다던가 아주 감정이 격한 상태의 대사를 쏟아내는 것은 불가능합니다.

이 단계에서 나는 당신이 당신의 몸 속에 주의를 기울일 것을 거듭 강조했습니다. 이것은 당신이 편하게 작업하도록 만들기 위한 것입니다. 발성에 있어서, 편한 상태로 작업한다는 의미는, 소리의 근원을 충전하고(호흡, 욕구, 생각, 몸을 연결하고 강화하는 것), 말하려는 욕구를 기르고, 내적 에너지를 축적함으로써 말하는 것이 이 내적 에너지를 내보내는 과정이 되도록 하는 것입니다. 언어를 통해 꼭 표현하고 싶은 것이 없고, 의무적으로만 사용하는 음성을 개발할 이유는 없습니다. 내적인 에너지와 교감은 진실성있는 카메라 연기를 하는 데에도 필수적입니다. 앞에서 우리가 바닥에 누워서 했던 연습훈련들을 마친 후에 학생들이 주로 얘기하는 관찰점들 몇 가지를 열거해 보기로 하겠습니다:

"내가 하늘에 있는 마리어넷티스트를 더 명확하게 상상하고, 그 이미지를 즐길때 근육을 덜 사용했어요."

"숨이 얼마나 내 몸 깊은 곳까지 내려갈 수 있는지 처음으로 느끼기 시작한것 같아요. 내 몸 속을 상상해봤는데 내가 상상했던것 보다 공간이 아주 커요."

"어쩌다 한번씩은 정말로 골반 바닥이나 힙소켓(골반 관절)에서부터 소리가 나오는게 느껴질 때가 있었거든요, 그런데 그 소리가 정말 강해서 깜짝 놀랐어요. 겁이 날 정도로요. 내 목소리가 아닌것 같았어요."

"바닥이랑 내 뼈에서 진동이 느껴졌어요."

"일어선 다음에 연습훈련을 할때에도 소리가 몸 아래쪽에서부터 올라오는 게 느껴졌어요."

"평소에는 목구멍에서만 소리가 나는데, 지금은 소리가 목구멍보다 입이랑 몸에서 더 느껴졌어요."

아무리 작고 하찮게 느껴지는 것이라도, 신선하고 새롭고 흥미있는 점들을 이렇게 자신의 입으로 직접 명확하게 이야기를 하고 나서, 현재 계속하고 있는 훈련들과 더불어 이런 것들을 일지에 꼭 적도록 하십시오. 그리고 이 책의 맨 처음 준비단계에서 그렸던 것같이 사람 모양의 선을 그리고 "내 몸속에서 음성이 어떻게 살아있고 어떻게 막힘없이 움직였으면 좋겠다"라는 주제의 추상화를 그려보는 것도 좋을듯 합니다. 그러고 나서, 이것들을 가로막는 문제점들은 무엇인지 생각해 보고, 그 문제점들을 그림으로 그리거나 써보도록 하십시오.

주석... 이 연습훈련이 길고, 또, 긴장을 풀어 주는 시간이었기를 바랍니다. 일상생활로 돌아가면, 당신의 호흡에 어떤 일이 생기는지 관찰해 보십시오. 순간적으로 숨을 멈추는 경우가 있는지 관찰하세요. 그리고 무엇이 당신으로 하여금 숨을 죽이게 하는지(숨을 멈추게 만드는지) 생각해 보세요. 두려움이 그렇게 만듭니까? 지루함인가요? 아니면 자신이 우유부단하다고 느낄 때? 아니면, 부족하다고 느낄 때? (물론 숨을 죽인 순간에도 사실 당신은 숨을 쉬고 있긴 합니다. 쇄골 아래로 아주 작고 얕은 호흡을 하지요.)

무슨 이유에서건 당신은 무의식적으로 숨을 죽임으로써 자신을 보호하려 하였던 것이고, 그 순간 당신 스스로가 숨을 멈추었다는 것을 인식하게 되면, 당신은 의식적으로 호흡을 정상으로 되돌릴 기회를 가지게 되는 겁니다. 장담하건대, 당신이 숨을 다시 쉬면서 깊은 숨이 들어오도록 하면, 몸속으로 들어간 산소가 뇌와 몸으로 퍼지면서 당신으로 하여금 그 상황에서 더 잘 행동할 수 있도록 해줄 것입니다.

개인적으로 나에게도 이런 일상적인 관찰을 통한 경험이 있습니다. 내 경험이 여러분에게 도움이 될수 있을것 같군요. 사회적이나 지적으로 나보다 훨씬 우월한 것처럼 느껴지는 사람과 같이 있을 때 갑자기 바보가 된 것같고 할말이 잘 생각나지도 않는 경우가 있습니다. 내 복근이 단단해지고 엉덩이와 허벅지 근육도 굳어버립니다. 내가 엉덩이와 허벅지 근육에 긴장을 풀면, 나는 갑자기 더 지적인 사람이 되고 할말도 많이 생각나기 시작합니다. 엉덩이 근육은 골반 바닥에 얽혀있는 깊은 호흡과 관련된 근육들과 연결되어 있고, 이런 근육들이 이완하면 훨씬 더 많은 산소가 몸속으로 들어와 순환하게 됩니다. 이렇게 더 활력있는 혈액이 뇌에 영향을 미치게 되고, 아마도 그것 때문에 내가 갑자기 더 지적인것 같이 느끼게 되는 거 아닐까요? 당신도 한번 해보세요!

연습

척추, 호흡, 소리의 접촉 연습훈련을 일주일동안 꾸준히 하십시요

작업 4일

진동을 자유롭게 하기 :

입, 머리, 몸 ... 소리의 강물

예상 소요시간 : 1시간 반

몸의 중간 부분과 그보다 더 깊고 낮은 부분에 소리의 근원과 진동을 그리는(상상하는) 연습훈련을 했으니까, 이제는 이 소리의 진동이 어떻게 확대되고 성장할 수 있을지 대해 살펴보기로 하겠습니다. 이 연습훈련들은 세 가지 일반적 아이디어에 기초하고 있습니다.

1) 진동은 긴장에 의해 말살된다.
2) 진동은 이완했을 때 증가하고 번성한다.
3) 진동은 관심 받는 것을 좋아한다.

1번을 다루기 위해서 우리는 진동을 멈추게 만들고 진압하는 근육의 긴장을 분리하고 제거할 것입니다. 긴장을 제거하고 나면, 2번과 3번을 다루기 위해 의식적으로 이완을 북돋을 것입니다. 언제 어떻게 진동이 생기는지를 배우고, 진동을 환영하고, 진동속에 흠뻑 빠지고, 진동을 더 자라게 할 수 있어야 합니다.

적당한 환경이 주어졌을 때, 증가하는 것은 진동의 본성입니다. 울리는 것, 울려 퍼지는 것 말입니다. 진동은 여러 가지 딱딱한 표면에 부딪치면 울려나갑니다(울림판). 첫 번째로 우리가 살펴볼 울림판은 소리가 나는 동안 입을 다문 경우입니다. 몸 중심에서 시작된 소리에서 진동은 입안에서 울릴 것입니다.

각 단계의 경험이 그 전단계의 경험을 토대로 한단계 더 발전할 수 있도록 하십시오. 진동에 관한 탐험을 시작하기 전에 전 단계의 연습훈련들을 다시 함으로써, 다음 단계를 준비 하십시오: 진동의 연못, 대각선 스트레치, 안도의 한숨, 그리고 몸 깊은 곳에서부터 쏟아져 나오는 소리에 대한 이미지와 그림(상상하기).

당신이 서 있다면, 소리는 안도감의 분수처럼 위를 향해 뿜어 올라옵니다.
만약 누워있다면, 소리는 강물처럼 흐릅니다.
만약 머리를 거꾸로 떨어뜨리고 있다면, 소리는 폭포처럼 떨어집니다.

진동을 자유롭게 하기: 입술

1단계

- 골격이 몸을 지지해 주는 것을 인식하면서, 근육의 긴장을 푼 상태로 서서 골반 바닥부터 시작되는 진동의 한숨을 쉬면서 양손으로 배를 흔들어 줍니다.
- Hu-u-u-u-uh (허-어-ㅓ-ㅓ-ㅓ허) △

- 한숨을 쉬고 싶다는 충동을 다시 느끼고, 다음 번의 긴 한숨 Hu-u-u-u-uh 이 나가는 동안 마치 배에서부터 가슴으로 진동을 끌어 올리듯이 배에서부터 가슴 방향으로 양손을 가볍게 쓸어 올립니다.
- Hu-u-u-u-uh (허-어- ㅓ- ㅓ- ㅓ ㅎ) △
- 양손을 다시 배로 가져갑니다. 다시 한숨이 나가고 다음 번의 긴 Hu-u-u-u-uh 한숨이 나갈 때 양손을 배에서 가슴을 지나 얼굴로 가볍게 쓸어 올립니다. 당신의 손이 얼굴에 닿을 때 소리를 멈추지 않은 상태에서 입술만 다무세요.

당신의 양손이 청각을 신체화히면서, 촉각을 일깨우도록 하세요. (배, 가슴, 얼굴을 거쳐 손을 이동하면서, 소리가 나가는 방향대로 손을 같이 움직여서, 몸 속에서 이동하는 소리를 손으로 만지듯이 느끼는 것.) 당신의 몸 아래쪽의 소리가 시작하는 곳에서부터 소리가 얼굴까지 도달하는 것을 느끼고, 보세요. 얼굴에 도착한 소리의 진동이 당신의 손과 얼굴 사이에서 울리는 것을 확실히 느낄 수 있어야 합니다. 소리의 시발점인 골반 바닥과의 연결이 끊기지 않도록 합니다.

- 반복하세요.
- 다음 번에 긴 안도의 한숨이 입과 손에 도착할 때, 입술을 열고 소리가 나가는 방향을 따라 손이 얼굴에서 떨어져서 앞으로 뻗어나가도록 하세요. 손이 앞으로 뻗어나가면서 소리의 진동을 얼굴에서부터 얼굴 앞에있는 공간으로 움직입니다.
- △

소리의 진동이 나가는 동안 입술을 모으면 "음 -- ㅁ--- ㅁ-- 음"하는 소리가 나는

것을 발견할 수 있을 것입니다. (입술만 모으고, 혀가 입천장에 닿지 않게 혀의 긴장을 푸세요)

"음--ㅁ---ㅁ--음"하는 진동은 소리를 더함으로써, 음성을 강화시켜줍니다— 소리의 접촉에서부터 시작된 소리의 진동을 입술이 닫힘으로써 더 울리게 만듭니다.

긴 안도의 한숨은 이제 "허-ㅓ-ㅓ-ㅓ-음-ㅁ-ㅁ--머흥" (Hu-u-u-u-ummmmmmmmmm-uh)가 되었습니다.

- 진동에 대한 자각을 도와주도록 양손을 사용하면서 이 과정을 여러번 반복합니다.
- 그러고 나서 이 과정을 손동작 없이 반복해 보세요. 밖을 향해 움직이는 진동의 움직임과 당신의 진동에 대한 자각력이 손의 움직임을 대체할 것입니다.

진동의 분수가 수직으로 위를 향해 올라가고, 당신의 입술에 도착하고, 그러고 나서 수평으로 공기중으로 나아갑니다.

- 다시 손을 사용합니다. 골반 바닥에서부터 뻗어나오는 진동이 소리로 나가게 하면서 양손으로 배를 흔들어줍니다.
- Hu-u-u-u-u-uh (허-ㅓ-ㅓ-ㅓ-ㅓ흥) △
- 이제 "나"라는 단어를 마음속으로 생각하고 개인적인 의미를 부여해보세요. 그 생각이 충동이 되어 당신의 소리와 호흡의 근원으로 들어가게 하세요. 그리고 당신이 누구인가를 길게 늘려서 표현하는 소리로 나가게

하세요. 배에서 가슴으로 가슴에서 열린 입으로 소리가 나가도록 양손을 이용해서 소리를 내보내세요.

- 나-아------- △
- "나"라는 단어를 말할 때 가졌던 길고 깊은 들숨의 충동이 들어오고, 손이 가슴까지 왔을 때 "는"이라는 소리를 내보냅니다.
- "ㄴ---으-으-으-은" △

마치 '나는 어떤 인간이다'라는 생각이 당신의 신체적 상태에 대한 자각까지 동반하면서 골반바닥부터 시작해서 당신의 심장과 폐를 거쳐 진동을 통해 울려나오는듯 합니다.

- 반복하세요. 그러고 나서 손이 얼굴과 입술에 있는 진동을 느끼면서 앞으로 나아감과 동시에 "나다"라는 소리를 몸 밖으로 내보내세요.
- "나다-아-아-아-" △
- 긴 안도의 한숨을 쉬면서 "나"에서 양손을 배 위에 올리고; "는"에서 손이 가슴에 도착하고; "나다"에서 손이 얼굴을 떠나 앞으로 나갑니다.

이것은 당신의 몸과 당신의 소리 사이에 아주 명확한 관계를 성립시켜 줄 것입니다. 당신이 언어(단어)로 형성되지 않은 추상적인 소리들로 연습훈련을 할 때에도, 각각의 소리들과 이런 개인적인 관계를 형성하고 재생산하는 방법들을 찾아보세요. 그 결과로써 그냥 악기 소리가 나듯 소리를 내는 게 아니라, 당신의 소리를 통해 항상 당신이라는 사람이 표현될 수 있도록 말입니다.

앞에서의 경험을 좀 더 형식적이고 반복할 수 있는 연습훈련으로 발전시키는 과정에서도, 계속해서 몸 위에서 손을 움직이도록 하세요.

가능하다면, 음높이를 맞추기 위해 피아노를 사용하세요.

- 몸 중심에서 시작하는, 소리의 시발점이되는 두개의 공기방울 "허 허"와 연결점을 찾으세요.
- 그리고 나서, 지금 금방 난 소리에 가까운 음높이를 찾아보세요. 이제 소리가 음계(pitch) 위에서 생겨나도록 합니다.
- 허-허 △

이제, 긴 안도의 한숨이 나가듯이 소리가 나가도록 하세요. 소리는 음계대로 나갑니다. 그러나 이번에는 소리가 나갈 때 입술을 모아보세요.

-
- 당신의 입술 위에 느껴지는 진동에 주의를 기울여 보세요.
- 당신이 허밍을 하는 동안 손바닥으로 얼굴을 마사지하세요.
- △
- 한숨을 쉬고 싶은 충동을 다시 느낍니다. 그러나 이번에는 한숨 소리가 나가는 동안 다물었던 입술을 엽니다.

huh huh mmm uh

- **Huh-hummmm-u-u-uh** (허-허-ㅁ-ㅁ-ㅁ-어)
- 멈추세요
- 몸속의 긴장을 푸세요. 그리고 들숨이 들어오게 두세요. △
- 생각과 충동을 반복하세요.

huh huh mmm uh

- **Huh-hummmm-u-u-uh** (허-허-ㅁ-ㅁ-ㅁ-어)
- 입술이 모일 때, 손가락을 입술 위에 대고 진동을 느껴보세요. 그러고 나서, 입술을 열고 소리가 나가도록 하세요. 손가락을 앞으로 움직여 뻗으면서 소리의 진동이 입밖으로 나가도록 이끌어 줍니다.

이 연습훈련을 전적으로 신체적 단계를 통해서만 하면서, 소리는 부산물이되도록 해보세요.(신체적인 단계에 주의를 기울이면서 연습훈련을 하고, 그 과정의 부수적 결과물로써 소리가 발생하도록 내버려 두세요.) 결과적으로 어떤 소리가 나는 게 맞는지를 알아 내려고 지나치게 신경을 쓰지 말라는 말입니다. 만약 결과적인 소리에만 신경을 쓴다면, 새로운 신체적 감각을 경험하는 대신 그저 낡고 익숙한 소리만 반복, 답습하는 결과를 낳게 될 것입니다. 정말로 중요한 것은 느낌과 소리를 그리는 것입니다(소리를 상상력을 이용한 마음의 눈으로 보는 것).

음계를 반음만 낮추세요.

- 진동이 몸의 중심에서 솟구쳐 오르면서 입을 통해서 나가는 것을 그리면서, 음위에서 Huh-hummmm-u-u-uh(허-허-음-ㅁ-ㅁ-어)를 나가게 합니다.
- 진동이 나갈 때 부드럽게 입술을 다뭅니다.
- 마치 더 강화된 듯한 입술 위의 진동을 느낍니다.
- 입이 열리도록 하세요. 입술이라는 울림판에서 더 강화되어진 진동에 힘입어, 소리는 입밖으로 퍼져나갈 것입니다.
- 몸안의 긴장을 푸세요. 들숨이 몸속으로 떨어져 들어오도록 두세요.
- △

이 과정을 서너 개의 다른 음계위에서 반복합니다. 반음씩 내려가서 편안할 정도로 낮은 음까지 갔다가 다시 반음씩 올라오기 시작해서 처음 시작했던 중간정도의 음계까지 다시 올라옵니다.

continue down to a comfortably low note

huh huh mmm uh   huh huh mmm uh   huh huh mmm uh

continue up to E♭

huh huh mmm uh   huh huh mmm uh   huh huh mmm uh   huh huh mmm uh

주석... 말하기와 노래하기의 궁극적인 다른 점은 노래를 할 때는 한음을 일정한 시간 동안 유지해야하고 말을 할 때는 음이 불규칙하다는 것입니다.

이 연습훈련과 이 후의 연습훈련에서는 유기적으로 음성의 범위를 발달시키고, 음성에 유연성을 부여하는 소리의 다양성을 증가시키기 위해서 음계를 사용하는 것입니다. 음계 위에서 안도의 한숨을 쉬는 것입니다.

진동이 있는 상태에서 입술을 모을 때 발생하는 소리를 "허밍"이라고 부릅니다. 이것을 신체적 자각의 측면에서 계속 탐구해 보세요. 내가 그냥 간단하게 당신에게 허밍을 하라고 하더라도, 일반적으로 친숙한 허밍을 하지 말고, 진동이 몸의 중심에서부터 흘러나고, 입까지 도착하고, 입술이 모이고, 입술이라는 울림판에서 강화되고 증폭되면서 진동이 모이도록 하세요. 입술에 모이는 진동이 크림에 찍은 딸기라고 생각해보세요- 맛있지요!

입술에는 항상 과도한 노력이나 습관에 의한 어느 정도의 긴장이 있습니다. "어떻게 음성에서 진동을 증폭시킬수 있을까"에 대한 우리의 기본 전제 중 하나가 바로 "긴장은 진동을 말살시킨다"였습니다. 그래서, 다음 단계에서는 입술을 좀 더 이완시켜서, 소리를 더 퍼져나가게 할 수 있는지를 살펴보도록 하겠습니다.

2단계

입술 사이로 공기를 불어서 입술을 털어줍니다. 이것은 "입술 털기(혹은 입술 트릴)"이라고 불리기도 합니다.

책에서 글로 이것을 설명하는 게 힘드네요. 하지만, 말들이 "프-르--르르-"하면서 입술을 터는 걸 보셨을 겁니다. 아기들도 하고, 어린이들이 트럭이나 자동차 소리를 흉내낼 때 하기도 합니다. 이것은 연습훈련으로써는 그다지 중요하지 않습니다만, 입전체를 이완시키고 자극하고, 잠자고 있는 진동을 깨우고, 입 가장 앞쪽에서 소리에 활력을 넣는데 도움을 주고, 또 해보면 재미있기도 합니다. 그러니까 소리를 내거나 혹은 내지 않으면서 이것을 반복할 가치가 있습니다. 아직도 뭔지 감이 오질 않는다면, 여기 기본적인 아이디어와 하는 방법을 몇 가지로 묘사해 보도록 하겠습니다.

- 1) 손가락을 입 양쪽 끝에 넣고 입을 크게 양쪽으로 스트레치 합니다. 갑지기 손가락을 빼고 입술 사이에 진동이 생기게 하면서 공기로 입술을 붑니다.

- 2) 마치 이를 닦는 마임을 하는 것처럼 두 번째 손가락을 앞니 앞쪽 입술 사이에 입술과 평행이 되게 놓습니다. 입술에 긴장이 완전히 풀리게 해서 입술이 손가락 위에 놓이게 하세요. 마치 허밍을 하는 것처럼, 진동이 입을 통해 흘러나오게 하세요.

- 진동이 치약이라고 생각하고 손가락이 치솔이라고 상상해보세요. 그리고 입술에 긴장을 완전히 푼 상태로 입술을 건드리면서 위 아래로 손가락을 빨리 움직입니다. 손가락, 입술, 그리고 이빨 사이에서 생기는 소리를 가지고 장난하는 어린애가 되어보세요.

- 입술의 이완상태를 유지한채로 손가락을 치우고 진동을 사용하면서 입술을 불어보세요. 느슨한 "브---" 소리가 나면서, 입술이 진동과 함께 떨리고 풀리면서 모터소리와 비슷한 소리가 납니다. 마치 입이 뺨에서부터

시작하는 것처럼 진동이 얼굴전체로 퍼지는 것을 느끼면서, 아주 느슨하게 풀린 상태로 합니다. 아마 간지러운 느낌이 들겁니다. 거울을 보고 입가가 안쪽으로 말리지 않고 느슨하게 풀려 있는지 확인합니다.

3단계

- 소리의 진동이 나감과 동시에 입술을 털어줍니다. 이번에는 음계를 따라가며 합니다(중간 정도의 편안한 음높이에서 시작합니다); 호흡을 중간에 끊지 말고, 한 호흡에서 입술만 허밍하듯 모으십시요. 그리고 나서, 바로 입술을 열어 소리의 진동이 앞으로 나가노록 하세요. 이제 이 연습훈련에서의 신체적 단계와 신체적 자각에 대해 이야기하도록 하겠습니다.
- 입술을 털어서 입술에 더 많은 진동이 느껴지도록 합니다. 입술을 닫아서 이 진동들을 입술에 모았다가 입술을 벌림과 동시에 진동이 나가게 합니다.
- 아주 긴 안도의 한숨을 쉬면서 이 연습훈련을 계속합니다.
- 그리고 나서, 몸속의 긴장을 풀고 다음 들숨이 들어옵니다.
- 음계를 따라 올라가고 내려가면서 이것을 반복합니다.(이제부터 ≈을 "입술을 털면서 진동을 내보내는 것"을 의미하는 기호로 사용하겠습니다.)

(loosen)(gather)(escape)

- ≈ mmmmu-u-uh

충분히 여유를 가지고 하세요; 급하게 숨을 "들이쉬려고" 하지 말고 들숨이 들어오려는 충동이 생길 때까지 서두르지 마세요. 당신이 진동과 좀 더 친숙해지고, 진동을 경험하는 과정에서, 자연스럽게 이 행동들이 스스로의 속도와 리듬을 찾도록 두세요.

4단계

- 어떤 변화들이 있는지를 잘 관찰하면서, 1단계를 반복하세요. 예를 들어, 입술 가장 앞쪽에서 더 많은 진동이 느껴지는 것을 발견할 수도 있습니다. 마치 진동을 입밖으로 내보내기 전에 충분히 맛보는 것처럼 허밍을 하면서 입을 이리저리 움직이세요.

진동은 관심을 받을 때 번성(Thrive)하게 됩니다.

- 진동의 감식가(맛을 음비하는 사람)가 되세요:
    진동을 맛보세요
    진동을 얼굴전체로 퍼지게 하세요
    진동을 부드럽게 적시세요
    진동을 탐닉하세요
- 입술을 모을 때 입술에 주의를 기울이세요—여러분의 아랫입술과 윗입술이 당신이 가장 좋아하는 샌드위치의 빵이라고 상상해 보세요. 진동이 이 두장의 빵속에 녹아있는 당신이 가장 좋아하는 재료라고 생각해 보세요:

땅콩버터와 과일잼의 조화, 모짜렐라 치즈일수도 있고, 꿀이거나, 참치일 수도 있겠지요. 당신이 허밍을 하는 동안 그 음식의 맛에 집중해보세요.

이제 소리가 세 단계로 나오면서 더 길어졌기 때문에(소리의 접촉, 입술에 진동 모으는 단계, 입술에서부터 퍼져나오는 소리), 자연스럽게, 더 큰 호흡이 필요해집니다. 이것은 아주 원초적인 문장입니다. 그리고 앞단계에서의 연습훈련들("허-허--어-음-ㅁ-ㅁ-ㅁ-ㅓ-ㅎ")은 세단어로 이루어진 하나의 문장이라고 할 수 있겠습니다. 의사소통을 하려는 충동이 있으면, 뇌속의 빠른 생각/언어 충동이 몸속의 호흡/소리 반응과 자발적이고 자연스럽게 결합되는 조건반사가 이루어집니다. 그러므로, 원초적인 소리이든 아니든간에, 긴 "문장"을 사용할 때에는 "생각"을 유지해야 한다는 것을 명심하시기 바랍니다. "생각(말하고자 하는 내용)"을 유지함으로써 자동적으로 호흡이 유지되는 것입니다. 숨을 길게 늘임으로써 "생각(말하고자 하는 내용)"을 유지하려해서는 절대 안 됩니다.

숨이 모자랄때까지(숨이 찰때까지) 소리를 일부러 길게 늘이지 않는 것은 매우 중요합니다. 각각의 소리가, 호흡을 자극하는, 편안하고 리듬이 있는 패턴을 가지도록 합니다. 소리를 억지로 늘여서, 소리가 호흡을 괴롭히는 장애요소가 되지 않도록 합니다. 호흡은 생각에 따라 반응하고, 각각의 생각은 그 나름대로 길이가 다 다릅니다. 각각의 새로운 생각은 각각의 새로운 호흡을 가집니다. 짧은 생각은 짧은 호흡, 중간 크기의 생각은 중간 크기의 호흡, 긴 생각은 긴 호흡을 가집니다. 유기적인(자연적) 생각이 숨이 찰 때까지 숨을 끌고가는 경우는 극히 드뭅니다. 오래동안 숨을 길게, 더 길게 유지하는 것만을 배우는 것은 아무짝에도 쓸모가 없습니다. 이것을 연습함으로써 얻어지는 것은, 자연적인 호흡계 관련 근육들의 유연성의 손상입니다. 숨을 유지하려는 노력으로 인해 긴장이 생기게 되고, 긴장은 근육을 축소시키고, 그결과 호흡력이 오히려 떨어지게 됩니다. 인간은 누구나 자연적인 호흡을 할 수 있는 능력을 가지고 있습니다. 그 능력은 억제하려는 긴장으로부터 자유로울 때 개인의 감정과 상상력을 최대한 발휘할 수 있게 됩니다. 여기에서의 기본 전제는, 발성훈련은 우리의 음성이 표현하는 인간적 진실에 그 목표를 두고 있다는 것입니다.

나는 "허밍하면서 한숨을 쉬세요", "머리쪽으로 한숨을 쉬세요" 같은 표현들을 초기 연습훈련 단계에서 사용하고자 합니다. 이것은 매번 소리의 첫부분에 근육과 감정이 동시에 풀려나오도록 습관을 들이기 위한 것입니다. 따라서 정신적인 활동이, 한 문장을 말하는데 필요한 숨을 유지할 책임을 맡게되는 것입니다.

"허-허--어-음-ㅁ-ㅁ-ㅁ-ㅓ-ㅎ"를 시작과 중간 그리고 끝이 존재하는 한 문장으로 취급하는데에는 기본적인 정신적 조건이 있습니다. 소리의 접촉, "허 허(huh huh)"가 문장의 시작이고, 입술에 진동을 모으는 "음-ㅁ-ㅁ-ㅁ (mmmmmm)"이 중간이며, 입술에서부터 이 진동이 도망쳐나가는 "-ㅓ-ㅎ (uh)"가 끝입니다. 자각을 사용해서 당신의 생각이 이 문장을 만드는 각각의 단어를 생각하고 있어야 합니다; 이것이 생각과 소리의 결합을 만들어 주는 역할을 할 것입니다. 매번 하나의 문장으로써 "안도의 한숨"을 쉴 때 정신적인 상태, 심리적인 상태와 동시에 감정적인 상태도 함께 연관짓도록 하십시오. 안도의 한숨은 아주 유발시키기 쉬운 감정입니다. 그리고 당신이 기초단계 연습훈련의 필수 요소로써 이 감정에 전념하면, 당신은 감정, 생각, 신체, 그리고 소리를 훨씬 쉽게 통합시키는 연습을 하게 될 것입니다.

그 결과, 헨리 4세 3막에 등장하는 헨리 5세나, 마가렛 여왕의 역할, "한 번 더 저 성벽으로, 나의 동무들이여, 한번 더! 아니면 이 성벽을 영국인의 주검으로 막아버리자..." 혹은 "용감한 용사들, 클리포드와 노덜랜드, 이리 오라. 그를 여기 흙두둑위에 서게 만드시오.."들을 제대로 연기할 수 있게 될 것입니다.

주석... "안도의 한숨을 음계에 맞춰 내보냅니다", "음계에 맞춰 소리가 발생하게 두세요" "음 위에서 소리가 계속 나가도록 하세요" 같은 표현들에 대해 설명할 필요가 있습니다. 내가 이런 표현들을 쓰는 이유는 학생들이 자동적으로 "노래"라는 단어를 떠올리고 거기에 반응하는 것을 막기 위해서입니다. 어떤 학생들은 음계에 대해서 "난 노래 못해요" 혹은 "난 음치예요"라고 즉각적인 반응을 합니다. 반면에 어떤 학생들은 노래 수업을 들었거나 성악을 배웠기 때문에, 자신이 평소에 말하는 소리와는 전혀 다른, 노래하는 소리로 이 연습훈련을 하기 시작합니다. 이와 같이 "노래한다"는 말은 현재의 기본적인 단계에서 별 생각없이 쓰기에는 너무 함축된 선입견이 많습니다. 지금 단계에서, 노래는 음을 일정한 시간 동안 유지하고, 말은 음이 불규칙적으로 계속 변화한다는 점을 제외하고는, 소리가 나는데 필요한 신체적 과정자체에는 다른 점이 없습니다. 자연적으로 말을 할 때에는 반음, 반의 반음 부터 심지어는 1/8음. 1/16음도 억양이나 어조에 따라 사용하게 됩니다. 반면에 일반적인 "노래"는 1도음, 반음 그리고 반의 반음이 미리 일정하게 정해져 있고 박자에 맞춰 길이가 유지됩니다. 말하기는 음악을 이용해서 이득을 볼 수 있습니다. 음계를 따라 올라가고 내려가는 것을 이용해서 내가 평소에 잘쓰지 않는 음계의 소리를 발견하고, 의도적으로는 계획하기 어려운 방법들을 통해 당신의 말 소리를 생동감있게 바꿔줄 수 있는 신선한 음역과 소리의 범위를 재발견할 수 있습니다. 지금 단계의 모든 작업에서 가장 강조되는 것은 신체적 자각입니다. 음계를 이용하는 것은, 신체적인 과정을 연습할 때 음역과 소리의 높이(피치)에 다양성을 가지도록 하는데 도움을 줍니다. 만약 연습훈련들을 당신의 습관적인 말소리의 범위내에서만 계속 반복해서 하게되면, 지금까지 습관적으로 사용하던 말소리와 음역 그리고 습관적 어조의 패턴을 그대로 유지하게 되고, 자신에게 익숙치 않은 소리들을 접하고 발굴할 기회를 갖지 못하게 될 것입니다.

진동을 자유롭게 하기: 머리

이 단계에서는 주로 허밍을 이용해서 소리의 진동을 확대하고, 자유롭게 하도록 하겠습니다; 효과적인 허밍이란 호흡기관부터 입술까지 직접적으로 열린 채널(열린 공간)이 있다는 것을 의미합니다. 작은 진동표면에 대한 자각에서부터, 입술, 더 크게 울릴 수 있는 공간, 머리부터 몸 전체의 자각으로 옮겨가는 동안, 허밍은 혀로부터 자유로워야 한다는 것을 잊지 마십시오.

주석... 허밍은 입으로 나가는 길이 막혔을 때, 소리가 코로 옮겨가면서 나는 소리입니다. 그러나 입이 다물어졌다고 하는 것만으로는 설명이 부족합니다. 왜냐하면 입으로 소리가 나가는 통로가 막히는 것은 여러 가지 경우에 가능하기 때문입니다. 입술만 모을 수도 있고, 혀끝으로 경구개를 누를 수도 있고, 목구멍 쪽에 가까운 혀부분으로 뒤쪽 경구개를 누를 수도 있고, 또는 혀 전체를 입천장에 붙이고 있을 수도 있고, 그것도 아니라면 위의 예들을 섞어도 가능하기 때문입니다.

당신의 혀는 아주 비밀스럽고 반항적이어서 "소리가 날 때 입술을 다물어서 허밍이 되도록 해"라고 당신 스스로에게 지시를 한다면, 혀의 특정 부분만이 그 신호를 받고 "음(mmm)" 하는 허밍소리 대신에 "ㄴ"이나 "응", "엉" 같은 소리를 더하려고 할 가능성이 많습니다.

이것을 실험하기 위해 거울을 들여다 보세요:
다문 입술 위로 안도의 한숨을 쉬세요. 그러다가 입술을 열어 "아아아-" 소리가 앞으로 나가게 합니다. 이제 혀 뒷부분(목구멍에 가까운 부분)을 들어서 입천장의 경구개 뒷부분(연구개에 닿을 수도 있습니다.)에 닿도록 하면 "응(-ng)" 소리로 바뀝니다 -혀와 연/경구개가 확실하게 닿는 것을 느끼세요-혀 뒷부분을 떨어뜨려서 다시 소리가 "아아아-"로 바뀌어 나가는 것을 관찰합니다.

이제 혀 앞부분을 윗니 바로 뒷쪽에서 입천장으로 올라가기 전에 꺾어지는 딱딱한 모서리 부분에 닿게 하여 "은-ㄴ--" 소리가 나게 합니다. -혀의 가장 앞부분(혀끝)과 윗니 바로 뒤의 딱딱한 모서리 부분이 확실하게 닿는 것을 느끼세요- 그리고 혀끝 을 떼어서 "아아--" 소리가 나가도록 합니다.

이제, 거울을 들고, 움직이라고 시킨 혀 부위가 지시대로 잘 움직이고 있는지 보면 서, 입의 자각력 게임을 합시다:

음계에 맞추어 소리가 나가면서
1) 혀 뒷부분(목구멍에 가까운 부분)을 들어서 경구개 뒷부분(연구개와 경구개 경계 쯤)에 닿도록 하면 "응(-ng)" 소리. 이제 그 둘을 떼면- "아아--"
2) 혀 앞부분(혀끝)을 윗니 바로 뒤와 입천장 사이에 있는 딱딱한 모서리 부분에 닿 게 하여 "은-ㄴ--". 이제 그 둘을 떼면- "아아---"
3) 입술을 모으면 "음-ㅁ----". 떼면- "아아---"
4) 입술을 모으면 "음-ㅁ----". 입술을 모은 채로 혀 뒷부분(목구멍에 가까운 부분)을 들어서 경구개 뒷부분(연구개와 경구개 경계쯤)에 닿도록 하면 "응(-ng)" 소리. 입술을 열고- 혀 뒷부분(목구멍에 가까운 부분)을 들어서 경구개 뒷부분(연구개와 경구개 경계쯤)에 닿은 채로 두면 "응(-ng)" 소리. 이제 그 둘을 떼면- "아아---"
5) 혀 뒷부분(목구멍에 가까운 부분)을 들어서 경구개 뒷부분(연구개와 경구개 경계 쯤)에 닿도록 하면 "응(-ng)" 소리. 그 상태를 유지한 채로 혀 앞부분(혀끝)을 윗 니 바로 뒤와 입천장 사이에 있는 딱딱한 모서리 부분에 닿게 하여 "은-ㄴ--". 그리고 이 상태를 유지한 채로 혀 뒷부분(목구멍에 가까운 부분)을 떨어뜨려서 입천장의 경구개 뒷부분(연구개와 경구개 경계쯤)에서 뗀다. "은-ㄴ---" 소리는 계속 난다. 그리고 혀끝을 떨어뜨리면 "아아---" 소리가 난다.
6) 입술을 모으고 "음-ㅁ----". 입술을 모은 상태를 유지한 채로, 혀 뒷부분(목구멍에 가까운 부분)을 들어서 경구개 뒷부분(연구개와 경구개 경계쯤)에 닿도록 하면 "응

(-ng)" 소리. 입술은 계속 모으고 있는 상태로 혀 뒷부분(목구멍에 가까운 부분)을 경구개 뒷부분(연구개와 경구개 경계쯤)에 붙였다 뗐다를 반복한다.

혀 뒷부분(목구멍에 가까운 부분)이 올라갈 때와 내려올 때 진동이 어디에 가장 많이 생기는지를 관찰하세요.

혀 뒷부분(목구멍에 가까운 부분)이 올라가서 연구개를 누르고 있을 때 진동이 코에 훨씬 더 많이 생기는 것을 확실히 느낄 수 있습니다. 혀 뒷부분이 내려왔을 때는 진동이 입술 쪽에 훨씬 더 많이 생기는 것을 느낄 수 있습니다.

이 마지막 허밍의 경험을 -입술은 모아진 상태이고, 입안에 공간이 있을 때- "효과적인 허밍"이라고 불립니다.

다른 허밍들은 틀린 것은 아니지만, 이 "효과적인 허밍"만큼 많은 진동이 입술에 닿도록 하지는 못합니다. "효과적인 허밍"은 목소리를 건강하게 해주고, 치유해주며, 자양분을 주는 허밍입니다.

호흡이 자유롭지 않다면 어떤 진동도 자유롭게 존재할 수 없다는 것을 다시 한번 명심하고(매번 새로운 소리의 연료가 되는 한숨을 계속해서 생산, 재생산할 것을 명심하고), 목 전체와 머리 전체가 이완하기 시작하면 어떤 일이 생기는지 실험하면서, 소리를 확대시키는 진동에 관해 다시 살펴봅시다.

많든지 적든지 간에, 긴장은 대부분 뒷목, 턱, 그리고 목구멍에 존재합니다. 음성채널에 있어서 아주 중요한 이런 부분들에 긴장이 존재하는 한, 진동은 수축된 근육들 사이에 잡혀있게 됩니다. 우리가 할 일은 이런 긴장을 풀어

줌으로써 갇혀있는 진동이 풀려나오게 하는 것입니다. 다음 연습훈련의 목표
는, 어떻게 보면, 당신의 머리를 없애 버리는 것입니다. 신체적으로 당신은 목
과 머리를 느슨한 원을 그리며 돌리게 될 것이고, 어찌보면 이것은 머리를 없
애는 것입니다. 심리적으로, 머리에서부터 몸의 중심으로 자신을 옮기게 되고,
뇌가 아닌 몸 깊은 곳으로 조절하는 중심부가 옮겨가도록 하는 것입니다.

　　지금부터 우리는 목을 구성하고 있는 일곱개의 척추뼈(경추)를 그려보면
서 뒷목쪽에 주의를 기울일 것입니다. 척추 중에 가장 위에 있는 뼈는 두개골
안쪽, 코와 귀 높이정도에 있습니다. 목과 몸에 있는 척추뼈들을 연결하는 척
추뼈는 어깨높이 정도에 튀어나와있는 "황소뼈"라고 불리는 뼈입니다. 이 뼈
는 스페인의 투우들에게서 잘 볼 수 있으며, 이 뼈는 강함을 상징하면서 동시
에 다치기 쉬운면을 보여주기도 합니다(투우사들이 칼을 꽂는 뼈). 우리의 목
으로 연결되고 어깨와 어깨죽지 사이까지 연결된 신경의 화관을 퍼져 나가게
하는 신경의 망상조직이 이 황소뼈안에 있습니다. 이 신경들은 걱정, 갈망, 공
포, 그리고 의심 등의 신호에 특히 민감하게 반응하며, 이런 감정들로부터 스
스로를 보호하려는 상태가 될 때, 주위에 있는 근육들을 긴장시키는 신호를
보냅니다. 구부린 어깨, 짧고 단단한 목, 경직된 턱 같은 보호자세들은, 다시
단호함, 호전성, 의무감, 자신감 등의 신호를 뇌로 보냅니다.(영어의 Should(-
해야만 한다)라는 말이 shoulder(어깨)라는 말 속에 포함되어 있는 것은 완전
한 우연이 아니라고 생각합니다. 대부분의 어깨 긴장은 우리가 "반드시 해야
한다"고 느끼는 것들에서 비롯됩니다. 예를 들자면 의무감이나, 목표, 야망 같
은 것들이 주는 부담감이 어깨에 긴장으로 뭉치게 되는 것입니다.)

　　두개골 바로 아래에서부터 목을 따라서 양쪽 어깨 끝으로 내려가는 삼각
형 형태의 긴장이 형성되어 있으면, 뇌에서부터 내려오는 메시지들이 척추를
따라 자유롭게 흘러내려가는 것이 거의 불가능하게 됩니다. 우리가 원하는 표
현력있고 자유로운 소리가 나기 위해서는, 충동이 방해받지 않고, 명치(솔라

플렉서스)/횡격막이 있는 곳과 우리의 뇌 사이를 자유롭게 왕래할 수 있어야
합니다.

배우에게 있어서, 두개골 아래부터 목을 지나 양쪽 어깨에 이어지는 이
삼각형 부위는 창조적인 충동이 자취를 감춰버리는 버뮤다 삼각지대 같은 곳
입니다. 긴장에 의해서 전멸된 충동은 창조적인 목적지에 도달하기 전에 사라
져버리고 마는 것입니다.

다음 연습 훈련에 좀 더 흥미를 유발하고 동기를 부여하기 위한 위의 사실들
을 염두에 두면서, 이제 계속합시다.

5단계

- 양발을 편하게 벌린 채로 척추는 길게 복근은 이완된 채로 섭니다. 목이
  앞으로 떨어지도록 합니다. 중력에 목을 맡기세요.
- 머리의 무게가 머리를 황소뼈부터 아래로 끌어당기고 있는 것을 느끼세
  요.

- 목에 있는 일곱개의 척추를 생각하면서 머리는 무거운 채로 목과 머리를 오른쪽으로 굴립니다. 머리가 오른쪽 어깨너머에 걸려있는 듯한 상태가 되고 오른쪽 귀가 오른쪽 어깨 위에 있게 될 때까지 굴립니다. (귀가 오른쪽 어깨 위에 있지만 어깨에 닿지는 않습니다. 억지로 고개를 어깨를 향해 아래로 당기거나 어깨에 힘을 주어 어깨를 밀어올리지 마세요. 편하게 돌아간 상태로 둡니다.)

- 머리가 무겁게 오른쪽으로 돌아가고 왼쪽 어깨는 긴장을 빼고 무거운 상태가 되었을 때, 목 왼쪽의 근육과 건(tendon)이 스트레치되는 것을 느껴보세요. (당신 얼굴이 정면을 향하고 있는지 거울을 보고 확인하세요 – 이 자세에서 얼굴이 정면을 향하고 있으면 왼쪽어깨의 근육과 건(tendon)은 최대의 스트레치 효과를 보게됩니다.

- 머리가 무겁게 중력을 따라 앞으로 떨어지면서 목이 다시 앞으로 떨어지게 하세요. 그리고는 머리와 목이 왼쪽 어깨를 향해 굴러가게 하세요.

- 목 오른쪽의 스트레치를 느껴보세요 – 오른쪽 어깨는 땅을 향해 떨어지는 듯(긴장을 빼고 무거운)한 상태, 머리는 반대방향으로 떨어져 있고, 이 둘 사이의 근육은 스트레치되고 있는 상태.

- 이제, 목 오른쪽이 아주 길어진 그림을 마음속에 유지하면서, 다시 가운데로 돌아오고, 목뼈를 하나씩 떠오르게 해서, 목이 나머지 척추와 일직선 상에 놓이고 그 위에 머리가 균형을 유지하며 떠 있도록 합니다.

- 목을 무겁게 앞으로 떨어뜨리고, 머리를 오른쪽 어깨를 향해 굴립니다 – 스트레치를 느끼세요. 그리고는, 목 왼쪽이 아주 길어진 그림을 마음속에 유지하면서, 다시 가운데로 돌아오고, 목뼈를 하나씩 떠오르게 해서, 목이 나머지 척추와 일직선 상에 놓이고 그위에 머리가 균형을 유지하며 떠 있도록 합니다.

- 아주 길어진 목의 양쪽을 마음 속으로 그려봅니다.

- 척추를 길게 유지하세요-구부정하게 있지 않도록 합니다.
- 이제 천천히, 여전히 목의 양쪽을 길게 유지한 채로 고개를 뒤로 젖힙니다. 이때 앞목과 뒷목 모두 긴 상태로 유지합니다.(고개를 뒤로 떨구지 말고, 뒷목이 눌리지 않게 하세요)
- 턱에 긴장을 풀고, 고개가 뒤로 젖혀짐에 따라 입이 열리게 놓아 두세요. 앞목이 길어지면서 목구멍이 스트레치되는 것을 마음 속으로 그려보세요.
- 젖혀졌던 고개를 한쪽 어깨를 향해 가볍게 굴립니다. 뒷목이 아직도 긴 것에 주의를 기울이면서 머리가 앞쪽으로 굴러떨어지게 하고 계속 굴러서 다른쪽 어깨까지 굴러가도록 합니다.
- 한쪽 어깨에서, 앞으로, 다른쪽 어깨로, 뒤로 움직임에 따라 앞/뒤/양 옆의 목이 길어지고 짧아지는 그림을 마음속에 그리면서, 당신의 긴 목을 큰 원을 그리면서 굴립니다. 매번 방향을 바꿔줍니다.

당신이 목을 굴리면 당신의 머리가 따라갑니다.

- 당신의 목(그리고 머리)을 느슨하게 오른쪽에서 왼쪽으로 굴립니다. 그러고 나서 왼쪽에서 오른쪽으로 굴립니다. 머리가 한쪽 어깨에 있을 때 반대편의 근육과 건(tendon)이 스트레치되는 것을 느껴보세요. 고개가 뒤로 젖혀졌을 때 당신의 목구멍과 입이 활짝 열리게 내버려두세요. 어깨에 있을 때, 반대편의 스트레치를 느끼고, 앞으로 떨어져 있을 때 아주 무겁다는 것을 느껴보세요.

목은 능동적으로, 머리는 수동적으로 움직입니다.

만약 당신이 고개를 돌려야겠다고 생각하면서 이것을 하면, 당신은 목을 비틀

게 되고 그러면 위쪽에 있는 서너 개의 척추뼈 밖에 못 움직이게 됩니다. 목의 가장 아랫부분이자 몸통의 가장 윗부분에 위치한 황소뼈부터 움직여야합니다. 목을 움직여야하는 만큼 충분히 움직이고 있는지를 확인해보려면 한쪽 어깨를 향해 굴러갔을 때 어깨와 얼굴의 상관관계를 살펴보세요. 당신이 정말로 목의 가장 아랫부분부터 목을 풀어주고 있다면, 한쪽 어깨로 머리가 갔을 때, 얼굴은 정면을 향하고 있어야합니다. 만약 머리가 움직임을 주도하고 있다면, 머리가 한쪽 어깨로 굴러갈 때 아마도 당신은 어깨를 쳐다보고 있거나 바닥을 쳐다보고 있을 것입니다. 또 하나, 확인하는 방법은—이 사이드 포지션에서 당신의 귓밥은 어깨 바로 위에 떠있어야 합니다.

- 목을 무겁게 천천히 오른쪽에서 왼쪽으로 크고 느슨한 원을 그리면서 서너 번 굴려 줍니다.
- 왼쪽에서 오른쪽으로 서너 번 굴려줍니다.
- 그러고 나서, 중력과 타성(momentum)에 맡겨서 좀 더 빨리 구르도록 합니다.

목과 머리를 굴리는 목적은 뒷목의 근육을 이완시키고 목구멍, 성대, 혀, 그리고 턱의 긴장을 풀기 위한 것임을 기억하세요: 이것은 곧, 소리가 지나가는 경로(channel)들을 자유롭게 하기 위한 것입니다.

6단계
머리가 앞으로 떨어진채로 잠깐동안 둡니다.

- 주의를 뒷목에 집중시킵니다. 목의 척추들을 하나하나 띄워 올려서, 목은 나머지 척추와 일직선 상에 놓이고 그위에 머리가 균형을 유지하며 뜨도록 합니다.

호흡의 중심부에 주의를 기울이고, 한음으로 유지된 한숨이 나와서 당신의 입술 위에 도착하도록 합니다.

- 음--ㅁ-ㅁ-ㅁ-ㅁ-ㅁ-ㅁ- (Mmmmmmmmmmmmmmmmmmmmmmmmmmmm mmmm): 물론 이 속에 안도의 한숨이 있어야 합니다.
- 입술 위에 진동을 느끼자마자, 목과 머리를 앞으로 떨어뜨리고 5단계에서 했듯이 느슨한 원을 그리며 굴립니다.
- 입술은 닫혀있지만, 닫혀있는 입술 뒤에서도, 목이 원을 그리는 동안 목구멍은 떨어지면서 활짝 열려야 한다는 것을 기억하십시오.
- 안도의 한숨이 끝나갈 때 목/머리 구르는 것을 천천히 멈추고, 몸 중심의 긴장을 풀고 다시 들숨이 들게 합니다.
- △
- 다시 안도의 한숨을 다문 입술로 보내고(허밍), 이 안도의 한숨과 진동이 머리 전체를 통해 울려 퍼지는 것을 봅니다.
- 목과 머리를 떨어뜨리고, 반대 방향으로 굴립니다.
- 새 들숨이 들어오도록 긴장을 풉니다.
- △
- 다시 허밍을 하고(음계에 맞춰서) 반대 방향으로 굴립니다.
- △

매번 긴숨을 만들려고 하지마십시오. 숨이 다 나갈 때까지 억지로 밀어내려고 하지 말고, 당신의 숨이 스스로의 수명(life)을 가지게 놔두세요.

■ 한번씩 머리 굴리기를 할 때마다 음을 바꿔서, 세음이나 네음 정도 올라갔다가, 다시 세음이나 네음 정도 내려옵니다.

허밍을 하도록 입술이 닫혀있지만, 머리와 목이 뒤로 젖혀질 때, 목구멍과 턱은 이완되어 열리게 하세요. 입술은 턱이 열려도 그 열린 공간 위를 덮을 만한 유연성이 있습니다. 당신이 점잖은 자리에서 참을 수 없는 하품이 나올 때, 입술을 다문채로 하품하는 것과 같은 원리입니다. 입술은 다물었지만 하품을 하면서 턱과 목구멍은 활짝 열리게 됩니다.

7단계

■ 목이 나머지 척추와 일직선 상에 놓이도록 목을 띄워 올리세요.
■ 입술 위로 안도의 한숨을 음계에 맞춰 쉬면서, 손으로 진동이 느껴지는 곳들을 만지면서 소리의 진동을 느낍니다.
■ 입술, 뺨, 코, 이마, 두개골, 뒷목, 목, 가슴등에 손을 대어 봅니다.
■ 자각력과 손끝을 이용해서, 각각 다른 곳에서 진동이 어떻게 다르게 느껴지는지를 충분히 시간을 보내면서 탐구해 봅니다.

진동이 어떤 부위에서는 다른 신체부위에서보다 훨씬 더 강하게 많이 느껴질 것입니다. 그러나 강한 진동이 느껴지는 부위만 좋아하지는 마십시오. 강하고 풍부한 진동만큼 약하고 가벼운 진동들도 알아가도록 노력하십시오.

촉각을 이용해서 탐구했던 여러 신체부위에 대한 자각을 가지고,

- 다시 머리와 목을 허밍을 하면서 굴립니다. 허밍이 한숨으로 나갑니다.
- 음--ㅁ-ㅁ-ㅁ-ㅁ-ㅁ-ㅁ- (Mmmmmmmmmmmmmmmmmmmmmmmmmm mmmm)
- 목구멍에게 열려 있으라고 하세요.
- 당신의 자각력이 당신의 촉각을 대신하도록 합니다. 그리고 그 자각력으로 당신의 입술 위에 있는 진동, 당신의 얼굴 위에 있는 진동, 당신의 두개골, 목, 그리고 가슴에 있는 진동을 느끼세요.
- △
- 새로운 음에 맞춰 허밍을 하면서 머리를 반대 방향으로 굴립니다. 머리가 앞 뒤로 구르는 방향에 따라 진동이 강하게 느껴지는 부위가 변하는 것에 주의를 기울여 보세요.
- 진동이, 공이 구르는 것에 따라 구르고 움직이는, 큰 공안에 들어있는 볼 베어링이라고 상상해 보세요.
- △
- 방향을 바꾸면서 서너 번 반복합니다.

8단계

- 이제, 목 위에 머리가 균형을 유지하며 떠 있는 것을 자각하고, 지금까지 당신의 머리에서 느꼈던 진동들에 대한 신체적 자각을 가지고, 그 진동들을 말하는 소리에 쏟아내면서, 3단계에서 했던 "허허-음 --- ㅓㅎ(huh-hummmmmmmuh)"를 반복합니다.

이 소리의 느낌을 음미하세요. 이것이 당신의 소
리라는 것을 인식하세요.

■ 진동이 당신의 머리 전체에서 흘러나오는 것
을 상상하고 느끼세요.

그냥 발성 훈련만을 하는 게 아니라는 것을 스스로에게 환기시키세요: 당신은
당신의 자연스런 음성를 자유롭게 하는 것을 목표로 하고 있습니다. 그것을
넘어서, 당신의 소리를 통해 당신 자신을 자유롭게 하는 것을 목표로 삼고 있
습니다. 심리적으로 이 목표를 성취하는 방법에 대해 내가 단서를 제공할 수
는 있겠지만, 그 단서들이 심리적으로 당신에게 어떤 의미가 있는지는 오직
당신 자신만이 알고 있습니다. 각각의 연습훈련을 마칠 때마다 아주 간단하면
서도 개인적인 할말을 찾으세요. 그리고, 지금까지 "기술적으로" 어떤 연습을
했는지에 대한 자각을 가지고, 그것을 크게 말하세요.

안도의 한숨을 소리의 접촉 "huh-huh"로 내보내세요.

■ "음 -- ㅁ----"("mmmmmmm") 하면서 그 진동속에 빠져보세요. 그리고 그
진동이 "어- ㅎ"("uh") 하면서 공기중으로 빠져나갑니다.
■ 새로운 들숨이 들어옵니다. 그리고:

"허허-음--- ㅓㅎ(huh-hummmmmmmuh)"를 했을 때와 똑같은 신체적 자각을
가지고, "기분 좋다"를 한숨처럼 시원하게 말합니다.

- 아니면, "지금 내가 뭘하는건지 모르겠다"라고 해도 되고, "배고프다. 저녁 먹고 싶다."라고 해도 됩니다. 어떤 말이든지 당신이 지금 바로 이 순간에 느끼는 기분을 표현하는 말을 한숨처럼 내뱉으세요.
- 긴장을 풀고, 몸을 흔들어서 풀어주고, 걸어 다니고, 아래 위로 뛰고, 그리고 이제 집중을 멈추어도 됩니다.

당신은 입술에서 진동을 자유롭게 하기 위해서 입술을 느슨하게 풀어주었고; 목과 머리에서 진동을 자유롭게 하기 위해서 목과 머리를 느슨하게 풀었습니다; 지금까지, 진동을 말살시키는 긴장이 당신의 입술, 목, 그리고 머리에서 사라지도록 하는 것을 확인하는 단계를 거쳤습니다.

진동을 자유롭게 하기: 몸

9단계에서는, 더 큰 신체부위에서 진동을 자유롭게 하기 위해서, 몸 전체를 이완할 것입니다. 입에서부터, 머리, 그리고 몸 전체로 옮겨가는 연습 훈련은, 논리적으로 작은 부분부터 점점 더 큰 신체부위로 옮겨갑니다. 진동은 주의를 기울여 주면, 번성하고 증대합니다. 구체적인 긴장을 발견하고, 그 긴장을 해소시키면, 기초적인 소리를 확대시켜 진동을 퍼트릴 수 있는 조건이 향상됩니다.

9단계

- 척추를 길게, 그리고 머리가 가장 꼭대기의 척추뼈 위에 떠 있는 상태로, 편하게 섭니다.

- 복근의 긴장을 풀고 자연적 호흡의 리듬을 찾습니다.
- 쉬운 중간 높이의 음을 잡고, 길고 편안한 허밍을 입술로 보냅니다.
- 허밍을 하면서 머리와 목이 무겁게 앞으로 떨어지도록 하고, 중력의 당기는 힘에 따라 머리의 무게가 땅을 향해 내려가면서 척추도 하나씩 따라 내려갑니다.
- 머리가 아래쪽으로 매달린채로 꼬리뼈부터 거꾸로 매달립니다.
- 숨이 바뀝니다.
- △
- 상체가 꺼꾸로 매달린 그 자세를 유지한 채로 자연스럽게 호흡합니다.

뒷목에 긴장이 완전히 풀어진 상태인지 다시 한번 확인하고, 무릎은 너무 구부리지 말고, 편안하게 균형이 잡힌 상태로 있어야 합니다.

- 상체가 거꾸로 매달린 채로 새로운 허밍을 한숨처럼 내뱉는데, 이 자세에서 진동은 어떻게 이동하는지 관찰합니다.
- △
- 매달린 채로 다시 한번 허밍을 하면서, 부드럽게 몸을 털어줍니다.

어디에 진동이 가장 많이 있습니까?

- 숨이 교체됩니다.
- 새로운 허밍을 하고, 그 새로운 허밍을 하면서, 척추를 하나 하나씩 다시 세워서 완전히 서게 될 때까지 올라옵니다.
- 당신이 척추를 세우면서 완전히 설 때까지 올라오면서, 진동이 어떤 신체부위들로 이동하는지 관찰하세요.

■　△

꺼꾸로 매달려 있을 때는 어디에 진동이 가장 많이 느껴집니까?

다시 서 있을 때, 어디에 진동이 느껴집니까?

척추를 세우면서 올라오는데 너무 천천히 올라오지 마세요. 만약 다 올라오기 전에 숨이 끝나면 새로운 들숨이 들어오게 하세요. 만약 천천히 올라오고 싶다면, 숨을 두번에서 세번정도 쉬도록 하세요: 만약 빨리 올라오고 싶다면 숨 한번에 다 올라오도록 하세요.

상체가 꼬리뼈부터 거꾸로 매달려있는 자세를 너무 오래동안 유지하지 마세요. 너무 오래 그러고 있으면, 어지러워질 수 있습니다. 무리하려고 하지 말고, 허밍과 동시에 동작을 하면서 발생하는 감각들을 탐구하도록 하세요.

■　낮은 음계내에서 음을 바꿔가면서, 이 과정(허밍을 하면서 척추를 하나 하나씩 떨어뜨리고, 다시 쌓으면서 올라가고)을 반복합니다.
■　다음 ― 허밍을 하면서 척추를 하나 하나씩 떨어뜨립니다.
■　편안한 들숨이 들어오도록 돕니다.
■　△
■　새로운 허밍이 한숨으로 나갑니다. 빠르게 척추를 세워 올립니다. 그리고 꼭대기까지 거의 다 올라왔을 때, 입이 열리면서 소리가 입 밖으로 나갑니다.

음-― -ㅁ-ㅁ-ㅁ-어- ㅓㅎ (Mmmmmmmmm-u-u-uh)

척추를 하나씩 떨어뜨리면서 내려오는 과정(몸 전체를 이완시키는 연습 훈련으로써 만들어진) 과정에서 당신은 진동을 당신의 몸통 전체로부터 자유롭게 내보내고 있습니다. 당신이 다시 똑바로 서 있는 자세로 돌아올 때, 이 모든 자유롭고 느슨한 진동들이 당신의 몸속에서 활발하게 증폭하고 있고, 입술에 가로막혀 있으면서, 당신의 몸 밖으로 자유롭게 퍼져나오기를 갈망하고 있다는 것을 상상해보세요. 당신이 입술을 열 때, 당신 몸 속에 갇혀있던 모든 진동이 공기 중으로 도망쳐 나옵니다.

- 이 과정 전체를 다시 체험해보세요. 허밍을 하면서 척추를 하나 하나 떨어뜨리면서 내려가고, 새숨이 들어오도록 긴장을 풀고, 허밍을 하면서 다시 올라오고, 그리고 바로 섰을 때 입술을 열어 진동을 공기중에 퍼져나가도록 합니다. 진동이 당신이 이완을 했을 때는 더 증가하고, 긴장과 노력을 더할 때는 줄어드는 성질을 가진 생명체라고 생각하면서, 진동에 대해서 그리고 진동이 어떤 느낌인지에 대한 관심을 키우십시오.
- 기분좋게 진동을 느낄 수 있도록 진동에 나만의 의미를 부여해보세요─진동이 당신을 움직일 에너지를 만들게 하거나, 당신을 차분하게 만들거나, 당신의 신체부위를 간지럽히게 하거나, 진동에 색깔을 부여하거나, 당신의 기분을 표현하도록 해서 연습 훈련을 하면서도 동시에 느낌이 만들어지도록 하세요. 이런 간단한 상상력과 진동을 연결하는 게임을 통해서, 당신은 소리를 통해 느낌을 표현하는 연습을 할 수 있습니다.

기술적인 연습으로 여겨지는 진동 연습 훈련에서 "감정"이라는 단어를 쓰는 이유에 대해서, 나는 다음의 사항을 강조하지 않을 수 없습니다. "링크레이터 발성법은 신체와 정신, 감정, 호흡 그리고 소리를 하나로 통합하기 위하여 상상력을 이용한다"는 것을 전제로 하고 있습니다. 이것은 의사소통의 과정을 바라보는 경제적인 방법입니다. 감정은 기술을 사용하는데 있어서 절대적으로 필요한 요소입니다.

진동, 결합, 그리고 내부 호흡 관련 근육에 대한 설명

당신이 원한다면, 진동은 당신의 몸 속에 있는 모든 뼈들을 통해 이동할 수 있습니다. 뼈와 연골은 진동을 전할 수 있는 아주 이상적인 물질들로 만들어져 있습니다. 진동이 당신의 몸 속에 있는 뼈를 통해 흐른다고 상상한다면, 당신은 당신의 마음이 감각적이고 시각적인 결합(대사의 내용을 자동적으로, 그 대사 속에 있는 신체적, 감정적, 감각적인 경험으로 전환할 수 있는 내적인 결합)을 할 수 있는 가능성을 열게됩니다. 이 정신 물리학적인 발성의 경험은 배우의 능력에 있어서 아주 중요한 기초를 형성시킵니다.

이제 나는 당신에게 허밍 연습 훈련을 작업 3일에 했었던 대각선 스트레치와 연결하라고 하겠습니다.

우리 몸의 무의식적인 호흡 기능은 세 가지의 독특한 근육의 움직임에 의해 만들어집니다: 횡격막의 근육 움직임, 늑간(갈비뼈 사이사이에 있는)의 근육 움직임, 그리고 내부 복근의 움직임. 내부 복근은 횡격막 바닥에 얽혀 있으며, 대각선으로 아래부분에 있는 척추들에 연결되고, 거기서 다시 골반 바닥에 있는 근육들과 연결됩니다. 이 신체 내부 호흡관련 근육 구조의 일부는 크루라(Crura)라고 불리는 건(tendon)으로 만들어져 있습니다. "우리 몸의 여러 곳에 크루라가 있습니다: 예를 들자면 횡격막 크루라, Cerebri 크루라, Crura of corpora cavernosa, crura fornicis 등등.

호흡기에서는, 횡격막은 두개의 크루라 - 아래 허리부분에 있는 다섯개의 척추뼈(요추:Lumbar Vertebrae)들과 횡격막을 연결시키는 근육조직- 에 의해서 척추와 연결됩니다. 그것은 다시 오른쪽에 있는 것과 왼쪽에 있는 크루스(crus) 로 세분화 됩니다. 이 크루스의 가장 중요한 기능은 횡격막을 척추에 연결하는 것입니다. 오른쪽의 크루스는 왼쪽에 있는 것보다 방대한 기원(origin)을 가지고 있습니다. 그 이유는 간이 오른쪽에 있고 오른쪽 크루스의 중요한 기능이, 호흡을 통해 간 기능을 돕는 것이기 때문입니다.

어떻게 발성이 이루어지는지(발성이 잘되는 법)에 대한 경험상의 지혜 가운데 가장 흥미로운 것은 신경 시스템이 몰려있는 명치(Solar plexus, 가장 아래 갈비뼈가 있는 곳의 중앙 부분으로, 복부의 위쪽이자 갈비뼈 아래의 삼각형 부위로 급소의 하나)가 횡격막에 연결되어 있다는 점과, 몸 안쪽 깊숙히 있는 복근들이 명치보다는 작지만 훨씬 강력하다고 할 수 있는 신경의 중추(nerve center)인 "천골(세이크럼:sacrum): 척추 가장 아래 부분에 있는 나비모양의 뼈"을 둘러싸고 서로 얽혀있다는 것입니다.

영어로 "Solar"는 "태양의"이라는 의미이고, "Sacrum"은 "신성한 곳"이라는 의미를 가지고 있습니다. 서양의 경험적 치료법(우리나라의 한의학처럼 오래 동안 선해 내려오는 전통적 치료법)에서는 인간의 감정은 Solar plexus, 즉 명치에 명확하게 전달이 된다고 합니다. 다시 말하자면, 태양이 땅에 정기를 불어 넣어서 생물이 살수 있듯이, 우리의 감정은 바로 태양처럼 우리의 삶을 가능하게 하는 요소라는 것입니다. 창조적인 힘을 가진, 인간의 성적인 에너지가 천골(세이크럼:Sacrum)이 있는 신경 중추에서부터 생겨난다는 것 또한 부정할 수 없는 경험적인 사실입니다. 천골(세이크럼)은 인간의 가장 깊은 충동적인 욕구들이 살고 있는 곳입니다. 천골(세이크럼)이 있는 신경 중추는 실용적이고 자율적인 충동, 직관,그리고 창의력이 사는 집입니다. 성적인 충동과 깊은 예술적인 충동 모두 이 세이크럼이 있는 신경 중추에서부터 솟아 나옵니다. 창의력은 그것이 어떤식으로 표현되든지 간에 번식력이 있습니다.

천골(세이크럼)에 연결된 호흡관련 근육들은 뇌에서부터 몸으로 그리고 몸에서 다시 소리로 전달되는 본능적이고 직감적이며 창조적인 메시지에 의존합니다－이 근육들이 바로 크루리를 포함한 내부 호흡계 복근들입니다. 명치(솔라 플렉서스)에 연결된 호흡관련 근육들은 뇌에서 몸으로 그리고 몸에서 소리로 전달되는 감정적인 메시지들에 의존합니다－이것이 바로 횡격막 근육입니다. 폐에 가장 직접적이고 광범위하게 연결된 호흡 관련 근육들은, 보통때 느끼는 것보다 훨씬 더 큰 충동과 감정을 느낄때 필요한 폐활량과 힘을 제공하는 역할을 합니다- 이것들이 바로 늑간(갈비뼈 사이사이에 있는) 근육입니다. 말하는 내용의 성격에 따라서, 이 세 가지 근육들 중에 더 중요한 역할을 하는 부분이 바뀔 수 있습니다. 그리고 자극(하고자 하는 말의 내용)에 따라서 호흡의 크기에 대한 반응도 달라집니다. 그러나 충동과 연결된 자유로운 호흡은, 호흡과 동시에 일어나는 반사적인 반응에 이 모든 근육들을 사용합니다. 이렇듯 기능을 나누면서 해부학적으로 설명하는 것은 호흡 과정의 복잡성을 지나치게 단순화 시킬 우려가 있기는 하지만, 반면에 마음과 몸과 소리를 이해하는데 있어서 어느 정도의 명확한 지도를 제공할 수 있다고 생각합니다.

외부의 복근으로 의식적 습관적 긴장감을 이용해서 호흡을 조절할 수도 있겠지만, 우리의 목표는 내부의 무의식적인 조직을 자극하고 연결하는 데에 있습니다.

이제, 천골에서 시작되는 호흡을 당신과 연결시키는 목표를 가진, 정신적-신체적 연습훈련을 시작하겠습니다. 당신과 당신의 천골의 호흡을 연결시킨다는 얘기는 당신과 당신의 내적 충동을 연결시킨다는 의미입니다.

바닥에서 하는 연습:
복부 안쪽의 호흡 관련 근육을 이용하여 소리 연결하기
내 학생들은 이 연습 훈련을 통한 결과를 즐기는 것 만큼이나, 이 연습 훈련이 주는 즐거움과 성적 매력을 즐기기도 합니다. 먼저, 우리의 목표는 입술 위에 느껴지는 진동을 대각선 스트레치 자세, 골반과 두 허벅지가 만나는 관절(hip socket), 그리고 골반 바닥의 이미지와 연결하는 것입니다. 입술은 바깥으로 나가는 정문입니다. 즉, 밖으로 나가려는 외향성이 강합니다. 정신은 자각을 해야하고, 내적 요소의 원천을 끌어낼 수 있어야 하고, 의사소통의 최고의 효과를 얻기 위해서 도착점(arrival point)을 가지고 있어야 합니다.

준비:

- 바닥에 누우세요.
- 대각선 스트레치를 가장 경제적(힘을 들이지 않고)으로 하기 위해, 하늘에 있는 마리어넷티스트의 그림을 사용하세요: 무릎들은 오른쪽, 머리는 왼쪽으로.
- 갑자기, 진동이 있는 아주 긴 한숨을 쉬고싶다는 생각이 오른쪽 골반 관절(오른쪽 골반과 허벅지가 만나는 관절, hip socket)에서 생겨나고, 거기부터 어깨까지 넓고 긴 통로를 따라 진동이 흘러나오도록 합니다. 진동이 입에 도착하면 ─ 입술을 닫고 입술 위와 머리속에서 진동을 느끼다가 입술을 열어서 신동이 밖으로 나가도록 합니다.
- 허-어-어-ㅎ-음-ㅁㅁㅁㅁㅁ-어-어-ㅎ (Hu-u-u-hummmmmm-u-u-uh)
- △
- 한숨을 쉬고싶다는 충동이 힙소켓에 다시 생깁니다.
- 음을 바꿔가면서 이것을 서너 번 반복합니다.(낮은 음들을 사용하세요)
- 마리어넷티스트가 반대편 대각선 스트레치로 당신의 몸을 움직입니다.

힙소켓에서부터 소리가 생겨나서, 몸통을 통해, 입으로, 그리고 밖으로 나갑니다.

- 허-어-어-ㅎ-음-ㅁㅁㅁㅁㅁ-어-어-ㅎ (Hu-u-u-hummmmmmm-u-u-uh)
- 음을 바꿔가면서 해보세요.
- 무릎을 몸통 가운데로 떠오르게 합니다(무릎은 배 위에 떠있고, 발바닥은 땅에 닿지 않은 상태). 그리고 나서 두발을 바닥으로 떨어뜨립니다.
- 오른쪽 무릎이 배쪽으로 떠 오릅니다.
- 두손을 오른쪽 무릎위에 깍지낍니다. (깍지낀 양손바닥이 무릎 앞쪽을 감싸게 됩니다.)

- 당신의 오른쪽 허벅지뼈가 골반과 만나는 부분(골반관절에 들어가는 허벅지뼈 제일 윗부분)을 마음속에 명확하게 그려봅니다.
- 오른쪽 골반 관절을 향해—소리 없이—안도의 한숨을 쉽니다. 한숨이 나옴과 동시에 깍지낀 손을 이용해서 오른쪽 다리를 흔들어줍니다. 그 결과, 허벅지뼈 제일 윗부분이 골반 관절에서부터 숨을 흔들어서 당신의 입을 통해 나가게 합니다.

당신의 손이 직접적으로 당신의 무릎과 허벅지뼈를 움직이면, 숨은 당신의 몸 전체에서 흔들리면서 당신 얼굴 앞에 있는 공기속으로 나갈 것입니다.

손으로 흔드는 것은 힘을 써서 흔들어 대는 게 아니라, 진동이 느껴지는 듯한 느슨한 흔들기입니다. 이렇게 하기 위해서는, 절대로 어깨에 힘이 들어가면 안 되고 어깨를 사용해서도 안 됩니다.

이것을 하는 동안, 당신은 복부 안쪽의 호흡 관련 근육들에서부터 시작된 편안한 충동, 몸 전체를 통해 아무런 막힘없이 흘러나오는 편안한 충동에, 당신의 집중력 전체를 맡겨야 합니다.

- 오른발을 바닥에 떨어뜨립니다.
- 왼쪽 무릎이 배쪽으로 떠 오릅니다. 두손을 왼쪽 무릎위에 깍지낍니다(깍지낀 양손바닥이 무릎 앞쪽을 감싸게 됩니다.). 오른쪽 다리와 마찬가지로 흔들면서 안도의 한숨을 반복합니다.
- 왼발을 바닥에 떨어뜨립니다.
- 다시 오른 무릎이 배 위로 떠오르고, 양손을 깍지끼고 무릎을 감쌉니다.
- 힙소켓에서부터 안도의 한숨을 쉬면서 소리의 진동을 찾습니다.

- 양손으로 힙소켓에서부터 소리를 흔들고/진동하게 하면서, 그 소리가 몸통속의 긴 공간을 지나 입술 위에 도착하고 밖으로 나가도록 흔들어 줍니다.
- 허-어-어-ㅎ-음-ㅁㅁㅁㅁㅁ-어-어-ㅎ (Hu-u-u-hummmmmm-u-u-uh)

이 연습훈련은 "허밍"이 당신의 힙소켓에서, 입술, 입을 지나 바깥으로 나갈 때까지 흔들어 줍니다.

이 연습 훈련은 진동이 몸 밖으로 나가는 과정에서, 흔들리는 허벅지 뼈의 영향을 받아 흔들리고, 떨리게되고, 휘둘리고, 동요하기 때문에, 힙소켓부터 입술 사이의 어디에도 몸 속에 소리가 갇히지 않도록 해줍니다.

- 오른발을 바닥에 떨어뜨리고, 이번에는 왼쪽 무릎과, 허벅지 뼈, 힙소켓을 이용하여 같은 과정을 반복합니다.
- 음계를 따라 올라가고 내려가는 것을 각각 서너 번씩 왼쪽 오른쪽 번갈아 가면서 반복합니다.
- 그러고 나서 양발을 바닥에 떨어뜨립니다.

이제, 당신의 주의를 골반뼈 전체의 구조에 집중시키세요.

- 두 발바닥이 평평하게 바닥위에 놓여있고, 두 무릎은 천장을 향해 세워져 있는 상태에서, 골반을 약 5센티미터 정도 들어올립니다. 당신의 골반이 정원에 달려있는 그네(단단하게 서 있는 당신의 허벅지뼈에 달려있는 그네)라고 상상해보세요. 부드럽게 골반 그네를 위아래로 흔들어 봅니다.
- 골반 그네를 바닥에 내려 놓습니다.

- 한숨을 쉬려는 충동이 골반바닥까지 내려오고, 골반 바닥에서 그 충동은 소리의 진동이 됩니다.
- 허-어-어-어ㅎ (Hu-u-u-uh)
- 소리가 나는 동안, 입술이 모여서 허밍이 되는 순간에, 골반 그네를 바닥에서 5센티미터 정도 띄운 다음, 어린아이들이 그네 타듯이 즐겁게 진동을 튕기면서, 부드럽게 위아래로 흔들어 줍니다.
- 음--ㅁ-ㅁ-ㅁ-ㅁ-ㅁ-ㅁ-어-ㅎ (Mmmmmmmmmmmmmmmmmmmmmmmmm mmmmmmm-uh)
- 그리고는, 골반 그네를 다시 바닥으로 내려놓으면서, 새로운 호흡을 하려는 충동이 새로운 음계와 함께 몸으로 들어오고, 소리가 다시 골반 그네에서부터 부드럽게 튀면서 입술을 통해 밖으로 나갑니다.

매번 음을 바꿔가면서 서너 번 반복합니다.

- 바닥위에 골반을 내려 놓고 긴장을 풉니다. 골반 바닥까지 뚫고 들어가는 소리의 충동을 명확하게 마음속에 유지하면서 안도의 한숨을 쉽니다.
- 허험--ㅁ---어ㅎ (Huhummmmmuh)
- 이 연습 훈련의 결과물로써, 골반 바닥부터 시작해서, 확실하게 입술에 닿고, 공기중으로 나가는, 소리의 흐름을 느껴보세요.

천천히 옆으로 굴러서 두 손바닥과 두 무릎이 바닥에 닿도록 합니다. 그리고 천천히 근육을 가장 경제적인 방법으로 사용하면서 일어섭니다. 머리가 가장 마지막에 올라옵니다.

- 당신의 자존감과 충동의 원천을 당신 몸 가장 깊숙한 곳에 유지한 채로

"소리의 접촉(허허: huh huh)"과 "진동의 확대(허허음------어ㅎ: huhummmuh)"를 반복합니다.

- 허험ㅁ----어ㅎ(Hu-u-hummmm-uh)
- 서너 개의 다른 음계에서 해보세요.
- 어깨를 가볍게 아래위로 흔들고, 무릎을 흔들면서 진동을 몸 전체로 흔들어 보세요.
- 어떤 새롭고, 신선하고, 다른 경험이 있었는지 생각해보세요.
- 그것들에 대해 말해보세요.
- 독백이나 대사 몇 줄을 말해봅니다.
- 낭신의 음성과 관련된 새로운 시체적 경험들에 대해 일지에 적으세요.
- 당신 음성을 새로 그려보세요.

연습

1일부터 4일까지 이 모든 연습 훈련들의 복합을 1주일 동안 배웠습니다.

다음에 요약해 놓은 "중간 단계 위밍업"을 이용하길 바랍니다.

중간 단계 워밍업

지금까지 배운 연습훈련들로 구성된 짧은 워밍업을 소개하도록 하겠습니다. 이 워밍업은 움직임과 소리를 동시에 사용하도록 만들어졌으며, 어느 순간 어디에 주의를 집중해야 하는지를 되새기면서 의사소통의 경로를 재정비하고 싶다면, 반드시 이 워밍업의 규칙적인 반복 연습이 필요합니다.

이완, 척추, 머리, 호흡, 소리의 접촉, 허밍을 위한 훈련:

바닥에 등을 대고 누우세요.

- 당신이 평온함, 고요함 그리고 안정감(이완)을 느낄 수 있는 장소를 당신의 기억에서 고르세요: 해변, 햇살이 부서지는 푸른 초원, 보트 위 등. 하지만, 당신의 이불속이나 침대위는 안 됩니다. 당신이 고른 그 장소에 당신이 누워있는 것을 상상합니다. 누워서 당신의 팔다리를 완전히 바닥에

맡기고 당신 몸 근육들의 긴장을 푸세요. 따스한 햇볕이나 벽난로가 있는 공간을 상상하는 것이 더 도움이 되겠습니다.

천천히 마음의 눈이 당신의 발가락부터 당신의 머리끝까지 훑으면서 여행을 하게 합니다. 당신의 마음이 당신 몸속을 여행하는 동안 어떠한 작은 긴장이라도 찾게되면 그 긴장들을 풀면서 여행하도록 합니다. 만약 당신이 이것을 아주 명확하게 상상하면서 당신이 좋아했던 그 장소를 다시 기억해낸다면, 아주 구체적인 이완과 즐거움을 느낄 수 있을 것입니다.

■ 이 느낌들이 다음의 작업을 하는 과정에 가능한 많은 영향을 미치도록 하세요.

■ 당신 몸의 중심 깊은 곳에서 이완된 상태로 자연스럽게 올라왔다 내려가는 아주 작은 무의식적인 움직임에 주의를 기울이세요. 입술을 벌어진 상태로 두고, 날숨이 입술을 통해 빠져나갈 때 작은 "ㅍ"소리를 만들며 나가는 것을 느끼세요. 새숨이 들어올 때까지 기다리세요. 몸속 깊은 곳에 자연적인 호흡의 리듬이 존재하는 장소와, 자연적 호흡이 고유의 속도를 찾을 때까지 계속해서 주의를 기울이세요.

■ 하늘에 있는 마리어넷티스트를 다시 상상합니다. 마리어넷티스트가 당신의 양무릎을 배 위로 들어 올립니다. 그리고 양무릎을 편안하게 오른쪽으로 떨어뜨려서 대각선 스트레치가 됩니다. 한숨을 쉬려는 충동이 오른쪽 힙소켓까지 내려가고, 오른쪽 힙소켓에서부터 한숨을 풀어내보냅니다. (소리없이 숨만)

■ 다음 번의 안도감을 느끼며 한숨을 쉬고 싶다는 충동을 소리의 진동과 연결합니다. 그 한숨/충동/소리는 동시에 골반관절부터 긴 대각선 몸통의 공간을 지나서 입을 통해 밖으로 강물처럼 흘러나갑니다.

- 허-어-어-어-ㅎ
- 똑같은 과정을 왼쪽 대각선 스트레치에서 반복하세요.
- 두 다리가 다시 떠올라서, 오른쪽 대각선 스트레치로 옮깁니다. 그리고, 진동이 있는 긴 한숨을 쉬고 싶다는 생각이, 오른쪽 골반관절부터 어깨까지 이어지는 길고 넓게 열려있는 공간을 통해서 흘러나오고, 진동이 입에 도착하면 입술을 모으고 진동을 입술 위와 머리속에서 느낍니다. 그리고, 입술을 열고 진동이 퍼져나가도록 합니다.
- 허-어-어-험-ㅁ-ㅁ-ㅁ-ㅁ-ㅁ-ㅁ-어-어-어ㅎ

  (Hu-u-u-hummmmmmmmm-u-u-uh)
- △
- 그리고 다시, 한숨을 쉬려는 충동을 힙소켓에 연결합니다.

  (한숨을 쉬려는 충동이 힙소켓에서부터 시작되도록 합니다)
- 이것을 다른 음에서 서너차례 반복합니다.(낮은 음들을 사용하도록 하세요)
- 마리어넷티스트가 왼쪽 대각선스트레치 자세로 당신의 몸을 움직입니다.
- 힙소켓에서부터 소리가 시작되는 경험을 반복 재생산하면서 힙소켓에서 시작한 한숨이 입술을 통해 나갑니다.
- 허-어-어-험-ㅁ-ㅁ-ㅁ-ㅁ-ㅁ-ㅁ-어-어-어ㅎ

  (Hu-u-u-hummmmmmmmm-u-u-uh)
- 음을 바꾸면서 반복합니다.
- 양무릎이 몸통 가운데로 떠오르고(배 위에 다리가 떠있는 상태, 양 발바닥은 바닥에서부터 떠있는 상태), 이제 양 발바닥을 바닥에 떨어뜨립니다.
- 오른쪽 무릎이 배 위로 떠오릅니다.

- 양손을 깍지끼고 오른쪽 무릎을 감쌉니다.
- 안도의 한숨을―소리없이 숨만―힙소켓에서부터 쉬고, 숨이 나감과 동시에 당신의 무릎을 허벅지뼈 제일 위쪽부터 흔들리도록 흔들면서, 숨이 힙소켓에서부터 흔들려서 입술을 통해 나가도록 합니다.
- 오른쪽 발을 바닥에 떨어뜨립니다.
- 왼쪽 무릎이 배 위로 떠오릅니다. 양손을 깍지끼고 왼쪽 무릎을 감싸고 한숨쉬고 다리를 흔들어 진동이 흔들리면서 나가는 과정을 반복합니다.
- 왼쪽 발을 바닥에 떨어뜨립니다
- 다시 오른쪽 무릎을 배 위로 떠오르게 하고, 양손을 깍지끼고 오른쪽 무릎을 감쌉니다.
- 한숨을 쉬고 싶다는 충동을 힙소켓으로 보내고, 소리의 진동을 찾습니다. 양손으로 힙소켓에서부터 소리를 흔들고 털어서, 몸 안의 통로를 지나, 입술로, 그리고 몸 밖으로 소리가 나가도록 합니다.
- 허-어-어-험-ㅁ-ㅁ-ㅁ-ㅁ-ㅁ-ㅁ-어-어-어ㅎ

  (Hu-u-u-hummmmmmmm-u-u-uh)

반복합니다.

- 그러고 나서, 오른발을 바닥에 떨어뜨리세요. 이번에는 왼쪽 무릎, 허벅지뼈, 그리고 힙소켓을 움직이면서 같은 과정을 반복합니다.
- 양쪽 다리를 번갈아 가면서 서너 번씩 반복합니다.
- 양발바닥을 모두 바닥에 놓으세요.
- 이제 당신의 골반뼈 구조를 마음속으로 그리면서 그 그림에 주의를 집중하도록 합니다.
- 발바닥이 마룻바닥에 편하게 놓이고, 양 무릎은 하늘을 향해 세워져 있

는 상태에서 한숨을 쉬고 싶다는 충동이 골반 바닥까지 내려옵니다. 그 골반바닥에서 이 충동은 소리의 진동으로 바뀝니다.

- 허-어-어-어-ㅎ

  (Hu-u-u-uh)

- 입술을 모아 허밍이 되는 순간 골반 그네가 5센티미터 정도 바닥에서 떠올라 부드럽게 아래위로 흔들리게해서 진동이 (공이 가볍게 튀듯이) 튀면서 나오도록 합니다.

- Mmmmmmmmmmmmmmmmmmmmmmmmmmmmmmmmm-u-uh

  (음-ㅁ-ㅁ-ㅁ-ㅁ-ㅁ-ㅁ-ㅁ-ㅁ-ㅁ-ㅁ-어-어ㅎ)

- 그리고 나서, 골반 그네기 비닥으로 내려오면서, 새로운 들숨을 쉬고 싶다는 충동이 새로운 음과 함께 몸속으로 들어옵니다. 소리는 다시 골반 흔들기를 통해 공이 튀듯 부드럽게 튀면서 입술을 지나서 밖으로 나갑니다.

- 매번 새로운 음을 사용하면서 서너 번 이 과정을 반복합니다.

- 골반을 바닥에 편하게 내려 놓습니다.

- 이제 당신의 마음의 눈을 골반 바닥에서부터 당신의 횡격막의 중심으로 옮깁니다. 그 중심에서 일어나는 "자연적인 호흡의 리듬"의 아주 작은 움직에 주의를 기울이세요. 몸속에서 횡격막의 움직임이 수평 방향이고 (누워있는 상태이므로 횡격막 자체는 바닥과 수직으로 놓여있고, 횡격막은 수직인 상태에서 머리쪽/골반쪽으로 움직이므로 "횡격막의 움직임"은 수평방향), 이 움직임의 반영으로써 복부의 바깥쪽 근육이 위 아래로 움직인다는 것에 주의를 기울입니다.

- 이제 형태가 만들어지지 않은, 자연적인 소리에 대한 생각-충동이 호흡의 중심으로 들어오고, 이 호흡이 나갈 때 진동이 됩니다.

- 허-허

(Huh-huh)

- △

- 당신의 자연적 호흡의 리듬을 따라 숨이 나갈 때, 이 생각-충동을 반복하도록 하세요.

- Huh-huh △ huh-huh △ huh-huh△ (허-허:반음 바꾸고, 허-허:반음 바꾸고, 허-허:반음 바꾸고)

- 허-허(Huh-huh:소리)와 "프프-(fff:숨-앞 윗니와 아랫입술이 살짝 닿은 상태에서 나가는 숨)"를 번갈아 가면서, 소리가 날 때도, 그냥 숨만 쉴 때 같은 신체 상태를 유지할 수 있는지 관찰합니다.

- 허-허(Huh-huh:소리)가 백퍼센트 소리만 있는지 확인하세요(바람 섞인 소리가 나면 안 됩니다). 그리고 "프프-(fff:숨)"가 백퍼센트 숨인지 확인하세요. 소리는 검은색, 숨은 하얀색, 그리고 소리와 숨이 섞인 소리는 회색으로 생각하면 도움이 됩니다. 날숨에서 완벽한 "검은색"이 나가도록 하는데에 필요한 유일한 것은 명확한 생각입니다. 만약 당신의 소리가 회색이라면, 아마도 당신은 이완을 하는데만 너무 집중한 나머지, 이완을 통해서 무엇을 성취하려고 하는 것인지를 충분히 생각하지 않고 있습니다.

- 이제 음계를 따라 내려가는 음을 생각합니다. 편안한 중간음계의 한 음에서 천천히 순서대로 내려가세요. 가능하다면 반음씩, 아니면 한음씩 내려가서, 음이 아주 낮고 느슨해서 거의 목구멍에서 가글하는 듯한 소리가 나올 때까지 내려갑니다.

억지로 소리를 밀어서 내지 않으면서 최대한 얼마나 낮은음 까지 내려갈수 있는지 관찰해보세요. 소리가 내려갈때마다 몸속 더 깊이 긴장을 풀도록 하세요: 갈때까지 내려가서 더 이상 내려가지 못하겠다고 느낄때, 다시 음계를 따라 올라옵니다. 자연적 호흡 리듬을 유지합니다.

- 소리를 말합니다.
- 허-허 (Huh-huh)
- 천천히 마루에서부터 경제적으로 일어납니다. 먼저 몸을 한쪽으로 굴려서 양 손바닥과 양 무릎이 바닥에 닿도록 합니다. 몸 무게를 양발에 싣고 몸을 뒤로 밀어서 쭈그리고 앉은 자세가 됩니다. 꼬리뼈가 떠오르고 다리가 펴집니다. 몸통이 꼬리뼈부터 거꾸로 매달려 있는 자세가 됩니다. 최대한 이완상태를 유지하면서 척추를 하나씩 다시 펴면서 올라옵니다. 머리는 맨 마지막으로 올라옵니다.

다리를 약간만(어깨넓이 정도)벌리고 섭니다.

- 하품을 하면서 몸 전체를 스트레치합니다.
- 천장을 향해 팔꿈치, 손목 그리고 손까지 모두 스트레치 합니다.
- 손을 떨어뜨려서 손이 손목에 매달리도록 합니다; 손목과 아래팔이 떨어져서 팔꿈치에 매달리도록 합니다; 윗팔을 떨어뜨려서 어깨에 매달리도록 합니다; 머리를 앞으로 떨어뜨립니다; 척추의 가장 윗부분이 어깨의 무게를 향해 떨어지게 합니다; 그리고, 머리의 무게가 척추를 아래쪽으로 당겨서, 몸통과 머리가 꼬리뼈부터 거꾸로 매달려있는 자세가 될때까지, 척추를 하나씩 하나씩 떨어지게 합니다.
- 당신의 등을 향해 깊은 안도의 한숨을 쉽니다. 그리고 한숨이 터져나옴

과 동시에 당신의 횡격막을 중력에 맡겨버립니다.

- 그러고 나서 척추를 하나씩 하나씩 다시 쌓아 올립니다.
- 머리는 척추위에 떠오릅니다.
- 복근은 느슨하게 유지합니다.
- 무릎의 긴장을 풉니다.
- 척추는 길게 서 있습니다.
- 무의식적으로 몸속에서 일어나는 리듬을 따라, 호흡은 아주 쉽게 이루어 집니다.

작은 표표 "fff"가 나옵니다.

"소리의 접촉" (허-허; Huh-huh)이 나옵니다.

- 허-허; Huh-huh
- △
- 허-허음ㅁㅁㅁㅁ어ㅎ(Huh-hummmmmuh)
- 입술을 풀어서 느슨하게 합니다. (진동없이)
- 얼굴의 모든 근육들을 움직이세요
- ~≈~~ㅁㅁㅁㅁㅁㅁㅁㅁ-ㅓㅎ

  (~~≈~~mmmmmmmmmmmmmmmuh)
- △
- 음계를 따라 내려가면서 반복합니다.
- 이제, 말하세요.
- 허-허음ㅁㅁㅁㅁ어ㅎ(Huh-hummmmmuh)
- 당신이 음계위의 한 음을 유지할 때와 똑같은 신체적인 자각을 가지고

해보세요.

- 들숨이 오기전에 긴장을 풉니다.

- △

- 이제 말하세요

- 허-허음ㅁㅁㅁㅁ어ㅎ(Huh-hummmmmuh)

대화를 할 때와 같은 억양을 가지고 해보세요

- △

이 소리로 질문을 해보세요:

- 허-허음ㅁㅁㅁㅁ어ㅎ(Huh-hummmmmuh)

- △

- 친구가 당신에게 "오늘 하루 어땠어?"라고 질문을 던졌고, 이제 당신의 하루가 어땠는지를 "허-허음ㅁㅁㅁㅁ어-ㅎ(Huh-hummmmmuh)"로 묘사해서 대답을 하되, 새로운 생각이 들때마다 새로운 호흡 충동이 들어오고 허-허음ㅁㅁㅁㅁ어ㅎ(Huh-hummmmmuh)로 대답이 나갑니다.

- 한번 더 대답하세요.

- 허-허음ㅁㅁㅁㅁ어ㅎ(Huh-hummmmmuh)

- △

"말하는 것"에 대해 생각하자마자, 당신의 생각이 얼굴쪽으로 쏠리는 경향이 있습니다. "질문"에 대한 충동을 호흡/감정의 중심이되는 곳에 내려 보내세요 그리고, 그 질문/호흡/진동의 답변이 몸통, 목구멍, 입을 통해 솟아나도록 하세요. 놀람, 다급함, 의문, 혹은 즐거움 등의 감정을 질문에 더해 보세요. 그러면, 몸의 중심과의 관계가 감정에 의해서 더 명확해질 수 있을 것입니다.

- 머리와 목을 무겁게 앞으로 떨어뜨립니다. 그리고 느슨하게 넓은 원을 그리며 굴려서 목과 목구멍에 있는 근육들을 풀어줍니다.
- 머리와 목을 반대 방향으로 굴립니다.
- 머리와 목을 굴리는 동안 편안한 음계에서 허밍(안도의 한숨이 나가듯)을 합니다.
- △
- 음이 바뀔때, 새로운 호흡 충동이 들어오고, 새로운 허밍이 나오면서, 목과 머리를 반대 방향으로 굴립니다.
- 네번에서 다섯번 정도, 각각 다른 음에서 허밍을 하면서 매번 머리를 반대 방향으로 굴립니다.

메모... 당신이 완전한 "음-------(Mmmmmmmmm)"에서 허밍을 하고있는지 확인하세요.

허밍을 하기 위해서, 단지 입술만 서로 닿아있어야 합니다. 혀는 입천장 중간이나, 입천장 양 옆이나, 입천장 뒷부분에 절대 닿거나 붙어있으면 안 됩니다. 닫힌 입술 안쪽에는 반드시 공간이 있어야 합니다(입안에서부터 열린 공간이 몸의 호흡 중심 부까지 내려갑니다).

- 위의 내용을 염두에 두고, 음을 바꿔가면서 서너 번 머리를 굴리면서 허밍을 반복합니다.

- 머리를 떠오르게 해서 머리가 균형점을 찾도록 하세요.

당신이 지금 어떻게 느끼고 있는지를 큰소리로 말하세요—즉흥적이고, 주저없이, 그리고 미리 검열하지 말고 당신이 느끼는 그 느낌이 소리로 표현되어 나가도록 하세요.

- 이제 몸의 중심에서부터 다시 한숨을 쉰다고 생각하면서 허밍을 합니다. 이번에는 허밍을 하면서 머리를 앞으로 떨어뜨리고, 머리의 무게가 당신의 척추를 따라 몸통이 꼬리뼈에서부터 거꾸로 매달릴때까지 허밍과 함께 내려갑니다.

머리 정수리를 통해 진동이 울리면서 나가는 것을 느껴보세요.

진동이 느껴지는 곳이 어딘지, 느껴지는 곳 모두 관찰합니다.

무릎이 살짝 구부려져있는지 확인하세요. 발 뒤꿈치와 발 볼 사이에 몸무게가 균형있게 놓여있고, 복근이 느슨하게 이완되어 있는지 확인하세요.

■ 숨이 교체되도록 둡니다.
△

이 자세에서, 당신의 몸 앞쪽보다 당신의 등이 훨씬 더 자유롭게 호흡의 필요에 반응할 수 있다는 것에 주목하세요 — 이 자각을 만끽하세요.

■ 새로운 허밍을 입술 위로 내쉬고, 척추를 재빨리 하나씩 올려서 다시 섭니다. 그리고 완전히 섰을 때 입술을 열어 소리가 나가도록 합니다.
■ 몸 속의 긴장을 풀고 새숨이 들어옵니다.
△

조금 더 높은 음에서, 이 연습 훈련을 반복합니다.

■ 허밍을 하면서 척추를 떨어뜨립니다.
   거꾸로 매달렸을때 새숨이 들어오고
   새로운 허밍
■ 허밍과 함께 척추가 올라옵니다.
다 올라오면 입이 편안하게 떨어지면서 열리고, 소리가 나갑니다.

이제 당신의 몸에서 일어나는 일이 소리에 영향을 줍니다. 당신은 당신의 소리를 곧고 흔들리지 않게 유지하고 싶을지도 모릅니다. 그러나 그것은 조절에 대한 그릇된 관념입니다. 몸이 움직이는 것에 따라서 소리가 영향을 받는 것은 당연합니다. 몸이 앞으로 떨어질 때 진동이 흔들리고 이리저리 움직이도록 내버려 두세요.

- "허밍하면서 머리 굴리기"와 "허밍하면서 척추 떨어뜨리기"를 음계를 따라 음을 바꾸면서 번갈아 반복합니다. 이 연습 훈련을 하면서 지금까지보다는 약간 더 높은 음계로 올라가기 시작하세요.
- 척추를 따라 올라가 머리까지 올라와서 입이 벌어졌을 때:

  무릎을 튕겨(가볍고 느슨하게 아래위로 공이 튀듯이:Bounce)줍니다.

  어깨를 튕겨줍니다.

  아래위로 깡총깡총 뜁니다.

  점점 더 자유로운 에너지를 발산하세요.

위의 연습 훈련후에 얻은 신체적 자각을 이용해 말을 해보세요.

- 허-허음ㅁㅁㅁㅁ어-ㅎ(Huh-hummmmmuh)

마지막으로, 다음에 열거된 것들을 하면서 동시에 시,독백, 혹은 극중 대화를 해보세요.

1) 바닥에서 대각선 스트레치를 하면서
2) 골반을 튕기면서
3) 횡격막 중심과의 연결을 느끼면서 손을 배 위에 얹고, 생각이 나갈 때마다 배가 바닥쪽으로 떨어지는 것을 느끼면서
4) 횡격막 중심과 연결되어있다는 이미지를 유지하면서 일어섭니다.
5) 대사(시, 독백, 대사)를 말하는 동안 무릎을 아래위로 튕깁니다.
6) 대사(시, 독백, 대사)를 말하는 동안 어깨를 아래위로 튕깁니다.
7) 대사(시, 독백, 대사)를 말하는 동안 아래위로 깡총깡총 뜁니다.

우리의 목표는, 상상력의 자유를 표현하기 위해서 당신의 신체적 자유를 찾는데에 있습니다. 만약 당신이 스스로에게 기회를 부여한다면, 지금까지 당신의뇌가 깨닫지 못했던 새로운 아이디어나 영감을 당신의 몸이 당신에게 줄 수도있습니다.

대사를 다시 말할 때, 당신이 말하는 대사의 의미와 내용에 당신의 모든흥미를 집중시켜야 합니다. 당신의 소리가 얼마나 자유로워졌는지는 당신이하고 있는 작업을 스스로가 얼마나 즐기고 있는지에 대한 주관적인 잣대에 의해 평가되어야 할 것입니다.

두 번째 단계의 4주 동안 할 작업
"Freeing the Channel: 경로를 자유롭게 하기"

발성 작업과정은 반드시 다음의 두 가지 사이를 오가면서 진행되어야 합니다. 1)소리의 근원을 다루는, 호흡 관련 근육을 자유롭게 하는 것과, 2)목, 혀, 그리고 턱 근육 같은, 소리가 이동하는 경로가 되는 부분을 자유롭게하는 것.

어떻게 호흡을 더 풍부하게 하는지, 그리고 풍부한 호흡을 통해서 소리를 받쳐줄 근본을 제공하는 것에 대해 지금까지 다뤘습니다. 그러나, 소리가 몸을 통과하는 동안, 소리를 도와주는데 자기가 꼭 필요하다고 착각하는 많은 근육들이 있습니다. 턱, 혀, 그리고 목구멍의 근육들이 소리를 돕겠다고 나서기 시작하면, 호흡이 할 수 있는 일들이 줄어들게 됩니다. 발성에 있어서 정말 필요한 것들에 초점을 맞추고, 잘못된 근육들의 도움을 자각하게되는 것은, 어렵지만 매우 중요한 일입니다. 소리의 근원에 관한 작업이 보다 능동적인 작업이라면, 소리의 경로에 관한 작업은 어떤 의미에서보면 수동적인 작업이라고 할 수 있겠습니다. 이 수동적/능동적 메시지는 동시에 전달되어져야 합니다. 소리의 경로는 이완하고, 소리의 근원은 자극해야 합니다. 점차적으로, 소리의 근원이 호흡을 확실하게 받쳐주게 되면, 소리의 경로에 있는 근육들은 필요한 휴식을 취하면서 자기 본연의 기능에만 충실하게 됩니다. 일반적으로 말해서 턱의 본연의 기능은: 1)치아를 유지하고 음식물을 씹고, 2)강력한 감정적/음성적 내용이 빠져나갈 수 있도록 소리의 통로를 크게 열어주는 기능을 합니다. 말하기에 있어서 혀의 본연의 기능은 모음과 자음을 정확하게 발음하도록 도와주는 것입니다. 목구멍은 많은 요소들로 이루어져있는데 앞으로 작업을 계속하면서 목구멍에 있는 각각의 요소들과 더욱 친숙해지게 될 것입니다. 먼저 턱부터 시작하도록 하겠습니다.

작업 5일

소리의 경로를 자유롭게 하기 : 턱에 대한 자각과 이완

긴장 없애기 ... 굳게 닫힌 문이냐, 열린 문이냐

예상 소요시간 : 1시간

첫 단계는 먼저 일반적인 머리와 목의 그림을 세분화하는 것입니다. 머리는 관절에 의해 닿아있는 두 개의 큰 뼈구조로 나닙니다. 이 두개의 뼈구조 모두 치아를 가지고 있고, "머리"나 "두개골"이라는 명칭 자체도 너무나 일반적이므로, 나는 당분간 윗부분을 "위턱" 아랫부분을 "아래턱"이라고 부르겠습니다.

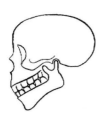
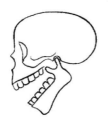
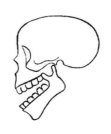

휴식중   올바르게 열린 것   바람직하지 못하게 열린 것

마치 가짜 수염을 붙일 때처럼, 아래턱이 귀 약간 옆쪽의, 위턱에 걸려있다고 상상하는 게 도움이 됩니다. 실제로는, 말발굽 모양으로 패인 위턱에, 아래턱 뒤쪽에 있는 작은 뼈가 안쪽으로 연결되어 있습니다. 이 연결고리에서, 위턱과 아래턱 사이에 가장 효과적으로 공간을 만드는 방법은 아래턱이 내려오면서 뒤쪽으로 움직이는 것입니다. 일반적으로 입을 크게 벌리려고 할 때, 아래턱이 내려가면서 앞으로 나가는 경우를 많이 볼 것입니다. 이런 경우는 아래턱을 아래로 내려누르고 또 앞으로 밀어내야하기 때문에 신축성있는 의사소통의 통로를 만들 수가 없고, 빠른 의사소통 욕구에 비해 너무나 느린 반응을 하게 됩니다.

익숙하지 않을 수도 있겠지만, 턱이 가장 자연적으로 열리는 방법은 목이 있는 방향, 그러니까 뒤쪽으로 벌어지는 것입니다. 이것은 턱 관절에 있는 근육이 이완된 상태일 때 가능합니다. 그러나 턱의 긴장은 아주 일반적이라서 인대는 짧아지고, 근육은 수축되고, 입을 벌릴 때 힘을 쓰게 됩니다. 그리고 그 때 쓰는 힘이 턱을 앞으로 밀게 되는 것입니다. 우리가 턱에게 보내는 메시지는, "입을 열기 위해서는 턱이 필요하다"는 지식에 의해 필요이상으로 복잡해졌습니다. 흔히 배우의 대사를 알아들을 수 없어서 짜증이 난 연출가, 지휘자, 혹은 노래 선생님들이 "입을 더 크게 벌려"라며 조심성없는 주문을 합니다. 이런 훈계에 의해 전달되는 이미지는 입의 앞쪽이 크게 벌어지면서 공간이 생기는 것입니다. 그러나 사실상 더 중요한 공간은 입의 뒤쪽, 목구멍 안쪽에 생기는 공간입니다. 입을 더 크게 벌리려고만 하다보면 오히려 턱을 아래로 내려서 목구멍을 더 닫아버리는 결과를 초래합니다.

아래턱과 위턱을 연결하는 근육들은 얼굴과 목, 그리고 목 뒤까지 퍼지면서 완전히 얽혀 있습니다. 이 근육들은 수직으로, 수평으로, 대각선으로, 안쪽으로 그리고 바깥쪽으로 뻗어있습니다. 바로 이 윗부분의 소리의 통로에서 가장 극대화된 효과를 얻으려면, 아래턱은 아래로 떨어지고 위턱은 아주 뒷부분부터 위로 들려 올라간다고 생각하는 것이 도움이 됩니다. 공간을 확보하기 위하여 위턱이 움직인다고 생각하면 아래턱이 가지는 긴장을 덜어 줄 수 있습니다. 아래턱이 가지는 긴장을 줄이면, 혀를 내려눌러서 성대가 눌리고 그로 인해 소리에 무리가 생길 확률이 줄어듭니다. 그리고 인두(Pharynx)도 소리가 통과하는 통로에 포함됩니다.

위쪽으로 그리고 뒤로, 아래쪽으로 그리고 뒤로 움직이는 것은, 극단적으로 보면, 공포, 분노, 애통, 환희 등의 큰 감정적인 충동에 대한 아주 본능적이고 반사적인 반응과 아주 흡사합니다. (갑자기 이런 큰 감정을 느꼈을 때 자신도 모르게 입이 딱 벌어지는—자신도 모르게 갑작스런 큰 감정때문에 입이 벌어지면서 입 뿐만 아니라 목구멍 안쪽에도 큰 공간이 생기는 상태) 이런 것은 동물들에게서도 쉽게 볼 수 있다; 예를 들면, 사자가 표효하는 것, 개가 공격할 때, 고양이가 자신을 방어할 때. 또, 이것은 아주 극단적인 인간의 감정을 표출하는 통곡이나 절규에서도 볼 수 있습니다. 사람들이 롹 콘서트에서 극도의 기쁨과 흥분상태에서 소리치는 얼굴이나, 전쟁터에서 극도의 공포나 고통에 휩싸인 얼굴은 그 구체적인 감정이 어떤 것이든간에 유사한 근육 움직의 형태를 나타냅니다.

어린 아이의 얼굴에서는 점점 더 고조되어가는 감정의 미묘한 차이를 볼 수가 있습니다. 반면에 어른은, 자제하기가 불가능한 극단적인 상황이 아니라면, 자신의 얼굴, 목, 턱 등이 움직일 때, 자기를 방어하려는 목적으로 이런 표현들을 조절합니다. 얼굴의 근육들이 표현하고 드러내기 보다는 감추고 참는 것을 주로 배워왔기 때문에, 어른이 되어서 아주 미세하거나 어중간한 느낌들을 정확하고 공공연하게 표현하는 것은 거의 불가능해집니다. 두려움 때문에 입이 벌어지는 것을 숨기기 위해, 윗입술은 용감하게 보이려고 뻣뻣해집니다. 칭찬받았을 때 기쁜마음이 생기는 것을 숨기기 위해 입가에 힘을 주고 아래쪽으로 움직입니다. 입술이 올라가면서 웃는 얼굴이 되는 것을 막기 위해서입니다. 현재 어떤 상황이 벌어지고 있는지에 대한 자신의 생각을 드러내지 않기 위해서 얼굴 중간 부분을 태연한 표정을 짓는 상태로 만듭니다. 초초함, 의구심, 천진함 같이 각박한 현대사회에서 강하다는 느낌을 줄 수 없는 감정들을 억누르기 위해서도 얼굴 중간 부분을 태연한 표정을 짓는 상태로 만듭니다. 자신이나 다른 사람들의 분노에 대한 두려움 때문에 (남이 화내는 것, 내가 화내는 상황에 대한 두려움때문에) 항상 남의 기분을 맞추고, 다른 사람을 기쁘게 하려는 웃음이 얼굴에 새겨져 버린 사람들도 있습니다.

얼굴 근육을 조절함으로써 자기방어를 하려는 경향 중에 가장 강하고 가장 보편적인 것이 바로 턱 관절의 조절입니다. 이를 굳게 다무는 것은, 소리가 나가도록 목구멍이 열리는 것을 막는 확실한 방법입니다. 또, 이를 다물 때 튀어나오는 턱주위의 근육은 강한 인상을 줍니다. 카메라가 굳게 다물어져 있는 턱을 클로즈업 할 때, 전투는 시작되고 강한자가 승리하게 될거라는 것을 관객들은 알게 됩니다. 만약에 턱 근육이 움찔거리면 약간의 신경질적인 반응이나, 상반되는 감정이 교차되는 것, 혹은 인물 내부의 갈등이 있다는 것을 알게 됩니다. "그는 차오르는 분노를 누르려고 어금니를 다물었다." "그녀는 눈물을 참기위해 손수건을 입에 물었다" 같은 표현들처럼 말입니다. 마치

제가 없었던 시대에는 수술받는 환자들이 고통 때문에 혀를 깨물거나, 소리를 지르는 것을 막기 위해 환자의 입에 나무조각이나 총알을 물고 있도록 했습니다. 우리들은 격정적이고 급작스러운 감정이 자연스럽게 튀어나오고 표현되는 것을 막기 위해, 턱이 자물쇠를 채울 수 있는 단단한 문의 역할을 하도록, 작게 혹은 아주 많이 우리의 턱을 조절해 왔습니다. 턱은 우리의 감정이 자유롭게 날아가지 못하도록 막는 역할을 해왔습니다.

6살이 지나서도, 기쁠 때 또는 화가 날 때 마음껏 소리 지르고, 일주일에 한두 번은 자지러지도록 웃고, 울고 싶을 때 크게 소리 내 울면서 사는 사람은 거의 없습니다. 평소에 턱 근육을 자연스럽게 운동시키기는 어려운 데다가, 스트레치도 거의 안 하면, 턱 근육들은 유연성과 원래의 길이를 잃게 됩니다.

우리는 하품을 하지만, 하품이라는 탁월한 치료 효과를 가진 행위도 다른 사람들 앞에서 결례를 하지 않기 위해 조심스럽게 하게 됩니다. 턱, 혀, 그리고 목구멍을 자유롭게 만드는 훈련을 시작하면서, 당신은 아주 많은 하품을 하게 될 것입니다. 하품을 즐기고, 더 하도록 하고, 크게 하세요. 하품은 산소의 흡입량을 증가시켜서 혈액순환을 돕고, 소리의 통로와 관계된 중요한 근육들이 자연스럽고 자발적인 스트레치(정기적으로 소리를 지르는 것보다 훨씬 더 깊은 스트레치)를 할 수 있도록 합니다.

만약 배우가 자신의 충동이나 느낌을 턱 근육의 반응과 새롭게 연결시키는 훈련을 하려고 한다면, 하품만으로는 부족하겠지요. 사회 생활에 필요한 감정을 감추는 습관이, 연기를 하는 데 있어서는 치명적인 결함이 될 수 있기 때문에, 이러한 재조절 훈련은 반드시 필요합니다. 첫 번째로 배울 것은 턱 근육의 긴장을 푸는 법과, 찾기 어려운 부분에 언제 긴장이 생기는지를 스스로 자각하는 법입니다.

어금니를 힘껏 다뭅니다. 꽉 다물었다가 긴장을 풀고, 다물었다가 긴장을 푸는 것을 서너 번 반복하세요. 이것을 반복하면서 귀 바로 아래에 근육들이 뭉치고 풀어지는 것을 손가락으로 만져서 느껴보세요.

이제 하품을 하면서 턱이 벌어질 때 귓속에 손가락을 넣어보세요. 귀 바로 앞쪽과 귀 안쪽에 뼈가 서로 만나는 관절부분이 움직이는 것을 느낄 수 있을 것입니다. 이곳이 바로 내가 "턱에 긴장을 푸세요"라고 할 때 당신이 생각해야할 곳입니다.

1단계

■ 턱에 대한 자각과 이완을 위해 손바닥의 가장자리(손과 손목이 만나는 손바닥 아래쪽의 도톰한 부분)를 양쪽 턱관절 부분에 댑니다. 이 상태로 작은 원을 그리면서 턱 근육을 마사지합니다.

■ 그러고 나서, 뺨 안쪽으로 손바닥 가장자리를 단단히 누르다가, 아래턱이 느슨하게 매달릴 때까지 아래턱을 부드럽게 아래로 눌러 위턱에서 멀어지게 합니다.

■ 당신의 아래턱이 전혀 근육과 연결되어 있지 않고, 당신 손의 움직임에 전적으로 의존한다고 상상해 보세요.

■ 손등을 아래턱 밑에 대고, 아래턱을 올려서 어금니가 서로 살짝 닿을 정도가 되도록 합니다.

턱을 무겁고 느슨하게 둡니다.
(만약 당신의 앞니가 서로 부딪힌다면, 당신은 아래턱을 앞으로 내밀고 있을 가능성이 큽니다. 아래턱이 아주 앞으로 튀어나와서 윗니와 아랫니가 서로 딱 맞게 닿을정도가 되는 경우는 아주 드뭅니다.)

어금니가 서로 부딪치게 하고 입술은 다물지 않도록 합니다.

만약 당신이 손을 턱에서 뗀다면, 상상을 통해 근육에 전혀 연결되어 있지 않은 턱은 아래로 떨어져야 합니다.

- 손을 떼세요. 당신의 턱이 아래로 떨어질 것입니다.
- 턱뼈의 뒷쪽(턱뼈중에 가장 큰, 귀 아래에 있고 귀에 가까운 각진 턱뼈 부분)에 무거운 모래주머니가 달려 있다고 상상해보세요. 그래서, 턱뼈가 더 아래로 이완되면서 내려갈 수 있도록 하세요.
- 손등으로 턱을 다시 올리세요.
- 턱이 다시 아래로 떨어지도록 손을 떼세요.
- 손등으로 다시 턱을 올립니다.

서너 번 반복합니다.

이 과정에서 턱관절에 일어나는 결과를 관찰해야 합니다. 턱을 아래로 일부러 밀지 않아도 턱관절의 인대와 근육은, 인대와 근육을 당기는 뼈의 무게에 의해 부드러운 스트레치를 받을 것입니다. 턱을 열심히 움직이면서 이런 연습훈련의 효과를 얻으려 한다면, 오히려 턱의 근육이 단단해지고 유연성을 잃게 됩니다.

우리는 두개골에 연결된 고리모양의 위턱 관절 안쪽에서 턱뼈가 빠지지 않도록 하면서 입을 벌리려는 것입니다.

2단계

- 목이 긴 상태에서, 머리는 긴 목 위에 떠있다고 생각하고, 엄지 손가락 두개를 턱뼈 아래에 놓고 나머지 손가락은 턱뼈 위에 놓은 채로 턱뼈를 단단히 잡아보세요. 당신의 손이 당신의 아래턱 근육을 대신하고 있습니다.
- 아랫니와 윗니가 살짝 닿은 상태로 시작하세요.

이 연습훈련을 하는 동안에 턱 근육 대신 손과 손가락들이 움직입니다. 턱 근육 자체는 움직이지 마세요.

- 아래턱을 움직이지 말고, 입이 열릴 때까지 위턱을 위로 올립니다.
- 손을 사용해서, 아래턱을 들어올려서 어금니들이 살짝 만날 때까지 움직입니다.
- 아래턱을 움직이지 말고, 다시 입이 열릴 때까지 위턱을 위로 올립니다.
- 한번 더 손을 사용해서, 아래턱을 들어올려서 위턱과 살짝 만나도록 합니다.

이 시점에서 고개는 할 수 있는데까지 뒤로 젖혀진 상태가 되어야합니다.

- 손을 사용해서, 아래턱을 아래로 내립니다.

당신의 머리는 뒤로 젖혀져 있는 상태이고 입은 활짝 열려있고, 턱은 양손이 쥐고 있습니다.

- 아래턱을 그대로 두고, 위턱을 아래로 내려서 두개의 턱이 가볍게 만나도록 합니다.

질문... 위턱을 움직이는 근육들은 어디에 있나요? 이 연습훈련을 다시 해보세요. 그리고, 스스로 관찰을 해서 해답을 찾으려고 노력해보세요. 이 연습훈련은 신체적이라기 보다는 정신적인 연습입니다. 왜냐하면 마음이 몸에 메시지를 보내는 체계를 바꾸도록 하는 과정이며 동시에 이 메시지가 도달하는 목적지의 이름을 바꾸는 것이기 때문입니다. 그러므로, 그냥 기계적으로 이 연습을 하지 마시기 바랍니다.

이 위턱, 아래턱 연습훈련을 다시 해보고나서, 아마도 당신은 위턱을 움직이는 근육이 목 뒤에 있다는 것을 깨달았을 것입니다. 위턱을 움직일 때 광대뼈 아래에서도 약간의 근육의 움직임을 느꼈을 것입니다.

- 명확하게 턱을 움직이라는 메시지를, 손에게 먼저 보내고, 그러고 나서 목 뒤로 보내면서, 이 과정 전체를 반복해 보세요.

목뒤가 위턱(두개골)을 받쳐주는 역할을 점점 더 많이 하면 할수록, 턱 근육들은 더 이완할 수 있을 것입니다.

3단계

- 머리 전체를 더 잘 지지하기 위해 뒷목이 더 길어진다고 상상합니다.

- 양손으로 아래턱을 잡고 부드럽게 손을 움직여서 아래턱을 아래로 움직이면서 뒤로 밀고, 다시 위로 가져와 보세요. 당신이 두개골과 턱을 연결하는 고리모양의 관절 안에 있는, 턱 근육을 느슨하게 이완시키고 있다는 것에 주의를 기울이세요.

메모... 턱을 좌우로 움직이면서 시간낭비하지 마세요; 우리는 말할 때 턱을 좌우로 움직이지 않습니다. 그리고 턱을 이완시키기보다는 오히려 힘이 들어가고 뼈를 관절에서 빠지게 만듭니다. 이 연습훈련을 하는 동안 턱 근육을 이용해서 턱을 아래위로 움직이지 마세요; 그렇게 되면 단단해지는 근육이 당신의 의사소통을 더 억제하고 방해하도록 만듭니다.

이제, 호흡, 소리의 근원과 다시 연결해야 될 때가 왔습니다. 그렇게 함으로써 당신은 당신의 턱에게 "기본적인 소리를 만드는데 있어서 턱이 하는 일은 없다"라는 것을 가르쳐 줄 수 있습니다. 어린아이가 초코렛 쿠키를 먹고 싶다고 갑자기 떼를 쓰는 울음을 터트리기 직전에, 엄마에게 혼날거라는 생각에 이를 다물게 됩니다. 이렇게 우리가 아주 어렸을 때부터, 턱근육, 혀, 그리고 목구멍 안의 근육들은 터져나오는 감정을 감출 때 효과적으로 사용되었습니다. 그러나 이제 당신에게 선택권이 있습니다. 당신은 평생 그렇게 감추면서 살수도 있고, 그렇지 않다면, 복잡하고 정리되지 않은 당신의 감정의 세계로 들어설 수도 있습니다. 그리고 그 세계속을 잘 여행하는 법을 배울 수 있습니다. 감정의 소용돌이 속에 창조의 씨앗이 있습니다.

- 아래턱을 양손으로 잡으세요. 그리고 부드럽게 턱을 (먼저 아래로 동시에

뒤로, 그리고 위로. 다시 아래로 동시에 뒤로, 그리고 위로. 부드럽게 반복해서 손으로 턱을 움직여보세요.) 그네 움직이듯 흔드는 방법을 발견해 보세요.

천천히 턱을 자유롭게 흔드세요.

위턱과 아래턱 사이의 공간에 주의를 기울이세요.

- 당신의 위턱에 속해있는 입 천장을 마음속에 그려봅니다. 그리고 당신의 혀는 아래턱에 속해 있습니다.
- 아래턱과 위턱 사이의 공간을 그리면서 한숨을 쉽니다—소리는 내지말고 숨만—턱을 느슨하게 흔들면서 그 공간 사이로 한숨을 쉽니다.

   한숨이 입천장을 지나며 나가는 것을 그려보세요. 턱을 흔드는 움직임에 소리가 막히지 않게 하세요. 숨은 턱이 아니라 턱 위의 공간을 통해 **빠져** 나갑니다.

일단 위의 공간이 마음속에 명확해지면, 그때 한숨을 쉬고 싶다는 충동이 소리와 만나도록 하세요.

- 진동의 강물이 입안의 공간을 통해 밖으로 흘러나가도록 한숨을 쉬면서, 당신이 기본적인 소리를 내는데 턱을 사용하지 않고 있다는 것을 증명하기 위해 턱을 흔드세요.

정면을 바라보고—소리가 수평으로 세상을 향해 나가도록 합니다.

- 한숨 쉬면서 턱을 흔드는 것을 서너 번 반복합니다. 음계가 점점 높아지

도록 하면서 한숨을 쉽니다.

손을 내리고, 턱이 무겁게 매달려 있도록 둡니다.

- 허-허-어-어ㅎ (Huh-hu-u-uh)

- 허-허음----어---ㅎ (Hu-hummmmu-uh)

턱이 중간에 소리를 잡아먹지 않기 때문에, 아마도 당신은 더 많은 진동을 느끼고, 진동이 입 앞쪽에 더 많이 가는 것을 느낄 것입니다. 또, 소리가 호흡의 근원부터 입까지 더 잘 연결되는 것을 느낄 것입니다.

척추를 모두 앞으로 떨어뜨려서 꼬리뼈부터 꺼꾸로 매달린 자세에서 다시 한번 해보세요. 꼬리뼈부터 진동이 한숨으로 나가면서 입천장을 지나는 동안, 턱을 흔들어 보세요. 그리고 나서, 천천히 척추를 하나하나 다시 세우면서 올라오는 동안, 진동의 한숨이 입천장을 지나도록 하면서, 턱을 흔들고, 완전히 설 때까지 올라 옵니다.

턱이 소리를 만드는 과정에서 빠지면 빠질수록, 당신은 호흡과 충동의 중심과 점점 더 연결되는 것을 느낄 것입니다. 이 연결된 느낌을 가지고, 작은 시를 읊거나 노래를 불러 보세요. 시의 단어나 노랫말에 담긴 생각-느낌의 충동을 따르면서 해보세요.

연습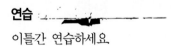
이틀간 연습하세요.

작업 6일

소리의 경로를 자유롭게 하기 : 혀에 대한 자각

스트레치, 느슨하게 풀기, 해방 ... 이야기꾼

예상 소요시간 : 2시간

소리의 경로를 자유롭게 하는 다음 단계의 작업은 바로 혀입니다. 발성을 가르치는 선생으로써, 더구나 가끔은 거의 광적인 면모도 가지고 있는 선생으로써, 내가 기술적으로 가장 집착하는 곳이 바로 혀입니다. 나의 집착은 무익한 것일 수도 있습니다. 왜냐하면, 일단 말하는 사람이 감정적으로 자신 내부의 진실과 연결되어 있으면 혀는 자연히 혀가 할 역할(감정이 내재하고 있는, 구체적인 지성을 담아서, 그 감정의 내용을 정확하게 발음하도록 돕는 것)만 합니다.

그러나, 이 이상적인 목표로 다다르는 동안, 혀는 진실된 의사전달을 하는 척하도록, 고도로 포장되고 왜곡된 무수한 방법들을 고안해 냅니다. 우리는 먼저 혀가 무슨짓을 하더라도, 진실된 감정과 연결되어 나오는 진동과 호흡이 하는 얘기보다 더 설득력있는 표현을 할 수는 없다는 것을, 혀가 깨닫도록 도와주어야 합니다. 소리와 호흡은 감정의 신하입니다. 반면 혀는 지성의 신하입니다. 궁극적으로는 무엇이 더 중요하다고 말할 수 없지만—감정과 지성, 발성과 화술은 반드시 의사소통을 위해서 균형을 유지해야 합니다. 그러나, 횡격막으로 직행해야 하는 충동을 혀가 중간에서 납치해버리는 일은 없어야 합니다.

혀는 끝부터 뿌리까지 모두 살과 근육으로 되어있습니다. 혀의 모든 부분은 충동이 명치(솔라 플렉서스)/호흡 부위로 가는 것을 방해하고 빗나가게 만들 수 있습니다. 이런 방해 작업에 특히 능통한 부분이 바로 혀뿌리입니다.

주석... 소리의 자유로움을 방해하는 혀의 긴장은 너무나 강해서, 혀의 방해 역할을 신화에 빗대어 설명해도 될 정도라고 생각합니다. 만약, 우리가 인간의 정신과 신체를 설명할 때, 그리스 신화의 신들과 인간의 관계로 설명한다면, 신들이 사는 올림푸스산은 우리의 머리가 되겠고, 인간들이 사는 땅은 우리의 몸이라고 할 수 있겠습니다. 우리 머릿속에 있는 생각들은 신들의 관계처럼 엉망으로 엉켜있을 수 있고, 땅이라고 부를 수 있는 우리의 몸에도 꽃이 있는가 하면 잡초도 있습니다. 우리는 각각의 신들을 우리의 행동과 연결지어 설명할 수 있을 겁니다. 나는 특별히 헤르메스를 혀와 연결짓고 싶습니다. 헤르메스는 올림프스 신전과 땅을 연결해주는 메신저 역할을 하는 신입니다. 이 헤르메스는 우리의 혀처럼 거짓말쟁이에다, 책략가, 사기꾼입니다. 그러나 로마신화에서는 헤르메스는 은색의 혀를 가지고 있는 달변가인 머큐리입니다. 헤르메스든 머큐리이든, 이 신은 항상 믿을만한 신이 아닙니다- 머큐리는 어떻게든 말만 잘해서 재빠르게 돈을 벌고 싶어하는 상인들의 신이었습니다. 내가 메신저로 믿을만하다고 생각하는 신은 아이리스입니다. 우리가 어렸을 때 들었던, 그 끝에 항아리에 가득찬 황금이 있다는, 형형색색의 무지개를 통해서 천국과 땅 사이에 메시지를 전달하는 일을 했던 여신입니다. 나는 그 황금 항아리가 우리 척추의 가장 아랫부분의 신성한 곳에 있는 진실이라고 상상합니다. 그리고 형형색색의 무지개는 우리 감정의 다양함을 나타내주는 색깔이라고 상상합니다. 우리가 아이리스와 돈독한 관계를 맺게되면, 헤르메스와 머큐리는 아이리스 여신의 진실을 전달하는 신하들이 될 것입니다. 어떻게 그녀의 영광앞에서 꼼짝이나 할 수 있겠읍니까?

이제 우리가 작업을 해 나가는 동안, 호흡과 소리가 진실된 감정을 전달하는 아이리스 여신의 무지개라고 생각합시다. 그리고, 그 진실된 감정은 순종적 신하인 혀에 의해서 원래의 의미에 충실하면서도 정확하게 발음될 것입니다.

이제 혀 자체를 살펴봅시다. 혀의 뿌리는 하이오이드(Hyoid bone: 후두 앞에 U자 모양으로 말발굽처럼 목을 향해 떠 있는 작은 뼈이며 후두 앞부분에 있음)뼈에 의해서 후두에 연결되어 있습니다. 마음의 눈으로 관찰하고 동시에 거울을 들고 직접 혀를 잘 들여다 보면, 비교적 당신에게 낯익은 혀끝 이외에도 입안쪽 목구멍 방향으로 당신이 잘모르는 훨씬 더 큰 혀 부위가 있다는 것을 볼 수 있습니다. 혀가 두꺼워지는 부분을 당신이 충분히 볼 수 있을 정도로 입을 크게 벌리고 1-2분 동안 당신의 혀를 관찰하세요. 그 부분이 당신의 의도와 상관없이 움직이는지 아닌지, 혀 가운데 부분이 위로 올라와 있는지, 가운데 부분이 아래로 눌려있는지 관찰해보세요. 혀끝이 두텁게 이완된 상태로 아랫니에 닿아있는지 아니면 움츠리면서 뒷쪽으로 당겨진 상태인지 관찰해보세요. 두꺼운 혀 안에 심리적인 상태에 아주 민감하게 반응하는 근육들이 들어있습니다. 아무도 "나 너무 긴장해서 내 혀가 입안에서 완전히 긴장상태야."라고 말하지는 않습니다. (사실 우리나라에서는 "혀가 굳어서 말이 안나온다"는 표현을 사용하긴 하지요.) 아마도 "너무 긴장해서 배가 단단해졌어(너무 긴장해서 장이 단단하게 꼬인것 같아)"라거나 목이나 어깨에 긴장을 느낀다고 말할 것입니다. 떨려서 긴장이 되는 경우나, 의사소통에 있어서 습관적인 어려움을 가지고 있다면 그런 긴장감은 바로 혀를 굳어지도록 해서, 혀를 목구멍 쪽으로 끌어당기고, 납작하게 만들고, 혹은 목구멍 쪽으로 쏠리게 해서 소리를 가로막습니다. 이러한 근육의 수축은 목구멍과 입안의 공간의 모양을 변화시키고 울림을 방해하고 음질을 왜곡시킵니다. 혀가 후두와 연결되어있기 때문에 혀의 상태는 당연히 후두에 영향을 미치게 됩니다. 혀의 긴장이 후두로 전달이 되거나, 성대의 자유로운 움직임을 방해하거나, 또는 후두의 긴장이 혀로 전달되어서 정확한 발음을 방해하기도 합니다. 또한 후두의 긴장은 횡격막에도 영향을 미칩니다. 반대로, 횡격막의 긴장도 후두에 영향을 미칩니다. 무대에 서기 전에 떨려서 입에 침이 마르는 것은, 당신의 혀 근육이 긴장을 해서 침샘이 제 역할을 할 수 없게 되었다는 의미입니다.

호흡이 자유롭지 않을 때, 혀 근육이 자신이 기본적인 소리를 만드는데 필수적인 요소라는 착각을 하게 된다고 보면 되겠습니다. 만약에 혀에게 일하지 말고 쉬라고 설득할 수 있다면, 호흡은 자신의 원래의 기능을 회복할 것입니다. 발성에 있어서 필요한 모든 것을 호흡에 싣는 방법은, 감정을 민감하게 포착하고, 표현하고자 하는 욕구와 호흡을 연결하는 것입니다. 소리에 무리를 주지 않으면서 혀가 소리를 도울 수 있습니다. 높은 음에서 강하게 나가는 가슴소리는 혀뿌리쪽 근육의 힘을 이용합니다. 인물을 창조하기 위해서 점점 더 혀에 힘을 줘가면서 말을 하게되면, 갈라진 톤의 투박하고 거친소리를 내게 됩니다. 두 가지 톤을 동시에 소리내면서 노래를 부르는 기술이나, 불가리아나 한국의 전통 국악도 혀 근육을 아주 많이 사용하는 소리입니다.

그러나 경제적이고 자연적인 소리의 형성과정에서는 혀는 아무런 기능을 하지 않습니다. 그리고, 혀뿌리를 수축시키지 않아도, 인간이 가지고있는 모든 톤의 소리를 낼 수 있습니다. 감정을 소리를 통해서 자유롭게 표현하고 싶다면, 혀를 반드시 이완해야 합니다.

헤르메스는 아이리스에게 항복해야 합니다.

혀와 혀의 움직임에 대한 자각은 기본적으로 혀를 충분하게 스트레치 해주고 의식적으로 혀의 긴장을 이완시키는 것을 통해 얻을 수 있습니다. 혀를 직선으로 입밖으로 내미는 것만으로는 혀를 스트레치할 수 없습니다. 그렇게 직선으로 스트레치하는 것은 단지 혀의 앞부분 일부만을 움직이게 합니다. 혀

뿌리까지 스트레치하기 위해서는 다음에 제시된 연습훈련을 따라하도록 합니다.

나는 당신에게 다음의 다섯 부위를 구별하라고 하겠습니다.
1) 혀끝(쉬고 있을 때 아랫니 바로 뒤를 건드리고 있습니다.)
2) 혀 앞날(평평한 혀의 앞부분 테두리)
3) 혀 중간(경구개 정중앙의 바로 아래에 있는 혀의 중간)
4) 혀 뒤(경구개 끝나는 부분과 연구개 바로 아래에 있음)
5) 혀뿌리(이부분은 후두와 하이오이드뼈에 연결된 부분으로 육안으로 들여다 볼 수 없으므로, 마음의 눈으로 보세요.)

1단계

■ 혀 스트레치를 위해 혀끝을 아랫니 뿌리쪽에 두세요 − 혀의 가장 뾰족한 혀끝은 아랫니 뿌리뒤에 있는 잇몸 가장자리에 닿아있어야 합니다. 혀 앞날은 아랫니 뒤에 닿아있어야 합니다.

■ 이렇게 혀끝과 혀 앞날이 아랫니 뒤에 닿은 상태를 유지하면서, 혀 중간 부분을 생각합니다. 그리고 혀 중간 부분을 마치 커다란 파도가 아랫니를 넘어 앞으로 밀려 나오듯 앞으로 굴려서, 혀 뒤가 목구멍에서 나와서 혀 뿌리부터 혀끝까지 모두 스트레치가 될때까지 내밉니다.

■ 그리고 나서, 혀끝과 혀 앞은 계속 아랫니 뒷부분에 닿아있는 상태로, 혀 중간이 다시 입속으로 들어가 이완상태가 되게 합니다.

움직이는 근육은 혀 중간 부분이어야 합니다. 혀 중간이 앞으로 밀려 나오면서 혀뒤를 같이 당겨서 목구멍 바깥으로 나오게 합니다.

- 이 스트레치와 이완 동작을 서너 번 반복하세요. 그리고, 필요한 부분들을 조절해가면서 다음의 사항들을 관찰하세요.

만약에 당신이 아랫니 뒤를 향해서 혀끝과 혀앞날을 너무 세게 밀면, 오히려 아래턱을 앞으로 밀게 되거나, 턱 관절을 긴장하게 되거나, 혹은 턱관절을 아래로 밀어서 후두에 긴장이 생길 수 있습니다. 턱은 될 수 있는 한 아래쪽/뒤쪽으로 떨어뜨리도록 하세요. 혀가 자유롭게 움직이도록 입안의 위쪽에 더 많은 공간을 만들기 위해서 위턱은 위로 떠 오른다고 생각하세요.

윗입술과 이빨은 될 수 있는한 혀에서 멀리 떨어지도록 합니다. 그리고 혀가 스트레치를 하는 동안 더 많은 공간을 만들어주기 위해서, 혀 뒤에서 목구멍이 편하게 활짝 열리도록 합니다. 먼저, 이 연습훈련 과정에서 목구멍이 자꾸 닫히려고 할 것입니다; 목구멍이 닫히는지 아닌지를 확인하려면, 코를 막고 숨을 쉴 수 있는 보세요. 혀를 스트레치하는 동안 입으로 숨을 쉬면, 당신의 목구멍은 열려 있습니다.

일단 혀가 완전히 스트레치를 할 수 있도록 위턱과 아래턱이 활짝 열리면, 그렇게 열린 상태로 두세요. 첫 번째 스트레치를 한 후에 유일하게 움직이는 부분은 혀 뿐이어야 합니다; 턱은 열린 채로 움직이지 않고 유지되어야 합니다. 만약 이 연습훈련 동안에 당신이 살짝 미소를 짓는다면 위턱이 위로 올라가는 게 더 쉬워지고, 혀가 더 자유롭게 움직인다는 것을 느낄 수 있을 것입니다. 이 표정은 사자의 표효나 고양이의 하품과 비슷합니다. 윗니와 아랫니가 모두 보이고, 뺨의 근육은 위로 치켜올라가고, 그리고 목구멍은 하품이나 표효를 하기 위해 열려있는 상태입니다. 인류가 이런 동물의 표효하는 듯한 입벌리기를 더 이상 사용하지 않는 문명시대로 진화해 오면서, 우리가 보통 벌릴 수 있는 평균치는 줄어들었습니다. 사진이나 실제로, 고양이가 하품하는 것이나 사자가 표효하는 것을 보면, 입속에서 혀가 앞쪽으로 나와 있다는 것을 볼 수 있습니다. 어떨 때는 아예 입밖으로 나와 있을 때도 있습니다. 혀 스트레치는 소리가 통과할 수 있는 열린 통로를 만들기 위해서, 이런 동물적인 충동을 복원시켜서 디자인 되었습니다.

- 혀를 스트레치하고 다시 이완상태로 두는 과정을 반복하는 동안 혀 앞날과 혀끝을 아랫니 뒤에 붙인채로 유지하세요. 당신이 느끼고 생각하는 대로 정말 움직이고 있는지, 계속 거울을 보면서 확인하세요. 아직은 당신에게 정확한 정보를 제공할 만큼 당신의 신체적 자각이 발달되지 않은 상태입니다.

이 연습훈련 과정에서, 혀가 평평하게 이완되었을 때 목구멍 맨뒤의 벽을 육안으로 명확하게 들여다 볼 수 있어야 합니다. 혀가 평평하게 이완되어 있도록 하되, 혀를 일부러 너무 눌러내리지는 않도록 합니다.

2단계

- 하품을 하면서 혀를 스트레치해서 중간 부분이 입밖으로 나온 상태를 유지하세요.
- 이 상태에서 약 30초간 호흡이 들어가고 나가도록 숨을 쉽니다. 그리고

다시 혀를 이완상태로 평평하게 입속에 둡니다.

이 과정에서 어려운 점이나 방해가 되는 점들을 관찰하세요.

혀, 입술, 그리고 턱에는 너무나 많은 각각의 패턴을 가진 긴장들이 있어서 당신의 입속에서 벌어지는 모든 것을 다 이야기하기는 불가능합니다. 일반적으로 턱의 움직임과 혀의 움직임을 분리하는 것을 많은 학생들이 어려워합니다. 어떤 사람들은 자신이 혀를 스트레치 하고 있다고 생각하지만, 실상은 턱이 아래위로 움직이면서 혀로 가야할 메시지를 중간에서 가로채서, 혀가 진짜 스트레치를 경험하지 못하고 있습니다. 어떤 경우는, 혀가 앞으로 나올 때 위턱이 자꾸 아래로 내려와서 혀를 만나려고 합니다. 혀만 움직이려는데, 위턱이 혀가 할일을 가로채는 것이지요. 어떤 경우에는, 얼굴 근육 전체가 열심히 움츠렸다 펴졌다 하면서 열심히 움직여서, "아 내가 참 열심히 하고 있구나" 하는 착각을 하게 만듭니다.

메시지가 혀로 직접가는지, 다른 어떤 부위의 도움을 받지 않고 혀 혼자, 따로 움직이고 있는지는 오직 거울을 열심히 사용해야만 확인할 수 있습니다. 다른 모든 부위들에게 혀를 위해 얌전히 있으라고 하세요.

또 다른 일반적인 문제는 스트레치한 후에 혀를 평평하게 이완시키지 못하는 것입니다. 만약 당신이 습관적으로 혀 근육을 수축시킨다면, 혀 스트레치와 혀를 앞으로 굴리는 것은 이 습관적 움직임의 정반대 움직임입니다(따라서 연습을 많이하면 그만큼 도움이 됩니다). 혀를 수축시켜서 뒤쪽으로 끌어당기는 습관을 없애려면 많은 노력이 필요합니다.

3단계

- 큰 하품을 하고 싶다는 충동을 느끼면서 목구멍을 여는 하품을 하고 횡격막-골반 부위부터 소리의 통로를 통해 길게 "하아-아아흥"하고 하품이 나가도록 합니다. 소리가 나갈 때, 혀를 세번 스트레치하고 이완합니다.
- 하-에아-에아-에아-에아
  (Haah-yaah-yaah-yaah-yaah)

소리를 만들려고 하지마세요. 다음의 신체적인 단계의 설명을 따라하도록 하세요: 한숨을 쉬고 싶다는 충동을 느끼고—"하아-아아흥"—한숨이 나감과 동시에, 당신의 혀가 소리를 만드는 과정에 끼어들지 않았다는 것을 증명하기 위해, 혀 중간을 앞으로 굴리고 뒤로 보내는 것을 세번 반복하도록 하세요.

소리가 한숨으로 나감과 동시에 혀 스트레치와 이완을 서너 번 하고, 멈추고, 긴장을 풀고, 당신의 입과 목에 어떤 느낌이 드는지 관찰해 보세요. 아마도 공간이 좀 더 생긴 듯하고, 좀 더 크게 느껴질 것입니다. 이 공간을 자각하면서 소리의 접촉을 찾아보세요.

- 허-허 (Huh-huh)

그리고 안도의 한숨을 쉬고 싶다는 충동을 느끼면서 한숨이 나감과 동시에 진동이 당신의 입술로 쏟아지는 것을 느낍니다.

- 허-허음ㅁㅁㅁㅁ어흥(Huh-hummmmmuh)

소리가 흘러 나오는 동안, 소리의 통로에서 어떤 다른 느낌이나 인상을 받게 되었는지, 혹은 진동이 다르게 느껴졌는지 생각해보세요.

4단계

- '혀를 느슨하게 풀기' 위해서, 혀끝은 아랫니 뒤쪽에 닿은 상태로, 혀가 이완된 상태로 입안에 놓여있도록 합니다—이것이 이완된 혀의 기본 자세입니다. 좀 더 정확하게 말하자면, 혀끝이 아랫니가 잇몸에서 자라나는 바로 그 경계선을 건드리고 있습니다.
- 이제 혀중간에 주의를 집중하세요. 입을 평상시에 여는 정도로만 여세요. 부드럽게 혀 중간을 앞으로 밀었다가 제자리에 놓는 것을, 좀 전에 했던 연습훈련에서의 움직임보다 작게 하세요. 아랫니와 윗니 사이가 1.3센티미터(0.5인치) 이상 열리지 않게, 턱을 이완한 상태로 둡니다. 이것을 혀를 느슨하게 하는 것이라고 생각하세요.
- 혀는 당신의 입 속에서 움직입니다. 새끼 손가락 끝을 입 옆쪽 아랫니와 윗니 사이에 물고, 당신이 입을 너무 많이 열지 않고 있다는 것을 확인하면서, 혀를 느슨하게 푸세요.
- *이제 당신이 가볍게 혀를 털면서 혀 길이 전체를 느슨하게 흔들고 있다는 느낌이 들 때까지, 점점 더 혀중간을 앞, 뒤, 앞, 뒤로 움직이는 움직임에 속도를 붙이세요.*

당신은 혀를 느슨하게 풀고 있습니다. 혀를 운동시키는 것도 아니고 스트레치를 하는 것도 아닙니다.

- 혀를 느슨하게 풀면서 (소리를 내지 않고 숨만으로) 한숨을 쉬세요—호흡이 당신의 입천장을 거슬러 지나가는 그림을 마음으로 그려보세요—숨이 혀로 떨어지지 않도록 하세요.

숨을 혀와 분리하도록 합니다.

당신의 다음 목표는 소리가 더해졌을 때도 혀가 느슨한 상태로 있을 수 있는지 없는지를, 혀 푸는 과정에서 의식적으로 관찰하는 것입니다. 이 연습 훈련은 혀를 푸는 동시에 호흡의 중심부에서부터 소리가 나가도록 함으로써, 혀가 소리를 만드는 과정에 아무런 참견도 하지 않도록 하는 것입니다.

5단계

- 호흡의 중심부에서 나오는 깊은 안도의 한숨을 쉬고 싶다는 충동을 느끼고, 음계를 따라서 진동이 나갑니다—한음을 유지하면서 "허-어-어흥" (hu-u-u-h).
- 입천장을 따라 소리가 흘러나갈 때, 혀를 느슨하게 풀어줍니다.
- 당신은 모든 긴장을 제거하고, 소리를 만드는 과정에 혀가 끼어드는 것을 막기 위해 혀를 느슨하게 풀고 있습니다.
- 몸의 중심에서부터 풍성한 진동의 물결이 입을 통해 밖으로 밀려나가는 것을 그려봅니다; 그리고, 소리의 물결이 혀 위를 지나 입밖으로 나가는 동안 혀를 부드럽게 앞 뒤로 서너 번 풀어줍니다.
- 당신의 턱이 움직이지 않는다는 것을 확인하기 위해, 다시 손가락을 입 옆쪽 윗니와 아랫니 사이에 물고, 소리의 진동이 입천장을 지나 한숨으

로 나가는 동안 혀를 느슨하게 풀어줍니다.

이 연습훈련은 당신이 아주 명확한 신체적 메시지를 줄 때만 효과가 있습니다. 귀가 듣는 소리에, 끌리지 않도록 하세요. 지금은 명확한 마음의 그림과 명확한 신체적 지시를 사용해서 도달하게 된, 신체적 상태를 탐구하세요. 만약에 당신에게 혀가 없었다면, 막히지 않은 넓은 통로로, 완전한 자유를 가지고 소리가 흘러나올 수 있을 것입니다. (만약에 혀를 뗐다 붙였다 할 수 있다면, 발성을 배울 때 얼마나 편할지 상상해보세요. 발성훈련을 할 때 뗐다가, 발음 연습을 할 때만 다시 붙이면 정말 편하겠지요) 다음의 연습훈련에서 당신의 목표는 혀를 거의 없애 버리고, 그 결과로 소리에 어떤 변화가 생기는지 관찰하는 것입니다.

다음의 자각할 내용들을 적용하면서, 5단계를 연습하세요.

■ 안도의 한숨을 쉬고 싶다는 깊은 충동을 당신의 감정/호흡의 중심에 느끼고, 음계 위에서 자유롭게 나가게 합니다.
■ 허- ㅓ- ㅓ- ㅓ ㅎ (Hu-u-u-uh)

hu – u – u – u – uh

■ 가운데 혀를 느슨하게 풀면서, 진동의 흐름 아래에서 혀를 빠르고 가볍게 앞으로 밀었다가 다시 뒤로 밀어줍니다. 한숨을 쉬고 싶다는 충동을 새로운 음을 들을 때마다 느끼고, 또 다시 충동을 만들면서, 목에 힘을

주며 힘들게 소리내지 않아도 편안하게 한숨을 쉴 수 있을 정도의 음높이까지 한음씩 올라가도록 합니다.

동시에, 다음의 것들을 계속 관찰하세요. 1)턱이 느슨하게 이완상태로 있다. 2)들숨이 들어오도록 배에 긴장을 푼다. 3)음이 높아질수록 한숨이 더 풍부해진다. 4)한숨의 소리가 혀로 떨어지거나 목구멍 뒤에 갇히지 않고, 당신의 입을 통해 수평으로 앞으로 나오면서 공기중으로 퍼집니다.

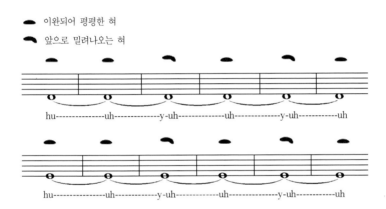

● 이완되어 평평한 혀
● 앞으로 밀려나오는 혀

■ 이제 당신의 혀가 움직이는 동안 혀의 움직임에 의해 생기는 소리의 변화를 인식합니다. 혀의 움직임 때문에, 진동은 이제 더 이상 "허-어- ㅓ- ㅓ ㅎ"하는 소리로 전달되지 않습니다. 혀가 앞으로 밀려나올때 어떤 소리가 발생하고, 혀가 평평하게 이완할 때 어떤 소리가 생기는지 관찰하세요. 당신은 아마도 혀가 앞으로 밀려 나올때 나오는 소리가 느슨한 "이여(y)"(여와 이의 중간 소리) 같다고 느끼실 겁니다. 다음과 같이 말입니다.

■ Hu-yuh-yuh-yuh-yuh (허-여-여-여-여):소리 자체보다 혀의 움직임에 주의를 기울이면 "여"소리가 "이여"에서 이를 아주 빨리 발음한 소리처럼 나

게 됩니다.

- 혀의 움직임이 자연스럽게 되면 소리는 그 결과로써 발생하게 되다는 것을 염두에 두고, 혀 느슨하게 풀기를 반복하세요.

훈련하고 있는 신체부위에 대한 신체적인 자각이 가장 중요합니다. 그리고 그 신체적 자각의 결과물로써 생기는 소리를 자각할 수 있습니다. 하지만, 단지 당신이 귀로 듣는 소리만을 반복한다면, 그냥 "Hu-yuh-yuh(허 여여)"하고 소리만 흉내낸다면, 당신은 우리가 원하는 결과와는 정반대의 결과를 얻게 됩니다. 우리가 원하는 결과는 혀를 소리를 만드는 과정에서 완전히 배제시키는 것입니다. 이것은 아주 중요합니다.

소리에 관심을 두기 보다는 진짜로 느끼는 안도의 한숨에 더 관심을 가지세요

6단계

충동이 움직이는 경로를 재조정하기 위해서, 다음의 그림들을 적용하면서 5단계(소리 내면서 혀 풀기)를 반복하세요

- 호흡의 중심부부터 진동의 샘물이 솟아 올라, 이완되고 느슨한 혀 위를 지나면서 입을 통해 흘러나오는 것을 그려봅니다. 이 샘물은 혀를 건드리지 않고 혀위에 떠서 흐릅니다.

진동의 샘물은 활동적이고 자유롭게 뻗어나가는 에너지이고, 혀 풀기는 수동적입니다.

- 둥근 지붕 모양의 횡격막 중심, 둥근 지붕 모양의 입천장, 둥근 지붕 모양의 두개골 위쪽, 이 세 곳이 일직선 상에 놓여있는 것을 마음의 눈으로 보세요. 혀를 풀어주는 동안, 진동이 이 세곳을 울리며 솟아 나가는 것을 그려봅니다.
- 음계를 따라 올라가면서 이 전과정을 반복하고, 이것을 하는 동안 척추를 하나씩 떨어뜨려서 꼬리뼈부터 꺼꾸로 매달려 있을 때까지 내려갑니다. 진동이 이 세지점을 지나면서 중력을 향해 떨어지도록 한숨이 나갑니다.
- 음계를 따라 내려가면서 척추를 하나씩 세웁니다.

음계를 너무 높이 올라가지 마세요. 혀에 긴장이 들어가지 않았다는 것을 자각할 수 있는 한도내에서, 할 수 있는 높은 음계까지만 시도하세요.

7단계

- 혀끝이 아랫니 뒷쪽에 닿은 채로, 혀가 당신 입속에 편하게 이완된 상태로 놓여있게 합니다. 횡격막의 중심에서 소리의 접촉을 발견하고, "허-허 (huh-huh)"라고 말해보세요.
- △ 허-허음----어ㅎ(Huh-hummmuh)
- △ 브(≈) 음---어ㅎ((≈) Mmmmuh)
- △
- 허밍을 하면서 머리를 돌립니다. 매번 방향을 바꿔가면서 두 세번 반복합니다.
- 허밍을 하면서 척추를 떨어뜨립니다, △, 머리까지 다 올라오면 소리가

나갑니다. 음계를 올라가고 내려가면서 두 세번 반복합니다.

■ 질문:

지난번에 이 연습훈련을 했을 때와 비교해서 진동에 어떤 차이점을 느끼나요?

입에 어떤 느낌이 느껴집니까?

호흡이 어떤식으로든 바뀐것 같은 느낌이 드나요? 아니면 호흡에 대한 생각이 바뀌지는 않았나요?

기분이 어때요? 어떤 느낌이 들지요?

다음 단계는 이전과 같은 기본적인 혀 움직임을 하면서, 더 구체적인 목표와 생각의 단계를 가지고, 소리와 충동의 이동경로를 재구성하는 과정입니다. 다음 단계 연습훈련의 기본 전제는 "혀가 자유로우면, 소리는 앞을 향해 나갈 것이고 방해받지 않고 입 앞쪽에 도달할 것이다"입니다. 이 가능성을 증대시키기 위해서, 혀를 느슨하게 풀 때 혀의 앞부분에 주의를 기울임으로써, 혀의 앞부분이 풀리면서 소리를 치아쪽으로 보내게 됩니다.

8단계

■ 4단계의 혀 풀어주기에서 묘사했듯이, 혀중간을 앞으로 굴려서(혀끝은 아랫니 뒤에) 혀 중간이 앞으로 나오도록 합니다.

이 자세에서 혀의 표면과 윗니의 잇몸 사이에 작은 공간이 있는 것에 주의를 기울입니다.

- 호흡의 중심에서부터 이 공간으로 소리가 빠져나오도록 합니다. 이 좁은 공간 때문에 소리의 진동은 자연적으로 "히---(heee)"하는 소리가 되어 나옵니다. 윗니에 소리의 진동이 도착하는 것이 느껴질 때까지 이 자세를 유지하면서 한숨을 쉬어봅니다.

- 이제 혀 위를 지나 윗 앞니에 호흡이 도달하도록 윗 앞니를 겨냥하고 "히---(heee)"를 숨으로만 내보냅니다. 그리고 나서 소리의 진동을 넣어서 합니다.

- 입바닥에 혀를 이완된 채로 놓습니다. 혀의 표면과 윗니의 잇몸 사이에 훨씬 더 넓은 공간이 생깁니다. 이제 공간 이외에 다른것은 아무것도 바뀐것 없이, 더 넓은 공간으로 소리가 나가면 "허 (huh)" 소리가 납니다.

- 이 두 가지의 혀의 위치에 대해 흥미를 가지고 여러번 재미삼아 반복해 보세요. 그리고 혀 중간이 앞으로 나간 상태에서 소리의 진동이 나가는 "히-히-히(hee-hee-hee)"를 반복해 보세요. 그리고 혀가 이완된 상태에서의 "허-허-허(huh-huh-huh)"를 반복해 보세요.

당신이 "히-히-히(hee-hee-hee)"(혀가 앞으로 굴려진 상태)에서 "허-허-허 (huh-huh-huh)"(혀가 평평하게 이완된 상태)로 움직일때, 혀가 이빨쪽으로 진동을 정말 밀어 보내는 모습을 상상합니다. 그리고 혀가 평평하게 입바닥에 놓일 때, 진동이 "허(huh)"하는 소리와 함께 앞을 향해 나가는 것을 생각합니다.

한 묶음(히-히-히 또는 허-허-허)의 소리들이 나가고 난 후에 숨이 교체됩니다. 호흡의 중심점이자 시작이 되는 "안도의 한숨"과의 연결을 잃지 않도록 합니다.

■ 올라가고 내려가는 음계에 맞춰 반복합니다.

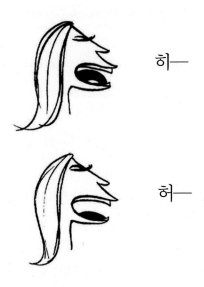

■ 이제 새 소리마다 새숨이 들어오도록 하고, "히"와 "허"를 세번씩 번갈아 가면서 합니다.
■ 혀를 앞으로 굴리면서 "히"를 안도의 한숨처럼 내보내고 그리고 혀를 이완시켜 입바닥에 놓으면 소리가 "허"로 자동적으로 바뀝니다. 두번 더 반복하세요.

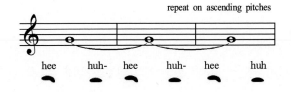

■ 같은 것을 반복하되, 연결하는 "ㅎ"를 발음하지 마세요.

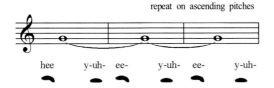

repeat on ascending pitches

hee y-uh- ee- y-uh- ee- y-uh-

안도의 한숨을 쉬고 싶다는 충동을 가지고, 음이 바뀔 때마다 충동이 새롭게 생기는 것을 잊지마세요.

기본적인 혀 느슨하게 풀기 연습훈련과 이 연습훈련 사이에 다른 점은 없습니다. 다른 점은 '혀 풀기 연습훈련을 정신적으로 어떻게 사용하느냐'입니다. 혀가 목구멍에서 위로, 또 앞으로 풀려나올 때 소리의 진동이 입의 앞쪽에 도착한다는 점에 정신을 집중하는 것입니다. 혀가 완전히 이완되면, 이 구체적인 정신적인 과정은 훨씬 더 좋은 결과를 얻게 됩니다.

이 연습훈련을 하면서 내가 당신에게 더 높은 음계로 올라가라고 권하기 시작했다는 점에 주목하세요. 이완에 대한 자각력이 어느 정도 생겼으므로, 이제 더 큰 요구들을 실행할 수가 있고, 그 과정에서 생기는 불필요한 긴장들을 없애면서 그 요구들을 실행할 수 있습니다.

음이 더 높이 올라가는 동안, 낮고 쉬운 음을 소리낼 때보다, 높은 음에서 혀가 더 움직이려고 하는지 관찰해보세요. 높은 음에서도 혀가 쉽고 편안하게 앞으로 밀려 나옵니까?

아래턱 안에 있는 혀부분도 부드럽나요? 손가락을 턱 바로 아래의 말랑말랑한 부위에 놓아보세요―여기에서 혀 근육의 상태를 느낄 수 있습니다. 혀가 움직일때에도 이 부위는 부드러워야 합니다. 혀가 입안으로 들어올 때 느슨하게 입안에서 이완합니까, 아니면 목 뒤쪽으로 끌어당겨집니까?

당신의 주관적인 견해에 의존하지 마세요. 아직 당신의 자각력은 완전히 믿을 수 있을 만큼 충분하지 않습니다. 높은 음과 낮은 음을 오르내릴때 혀의 움직임을(작은 움직임까지도) 관찰하기 위해서 거울을 사용하세요. 연습 훈련을 반복해서 꾸준히 하면, 음이 올라가든지, 감정이 격해지든지, 소리가 커지든지에 상관없이, 혀의 움직임에는 별다른 변화가 없는 상태까지 도달할 수 있습니다. 이러한 감정, 음의 높낮이, 소리의 크기의 차이는 반드시 호흡과 을림에 의해 변화되어야 합니다. 혀는 발음을 정확하게 하는 역할을 할 수 있도록 자유롭게 놓아두어야 합니다.

고음으로 음폭을 넓혀가려는 목표를 가지고 8단계 연습훈련을 계속하면서, 혀가 굳고, 움츠러들고, 목구멍 쪽으로 당겨져 들어가려하고, 긴장될 때마다 당신의 호흡과 관련된 근육들에는 어떤 일들이 일어나는지 주의를 기울이세요. 혀가 긴장을 할 때, 호흡관련 근육도 동시에 움츠러들거나, 아예 숨이 들어가고 나가는 게 느껴지지 않는 것을 발견할 것입니다.

게으르고, 약하고, 죽어있는 숨을 대신하려고, 당신의 혀가 굳어집니다. 당신이 고음으로 올라갈 때 혀가 자유롭게 이완된 상태를 유지하도록 하려면, 계속해서 더 크고 더 깊은 안도감을 생각해야 합니다. 이것은 필수적인 호흡을 제공할 것이고, 새 소리가 시작될 때마다 진실된 안도감을 느낄 수 있다면, 당신은 당신의 마음을 습관적인 반응으로부터 해방시켜서 더 큰 일을 하도록 할 수 있습니다. 습관적인 반응이란 다음과 같은 것들이겠죠: "난 못해"라든가 "내가 더 노력하면, 더 힘줘서 밀면, 내가 더 고생하면서 쥐어짜면, 소리가 날 수도 있어."

고통받지 마세요. 애쓰지 마시고, 노력하지 마세요. 그냥 안도감이 가득한 한숨을 쉬세요. 이러한 태도는 정신육체적인 반응의 청사진을 처음으로 제공할 수 있고, 결국에는 그것이 자유로운 감정과 자유로운 소리가 상호 독립적으로 서로에게 도움이 되도록 만들것입니다. (감정이 안느껴진다고 억지로 쥐어짜고, 그러면서 소리까지 힘을 들여서 쥐어짠다면, 자유롭지도 못하고, 진실하지도 못한, 인위적이고 불필요한 힘으로 가득한 소리만 나오겠지요.)

허를 위한 바닥에서 하는 연습훈련

혀를 이완시키고 스트레치할 때, 마루의 잇점을 경험하는 것은 많은 도움이
됩니다. 혀에 너무 집중하다보면 몸 깊은 곳과의 연결성을 잠시 잊어버리게
될수 있으니까요.

1단계

- 누운 상태로 긴장을 풀고, 천천히 대각선 스트레치 자세로 움직입니다.
- 마룻바닥과 닿아있는 골반관절로 마음의 눈을 내려보내세요. 대각선으로
  열려있는 당신의 몸통을 따라 밖으로 터져나오는 안도감을 느끼며 한숨
  을 쉬고 싶다는 충동을 그 골반관절에서 느끼세요. 그리고 한숨이 쏟아
  져나오도록 하세요.
- 이제 조금은 낯선 그림을 상상해 보세요: 당신의 혀뿌리가 당신의 골반
  관절에 연결되어 있다고 상상해 보세요. 그리고 당신의 혀가 입까지 연
  결되는 긴 대각선의 통로 속에 살고 있다고 상상해 보세요. 혀끝을 아랫
  니 뿌리 뒤에 두고, 혀중간을 스트레치해서 당신의 몸 밖으로 나오도록
  하세요. 그리고 나서 다시 입속에서 이완되도록 하세요.
- 다음은—골반관절부터 긴 강물같은 진동의 한숨이 입밖으로 나옵니다.
  그리고 진동이 입밖으로 나가는 순간, 혀가 입밖으로 스트레치하고 다시
  입속에 들어가서 이완된 상태가 됩니다.
- 다양한 음계에서 이것을 서너 번 반복합니다..

- 스트레치하고 혀 이완하기를 서너 번 반복합니다.
- 이것의 기본 소리는 다음과 같습니다.
- 하--에--아흐

목구멍은 혀가 입밖으로 밀려나왔다가 다시 입안에 들어가 이완할 정도의 충분한 공간만큼 반드시 열려있어야 합니다. 얼굴,입 전체, 목구멍은 "동물의 표효"하는 스트레치를 해야 합니다.

혀가 스트레치를 할 때 다음과 같은 소리가 날것입니다.

- 하-에아-에아-에아
- 반대쪽 몸도 대각선 스트레치를 하고 같은 과정을 반복합니다.
- 음계를 따라 내려가고 올라가면서, 이 경험이 당신것이 되도록 계속 반복합니다.

2단계

- 양 무릎을 배 위로 떠오르도록 하고 양 발을 바닥에 떨어뜨리세요
  한 무릎을 감싸면서 양손을 깍지끼고 무릎을 당신의 배 방향으로 흔들어주세요 이 흔들림이 허벅지 뼈를 지나 골반관절까지 전해지는 것을 그려보세요 이 흔들림이 골반관절 안에 있는 허벅지뼈의 제일 위쪽을 털면서 흔들도록 하세요
- 혀뿌리가 골반관절 안에 있다고 상상합니다. 깊은 안도의 한숨을 쉬고 싶다는 충동을, 소리와 연결되는 골반 관절안에서 느끼고, 소리가 나올

때 입 가운데에서 혀 중간 부분을 풀어주세요.

이것은 마치 당신이 당신의 혀를 골반관절부터 털어주는 것과 같습니다.

- 허-여-여-여-여
- 음계를 따라 올라가고 내려가면서, 각 음마다 새로운 한숨을 쉬고 싶다는 충동이 들어오면서 혀풀기를 반복합니다.
- 이제 그 발을 바닥에 내려놓고 다른쪽 무릎이 떠오르도록 합니다. 무릎/허벅지뼈/혀 흔들기를 반복합니다.
- 그 발을 바닥에 내려놓으세요. 다리를 바꿔가면서, 각각 다른 음에서 서너 번씩 반복합니다.
- 다음은, 양 무릎을 몸통과 팔이 따라오도록 한 방향으로 돌립니다. 당신은 이제 '아기 자세', 혹은 '반달 자세'라고 불리는 자세를 취하고 있습니다. (무릎이 가슴쪽으로 편한 정도로 구부러진 상태로, 한 방향으로 모로 누운자세) 한 방향으로 구부리고 누워서 척추가 C자 모양으로 구부러진 상태이고, 한 팔은 편하게 팔베게를 합니다.

이것은 거의 잠자는 자세입니다. 이 자세를 이용해서 고요함과 평화로움을 만끽하세요. 그리고 당신 몸속의 자연적 호흡의 중심부를 그려봅니다. 이번에는 당신의 배꼽 바로 뒤에 작은 공간(배꼽 호흡 주머니)을 만들면서 숨이 들어오고 나가는 것을 관찰합니다.

- 소리를 내려는 아주 작은 충동이 이 배꼽 호흡 주머니에 생기도록하고, 날숨과 함께 몸 밖으로 빠져나가도록 합니다.
- 허 (Huh)

- 이제 중간 크기의 안도의 한숨을 쉬고 싶다는 충동이 들고, 한숨이 편안한 허-ㅓ-ㅓ-어ㅎ(Hu-uu-uh)로 나가는 동안 6단계에서 했듯이 혀중간을 입안에서 풀어줍니다.

- 허-여-여-여-여

- 천천히 즐기면서, 옆으로 몸 앞부분이 펴지면서 양팔과 두 발을 몸 뒤쪽으로 쭉펴서 몸이 바나나 모양으로 늘어나는 바나나 스트레치를 합니다. 손가락부터 발가락까지 모두 스트레치되도록 합니다.

- 미소처럼 퍼지는 하품을 하세요. -'동물의 표효'하는 입모양을 유지하면서 한숨쉬고 싶다는 충동이 스트레치 된 배까지 들어갔다가 혀 스트레치와 이완을 하면서 소리로 쏟아져 나옵니다.

- 하-에아-에아-에아-

- 마치 고무줄이 끊어지듯, 아기자세로 되돌아가세요. 그리고 바로 반대편으로 돌아눕습니다. 무릎이 먼저 돌아가고 몸이 그 움직임의 반동을 따라가도록 합니다.

- 혀 풀기를 아기자세에서 반복합니다. 그리고 혀 스트레치를 하고, 다시 이완을 즐기면서 바나나 스트레치를 합니다.

- 아기자세로 편하게 이완합니다.

- 이제 두 무릎이 몸의 반대 방향으로 돌면서 뜨고, 그 반동으로 몸이 반대 방향으로 끝까지 돌아서 무릎을 꿇고 머리와 얼굴이 바닥에 놓인 채 엎드린 자세가 됩니다.

이 자세를 "새싹 자세"라고 합니다. 이 자세는 요가에서도 사용하는데 요가에서는 이 자세를 "어린이 자세" 혹은 "돌"이라고 부르지만, 우리가 하는 발성에서는 "새싹 자세"라고 부르겠습니다.

이 자세에서는 반드시 몸속 깊숙한 곳에서부터 자연스러운 호흡의 리듬을 찾도록 하세요. 당신의 모든 근육들이 긴장을 풀 때까지 이 자세를 유지해 보세요. 중력이 당신의 척추 꼬리뼈부터 머리까지가 긴 곡선이 되도록 합니다. 당신의 양쪽 어깨죽지뼈는 서로 멀어지면서 바닥을 향해 내려갑니다. 복근이 부드럽게 당신의 허벅지위에 놓이도록 합니다.

이 상태에서 주의를 기울이면, 한 순간에서 다음 순간으로 몸에 들어왔다 나가고 다시 들어오면서, 당신을 살아있도록 유지해주는 최소한의 숨이, 당신의 천골(세이크럼)바로 앞부분에 있다는 것을 확실히 느낄 수 있습니다. 천골과 복부 가장 아래쪽에 있는 뼈 사이의 공간입니다.

이 자세에서, 몸의 깊은 천골 부근에 있는 소리의 접촉을 찾아봅니다.

- 허-허(Huh-huh)
- 이 자세에서 천골에서부터 척추를 타고 흐르는 진동이 목뒤를 지나 머리의 정수리까지 이르렀다가 얼굴 앞쪽으로 떨어지면서 바닥에 쏟아져내리는 것을 마음의 눈으로 보면서, 혀 풀어주기를 반복하세요.
- 허-여-여-여-여
- 새로운 음을 들을 때마다, 새로운 한숨을 쉬고 싶은 충동이 천골 앞에 있는 공간까지 들어갑니다.

소리의 진동이 나올 때, 앞니에 쏟아지도록 합니다.

- 히이이이-여-여-여

men : one octave lower △ = breath continue up 4 or 5 pitches, then come down again

hee yuh yuh yuh   hee yuh yuh yuh   hee yuh yuh yuh   hee yuh yuh yuh

mid-tongue   blade of
rolls   tongue
forward   shakes loose

- 새싹자세에서 양팔을 앞으로 나란히 펴고, 손바닥을 바닥에 붙이고 무게
  를 실어서 몸을 앞으로 밀면서 팔꿈치를 펴서, 네발로 기는 자세로 갑니
  다. 그리고, 발가락을 바닥에 걸고 꼬리뼈를 천정을 향해 떠오르도록 합
  니다. 뒷목에 힘을 빼고 머리가 매달려있도록 합니다. (몸이 ㅅ자 모양이
  됩니다). 그리고 손바닥을 다리쪽으로 옮겨오다가 바닥에서 손을 떼면서
  몸의 무게중심이 발에 놓이도록하면, 척추가 꼬리뼈부터 거꾸로 매달려
  있는 익숙한자세가 됩니다.

천골에서부터 소리가 시작되고 그 소리가 척추를 타고 뒷목을 지나 머리 정수
리까지 갔다가 입천장을 지나 쏟아져 나온다는 이미지를 유지합니다.

- 천천히 척추를 하나하나 쌓아올립니다. 한숨을 쉬고 소리의 진동을 앞으
  로 굴리면서 내려가는 음을 따라 혀 풀기를 합니다.
- 히-여-여-여

men : one octave lower △ = breath

hee yuh yuh yuh   hee yuh yuh yuh   hee yuh yuh yuh   hee yuh yuh yuh   hee yuh yuh yuh

- 척추를 하나하나씩 세우고 올라오는 동안, 당신의 존재감을 몸 아래쪽에 두세요. 척추를 다시 세워서 바로 설 때까지, 최소한 다섯번의 큰 안도의 한숨과 혀 풀어주기를 합니다.

골반/천골 부위에 당신의 존재감을 유지합니다—척추를 다 세우고 바로 섰을 때, 존재감이 머리로 올라오지 않도록 합니다.

- 소리의 접촉을 찾으세요

허-허 (Huh-huh)

- 걸어다니면서 대사나 독백을 하세요. 뭔가 다른 점이 느껴지는지 관찰하세요.

주석... 지금 막 당신이 끝마친 바닥에서하는 연습 훈련에서, 나는 당신에게 생각/호흡/느낌이 시작되는 부분이 당신 몸의 깊은 곳이라고 상상하도록 권했습니다. 그리고, 당신의 호흡이 천골에서부터, 혹은 배꼽 바로 뒤부터, 혹은 천골과 아랫배의 가장 아랫부분 사이의 공간에서, 시작된다는 이미지를 상상하도록 했습니다. 이런 모든 상상의 그림을 이용하면서도 횡격막이 호흡의 가장 중요한 시발점이라는 것을 강조하겠습니다. 내가 처음 바닥에서 하는 연습훈련을 소개했을 때 언급했던 크루라(Crura)와 복부의 깊은 내부에 있는 호흡관련 근육들을 자극하기 위해서 횡격막보다 훨씬 더 깊은 곳까지 숨이들어간다는 이미지를 사용하는 것입니다. 횡격막은 크루라의 연결근육에 의해서, 천골에서부터 올라오는 다섯개의 척추(요추: Lumber Vertebrae)와 천골에 연결됩니다.

얇은 버섯모양, 혹은 초가지붕 모양의 횡격막부터 척추를 거쳐 천골과 골반 바닥, 그리고 골반관절을 연결하는 근육들이 있습니다. 몇몇 발성법에서는 이 골반바닥을 "골반 횡격막"이라고 부르기도 합니다. 그러나, 이 깊은 곳에 대해 자각하는 것의 중요성은 천골에서 시작되어 퍼져나가는 신경중추와 더 깊은 연관성이 있습니다.

이 책의 앞부분에서 나는 천골을 창의성의 근원이라고 불렀고, 명치(Solar Plexus)를 우리 내부의 태양이라고 불렀습니다. 천골에 있는 신경중추는 집입니다. 이곳은 우리가 우리 자신을 가장 강력하고 근본적으로 느끼는 곳입니다 우리가 이 천골부위에 우리 자신을 머무르게 할 때, 복잡한 감정들이 솟아나게 됩니다. 오래전 옛날 아마도 고대 로마시대쯤에 누군가가 이 부위를 천골(세이크럼:Sacrum)이라고 부르기 시작했습니다. 이 라틴어 Sacrum는 영어의 Sacred(신성한)와 그 어원의 뿌리가 같습니다. 고대시대에는 이 신성한 뼈가 신들에게 바쳐지는 제물이었습니다. 탄트라에서는 이 세이크럼(천골)을 "쿤달리니"의 집이라고 부릅니다. 쿤달리니는 가장 강력하고, 때에 따라서는 가장 위험하기도 한, 정신적인 에너지입니다. 탄드라에서 쿤달리니는 초월성, 탁월함이나 혹은 파괴를 부르는 힘을 가진 뱀입니다. 쿤달리니의 성적인 힘과 정신적인 힘은, 행동에 있어서 반드시 조심스럽게 분리되어야 한다고 합니다. 어찌되었건 간에 성적인 힘과 정신적인 힘 모두 이 천골에 공존한다고 믿었습니다.

중세 유럽에서 교회가 보호막을 치고 선을 긋기 이전까지는, 성과 영혼사이에 경험적인 구분이 없었습니다. Sprit(정신)이란 단어는 sex(성)와 soul(영혼) 두 가지 의미를 동시에 가지고 있었습니다. 그래서 셰익스피어가 이 이중적 의미의 단어를 사용해서 다음과 같은 구절을 썼던 것입니다. "Th'expense of sprit in a waste of shame. Is lust in action...(셰익스피어의 시 14번). 의미를 살펴보면, 욕정은 불명예를 가져온다는 뜻이 되겠고, 다른 의미로는, 문자그대로, 욕정은 불명예스런 몸 속에 사정(ejaculation)을 하는 낭비(waste)를 하게 만든다는 의미가 됩니다.

만약 우리가 우리의 몸/마음-호흡의 메시지를 천골(sacral plexus)과 명치(solar plexus)에 있는 신경들과 연결되도록 재조정한다면, 우리는 창조적이고 감적적인 영역내에서 충동적이고, 즉각적이고, 반사적인 행동들에 대해 훨씬 더 열려있는 상태가 될 것입니다.

바닥에서 하는 연습훈련들은 이런 재조정이 주된 목표입니다. 당신이 일단 재조정을 하게 되면, 그 다음에는 일반적인 연습훈련들을 하면서 그 연결 상태를 유지할 수 있습니다. 그리고 그것은 "자연적인" 당신의 행동 방법이 될 것입니다.

당신이 계속해서 소리의 이동경로를 자유롭게 하는 훈련을 하는 동안, 당신의 깊은 호흡과의 연관성을 반드시 기억하세요. 바닥에서 하는 연습훈련들을 통해 당신이 부수적으로 얻은 성과는, 천골부터 머리뼈까지에 이르는 몸속의 뼈에서 소리의 진동을 느끼는 것입니다. 당신이 당신의 소리입니다. 몸 전체에 살아있는 진동은, 넓고, 막히지 않은 밖으로 나가는 통로가 필요합니다. 턱과 혀 연습훈련들은 목에 있는 통로를 열어주는데 효과적입니다. 그러나, 목에서 소리의 통로가 열려있도록 하는데 최고의 효과를 내는 아주 중요한 부위가 있습니다. 바로 연구개입니다. 연구개는 교통혼잡이 잘 일어나는 부위입니다. 그리고 교통사고도 생깁니다. 만약 목구멍에서 입으로 이어지는 이 교통의 요지가 막혀있으면, 이것이 소리의 진동을 말살시킬 것입니다. 만약 연구개가 반쯤 닫혀있다면, 소리가 반쯤 목 뒤에 갇혀버리거나 소리가 변형되게 됩니다.

연습

혀나 턱이 긴장을 풀고 이완하게 될 때까지는 아주 오랜시간이 걸릴 수 있습니다. 우리의 일상 생활은 턱과 혀가 긴장하도록 만듭니다. 주기적으로 꼬박꼬박 턱을 마사지하고 흔들기를 하세요. 그리고, 혀 풀어주기와 혀 스트레치를 하세요. 이것은 평생 지속해야할 일입니다. 인내심을 가지고 지금까지 했던 혀와 턱 연습훈련을 1주일 이상 계속 하세요. 그리고 나서 다음 연습훈련으로 (소리의 경로: 연구개) 넘어가세요.

작업 7일

소리의 경로를 자유롭게 하기 : 연구개

공간을 열고 유연하게 하기

예상 소요시간: 약 1시간 이상

      나는 혀와 턱 작업을 하면서 당신에게 via negativa 상태에서 일하도록 했습니다. 굳이 설명하자면, 턱과 혀의 근육들이 아무것도 하지 않는 상태를 유지함으로써 호흡관련 근육이 자유롭게 제 할일을 하도록 하였습니다. 새로운 것이 발생하도록 긴장을 없앤 것입니다. 이제 "소리의 경로"를 위해서, 우리는 직접적이고 긍정적으로 몇몇 부위의 근육들을 유연하게 하는 작업을 할 것입니다. 사실상 via negativa 상태는 여기에서도 훌륭히 적용됩니다. 왜냐하면, 우리의 목표는 연구개 근육의 불능상태를 제거하고, 연구개가 자발적으로 무의식적인 반응을 할 수 있는 능력을 회복시킴으로써 사용되지 않았던 소리의 경로를 복구하는 것이기 때문입니다.

    입안의 구개는 입 앞쪽에 있는 딱딱하고 뼈로 만들어진 부분(윗니 바로 뒤)과 딱딱하면서 지붕처럼 둥글게 올라가는 부분(입천장), 그리고 부드러운 살로 이루어진 뒤쪽(연구개)으로 구성되어 있습니다. 연구개의 중간 부분에서 작고 살로 이루어진 목젖이 혀를 향해 내려져있습니다. 어떤사람들은 긴 목젖을 가지고 있고, 어떤 사람들은 목젖이 아예 보이지 않기도 합니다. 긴 목젖은 목 쉰소리나 목구멍에 걸린듯한 소리가 나는데 영향을 미치기도 합니다. 어떤 경우에는 높은 소리에서 명확한 소리가 나는 것을 방해하기도 합니다. 이런 경우들에는 정기적이고 계속적인 연구개 연습을 통해 더 명확한 소리의 경로를 확보할 수 있습니다.

목젖의 양쪽에 있는 연구개는 부드러운 근육과 살로 이루어져 있습니다. 좀 더 쉽게 작업하기위해 이 연구개를 목구멍에서 입으로 오는 입구, 혹은 중간이나 높은 울림소리로 가는 "탈출구"라고 생각하시면 좋겠습니다. (막혀있던 소리가 앞으로 튀어나올때 저항없이 활짝 활짝 열릴 수 있는 문이라는 이미지를 생각하십시오.)

정기적이고 지속적인 발성 훈련이 없으면, 연구개는 게을러지고 뻣뻣해집니다. 연구개가 게을러지면, 목구멍에서 무거운 커튼처럼 장막을 내려치게 되고, 소리와 진동을 흡수하고 막아 버립니다. 이런 상태가 되면, 소리가 입안의 공간을 찾아 명확하게 울려퍼질 수 없게 됩니다. 소리의 일부는 목구멍에서 멈추게 되고, 일부는 공간을 찾아 코쪽으로 올라가게 됩니다. 콧소리가 섞인 음성은 거의 대부분이 게으르고 움직이지 못하는 연구개 때문에 생깁니다. 연구개가 뻣뻣하면, 음성이 단조로워집니다. 연구개의 기능중 하나는 바뀌는 음높이(pitch)에따라 반응하는 것입니다. 음성의 높이가 올라가고 내려감에 따라 거의 눈에 보이지 않을 정도록 작은 연구개의 근육들이 움직입니다. 자유로운 음성은, 말할 때 생각에 따라서 음의 높낮이가 끊임없이 변화합니다. 그렇기 때문에, 연구개의 자유로운 움직임은 어조와 그 어조에 담겨있는 감정적인 뉘앙스까지 정확하게 포착하여 표현하는데 결정적인 역할을 합니다. 뻣뻣하거나 게으른 연구개는 이러한 반응 메커니즘을 차단해 버립니다. 말할 때 연구개의 움직임은 아주 미세합니다. 그러나 아주 높은 음을 노래할 때는 눈에 보일 정도로 연구개가 위로 올라갑니다. 입을 크게 벌리고 연구개를 들여다보세요. 높은 음을 생각하세요. 높은 음을 생각하고, 소리는 내지 말고 바로 숨만 내보냅니다. 실제로 높은 음을 노래하면, 연구개가 올라가지 않을 수도 있습니다. 실제로 높은 음을 내려고 할 때 힘을 쓰면서 방해하는 요소들이, 똑같은 생각을 하면서 숨만 내보낼 때에는 연구개와 생각의 관계를 덜 방해해서 이 두 가지가 서로 더 잘 반응하도록 만들 수 있습니다.

무의식적인 신경계에 의해 이런 움직임들이 이루어진다는 사실은 아무리 강조해도 지나치지 않습니다. 지금부터 당신이 할 작업은, 이러한 무의식적인 신경계를 회복하고 복원하려는 목적을 가지고 있습니다. 높은 음을 내려는 생각때문에 연구개가 위로 올라간다 것을 관찰하고 나서, 만약에 당신이 높은 음을 낼 때마다 연구개만 올린다면, 당신은 자유롭고 자연적인 상관관계를 거스르게 될 것입니다. 뭔가를 해야겠다는 이성적인 생각으로 근육을 움직이는 것은, 표현력이 풍부한 자연적인 음성이 지니고 있는 미세한 근육의 움직임까지 포착하지 못합니다. 하지만, 이성적으로 이 근육을 운동시키고 조율함으로써, 이 미세한 근육들이, 필요에 따라, 무의식적인 신경계의 요구를 포착하는 유연성과 유동성을 가지도록 만들 수 있습니다. 우리는 목구멍에서 입으로 들어오는 입구로써 연구개를 훈련할 것입니다. 근육들이 조율되어지면서, 소리의 진동이 얼굴과 두개골에 있는 울림판으로 자유롭게 퍼져나갈 것입니다. 고로, 이것이 "탈출구"(trapdoor)가 되는 것입니다.

1단계

입안으로 빛이 비치게 하고, 거울을 들고 연구개가 어디 있는지 입속을 들여다보세요.

거울을 내려놓고 입을 연 상태로 입의 긴장을 풉니다.

- 아주 부드럽게(소리는 내지말고 숨으로만) "카아흥---"라고 합니다. "아버지"라고 말할 때 처럼 "카아흥-----"의 모음도 똑같은 "아--"입니다.
- "ㅋ" 소리가 만들어지는 부위에 집중하세요. 그리고 그 작은 "ㅋ"소리가 나기위해서 어떤 것들이 움직이는지 미세한 것까지 관찰하면서 아주 천천히 "ㅋ" 합니다. 마음의 눈과 신체적 자각 모두를 사용하세요.

1) "카아흥---"라는 생각이 뇌에 들어옵니다.
2) 숨이 들어갑니다.
3) 혀의 뒤쪽(목구멍 방향)이 연구개 바로 앞에 있는 경구개 끝부분과 만나기 위해 위로 올라옵니다.
4) 숨은 연구개 뒤에 순간적으로 갇히게 됩니다.
5) 경구개 끝부분과 혀뒤쪽이 닿았던 표면이 서로 급격하게 떨어지면서 숨이 터져나옵니다.

다음의 연습훈련을 위해서, "ㅋ"라는 생각이 혀 뒷부분과 연구개가 닿아서 만들어진다고 상상하세요. 말할 때 "ㅋ" 소리가 만들어졌던 부위보다 약간 더 뒤쪽이 되겠습니다.

"ㅋ"소리 다음에 나는 "아흥----"소리를 정확하게 생각하세요. "어흥"도 "워흥"도 아닙니다. "아흥----"라는 열린소리를 정확하게 생각함으로써 혀와 연구개가 더 멀리 떨어지게 되고, 숨도 목젖에 걸리거나 목구멍뒤로 넘어가지 않을 것입니다.

- 다시 한번 연구개와 혀 뒷부분에 주의를 기울이면서, 명확하고 깨끗한 "카아흥---"를 소리없이(진동없이) 내뱉습니다.

■ 그리고 나서 들숨이 들어올때 "카아ㅎ---"(진동없이)를 들이킵니다.

1) 숨이 다시 들어오기전에, 혀 뒷부분이 올라와서 경구개 뒷부분(연구개 바로 앞)과 만납니다.
2) 숨이 순간적으로 연구개 앞에 막힙니다.
3) 두 표면이 떨어지는 순간, 숨이 날아들어가면서 "카아ㅎ----"(진동없이)가 됩니다.

■ 숨이 나가면서 "카하---"(진동없이), 그리고 들어오면서 다시 "카아ㅎ---" (진동없이)를 합니다.
■ 보통의 호흡의 리듬을 따라서, 숨이 들어올때 "카아ㅎ---"(진동없이), 나갈 때 "카아ㅎ----"(진동없이)를 합니다.

들숨에서 "ㅋ"는 들어오려는 숨에 의해 혀 뒷부분과 연구개가 앞쪽에서 떨어지면서 소리가(진동없이) 납니다. 날숨에서는, 나가는 숨에 의해서 혀 뒷부분과 연구개가 뒤쪽에서 떨어지면서 "ㅋ"(진동없이) 소리가 납니다.

당신이 "ㅋ"를 들숨과 날숨 모두하면서, 들숨과 날숨에서 온도의 차이에 주의를 기울여보세요. 들숨은 시원하고 날숨은 따뜻합니다.

입 표면에 찬 공기가 들어오는 것을 느끼세요.

혀 앞부분이 긴장이 풀린 상태인지 확인하고, 혀끝이 아랫니 뒤에 놓여있는지도 확인합니다.

손을 아랫배에 올려놓고, 숨이 들어오고 나갈 때마다 튕겨지는 연구개를 생각하면서, 횡격막이 움직이는 것을 느끼세요.

들어오는 "카아흥---"에서 연구개가 위로 뜨는 것과 동시에, 시원한 공기가 연구개에 와닿는 것을 느끼십시오.

- 시원한 공기가 연구개에 닿을 수 있는 공간을 더 만듭니다.
- 들숨에서 시원한 공기가 연구개에 와닿았던 만큼, 날숨에 "카아흥----"를 할 때 따뜻한 공기도 그 만큼의 공간에 와 닿는 것이 목표입니다.

당신은 지금, 연구개가 감각적인 자극에 반응함으로써 유연성을 기르도록 하는 작업을 하고 있습니다. 동시에, 의식적으로 조절을 해서 움직이던 근육을, 이제부터는 생각과 연결시켜 반응하도록, 훈련하고 있습니다. 이것은 날카롭게 단련된 자각에 의해서만 가능합니다.

- 이제 크게 하품을 하고, 하품을 할 때 연구개가 어떻게 움직이는지를 관찰합니다. 연구개가 즉시 위로 올라가고, 당신이 의식적으로 올리려고 노력했을 때보다 훨씬 더 많이 올라가고 늘어날 것입니다. 하품에 관련된 근육들에 주의를 집중하면, 그 자각력을 연구개를 훈련하는 데에 사용할 수 있습니다.

하품은 기분 좋게 해주는 것이기 때문에, 하품 자체만 느끼기 쉽습니다. 하지만, 우리는 하품을 잘 이용할 수 있습니다. 하품의 잇점을 더 확대시키고, 하품을 만드는 자세한 부분까지 자각하는 능력을 가지는 것은 매우 유용합니다.

하품에 대한 이야기

당신은 하품을 수직으로 하세요, 수평으로 하세요?

많은 사람들이 수직으로 하품을 하고, 이때 대부분의 스트레칭이 아래위 방향으로 이루어집니다. 얼굴이 아래로 당겨지고 턱도 아래로 당겨집니다. 만약 당신이 하품을 할 때 좀 더 수평으로 생각을 한다면, 당신은 거의 원형으로 입을 열리게 하고, 상하 좌우로 골고루 스트레치가 되도록 할 수 있습니다. 연구개, 목구멍, 그리고 얼굴 중간 부분이 크고 즉각적인 스트레치를 하도록 도와줄 수 있습니다. 당신이 하품을 할 때 반드시 윗니와 아랫니가 보여야 하고, 연구개는 높고 넓게 스트레치가 되고, 당신의 목구멍 안쪽까지 명확하게 다 보여야합니다.

이 과정에서 당신이 서너 번의 진짜 하품을 할 수 있다면, 당신은 아주 건강하고, 좋은 상태에 이르게 됩니다. 눈과 코가 촉촉해지고 당신의 입에도 침이 생길 것입니다. 그리고 하품을 자각하는 동시에, 당신의 호흡관련 기관들이 자극을 받았고, 당신은 무의식적인 과정에 완벽하게 동참하게 되었습니다.

2단계

■ 거울을 들여다보고 1단계의 연습훈련을 반복하세요. 들어오는 시원한 공기가 연구개 내에 더 많은 공간을 가질 수 있도록 합니다. 들어오는 "카아흐---"가 하품할 때와 똑같은 스트레치가 되도록, 하품할 때 근육이 어떻게 움직였는지에 대한 자각을 이용하십시오. (수평적인 하품을 하면서,

당신의 주의를 연구개에 집중시키세요. 혀를 내리는 것보다 연구개에 더 집중을 하면 토할것 같은 느낌이 나는 것을 방지할 수 있습니다.)

- 이제, 하품할 때처럼 연구개가 올라가도록 나가는 "카아흥----"에 당신의 자각력을 사용하세요.
- 들숨과 날숨이 들어가고 나갈 때, "카아흥---"를 합니다. 매번, 연구개가 최대한 스트레치되도록 합니다.
- 두 세번 반복하세요. 그리고 잠시 쉬고, 침을 삼키고, 목을 적시세요. 목이 마를 수도 있습니다.

이 연습훈련은 연구개와 혀 뒤쪽만 해야 합니다. 어디든 꼭 참견하고 싶어하는 턱이, 이 연습훈련에 참가하려고 애쓸지도 모릅니다. 턱이 자꾸 움직이면, 필요에 따라서 턱을 잡고 움직이지 않도록 고정시켜야 합니다.

들숨이 횡격막까지 연결되고, 더 깊이 떨어지도록 합니다—횡격막대신 가슴 위쪽에 숨이 다 가면 안 됩니다. (윗가슴만 아래위로 움직이면, 숨이 그리로만 가고 있다는 증거입니다.)

당신의 목구멍이 찬공기가 들숨과 함께 들어오는 것에 익숙해지면, 당신은 보통 초기에 생길 수 있는 현상인 기침을 하거나, 목이 자꾸 마르는 증상을 덜 느낄 것입니다. 시원한 공기가 한꺼번에 많이 목으로 들어오는 느낌을 불편하게 생각하지 마십시오. 이것은 해가 없습니다. 만약 당신이 연구개 연습훈련을 하기 싫어하면, 당신은 목구멍을 여는 것에 대한 습관적인 거부감을 지속해서 가지게 됩니다. 목구멍은 다치기 쉬운 부분이기도 하기 때문에, 목구멍을 보호하려고 만들어진 나쁜 습관 (목구멍을 보호하기 위해 충동이나 느낌을 과장하는 습관) 때문에 오히려 고생하게 될 것입니다.

당신은 아마도 이 연구개를 활짝 여는 것이 "동물의 표효"와 흡사하다는 것을 눈치챘을 것입니다. 이 둘의 차이점은, 지금은 입 가장 뒤쪽에 있는 내부 근육조직에 주의를 집중하고 있다는 것입니다.

다음의 사항들을 관찰하면서 이 연습훈련을 다시 하세요.

연구개의 움직임은 반드시 튕기듯 올라가고 튕기듯 내려와야 한다는 것을 명심하세요. 그리고 하품을 하듯 하는 스트레치는 아주 탄력성이 있어야 합니다.

하품-스트레치 자세에서 머물지 마세요.

숨은 가볍고 투명하게 느껴지고 가볍고 투명한 소리가 나야합니다.

숨을 억지로 빨아들이려 하지 마세요. 숨이 목 안의 공간을 통해 이동해야지, 목구멍을 긁으면서 가면 안 됩니다.

점차적으로 이 과정에 속도를 붙이세요. 그렇게 함으로써, 이 연습훈련은 당신이 스트레치를 경험하는 동안 가볍고, 빠르고, 탄력성 있는 스타카토가 되어야 합니다.

연습훈련들을 좀 더 빠른 속도로 할 수 있도록, 다음 단계들을 잘 읽고 시작하십시오. 거울을 사용하세요.

3단계

■ 크게 웃는 듯이 하품-스트레치를 하면서 "카아흥---"하는 숨소리와 함께 차가운 공기가 들숨으로 들어옵니다.

공기가 횡격막까지 혹은 골반 바닥까지 내려가는 것을 상상합니다.

■ 따뜻한 소리의 진동이 골반 바닥에서부터 "하이---"라는 소리로 밀려나오도록 합니다—이 진동이 위로 올라와서 스트레치된 연구개를 지나, 입천장을 지나, 윗니를 통과해서 공기중으로 퍼져나오도록 합니다. 소리가 퍼져나오는 동안, 혀 중간 부분이 입밖으로 나오도록 앞으로 굴렀다가 다시 입속으로 들어가서 이완하는 것을 세 번 반복합니다. 이 결과로 나게 되는 소리는 "하이-아이-아이-아이"(Hi-yi-yi-yi)입니다. 혀끝을 아랫니 뒤에 고정시키세요.

이 연습훈련에서는, 보통 때보다 훨씬 더 큰 이동경로를 통해서 소리가 나가는 경험을 합니다. 소리/호흡의 근원지에서부터 더 큰 해방감이 터져나오도록 자극해서 더 큰 자유를 맛볼 수 있도록 해야 합니다. 동시에, 훨씬 더 커다란 충동을 느낄 때 습관적으로 소리를 힘으로 밀지 않도록 하기 위해서, 혀 스트레치를 같이 해야합니다.

■ 연구개가 위로 올라가 있고 연습훈련을 하는 동안에도 스트레치 되어 있는지, 거울을 사용해 확인하면서 3단계를 연습하십시오. 혀 중간 부분이 앞으로 나왔을 때도, 목구멍을 볼 수 있어야 합니다.

이 연습훈련 전반에 걸쳐 하품을 하고 싶다는 욕구를 계속해서 가지십시오. 하품은 들숨에서만 할 수 있기 때문에, 실제로는 하품을 하지는 않을 것입니다. 그러나 당신이 만약 날숨에도 하품을 상상한다면, 당신의 연구개는 올라간 상태를 계속 유지할 수 있을 것입니다.

■ 음계를 올라가면서 이 과정을 반복하세요. 매번 들숨에서 "카아흥-"를 들이쉬고, 날숨에서 혀 스트레치를 3번씩 하면서, 소리의 진동이 자유롭게 나가도록 합니다.

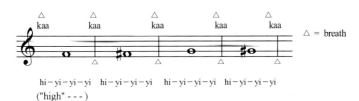

kaa = ingoing breath/soft palate stretch
hi = vibrations start on center
yi = back of tongue stretches and relaxes

■ "하이-아이-아이-아이"(Hi-yi-yi-yi)
■ 스트레치된 지붕모양의 연구개와 입천장에서 숨과 진동을 느끼십시오.
■ 새로운 생각/호흡이 들어올 때마다, 나가는 소리가 골반 바닥에서부터 시작되어서 실크처럼 부드러운 횡격막을 지나 갈비뼈들을 지나, 위로 솟아올라 몸 밖으로 나가는 것을 상상합니다.
■ 몸의 모든 부분에 긴장을 푸세요.

4단계

소리의 경로에 해당하는 근육들을 기술적인 단계에서 부드럽게 만들었으니,

이제는 이 근육들이 얼마나 상상력에 의한 자극에 반응하는지를 관찰하도록 합시다.

먼저 다음의 내용을 읽고 나서, 눈을 감고, 몸/마음의 기관을 통해서 마치 영화처럼 한 컷 한 컷씩 보도록 하세요. *결과를 미리 예측하지 마세요.* 당신이 혼자 다 읽고 하는 것보다, 누군가 다른 사람이 연습훈련을 하는 동안 하나씩 하나씩 차례로 읽어줄 수 있다면 더 좋겠습니다.

■ 당신은 오후 내내 시골길을 산책했습니다. 이제 조용하고 홀로 있는 저녁 시간이고 당신은 집을 향해 걷고 있습니다. 당신은 매우 집중하고 있는 상태입니다. 집 근처에 있는 작은 호숫가에 다다랐습니다.

■ 첫 번째 그림: 당신은 호수 가장자리에 서서 당신의 발을 내려다보고 있습니다. 당신의 발은 천천히 찰랑거리는 물가에 닿을 듯, 말 듯 합니다.

■ 그림 2: 당신은 천천히 기분좋게 고개를 들기 시작합니다. 당신의 발부터 호수 표면을 따라 천천히 당신의 시선이 올라 가면서 호수에 떠있는 오리떼들과 물결이 보입니다. 그리고 갑자기 물고기가 표면위로 뛰어올랐다가 떨어지는 것을 봅니다. 그리고 호수 중간에 있는 아주 작은 섬을 봅니다.

■ 그림 3: 별 생각없이 당신은 호수 건너 저편을 바라 봅니다.

■ 그림 4: 그리고 호수 건너편에 서 있는 누군가가 눈에 들어 옵니다.

■ 그림 5: 놀랍고 너무나 기쁘게도 그것은 당신의 친한 친구입니다. 그리고 당신은 그 친구를 부르려는 욕구로 가득찹니다. 그리고 당신은 그 친구를 부릅니다. "야--아----"

■ 마치 처음 해보는 듯이 이 시나리오를 느린 동작(slow motion)으로 다시 반복 합니다. 그리고 친구를 부를 때, 소리를 내지말고 숨으로 "야--아--"합니다.

당신이 갑자기 당신 친구를 봤을 때, 부르려는 욕구 때문에 큰 숨이 들어올 뿐만 아니라, 숨이 들어오는 동시에 당신의 연구개도 올라갑니다. 표현을 위해 음성기관을 준비시키는 "소리의 경로"와 "호흡의 근원"은 동시에 욕구와 충동에 반응합니다.

- 이 시나리오를 보통의 속도로 다시 해보세요. 이 연습훈련은 결과를 미리 예측하지 않으면서, 같은 환경을 재생하기 위한 것입니다. 결과가 그냥 생기도록 하세요. 결과를 만들려고 하지 마세요.

주석... 두말할 나위 없이, 이것은 좋은 연기의 근원입니다. 매번 연기할 때마다, 마치 처음 일어나는 일처럼 그 상황을 생산하고 재생하는 것 말입니다. 그리고 단계대로 순간 순간을 만들어가고, 무언가 예측하지 못했던 결과를 이끌어 내는 것입니다. 음성의 기술적 측면을 계속적으로 발전시킴과 동시에, 순간에서 순간으로 이어져가는 경험속에 당신의 느끼고/행동하고/생각하는 과정이 완전히 몰입되도록 만들어 갈 수 있습니다. 말하고자 할 때 들어오는 욕구는 몸안의 작용들을 결정짓고, 당신이 할일은 그 욕구가 자유롭게 터져나오도록 하는 것입니다. 의사소통은 욕구와 자유의 부산물입니다.

너무나 자주, 의사소통이 힘든 일이 됩니다. 다른 사람에게 전달되기 위해, 다른 사람이 나를 듣도록 만들기 위해 열심히 노력합니다. 머리 뿐만 아니라, 몸 전체를 앞으로 내밉니다. 어깨는 뭉치고, 배를 밀어댑니다. 그러나, 만약 편안한 욕구를 가지는데 전념한다면, 의사소통은 항상 자유/해방감으로써 경험될 수 있습니다.

호숫가에 서서 당신의 친구를 부르는 이미지를 당신이 무대위에 서서 관객을 기다리는 이미지로 바꿔봅시다. 당신은 당신이 하는 말을 관객이 듣고 이해하기만을 바라는 게 아니라, 당신이 왜 그 말을 하는지를 관객이 듣고 이해해주기를 바랍니다. 당신이 진실하게 전달하기를 바라는 그 욕구가 신경중추에 있는 에너지들을 모아서 관객에게 전달합니다. 당신은 "목청이 크게 대사"를 하는 게 아닙니다. 소리의 크기가 관건이 아닙니다. 당신은 완전히 무대위에 존재합니다-그리고 동시에 당신은 관객 속에 있습니다. 의사소통은 당신 자신이 자유로울 때 가능해집니다.

5단계

이제 훨씬더 인지하기 쉬워진 입안의 공간을 자각하면서, 그러나, 연구개를 의식적으로 열지는 말고, 다시 혀 연습훈련을 합니다.

■ 히-여-여-여 (Heeee-yuh-yuh-yuh)

mid-tongue forward
blade shakes loose

■ 당신이 진동을 새로운 부위에 느끼는지 관찰해 보세요.

음이 높아질수록, 당신이 의식적으로 올리려고 하지 않아도 연구개가 올라오면서 높은음이 나갈 새로운 통로를 열어주는지 살펴보세요.

■ 높은 음까지 올라가는 게 쉬워졌나요?

6단계

- 혀 뒷쪽과 연구개가 서로 닿도록 하세요. 이 상태에서는 코로 숨을 쉴 수밖에 없다는 것을 알아차리셨지요? 진동을 더하세요. 그러면 "응(-ng)" 하는 소리가 날 것입니다. 이것은 "응가", 또는 "응아" 할 때 나는 그 '응' 소리입니다. 당신은 "음(mmmmm)" 대신에 "응(ng)"으로 허밍을 하고 있습니다.
- 진동을 계속하면서, 천천히 연구개를 위로 들어 올리고 혀뒤를 아래로 떨어뜨려서 혀와 연구개 그리고 입이 하품하는 스트레치 자세가 되도록 하세요. 넓은 "아아아" 소리가 날 것입니다.
- 연구개를 열고 닫는 것을 세번씩 하면서, 반복하세요.
- 응-아흥---응-아흥---응-아흥
- 입은 "동물의 표효" 상태로 스트레치하고 있습니다. 일단 턱이 열리고 나면, 턱은 움직이지 않아야 합니다. 모든 움직임은 오직 입안 깊숙한 곳에만 있습니다.
- "아흥--"를 할 때 당신의 목젖이 보여야 합니다.
- 올라가는 음계에서 연습훈련을 반복합니다.

말하세요:

- 응아--이
- 그리고 나서 혀스트레치를 3번합니다.
- 응아-이아-이아-이아 (Ngaaa-i-yi-yi-yi)

7단계

- 허밍을 하면서, 혀뒤와 연구개에 주의를 기울이면서 머리를 돌립니다. 이 둘사이의 공간은 머리가 돌아가는 동안 계속 변화해야합니다. 당신의 머리가 뒤쪽으로 떨어졌을 때는 더 많은 공간이 있고, 고개가 앞으로 떨어졌을 때는 더 작은 공간이 있습니다. 그러나 연구개와 혀뒤는 허밍을 하는 동안에는 절대 서로 맞닿지 않아야합니다.
- 허밍을 하면서 척추를 앞으로 떨어뜨리면서 진동의 질(quality)이나 성향에 어떤 다른 점이 없는지 관찰합니다. 허밍을 하면서 척추를 다시 세우고 머리까지 다 올라오면 소리를 내보냅니다.
- 말하세요: "허-허음--------어흥"

당신의 입안/목구멍 부위에 예전에 비해서 더 많은 자연스러운 공간이 생긴 것을 느낄 수 있을 것입니다. 더 많은 공간때문에 더 많은 진동이 생기는 것을 느낄 수 있을 겁니다. 이것이 주는 자유로움을 만끽하고 이용하세요.

혀와 허밍 연습훈련으로 돌아올 때, 연구개가 각각의 상태에 알아서 적응하도록 내버려 두세요. 연구개를 들어올린 상태를 억지로 유지하려고 하지 마세요. 억지로 연구개를 든 상태로 말하면, 꾸민 소리, 잘난척 하듯 말하는 소리가 날 것입니다.

다음에 연구개 연습훈련을 할 때에는, 골반 관절과 열린 목구멍의 통로를 연결할 수 있도록 바닥에 누워서 대각선 스트레치 자세에서 하도록 하세요. 바나나 스트레치도 연구개 연습훈련을 할 때 효과적입니다. "소리의 경로" 연습훈련을 할 때 바닥에서 하는 스트레치들과 자세를 창의적으로 이용하도록 하세요.

연습

"호흡"부터 시작해서 "소리의 접촉", "허밍"과, 혀, 턱, 연구개에 초점을 두고
바닥에서 하는 작업까지의 과정을 최소한 2주일간 계속 연습하십시오

작업 8일

척추와 소리의 경로 :

연결 ... 근원지, 이동경로, 종착지

예상 소요시간 : 1시간 이상

소리의 경로를 마지막으로 탐험하기 전에, 척추를 한번 더 방문해 봅시다. 지금까지 당신은, 소리가 생성되는 골반 관절, 연구개, 혀 뒷부분 같은 다소 낯선 부위들을 그려보고 상상하면서 많은 시간을 보냈습니다. 그러면서 발달된 당신의 상상력(마음의 눈으로 그려보는 능력)을, 척추와의 민감한 관계를 발달시키는데 사용하도록 합시다. 여기서 민감한 관계란, 더 깨어있고, 더 살아있는 상호작용을 하는, 뇌와 몸의 관계를 의미합니다. 인간의 신체조직을 오가는 신호체계는 척추를 타고 뇌와 몸 사이를 왕래합니다. 뇌는 지적 능력을 얻기 위해 몸안에 흐르는 전류에 의존합니다.

호흡, 소리, 척추의 관계를 자세히 살펴봄으로써, 복부 안쪽에 있는 호흡 관련 근육의 본능적이고 반사적인 반응을 더 활발하게 만들 수 있습니다(복부 안쪽의 호흡관련 근육은 골반 바닥과 아래쪽 척추에 얽혀 있습니다). 또한, 뇌가 더 구체적으로 생각할 수 있도록 훈련시키게 됩니다. 나는 당신에게 당신의 척추 하나하나를 따로 따로 보고 따로 따로 움직이라고 할 것입니다. 척추

제일 아래쪽의 서너 개의 척추들과 제일 위쪽에 있는 척추 몇 개는 한꺼번에 움직일 것입니다. 만약 당신의 뇌가 당신의 척추 하나하나를 움직이도록 생각할 수 있다면, 당신은 대사 한 문장안에 있는 각각의 단어들을 생각하는 정확성을 가지게 될 것입니다.

1단계

- 기는 듯한 자세, 두 손바닥과 무릎이 바닥에 닿은 자세를 합니다. 척추가 바닥과 수평이 되도록 하고, 양손은 바로 어깨 아래로 내려가 바닥을 짚습니다. 팔꿈치는 굽히지 않고 일자로 하되, 뻣뻣하지 않은 상태를 유지합니다. 양손은 앞 방향을 향합니다. 그리고 머리를 아래로 떨구세요.
- 마음의 눈을 꼬리뼈로 보냅니다. 엉덩이 근육과 허벅지 뒤쪽 근육에 긴장을 풉니다.
- 꼬리뼈가 천천히 약간 천장을 향해 움직이도록 합니다. 그리고, 다시 바닥을 향해 내려가도록 합니다.

이것은, 몸안에서 거의 보이지 않을 정도로 아주 작게 일어나는 움직임입니다. 꼬리뼈는 천골에 연결되어 있고, 천골은 골반의 일부이니까 당연히 골반도 조금 움직입니다. 하지만, 여기서는 반드시 꼬리뼈에만 생각을 집중해야 합니다.

- 이제 아주 천천히 꼬리뼈를 위로 움직이고, 계속해서 위를 향해 올라가도록 하면, 천골과 천골위의 다섯개의 척추들이 하나씩 아래를 향해 움직이게 되는 것을 관찰할 수 있습니다. *척추가 하나하나 독립적으로, 바닥쪽을 향해 움직이는 것을 그려보세요* — 허리부터 어깨죽지뼈 사이의

척추까지 하나씩 바닥을 향해 내려갑니다.

당신의 마음의 눈이 황소뼈까지 다다랐을 때, 황소뼈가 천장을 향해 올라가고 목에 있는 일곱개의 척추뼈도 위를 향해 하나씩 올라가는 것을 봅니다.

당신의 두개골이 마치 목 위로 떠오르는 척추의 마지막 뼈인것처럼 생각하세요. 당신의 두개골이 마치 당신의 꼬리뼈와 만나려 하는 것처럼 말입니다.

당신의 척추는 지금 바닥을 향해 곡선을 그리고 있습니다.

■ 재빨리 당신의 마음의 눈을 꼬리뼈로 내려보내세요. 아주 구체적으로, 당신의 꼬리뼈를 천천히 바닥을 향해 움직이세요. 이것이 아래로 내려감에 따라서, 당신의 천골과 그다음 척추뼈가 천장을 향해 올라갑니다. *척추가 하나하나 독립적으로, 천장 향해 움직이는 것을 마음의 눈으로 보세요 –* 허리 부터 어깨죽지뼈 사이까지 하나씩 차례로 천장을 향해 움직입니다.

당신의 마음의 눈이 황소뼈까지 다다랐을 때, 마음의 눈으로 황소뼈가 바닥을 향해 내려가고 목에 있는 일곱개의 척추뼈도 아래를 향해 내려가는 것을 봅니다. 그리고, 마지막 척추인 두개골도 바닥쪽으로 떨어지면서 머리는 아래를 향해 매달린 상태가 됩니다.

■ 배 근육을 완전히 이완된 상태로 유지합니다.

척추는 이제 천장을 향해 둥근모양이 되어 있습니다. 당신의 배는 암호랑이의 배처럼 느슨하게 아래로 처지게 됩니다.

- 재빨리 당신의 마음의 눈을 꼬리뼈로 내려 보내세요. 아주 구체적으로, 꼬리뼈를 천천히 천장을 향해 움직이세요. 그리고, 마음의 눈이 척추 하나 하나씩 따라 움직여서, 머리가 위로 올라오고, 척추가 바닥을 향해 곡선을 그릴 때까지 따라갑니다.
- 배 근육의 긴장을 푸세요.
- 재빨리 마음의 눈을 꼬리뼈로 내려보내고, 천천히 반대방향으로 움직이세요.
- 무릎을 꿇고 앉으세요.

만약 당신이 그냥 척추를 통채로 움직여서 아래로 향한 곡선을 만든다면, 그것은 이 연습훈련을 완전히 망치는 일입니다. 이것은 한 문장을 다음과 같이 말하는 것과 다를바 없습니다: "사는냐죽는냐이것이문제로다". 한꺼번에 구겨넣은 생각들을 재빨리 쏟아내듯 척추를 그냥 단번에 움직이면서 이 문장을 말해 볼 수도 있겠지요. 하지만, 이 "사느냐"라는 단어가 꼬리뼈에서부터 시작해서, 당신의 척추를 타고 여행하면서 "죽느냐"를 말하고, "이것이"가 어깨죽지뼈 사이를 타고 올라가고, "문제로다"가 두개골이 올라오는 순간에 나오도록 해보세요.

- 앞서 했던 연습훈련을 다시 반복합니다. 그리고 척추를 하나도 빠짐없이 방문하면서 움직이되 조금만 속도를 빨리 합니다. 척추가 위로 둥글어질 때와 아래로 곡선을 그릴 때 모두, 시작하려는 충동은 항상 꼬리뼈로 보냅니다.
- 배 근육을 반드시 완전히 이완한 상태로 유지하세요.
- 이제 당신의 꼬리뼈에서 호흡이 시작된다는 생각을 가지고 해보세요. 그리고 꼬리뼈가 올라가고 내려가는 것에 따라, 언제 숨이 들어가고 언제

숨이 나오고 싶어하는지 관찰합니다.

- 그러고 나서, 꼬리뼈부터 두개골까지 마음의 에너지가 척추를 타고 빠르게 흐르도록 합니다. 그래서, 한번에 척추 전체 움직임을 하면서 숨이 들어가고, 다른 척추 움직임에 숨이 나가도록 합니다. 어떤 움직임에서 숨이 들어가고 싶어하고, 어떤 움직임에서 숨이 나오고 싶어하는지 관찰하세요.

당신의 척추가 어떻게 숨쉬고 싶어하는지 관찰합니다─당신의 복근이 이 과정을 주도하지 못하게 하세요.

척추가 아래로 곡선을 그리고 내려갈 때 숨이 들어오고 싶어하고, 위로 둥글어질때 숨이 나오고 싶어한다고 느끼는 사람도 있을 것입니다.

반대로 위로 둥글어질 때 숨이 들어오는 것이 편하고, 숨이 나가면서 척추가 아래로 곡선을 그리는 것이 편하다고 느끼는 사람이 있을 것입니다.

- 객관적인 관찰을 위해서, 이제 배를 바닥에 대고 두 다리를 길게 뻗고 엎드려 누운채, 고개를 한쪽으로 돌리고, 양팔을 펴서 몸 옆에 편하게 놓으세요.
- 소리를 내지 말고, 숨으로만 깊은 안도의 한숨이 나오도록 합니다. 들숨이 들어옴과 동시에 허리쪽의 등이 올라오는 것을 느낄 수 있을 것입니다. 그리고 당신의 꼬리뼈가 어느 방향으로 움직이는지 관찰해 보십시오.

이 자세에서, 들숨에서 꼬리뼈가 살짝 아래로 움직이면서 등허리가 위로 올라가는 것을 명확히 확인할 수 있습니다. 날숨 때에는 이 움직임이 반대가 됩니다.

이 자세에서 당신은 자연스러운 호흡에서 어떻게 아래쪽 척추가 움직이게 되는지 경험할 수 있습니다.

또한, 들숨에 당신의 배가 바닥쪽으로 내려가고 당신의 아래쪽 척추가 위로 올라가면서 횡격막이 움직이는 큰 공간을 만든다는 것을 볼 수 있습니다.

■ 네발로 기는 자세로 돌아와서 당신이 방금 관찰한것을 적용해 보세요. 꼬리뼈가 내려가면, 배가 아래로 떨어지고 척추가 위로 둥글어지면서 숨이 들어옵니다. 꼬리뼈가 올라가면, 척추가 아래로 떨어지면서 곡선을 그리고 숨이 나갑니다.

주석... 이 연습훈련에 관해서 내가 가르치는 학생들은 항상 많은 대화를 합니다. 누구든지 현대무용을 했던 학생들은 척추가 올라가면서 둥그렇게 될때 복근을 조이도록 배웠을 것입니다. 그래서 척추가 둥그렇게 될 때 복근에 힘을 주지 않는 게 거의 불가능하다고 느끼는 학생들도 있습니다. 그러나 자연스런 호흡과 감정을 위해서는 당신은 당신의 복근과 등근육을 분리해야 합니다. 척추와 복근을 서로에게서 독립시켜야만 합니다. 복근과 등근육이 샴쌍동이처럼 서로 붙어있으면 당신의 횡격막은 자유롭게 움직일 수가 없습니다. 숨이 들어올때 횡격막이 아래로 떨어지는 게 불가능해집니다. 늙은 암호랑이의 이미지나 부처님의 배 이미지를 이용해 보세요. 횡격막이 자유로워진다고 당신이 갑자기 뚱보로 변하는 일은 없을테니까 걱정하지 마세요!

윗몸 일으키기나 복근운동을 오랫동안 열심히 한 사람들도, 척추와 복근이 동시에 움직이도록 몸을 단련시킨 것입니다. 윗몸일으키기나 복근운동은 호흡에 도움이 안됩니다.

이 부위를 재조정하기 위해서는 계속해서 필요할 때마다, 배를 땅에 댄 자세로 돌아가세요. 깊은 안도의 한숨에 대한 자연적인 반응을 관찰하고, 다시 네발로 기는 자세로 돌아와서, 엎드렸을 때의 이미지를 생각하면서 연습훈련을 하세요.

억지로 무언가를 하려고 하지 말고, 이미지를 생각하세요.

2단계

- 척추의 움직임을 연습하세요. 항상 꼬리뼈부터 다음의 생각을 가지고 시작하세요: "꼬리뼈가 떨어지고, 배가 떨어지고, 숨이 날아든다." 그러고 나서, "꼬리뼈 올라가고, 척추가 곡선으로 내려가면서, 숨이 척추를 타고 "ㅍ(fff)----"(윗니와 아랫입술 사이로) 소리를 내면서 빠져나간다."
- 척추 하나하나를 통과하면서 생각하세요.
- 무릎을 꿇고 않으세요.

이제 이 움직임에 소리를 더하겠습니다. 다음의 설명을 먼저 읽고 단계별로 차근차근 따라하세요:

- 꼬리뼈가 떨어지고, 숨이 바로 날아들면서 척추는 위로 둥글게 됩니다.
- 꼬리뼈가 올라감과 동시에 "소리의 접촉"이 나옵니다.
- 허-허 "Huh-huh"
- 천골 바로 위의 척추가 움직이기 시작하자마자, 입술을 모으고 허밍을 시작합니다. (이는 벌어지고 입안에 공간이 있는 상태에서 입술만 모으세요; "효과적인 허밍"을 기억하세요)

- 음 --------- "Mmmmmmmm"
- 척추가 내려가기 시작하자마자, 내려가는 척추 하나 하나를 타고 허밍이 따라갑니다.
- 마지막 척추, 당신의 두개골이 올라옴과 동시에 진동이 당신의 입에서 빠져 나갑니다. (아래턱은 긴장을 풀고 내버려 둔 상태에서 두개골만 위로 올라가면서 입이 자연적으로 벌어지게 됩니다.)
- 어-------- ㅎ "U-u-u-u-uh"
- 꼬리뼈 떨어지고, 배 떨어지고, 척추가 둥글게 위로 올라가면서, 숨이 날아 들어옵니다.
- 허-허 (Huh-hu:꼬리뼈가 올라감과 동시에 꼬리뼈에서)

  음 -------- (Mmmmmmmm: 척추를 타고 따라서)

  어 -------- (U-u-uh: 아래턱을 그대로 두고 두개골이 떠 오르는 순간)
- 음계를 따라 올라가면서 반복합니다.
- 무릎을 꿇고 앉으세요.
- 이것을 다시 할 때, 즐거운 상상을 더하세요: 당신의 척추는 장난감 기차 철도입니다. 허밍이 장난감 기차입니다. 당신은 기차의 엔진을 꼬리뼈에서 시작하고 (허-허-), 당신의 입술이 "음-"하면서 닫히는 순간 기차가 바로 철도를 타고 출발합니다—레일을 하나도 건너뛰지 않고 다 지나가면서—. 그리고, 철도의 마지막 레일에서 당신의 위턱(두개골)이 위로 올라가면서 장난감 기차는 파란 창공을 향해 나갑니다.
- 소리를 질질 끌려고 하지 마세요. 즐기세요. 장난감 기차가 파란 창공으로 날아오르면 웃으세요. 이 미소가 당신의 뺨을 들어 올리고, 연구개를 열어줄 것입니다.

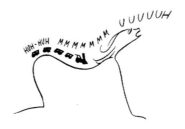

■ 두개골이 당신의 아래턱을 뒤로 한 채 떠오르고, 소리의 진동이 입밖으로 터져나올때, 혀를 세번 스트레치합니다(혀가 소리를 내는 게 아니라는 것을 확인하기 위해서).

허밍 기차가 창공으로 날아 오를 때, 당신의 혀가 잘가라고 손을 흔든다고 상상하세요.

3단계
쭈그리고 앉기

■ 발가락을 바닥으로 구부리고 몸을 뒤로 밀어서, 쭈그리고 앉은 자세로 옮겨갑니다. 발을 넓게 벌리고 무릎도 넓게 벌려서, 두 팔꿈치가 무릎 안쪽에 들어오고 양발바닥이 땅에 완전히 닿은 상태로 앉습니다.
■ 양손을 모으고 무릎이 서로 멀어지게, 당신의 팔꿈치로 밀어줍니다.
■ 머리를 떨어뜨리고 양손을 깍지낀 채로 뒤통수에 올려놓습니다.
■ 당신의 꼬리뼈가 바닥을 향해 떨어지는 것을 느끼고, 골반 관절부터 척추를 타고 깊은 안도의 한숨이 나오도록 합니다.

- 소리내어 한숨을 쉽니다.
- 이제 부드럽게 한쪽 다리를 밖으로 폅니다. 다리 근육을 마사지합니다. 발을 세웠다가 발끝을 뻗으면서 다리가 길어지도록 합니다.
- 당신의 입이 당신 발바닥에 있다고 상상하면서, 들어오고 나가는 "카아ㅎ"를 하면서, 연구개를 스트레치 합니다.

당신이 목에 있는 소리의 경로를 넓히는 동안, 당신의 발바닥에 당신의 입이 있고, 당신의 다리가 목구멍이라고 상상합니다.

- 스트레치 된 다리와 발꿈치(바닥에 닿은)를 그대로 유지한 채로 골반을 천천히 발꿈치 쪽으로 이동합니다. 스트레치 했던 무릎이 굽혀지고, 반대편 다리가 펴지면서 스트레치 될 것입니다.
- 들어오고 나가는 "카아ㅎ"의 연구개 스트레치를 반복합니다.
- 한쪽 다리 스트레치에서 다른쪽 다리 스트레치로 옮겨가면서 들어오고 나가는 "카아ㅎ"를 하고 혀 스트레치도 합니다.
- 하이-아이-아이-아이(Hi-yi-yi-yi)
- 마치 소리가 한쪽 다리에서 다른쪽 다리로 옮겨다니는 것처럼 한숨을 쉽니다.

다시 가운데로 와서, 쭈그리고 앉기 자세로 돌아갑니다. 그리고 마치 당신의 입이 당신의 뒷목에 있는 것처럼 척추를 따라 한숨이 나가도록 합니다.

- 꼬리뼈가 천장을 향해 떠오릅니다. 그리

고 부드럽게 천천히 척추를 하나하나 쌓아 올려서 서 있는 자세로 돌아옵니다.

- 다리를 흔드세요.
- 다리를 흔들면서(털면서), 소리를 흔듭니다(텁니다).
- 독백이나, 시, 아니면 대사를 네발로 엎드린 자세에서 해봅니다. 쪼그리고 앉은 자세에서 해봅니다. 다리를 흔들면서 해봅니다. 소리가 움직임을 통해 몸 밖으로 나가도록 합니다. 다시 선 자세로 돌아 왔을 때에도, 하체와의 연결성을 유지합니다.

연습

매일하도록 하세요.

작업 9일

목에 대한 자각 :

열린 목 ... 열린 공간

예상 소요시간 : 1시간 이상

지금까지의 작업을 통해, 소리가 이동하는 경로로써의 턱, 혀, 그리고 연구개에 대해 자각하게 되었습니다. 본질적으로 목구멍도 중요한 소리의 경로입니다. 하품을 할 때 연구개만 스트레치되는 것이 아니라 인두(pharynx 구강과 식도 사이에 있으며 공기와 음식물을 구분하여 섭취하게 하는 부분. 연구개, 비강 후두와 연결되어 있다)에 있는 근육들도 스트레치가 됩니다. 이 부분은 인두(pharynx)라고 부르는 것이 정확하지만, 인두라는 말을 평상시에 우리가 자주 사용하지 않는 단어이므로 목구멍이라고 부르도록 하겠습니다. 이제부터 내가 목구멍이라고 지칭하는 부분은 바로 이 인두(코가 위치한 높이 정도에 있는 연구개 부위부터 쇄골까지의 부위)를 의미합니다. 이 목구멍(인두) 안에 후두(larynx: 음식물을 삼키는 기도를 보호하고, 성대가 있어서 발성이 이루어지는 신체부위이며 호흡작용과 흉곽을 고정시키는 역할을 한다)가 있고, 위 아래 그리고 주변에 소리가 울릴 수 있는 공간이 있습니다. 목구멍 뒤쪽 벽은 근육조직들로 덮여 있는데, 이 근육들은 음높이나 어조의 변화에 맞게 목의 공간을 조절하도록 반응합니다. 목과 울림소리와의 관계에 대해서는 다음 장에서 더 자세히 다루도록 하겠습니다. 지금 여기에서는, 소리가 자유롭게 나갈수 있는 하나의 경로로써 목구멍을 다루도록 하겠습니다.

주된 작업 포인트는 목의 경로가 입의 경로로 바뀌는 급격한 각도입니다. 만약 연구개가 게으르고 혀가 굳어있다면, 이 부분은 완전히 막히게 됩니다. 목과 입 사이의 각도 뒤와 아래부분은─효과적인 훈련을 위해서─넓게 열리고 뻥뚫린 공간이라고 상상해야 합니다. 입부터, 목구멍 그리고 그 아래로 내려가 횡격막 그리고 골반 바닥까지가 넓게 열리고 뻥 뚫린 하나의 통로라고 상상해야 합니다. 후두에 신경을 안쓰면 안쓸수록 좋겠습니다.

이 시점에서 목구멍에서 할 수 있는 작업은 교통혼잡이 빚어질 수 있는 이 부분을 깨끗이 정리해서 열어두는 것입니다. 공간이 풍부하다고 느끼는 감각을 자극해서, 소리의 경로가 자유로워짐에 따라서 호흡의 중심부와 더 자유롭고 직접적인 연결성을 가지도록 해야합니다.

1단계

- 목 앞부분을 길어지게 해서, 뒷목이 어깨 쪽으로 눌리지 않는 한도 내에서 머리가 뒤쪽으로 떨어지게 합니다.
  이 자세에서 어떻게 소리의 경로가 바뀌는지 그림을 보십시오.

이제 골반 바닥부터 하늘까지 소리와 호흡이 방해받지 않고 흘러나갈 수 있는 일직선의 통로가 생긴것을 볼 수 있습니다. 꺾어지는 구석도 없고, 교통혼잡도 없습니다.

- 이 자세에서 "하----"(소리없이 숨만)하는 한숨을 쉽니다.
- 뒷목이 올라오고, 뒷목을 이용해서, 머리를 목 가장 위쪽의 척추에 올려 놓습니다.
- 머리가 위에 올라와 있는 상태에서 소리의 통로를 그리면서 "하-----"(소리없이 숨만) 하고, 안도의 한숨이 호흡의 중심부에서 나갑니다.

머리가 뒤로 젖혀졌을 때는 목구멍이 소리를 도와주지 못하고, 전적으로 호흡에 의존해야 합니다. 머리가 바로 올라와 있는 상태에서도 호흡의 중심부와 연결되어 있다는 생각을 유지할 수 있어야 합니다. 머리가 올라왔을 때, 그 연결성을 유지하세요. 그래서 목구멍에서 입으로 가는 각도와 상관없이 호흡과의 연결성이 확실하고, 호흡이 목구멍에서 막히거나 방해받는 일 없이 흘러 나올 수 있어야 합니다.

2단계

- 아까처럼 목 앞쪽이 길어지도록 합니다. 혀와 턱이 몸의 앞쪽과 연결되어 있다고 상상합니다. 그리고 연구개와 두개골은 몸 뒤쪽과 연결되어 있다고 상상합니다. 당신 몸 앞쪽과 몸 뒤쪽 사이에 있는 거대한 넓은 통로를 그려보세요. 그 통로의 가장 바닥에는 진동으로 가득찬 연못이 있습니다.
- 그 연못에서부터 이 넓은 통로를 지나면서 용암 온천물이 솟구쳐 오르듯이 진동이 솟아나옵니다. "하 -아아아 -아흥".

목구멍은 이 과정에 전혀 끼어들지 않습니다. 에너지의 원천인 아래에서부터 소리가 나오고 싶다는 충동이 용암 온천처럼 솟구쳐 오르는 것이 느껴져야합니다.

- 뒷목이 길어지면서 다시 두개골이 척추위로 떠오릅니다. 아래턱은 느슨한 상태로 두세요. 따뜻한 진동의 연못 깊은 곳에서부터 진동이 솟아 오릅니다. "허-허-허-허" ("Hu-hu-hu-hu").

목구멍에 긴장을 푸는 동안, 목구멍이 소리내는 것을 도와주지 못하게 하세요. 당신은 호흡의 중심부와의 연결성을 찾아야 하고, 그 연결성이 점점 더 명확하게 느껴져야 합니다.

이 호흡의 중심부가, 에너지의 중심부가 됩니다.

- 이 단계의 처음 부분을 반복하세요. 그러나 이번에는, 몸 깊은 곳의 소리가 시작되는 부분과 당신의 소리가 도착하게 될 천장(하늘)의 한 점에 동시에 집중하면서 반복하세요. 몸 중심의 에너지/진동의 연못에서 시작해서 막힘없는 물줄기가 되어 당신의 몸을 지나 당신이 바라보고 있는 도착점을 향해 "하-ㅇ-ㅇ-ㅇ-아흥"하고 솟아나가게 합니다.

- 뒷목과 머리가 올라옵니다—올라올때 소리의 통로가 막히지 않도록 하세요. 당신 정면에 있는 한 점을 정하세요(만약 사람이 있다면 사람을 보는 게 더 좋겠네요). 그리고 몸 중심에서부터 그 사람(지점)에 까지 진동이 흘러나가도록 합니다.

- 머리가 뒤로 젖혀진 자세에서, 진동의 호수에 색깔을 더하세요. 만약 색깔이 금방 떠오르지 않으면, 파란색을 생각하세요. 당신이 바라보고있는 천장이나 하늘로 파란색 진동으로 가득찬 긴 파란색 시냇물이 "하-----아흥"하고 흘러나갑니다.

- 목과 머리가 제자리로 올라옵니다. 당신의 "색깔이 가득찬 진동"으로 벽을 칠하거나 사람을 칠합니다. "허-허---어흥"

- 1)더 명확해진 호흡/에너지 중심부와의 연결성을 가지고, 2)힘이 들어가지 않은 이완된 상태의 목구멍에 대한 자각을 가지고, 3)(이것이 당신을 자극한다면)색깔이 가득찬 소리의 진동을 가지고, 혀, 연구개, 그리고 허밍 연습훈련을 다시 해봅니다.

색깔을 사용하는 것은 소리에 활력을 더하도록 도와줍니다. 마음과 상상력이 더 적극적으로 참여하게 되고, 소리는 그냥 진동을 위한 진동이 아닌, 더 구체적인 내용을 담게 됩니다. 만약 당신이 이런식으로 당신의 상상력을 사용하기 시작한다면 당신은 아마도 다른 색깔들이 각각의 다른 감정들을 일으키는 것을 느낄 수 있을 것입니다. 어떤 색깔이 더 평화롭고 어떤 색깔들이 더 자극적인지 발견하면서 계속 실험해 보십시오. 그러나, 항상 상상과 생각이 몸의 중심부에서 시작되고, 당신의 감정을 명치와 천골에 연결하는 것을 잊지 마세요. 색깔을 머리에서만 짜내려고 한다면, 기발한 낙서만 생각해내다가 연습훈련의 본질을 놓칠게 될 것입니다.

연습
매일 매일 위의 자각을 이용해서 훈련하세요.

제2부

울림 사다리

앞으로 6주에서 8주 동안의 작업

작업 10일

발전하고 강화하기 : 가슴, 입, 이빨 울림

울림 찾기 ... 보라, 파랑, 노랑

예상 소요시간 : 1시간 이상

울림 사다리가 뭐예요? 이론상으로 모든 연습훈련을 제대로 하고 연습도 성실히 해왔다는 가정 하에서, 당신은 지금까지 호흡을 자유롭게 했고, 소리의 근원도 자유롭게 했습니다. 그리고, 턱과 혀와 연구개의 긴장을 이완함으로써 소리의 경로도 자유롭게 했습니다. 그러나 실제로는, 아마 당신은 이제 조금씩 당신의 소리와 관련된 신체기관에 대해 자각하기 시작했고, 우연히 그 신체기관들이 당신의 의도와 맞아떨어지게 기능하는 것을 느끼기도 할 것입니다. 이론상으로, 이런 신체기관들을 완전히 자유롭게 만든 상태가 아니면, 그 다음 단계를 발전시킬 수 없습니다. 하지만, 모든게 다 완벽해 질 때까지 마냥 기다릴 수 만은 없습니다. 지금부터는, 다음 단계로 더 발전하기 위해 나아가면서, 동시에 더 많은 자유를 발견하도록 두 과정을 함께 해 나가도록 하겠습니다.

다음 단계의 작업은 당신이 몸속에서 소리의 울림이 발생하는 공간들을 구분할 수 있고, 그 공간들 속에서 진동을 증대시킬 수 있다는 가정하에 진행

됩니다. 신체적으로 볼 때, 이 연습훈련은 주의를 딴데로 돌리는 작업이라고도 할 수 있겠습니다. 성대 주위에 있는 근육들은 강화를 시키되, 성대 자체는 좀 더 효과적으로 움직일 수 있도록 마음을 이용하는 연습훈련입니다. 말하는 음성이 3-4 옥타브에 해당하는 범주사이를 왔다갔다 할 수 있게 된다는 것과 울림(공명)의 무수한 가능성을 마음이 알게 되면서, 호흡관련 근육과 성대가 더 많은 민감성과 힘을 가지고 반응하게 됩니다.

우리는 마치 사다리를 보듯이 울림의 구조를 볼 것입니다. 마치 사다리처럼, 넓고 큰 아랫부분부터 점점 더 작고 좁은 높은 부위까지 올라가면서 존재하는, 몸속의 빈 공간들을 울림(공명)장치라고 부릅니다. 울림장치는 다양한 모양과 크기로 되어있고 뼈 구조 안에 존재합니다. 무의식적 신경계와 고도로 정교한 음성적 메카니즘의 복잡한 조합에 보다 쉽게 접근할 수 있도록 하기 위해서, 나는 가능한한 명확한 이미지와 그림, 상상력, 감정, 사실, 부조리, 비유등을 이용하도록 하겠습니다.

각 부위의 음성은 울림사다리에서 각각의 고유한 울림을 가지고 있습니다. 그 부위들은 가슴, 입, 이빨, 결각(Sinus:광대뼈보다는 아래쪽에, 코구멍 바로 옆에 있는 뼈 안의 공간), 코, 두개골(머리 위쪽)입니다. 이제부터 하는 연습훈련은 당신이 이 모든 부위와 친숙해지고, 편하게 할 수 있게 될 때까지, 당신의 음성을 이 사다리들을 따라서 움직여 올라가고 내려가도록 할 것입니다. 약한 폐가 튼튼해 질 것이고, 느껴질 정도로 울림 사다리를 따라 올라가는 각각의 단계들을 소리로 채워갈 수 있게 될 것입니다. 당신의 음성이 움직일 수 있는 3-4옥타브 정도의 소리를 명확하게 느낄 수 있게 되고, 규칙적으로 소리가 위아래로 움직이는 것에 신체적으로도 익숙해질 것입니다.

먼저, 두개의 큰 울림 공간부터 작업을 시작하도록 하겠습니다. 가슴과 입입니다. 그러나 소리를 내면서 작업을 하기에 앞서, 먼저 신체 준비 연습훈련을 할 필요가 있습니다.

1단계

- 앞장에서 했던 목구멍을 자유롭게 하는 연습훈련을 하는 것처럼, 앞목을 길게하여 고개가 뒤로 젖혀지게 합니다. 그 결과 생기는 큰 통로, 그 통로가 가슴으로 내려가는 것을 그려봅니다. 그 통로가 갈비뼈들이 있는 곳으로 내려가면서 점점 더 커져서 움푹 파인 동굴처럼 생겨진다고 상상해보세요.

- 뒷목에 주의를 집중하고, 턱 근육을 절대 사용하지 않도록 합니다. 복근이 이완된 상태를 유지하면서, 목에 있는 일곱개의 척추가 길어지도록 하면서 두개골이 위로 올라와 머리가 척추위에 뜨도록 합니다. 통로의 모양은 바뀌었지만 그 열린 공간에는 변화가 없는 것을 확인하세요.

- 입을 다물지 않도록 하면서 고개를 앞으로 떨어뜨리세요. 통로의 모양은 또 바뀌었고, 그 안의 열린 공간은 약간은 작아졌지만 그래도 아직 열려 있는 것을 확인하세요.

- 목의 일곱개의 척추를 다시 세우고 머리가 떠올라 척추와 일직선으로 놓이도록 하세요. 턱의 근육들을 느슨하게 두어서, 두개골이 떠오를 때 아래턱은 열린 상태로 그대로 머물러 있도록 합니다. 머리가 앞으로 떨어졌을 때 보다는 윗니와 아랫니 사이에 공간이 좀 더 넓습니다.

- 턱은 그대로 둔채로 앞 목을 길어지게 해서 목부터 가슴까지 뻥뚫린 넓고 열린 통로가 다시 생기게 하세요.

여기서 중요한 것은 머리의 움직임이 목에 있는 일곱개의 척추(뒷목)에 의해 결정되도록 하는 것입니다. 뒷목이 앞 뒤로 움직임에 따라서, 이 움직임의 부산물로써 턱과 두개골의 위치도 바뀌게되고, 소리의 통로도 자동적으로 바뀌게 되는 것입니다. 이 자동적인 움직임은 턱관절의 완벽한 이완에 의해 가능해 집니다. 하지만, 아직까지도 당신의 턱에 어느 정도의 긴장이 남아있을 가능성이 큽니다. 그러므로, 의식적으로 턱에게 계속 이완하라는 신호를 보내고, 목이 앞에서부터 올라와서 뒤쪽으로 떨어질 때, 의식적으로 턱을 아래로 떨어뜨릴 필요가 있습니다.

■ 당신이 복근에 전혀 힘을 주지 않으면서, 위의 세 가지 자세로 목을 자유롭게 움직일 수 있다고 느낄 때까지, 1단계를 반복해서 연습하세요. 손을 배에 얹고, 머리가 뒤에서, 제자리로, 그리고 앞으로 움직이는 동안 자연적인 호흡의 리듬으로 숨이 들어가고 나가는지 꼭 확인하세요. 목이 뒤로 갈 때 열리게 되는 그 커다란 통로를 기억하고, 절대 다른 자세에서도 이 공간을 닫지 않도록 합니다.

2단계

■ 목구멍 연습훈련 2단계에서 했던 것처럼 고개가 뒤로 젖혀진 상태에서, 열려 있는 통로의 가장 바닥에서 따뜻한 진동의 연못을 찾으세요. 그리고 게으른 안도의 한숨 "하---아아--아ㅎ"으로 가슴을 덥혀보세요.

그 한숨이 낮고 이완되고 따뜻한 소리로 나오게 하세요. 그 한숨은 숨이 섞이지 않은, 소리로 가득찬 한숨이어야만 합니다.

손을 가슴에 얹고 그 소리의 진동이 가슴에 가득차도록 해보세요.

■ 길고 느리게 세번 그 소리를 반복합니다.

- 하-아-아-아흥, 하-아-아-아흥, 하-아-아-아흥

- △

- 길고 느리게 다섯번 그 소리를 반복합니다.

- 하-아-아-아흥, 하-아-아-아흥, 하-아-아-아흥, 하-아-아-아흥, 하-아-아-아흥

- △

- 대화하듯이 그리고 약간 빠르게 다섯번 그 소리를 반복합니다.

- 하아흥-하아흥-하아흥-하아흥-하아흥

- △

- 뒷목이 올라오고 미리가 그 위로 떠오릅니다. 통로의 모양은 바뀌었지만 그 공간은 변하지 않은 점에 주의를 기울이세요. 그리고, 소리가 입 안으로 흘러나오게 하세요.

- 허-어흥 허-어흥 허-어흥

- △

- 허-허-허-허-허

- △

- 허-허-허

- △

- 앞목을 다시 길게하고, 이번에는 마치 당신이 뼈가 많은 입을 아예 그림에서 빼버리고 목 아랫부분과 가슴 울림 공간만 있다고 상상해 보세요.

- 가슴 울림 공간에서 울리는 낮은 소리 "하-아-아흥"를 찾으세요. 그 소리를 음미하면서 그 소리속에 빠져보세요. 목구멍을 누르는 듯한 느낌이 들지 않는 범위내에서 가장 낮게 내려갈 수 있는 음까지 내려가보세요.

- 가슴을 느슨한 주먹으로 두드리면서 진동을 깨워 흔들어주세요.

- 뒷목을 다시 올리고, 머리가 떠오르는 동안 입안의 울림공간을 그려보세요.

- 뼈들로 온통 둘러싸인 입안의 울림 공간에서 가장 잘 울릴 수 있는 소리의 음계를 찾으세요.
- 입 울림 공간부터(목이 바로 서 있는 상태) 가슴 울림 공간(목이 뒤로 젖혀진 상태), 그리고 왔다갔다를 서너 번 반복하세요.
- 허-허-허-허-허 △
- 목을 뒤로 하고
- 하아흥-하아흥-하아흥-하아흥-하아흥 △
- 목이 올라오고
- 허-허-허-허-허 △
- 목을 뒤로 하고
- 하아흥-하아흥-하아흥-하아흥-하아흥 △

말하는 음높이의 변화를 관찰하고, 이 두 울림 공간에서 나오는 질적으로 확연히 다른 소리의 차이점을 관찰하세요.

- 가슴 울림공간부터 입 울림공간으로 이동하고, 그러고 나서 고개를 앞으로 떨구세요.
- 이제 통로는 다른 두 자세에 비해서 좁고, 소리는 바로 앞쪽을 향해서 윗앞니로 떨어집니다. 그리고 이 자세에서의 공간때문에 자연스럽게 만들어진 소리 "히이이이"가 납니다.
- 앞니에 진동을 느끼세요. 앞니에 부딛치면서 명확하고 맑은 울림을 가진 말하는 음높이를 찾으세요(입 울림소리 음보다는 약간 더 높은 소리가 납니다).
- 이제 뒷목만을 사용하면서, 머리를 앞에서, 위로, 그리고 뒤로, 움직이세요. 두개골과 턱의 위치의 변화에 따라서 울림통로의 모양도 자연스럽게

변화하도록 하면서, 몸 속 깊은 곳에서부터 진동이 터져나오도록 합니다. 이때 통로 모양의 변화에 따라서 당신의 초점도 앞니, 입 그리고 가슴으로 옮겨 가면서 그 부위에 집중하도록 합니다.

- 히-히-히 (앞니 진동: 고개 앞으로 떨어진 상태)

- 허-허-허 (입 진동: 고개 바로 선 상태)

- 하아흥-하아흥-하아흥 (가슴 진동: 고개 젖혀진 상태)

- 하아흥-하아흥-하아흥 (낮은 음: 가슴 울림)

- 허-허-허 (중간 음: 입 울림)

- 히-히-히 (약간 높은 음: 앞니 울림)

- 히-히-히 (앞니 진동: 고개 앞으로 떨어진 상태)

- 허-허-허 (입 진동: 고개 바로 선 상태)

- 하아흥-하아흥-하아흥 (가슴 진동: 고개 젖혀진 상태)

각각의 울림부위에 이 소리를 만들어서 집어넣는 것과, 자연스럽게 목, 두개골, 턱의 위치 변화에 의해 만들어진 공간에서 소리가 저절로 생성되는 것 사이에는 분명한 차이가 있습니다. 우선, 소리를 만들어 넣기 위해서는 음높이를 먼저 생각하게 될 것입니다. 그러나, 이 연습훈련을 "저절로 생기는지 관찰해보자"는 자세로 임하기 바랍니다. 마음에 흡족하지는 않더라도, 남아있는 긴장 때문에, "내가 만드는 게 아니라 저절로 생기게 두자"라는 생각을 계속 해야합니다.

3단계

"저절로 생기게" 하기 위해서, 소리를 내지말고 호흡만으로 이 과정 전체를 다시 해보세요.

- 고개가 뒤로 젖혀진 상태로, 한숨이 골반 바닥부터 올라와 가슴으로 와서 가슴을 따듯하게 덥혀준다고 상상해보세요.
- 목이 길어지고 머리가 올라오고 입 울림공간에 초점이 집중됩니다. 따듯한 숨이 당신의 입천장을 쓸어주면서 "허--어-어흥"하고 숨으로 나오는 것을 느껴보세요.
- 고개가 앞으로 떨어진 자세에서, 골반 바닥부터 앞니까지 한숨이 나와 숨으로 "히-이-이흥"하고 앞니로 떨어집니다.
- 이에서 입으로 입에서 가슴으로 이동하면서 반복하세요.

숨만으로 할 때, 머리와 목의 위치에 따라 변화하는 모음과 음높이의 변화가 생기는 것을 관찰하세요.

먼저 당신의 고개가 뒤로 젖혀지고 목구멍이 활짝 열렸을 때, 당신이 어떤 다른 근육도 움직이지 않고 목구멍안의 모양을 바꾸지만 않는다면, 이 자세에서 날 수 있는 유일한 소리는 "하아흥"입니다. 통로의 모양이 모음을 결정짓고, 모음은 통로 모양의 부산물로 생겨납니다. 당신의 목이 바로 서 있을 때는, 머리는 위로 올라오고 턱은 중립의 자세로 달려 있습니다. 만약 이 자세에서 혀가 이완되어 있는 상태이고, 어떤 다른 근육도 움직이지 않은 상태라면, 유일하게 날 수 있는 소리는 "허"입니다. 이것은 경험하기가 다소 어려울 수 있습니다. 왜냐하면, 혀 뒷부분에 숨어있는 긴장이 몰래 공간의 형태를 바꾸기 때문입니다. 고개가 앞으로 떨구어진 상태에서는 통로가 좁아집니다. 혀가 이완된 채로 앞으로 떨어지되, 입 앞쪽을 막지 않는다면, 이 상태에서 어떠한 근육도 움직이지 않고 모양이 변하지 않는다면, 나올 수 있는 유일한 소리는 "히"입니다.

- 이 세 가지 자세에서 소리의 경로에 대한 높은 자각력을 가지고, 소리없이 몸 깊은 곳에서 시작된 숨으로만 다시 한번 더 해보세요. 숨이 자동적으로 변화하는 통로로 지나가면서 생기는 "하,허,히"가 들려야 합니다.

완벽하게 만족스런 결과를 얻지 못했어도 계속 여기에 머무르지는 마세요. 내가 설명한 결과들은 완전히 자유로운 호흡과 완전히 자유로운 혀, 턱, 연구개를 전제로한 것입니다.

이 연습 훈련을 하면서, 두 번째로 "저절로 생기게" 내버려 두면서 관찰할 것은 통로의 모양이 변화함에 따라서 소리의 음높이도 저절로 변화한다는 것입니다. 넓은 공간은 좁은 공간보다 더 낮은 주파수의 진동을 만듭니다. 결국에 당신이 할 일은 충동의 근원지부터 지속적인 진동을 공급해주는 것입니다. 공간이 점점 좁아지기 때문에, 이 진동들이 자동적으로 낮은 음에서 높은 음으로 올라갈 것입니다.

이것은 완벽에 가깝게 다듬어진 단계에서의 이야기입니다. 당분간은, 다른 표면에서 다르게 울리는 진동의 질적인 차이를 경험하기 위해서 가능한 모든것들을 이용하면서, 이 세 가지 울림공간에서 당신의 음성을 깨우는 것만으로도 충분합니다.

4단계

다른 부분들에 집중하느라 한동안 소홀히 했던 호흡의 중심부에 자극을 주기 위해서 새로운 이미지를 이용하여 이 과정을 다시 반복해 봅시다.

- 목과 머리는 뒤로 젖혀진 상태로 목구멍은 넓습니다.
- 이번에는 목구멍이 옛날식 굴뚝이라고 상상해보세요. 이 굴뚝은 가슴으로 내려갈수록 더 넓어집니다. 이 가슴 굴뚝은 계속 내려가서 골반 바닥에서 반짝이며 타고있는 벽난로까지 갑니다. 당신이 긴장이 풀리고 편안한 상태로 그 불 옆의 흔들의자에 앉아있다고 상상해 보세요. 불의 온기와 당신의 만족감이 깊고 따듯한 "하아--아흥"로 가슴 굴뚝으로 올라간다고 상상해보세요.
- 불과의 관계를 계속 유지하세요. 머리와 고개가 제자리에 바로 섭니다. 굴뚝은 모양을 바꾸기는 하지만 닫히지는 않습니다. 벽난로 바닥의 열기가 입천장까지 올라옵니다. "허-어-어흥"
- 고개를 앞으로 떨구고 불과의 관계를 유지하세요. 열기와 진동이 당신의 앞니로 흘러나오게 하세요. "히이이" 이 위치에서는 열기가 다른 위치에서보다 좀 더 모여있고 날카롭습니다.
- 고개를 드세요. "허-허-허" (입천장의 따듯한 지점에 집중)
- 머리를 뒤로 젖히세요; 다시 벽난로 근처로 편안하게 돌아오세요; 그 온기가 당신 몸통 전체로 퍼지게 하세요 "하-아-아흥 하-아-아흥"

5단계

- 이미지를 바꿔서 이 연습훈련을 반복합시다. 이번에는 당신의 호흡의 중심부에 페인트가 있습니다. 횡격막 정중앙에 누르는 버튼이 있는, 스프레이 페인트입니다.
- 고개는 뒤로 젖히고, 가슴 울림, 천장 한부분에 보라색을 칠해보세요 "하아-아아흥"

- 머리가 제자리로 올라오고, 입 울림, 선명한 파란색을 정면에 보이는 벽 한곳에 칠해보세요 "허". 그리고 세곳에 칠합니다 "허-허-허".
- 머리를 앞으로 떨어뜨리고, 이 울림, 호흡 중심부에서부터 나오는 밝은 노란색을 얇은 선으로 바닥에 칠합니다 "히이이이".
- 이 과정을 거꾸로 반복하세요: 노란색에서 파란색, 파란색에서 보라색으로.

페인트가 당신 몸의 중심에서부터 나오도록 합니다. 색칠을 하려고 했던 부분에 당신의 페인트가 도달하는 것을 보세요.

다른 이미지들을 사용해서 즐겨보세요:

- 소리가 땅 밑으로부터 올라와서 당신의 가슴을 울립니다. 그리고 입 울림을 위해서, 소리가 꿀로 변해서 당신의 입천장을 덮습니다. 그리고 상큼하고 깨끗한 치약으로 변해서 당신의 이빨에 와닿습니다.
- 몸통 내부의 통로가 금광입니다. 제일 아래에는 금광이 있습니다. 그 바닥에 있는 모든 금들이 당신의 것입니다. 당신의 만족감과 즐거움이 당신의 가슴을 울립니다 "하아-아아흥". 당신의 목과 머리가 제자리로 올라오면, 당신은 당신의 금을 장식이 박힌 황금 달걀로 바꿉니다. 그리고 당신의 달걀모양으로 생긴 입속에 그 달걀을 품습니다. 그 달걀에 박힌 온갖 보석들이 입속에서 "허-허-허허-어흥"하면서 반짝거리고 빛납니다. 고개가 앞으로 떨어지고, 당신은 단도를 들고 그 보석을 훔치러온 해적이 됩니다. 그리고 이를 벌린채로 "히-히-히-히이이이"하면서 욕심을 드러냅니다. 다시 당신은 안전하고 보석이 빛나는 입천장으로 돌아옵니다 "허-허-허허-어흥". 그리고는 다시 당신의 금광으로 돌아가서 당신의 풍

부한 금을 바라봅니다 "하아-아아ㅎ".

- 이 기본적인 울림소리 연습훈련을 하면서 많은 시간을 보낼 필요가 있습니다. 먼저 일반적인 이미지들에 익숙해지고 그 다음엔 당신 자신만의 이미지들을 만들어서 사용해 보세요. 다른 감정이나 느낌이 다른 부위에서 느껴지는 것을 경험할 수 도 있을 것입니다. 특히 당신이 색깔을 가지고 할 때에는 음높이가 달라지면서 동시에 다가오는, 본질적으로 다른 에너지들을 경험할 수 있을 것입니다. 당신이 에너지, 울림의 반응, 상상력 사이에 존재하는 연관성을 인지하기 시작한다는 것은, 당신의 자연스런 자각력이 훨씬 더 늘어났다는 신호입니다. 감정, 기분, 색깔, 그리고 울림에 대한 탐험을 시작하세요. 그러면 당신은 당신의 음성적 팔레트를 풍부하게 만들것입니다. 이 팔레트 위의 많은 색깔들은 당신의 표현력의 범위를 넓혀주고 재생시켜줄 것입니다.

6단계

가슴, 입, 이로 옮겨다니는 것이 아주 익숙해지면, 음계를 따라 올라가고 내려가면서 울림사다리를 채워가기 시작하게 될 것입니다.

- 울림 사다리를 마음의 눈으로 그려 봅니다. 소리가 한번씩 울릴때마다 울림 사다리를 따라 위로 올라갑니다. 가슴에서 목구멍으로 목구멍에서 연구개를 지나 입천장으로 그리고 윗잇몸을 지나 윗니로. 목과 머리는 위로 올라오다가 앞으로 떨어집니다.
- 이것을 반대로 해보세요.
- 소리가 음계를 따라 올라가고 내려가도록 합니다. 가슴, 입, 이 사이의 공간에서도 그 공간에 맞는 음계를 거치면서 울리도록 합니다. 노래하지

말고, 말하듯 하세요

당신의 음성 중에서 쓰지 않아서 녹슬어 버리는 부분을, 이와 같이 울림 공간을 구분해가면서 연습함으로써 발달시킬 수 있습니다. 자연스럽게 말할 때에는 이렇게 울림공간은 따로 구분해가면서 쓰는 일은 거의 없고, 단지 극도로 긴장을 한다거나 억눌려진, 감정을 표출할 수 없는 상태에서, 이런 구분된 소리가 나기도 합니다. 보통 우리가 말을 할 때에는 서너 곳의 울림 공간에서 나는 진동이 섞여서 나오고, 우리의 감정이나 생각의 강도에 따라서 끊임없이 높은 톤과 낮은 톤의 비율이 변화하면서 섞여나오게 됩니다.

7단계

이 단계에서의 목표는 당신이 누군가를 소리내 부를 때처럼 소리를 자유롭게 사용하도록 하면서 울림소리들을 자연스럽게 섞는 것입니다. 당신이 소리내서 누군가를 부를 때, 가슴, 입, 앞니의 진동이 다 섞여서 소리가 나온다는 것에 주의를 기울이세요. 이것은 무지개 같은, 여러 가지 색깔의 조화입니다.

호흡의 중심에서부터 누군가를 부르고 싶다는 충동이 시작됩니다.

부르는 행위가(부르는 목적이) 당신을 자유로워지게 하세요.

그 소리는 길고 쉬운 "헤이"입니다.

- 턱,혀, 그리고 목구멍에 긴장을 풀고, 부르는 소리가 에너지의 중심인 명치/횡격막부터 시작되어 나가도록 하세요. 길게 "헤-에----이"가 나가면서

당신 스스로가 자유로워지는 것을 느낍니다.

그 외침이 당신의 몸을 빠져나가면서 가슴, 목구멍, 연구개, 입천장, 이빨 등 가능한 모든 울림공간과 울림판에서부터 진동을 모아서 멀리 밖으로 나아가도록 하세요.

■ 다음 번에 길게 부를 때에는, 멀리 있는 공간에다 무지개를 그려보세요.

연습
일주일

작업 11일

몸으로부터 소리가 자유롭게 나가도록 하기

부르기, 3도 화음 ... 무지개

예상 소요시간 : 1시간 이상

지금까지의 작업들은 마음(생각)에서 시작해서, 새로운 신체적 반응 부위를 자극함으로써 오래된 습관적 반응을 해제시키는, 충동의 구체적인 경로를 만드는 신체적인 자각에 초점을 두었습니다. 구체적인 자각력에 집중하느라, 당신이 자유로움을 느끼기가 어려웠을 때도 있었을 것입니다. 그러나, 당신의 자연적인 소리를 해방시키면서 동시에 당신 자신도 자유로워지는 것이, 이 발성 훈련의 궁극적인 목표입니다. 지금부터 할 훈련은, 소리가 나가는 아주 일반적인 방법들을 제공하면서, "어떻게" 소리가 몸 밖으로 나가느냐 보다는 "무엇이" 몸 밖으로 나가느냐에 더 초점을 맞춥니다. 계속해서 생각하고 또 재생해야할 유일한 이미지는 소리가 몸의 깊은 곳에서부터 발산된다는 것입니다.

1단계

- 마음의 눈으로 아주 간단한 시나리오를 만드세요. 예를 들어, 당신이 아주 복잡한 명동이나 강남 거리에 서 있다고 상상합니다. 당신은 길 건너에 당신의 친구 누군가를 봅니다. 그 사람을 부르고 싶습니다. 또는, 당신이 창밖을 내다보는데 창밖 정원 너머에 친구가 서 있는 것을 보고 반가움과 놀라움을 느낍니다.
- 당신의 마음의 눈을 명치(솔라 플렉서스) 부위로 보내세요.
- 두개의 시나리오중 하나를 골라서 그것에 반응하면서 "헤이"하고 당신의 친구를 부릅니다. 가슴, 입, 이 울림장치의 울림이 섞이는 것을 자각하세요.

명확하게 구분되어진 순서대로 생각하고, 느끼고, 상상하세요.
예를들어:

- 당신이 날씨가 어떤가 궁금해서 창밖을 내다봅니다.
  당신의 친구가 보입니다 (당신이 좋아하는 한 사람을 생각하세요)
  그 사람의 모습을 보면서 그 사람을 부르고 싶다는 욕구가 가득 찹니다.
  그 욕구가 숨을 당신의 명치/골반으로 들어오게 합니다.
  그 욕구가 부르는 소리로 나갑니다
  당신은 긴장을 풀고 대답을 기다립니다.

이 장면을 하는 동안에 당신의 몸은 수동적인 상태입니다. 먼저 밖에 있는 자극을 받고, 그 다음엔 의사소통을 하고 싶다는 욕구가 당신을 움직입니다. 따라서 당신이 누군가를 부르기 위해 힘을 쓰거나 소리를 밀거나 핏대를 세울

이유가 전혀 없습니다.

■ 느낌/상상의 중심부(호흡의 중심부)에 부르고자 하는 욕구를 가지는 연습을 하세요. 그리고 그 욕구가 자유로운 소리의 경로를 통해 가슴, 입 그리고 이빨의 진동을 모아서 몸 밖으로 자유롭게 나가도록 연습하세요.

2단계

이제, 누군가를 부르는 이미지를 잊어버리세요.

■ 호흡의 중심부에서부터 편하고 길게 "헤에에---이"하고 한숨을 쉽니다. 그 자극이 골반 깊은 곳에서부터 시작되어 횡격막을 가볍게 갈비뼈들 쪽으로 쓸어 올립니다. 진동이 무지개 색으로 뒤덮이도록 하세요. 신들의 메신저인 아이리스의 이미지가 당신에게 영감을 줄 수도 있겠네요.

이제, 당신이 말을 하거나 누군가를 소리쳐 부를 때 당신의 몸을 자유롭게 하는 일곱가지 방법이 있습니다.

1) 소리가 "헤-에--이"하면서 나갈 때, 부드럽게 어깨죽지뼈를 아래위로 흔들어줍니다. (반동을 주면서 움직이지만 근육에 힘이 들어가지 않습니다) 무지개 색을 자유롭게 윗몸속에서 흔들면서 소리가 흘러 나오도록 합니다.

2) 그리고 당신의 무릎을 위 아래로 가볍게 흔들어서 몸 전체가 느슨하게 "헤-에-에-이"를 하면서 풀리도록 합니다. 당신의 무릎이 살짝 굽혀진 상태로 뻣뻣하지 않고 부드럽게 살랑살랑 공이 튀듯 움직여야 합니다. 팔

에 힘을 빼고 어깨도 이완된 상태, 복근은 부드럽게, 턱도 힘 빼고, 무릎에 따라 몸 전체가 아래위로 살랑살랑 흔들리면서 긴 소리가 몸 밖으로 빠져나가도록 합니다.

3) 당신의 발바닥 아래에 스프링이 있고, 당신 몸 전체가 관절이 느슨한 천으로 만든 인형이라고 상상해보세요. 가볍게 점프를 하면서, 몸 깊은 곳에서부터 "헤-에-에-이"가 나오면서 방 전체에 튕기고 흔들리면서 퍼져나가도록 합니다. 당신의 몸이 흔들거리면서 소리와 색깔이 조절되지 않은 상태로 마구 퍼져나갑니다. 소리를 억제하려하지 말고 몸이 움직이는대로 소리가 영향을 받도록 내버려 두세요. 색깔이나 진동이 몸속 어디에라도 갇히지 않도록 합니다.

4) 움직임 없이 서세요. 골반 바닥/횡격막 중심에서부터 "헤이"하고 부른 다음 척추를 따라 하나씩 내려와서 머리가 꺼꾸로 매달려 있을 때까지 다 내려갑니다. 중력에 무게를 맡기고 느슨하게 매달려있는 머리 꼭대기로 소리가 쏟아져 나오도록 "헤이"를 부릅니다. 숨이 쉽게 다시 들어오도록 하고, 다시 "헤이"를 부르면서 척추를 쌓아올립니다. 숨이 필요할 때마다 바로 숨을 쉬세요. 머리까지 다 올라왔을 때 길고 아주 기분좋은 "헤-에-에-이"가 나갑니다. 몸통을 좌우로 흔들면서 부릅니다. 소리에 힘이들어가거나 기계적으로 되는 느낌이 들면, 색깔 이미지를 다시 생각하며 부릅니다.

5) 바닥에 등을 대고 눕습니다. 마음의 눈으로 몸을 훑으면서 모든 긴장을 풉니다. 그리고 몸의 중심에서부터 천장으로 "헤---이"를 부릅니다. 턱과 목구멍에 긴장이 들어가지 않도록 주의를 기울입니다.

6) 돌아누워서 배가 바닥에 닿도록 눕습니다. 양손을 절하듯이 포개서 이마 아래를 받치고 얼굴이 정면으로 바닥을 향해 놓이도록 합니다. 몸 깊은 곳에서부터 안도의 한숨을 쉽니다. 이 자세에서 들숨일 때 척추가 길어

지고, 날숨일때 척추가 짧아지는 것에 주목합니다. 들숨에서 허리 뒤쪽이 올라가고 날숨에서 내려갑니다. 이것을 자각하면서 "헤-에-에-이"를 부릅니다.

7) 긴장이 완전히 풀린 상태로 느슨하게 돌아눕습니다. 배를 대고 누웠던 자세에서 등을 대고 눕는 자세로 돌아눕습니다. 돌아 누우면서 편안하게 열린 소리가 몸에서 빠져나가도록 합니다.

■ 헤-에-에-이

그리고

■ 허-어-어-어흥

■ 당신의 몸이 느슨한 상태에 있도록 합니다. 턱, 목, 목구멍에 긴장이 없도록 합니다. 소리를 보호하거나 붙잡고 있으려 하지 마세요. 매번 소리가 나갈 때마다 당신의 배나 허리 뒤쪽이 무겁게 바닥으로 떨어지도록 두세요. 그 효과로 소리가 나갈것입니다. 이 과정을 잔디 위에서 해보세요.

주석... 얼굴이 바닥을 향하고 엎드려 누운 자세에서 여러 가지 발성 연습훈련들을 해보세요. 이 자세에서는 불필요한 머리의 움직임을 바로 찾아낼 수 있습니다. 불필요한 머리의 움직임은 당신의 턱이나 뒷목에 긴장이 들어간다는 의미입니다. 중력을 따라서 소리가 바로 입밖으로, 바로 앞으로 쏟아진다는 이미지를 이용하세요. 이 앞을 향해 쏟아져나오는 소리의 뚜렷한 이미지를 서 있을 때 기억하도록 하세요. 또한 숨이 허리 뒤쪽에 영향을 미친다는 느낌을 가지게되면, 무의식적으로 숨을 삼켜버리는 일이 줄어들 것입니다.

■ 위와 같은 신체적인 이완 상태들을 대사를 할 때나 시를 말할 때 사용할 수 있습니다. 당신이 잘 아는 독백이나 시를 골라보세요. 당신의 주의를 당신이 하는 말의 생각이나 느낌에 백퍼센트 집중시키고, 위에서 말한 일곱가지 방법을 이용해서 신체적인 긴장을 몸 밖으로 흔들어 버리세요. 당신이 고른 독백이나 시를 이전에 연습하면서 얻었던 외적인 효과들은 잊어버려야 합니다(독백을 연습하면서 굳어진 습관이나, 어투, 행동들). 당신의 말들은 흔들려서 나오게 될 것이고, 당신이 외적으로 조절하려는 것들도 다 제거되게 될 것입니다. 이것을 잘 이용하세요. 오로지 당신의 내부에 있는 것들에만 관심을 가지고, 당신이 계획했던 것과는 상관없이, 새로운 것들이 나오도록 두세요. 당신의 몸이 습관적인 생각의 패턴이나 감정들로부터 자유로워지면서, 새로운 의미나 느낌들을 찾게 되고, 당신을 놀라게 만들 수도 있습니다.

가슴에서 입 그리고 이빨로 이동하면서 소리의 범주를 넓히기

지금까지의 훈련을 통해서, 이제는 당신이 충동, 호흡, 그리고 울림의 결과물로써의 소리를 경험하는 것에 많은 흥미를 갖게 되었기를 바랍니다. 당신의 일반적인 생각, 이미지, 느낌에 대한 충동을 탐구하면서, 그 충동들이 당신이 말을 하고자 하는 욕구의 결과로써, 행동으로 옮겨지는 것에 관심을 기울이기를 바랍니다. 당신이 복근이나 목구멍안의 불필요한 긴장들로부터 이제는 어느 정도 자유로워졌기를 바랍니다. 최소한, 이러한 가능성들에 대한 당신의 자각력이 더 증가했기를 바랍니다.

이제, 음성의 다양성과 우연성을 개발시켜 줄 수 있는 소리들을 가지고, 당신의 가슴, 입, 이빨 울림장치들에서 좀 더 만족스런 결과를 얻어내 보도록 합시다. 이 소리들은 노래를 하는 것 처럼 느껴질 수도 있습니다. 그러나 절대 노래하는 소리가 아니어야 합니다!! 한숨으로 소리가 나가야합니다. 음계를 따라 3도씩 올라갔다 내려갔다 할 것입니다. 모음은 "에이"입니다. 소리는 "헤이"입니다.

"헤이"속에 있는 모음은 "허"에 비해서 자연스럽게 소리를 입 앞쪽으로 가져옵니다. 이것은 더 외향적인 소리입니다.

서서, 가슴, 입, 이빨 울림장치를 자각합니다. 호흡의 중심부까지 아주 깊은 안도의 한숨을 생각합니다. 그리고 안도감과 진동이 다음에 묘사된 음에 맞춰 빠져나가도록 합니다.

안도의 한숨에 완전히 몰입하세요
몸속의 울림장치들을 그려보세요.
턱, 혀, 목구멍은 완전한 이완상태를 유지합니다.

음이 올라갈수록 당신의 마음을 몸 깊숙히 내려보냅니다. 입에서 수평으로 소리가 나가는 것을 그려봅니다. (소리가 음계와 동시에 위로 향해 올라가고 내려가는 그림은 절대 상상하지 마세요. 소리는 어느 음에서도 입에서부터 수평으로 그대로 앞으로 나갑니다.)

2단계에서 설명했던 움직임과 자세를 하면서 연습을 계속합니다:

- 어깨를 아래위로 흔들기
- 무릎을 아래위로 흔들기
- 발아래에 스프링이 있다고 상상하고 느슨한 헝겊인형처럼 점프하기
- 척추를 떨어뜨리면서 3도음을 하고 그 소리가 중력을 향해 머리로 떨어지게하기
- 바닥에 누워서 하기
- 대각선 스트레치에서 3도음 한숨.
- 골반 흔들며 골반에서부터 나가게 하기
- 손을 한쪽 무릎위에 깍지껴서 잡고 골반 관절부터 흔들려 나가게하기. 다리 바꿔서 하기.
- 배를 바닥에 대고 엎드려 중력을 향해 한숨.
- 새싹 자세에서 척추를 타고 한숨. (새싹 자세: 무릎을 꿇고 얼굴을 정면으로 하고, 양손을 포개서 이마에 절하듯 대고 엎드린 자세. 이때, 팔꿈치는 어깨와 수평이 되어야 함)
- 네발로 기는 자세에서 척추따라 움직이면서 한숨.
- 꼬리뼈부터 꺼꾸로 매달린 자세에서 한숨.
- 척추를 하나씩 세우고 올라오면서, 다 올라 올 때까지 네번의 3도음을 하도록 합니다.
- 몸을 흔들어 털어 냅니다.

연습

처음부터 지금까지 한 연습훈련들과 함께 매일 연습하기

중간 연습

이제부터는, 매번 새로운 것을 배우기 전에, 당신 스스로 20분에서 30분 정도 소요되는 훈련을 정기적으로 혼자 해야합니다. 새로운 것을 배우기 전, 연기 수업시간 전, 공연 전, 장면연기 전, 리허설 하기 전에 항상 다음의 워밍업을 하도록 합니다. 당신은 지금까지 음성 워밍업을 할 수 있을 정도의, 부분적이지만 효과적인, 내용을 축적했습니다.

이 동작들과 연습훈련은 당신의 총체적인 의사소통 과정을 재조정하기 위해 디자인 되었다는 것을 다시 한번 상기시키는 바입니다. 이러한 재조정이 당신의 의사소통 체계안에 새로운 습관으로써 자리잡을 때까지 많은 시간과 끊임없는 연습이 필요합니다. 오랜 습관과 일상의 긴장은 절대 제자리를 쉽게 뺏기지 않으려 할 것입니다. 그러므로, 이 연습훈련은 일하는 배우의 일상이 되어야 합니다.

이것이 내가 제안하는 몸/소리 풀기의 개요입니다; 모든 세세한 부분들은 지금까지 해왔던 연습 훈련들에 설명되어 있습니다.

훈련 (30분)

몸/소리 풀기
스트레치하고 척추를 따라 내려가기

- 다시 세우기
- 목과 손목 돌리기
- 손을 사용해서 턱 느슨하게 하기
- 혀 스트레치와 혀 이완
- 연구개 날렵하게 만들기. 하품과 스트레치하기
- 다시, 머리 돌리기
- 척추따라 내려갔다가 다시 올라오기

  (이것이 4분 정도 소요됩니다)

호흡
바로 선 자세와 균형에 대한 자각을 가지고 서기

- 눈을 감고 당신의 뼈 구조를 자각합니다.
- 당신의 주의를 안으로 돌려서 자연적인 호흡의 리듬을 찾습니다.
- 작은 "프(fff)"소리(윗니와 아랫입술)를 통해 날숨이 나가도록 돕니다.
- 이 자각력을 가지고 자발적인 호흡이 저절로 생길때까지 관찰합니다.

  (일분 정도 소요됩니다.)

소리의 접촉
진동의 중심에 대한 자각

- 허-허

- 음계를 따라 내려갔다가 올라갑니다.

  (1분 정도 소요됩니다.)

진동

입술 진동

- 허-허-음ㅁㅁㅁ-어흥
- 입술에 진동을 느끼면서 입술을 움직입니다.
- 숨을 내뿜으면서 입술을 털어 줍니다.
- 손가락으로 입술 양 옆을 스트레치했다가 놓습니다.
- 입술을 ≈≈≈ (프르르르르)소리와 함께 털어줍니다. 반복합니다.
- 허-허-음ㅁㅁㅁ-어흥
- 음계 위에서 한음씩만 내려가면서 서너 번 반복합니다.
- 음을 따라 올라갑니다.

  (3분 정도 소요)

머리 진동

- 목과 머리를 허밍하며 돌리기
- 방향 바꾸기, 음 바꾸기, 6-7번

몸 진동

- 허밍하면서 척추따라 내려오기
- 올라오면서, 끝까지 올라왔을 때 소리 나가기
- 음계를 따라 올라가고 내려가면서 서너 번 반복하기
- 다 올라와서 소리가 나가면서 무릎 아래위로 흔들기
- 다 올라와서 소리가 나가면서 어깨 아래위로 흔들기

- 허-허-음ㅁㅁㅁ--어ㅎ(말하기)

네발로 기는 듯한 자세로 가서 척추를 따라 허밍을 보내면서 허밍기차를 서너 번 반복합니다.

척추따라 올라오기

- 허-허-음ㅁㅁㅁ--어ㅎ(말하기)

  (6분 정도 소요)

혀

혀 앞날을 아랫니 뒤에 대고, 혀를 스트레치하고 이완하기를 서너 번 반복합니다.

- 몸 깊은 곳에서부터 진동이 한숨으로 나가면서 혀 느슨하게 하기:
- 허-여-여-여-여
- 깊은 곳에서부터 한숨쉬면서 혀가 앞뒤로 움직일때 소리도 앞니 쪽으로 나감
- 히-여-여-여-여-여
- 올라고 내려가는 음계에서 반복하기
- 히-여-여-여
- 히-여-여-여
- 꼬리뼈부터 꺼꾸로 매달린 자세에서 머리를 떨구고 바닥을 향해 소리가 떨어지도록 합니다.

대각선 스트레치에서 혀를 이완하고 스트레치 합니다.

등을 바닥에 대고 누워서 양 무릎을 세우고 양손 깍지껴서 한 무릎을 감쌉니다. 무릎을 가슴쪽으로 대고 흔들면서 허벅지뼈 제일 위쪽부터 혀를 털어줍니

다.

- 허-여-여-여-여
- 반대쪽 무릎을 하고 무릎을 바꿔가면서 반복합니다.

옆으로 돌아누워서 아기자세로 갑니다. 혀를 느슨하게 합니다.

- 허-여-여-여-여-어흥

몸을 굴려서 새싹포즈로 갑니다. 그리고, 혀를 앞으로 굴리면서 윗니로 소리가 쏟아지도록 합니다.

- 히-여-히-여-히-여

발가락을 바닥쪽으로 걸고, 꼬리뼈를 천장을 향해 들고 나서, 척추를 따라 올라 옵니다.

(5분 정도 소요)

연구개

진동없이 "카아흥"를 들이쉬고 내쉬면서 연구개를 하품하듯 스트레치 합니다. 들숨이 골반바닥에 내려가는 동안 스트레치 하세요.

큰 들숨

- 진동없는 "카아흥"를 여러번 한다.
- 스트레치가 된 연구개를 넘어서 올라가고 내려가는 음을 따라 한숨.
- 하이-아이-아이-아이
- 한숨 한번에 혀를 앞 뒤로 세번 스트레치합니다.
- "하이"하고 불러 보세요.

(9분 정도 소요)

목구멍

목 앞쪽을 길게하고 목구멍을 자유롭게하고 몸 깊은 곳의 충동의 중심과의 연결성을 찾습니다.

- 하아아아흥

  (30초 정도 소요)

울림 장치

가슴, 입, 앞 이빨 진동을 다음과 같이 경험합니다.

- 고개를 뒤로 젖히고:
- 하-아-아흥, 하-아-아흥, 하-아-아흥
- 목을 세우고, 고개 올라오고:
- 허-허-허
- 고개 앞으로:
- 히이이-히이이-히이이
- 이 과정을 거꾸로 히이이부터 하-아-아흥까지 합니다. 번갈아가면서 반복합니다.
- 색깔과 상상의 장면 등, 이미지를 이용하면서 반복합니다.

  (2분 정도 소요)

자유롭게 하기

자유로워지도록 부르기

- 헤-에-에-에이

몸을 털면서 "헤이" 부르기. 어깨 아래위로 흔들며 하기, 무릎, 몸 전체; 점프
하기
머리를 돌리면서 부르기
척추따라 내려가면서 부르기

    (1분 정도 소요)

바닥에 편하게 눕기
3도음을 우리가 바닥에서 했던 모든 자세에서 하기

    (5분 정도 소요)

바닥에 누운채로 바닥에서 하는 모든 자세에서 대사를 해보기
척추따라 올라와서 선다. 걷는다. 대사를 말한다.

주석... 여기에 지금 까지 당신이 한 훈련을, 우산살처럼 카테고리별로 분류한 간략한 요약이 있습니다.

    신체적 자각 (척추를 중심으로)
    자연적 호흡의 자각(한숨과 작은 "프")
    소리의 접촉 (허-허)
    진동을 자유롭게 하기 (입, 머리, 몸)
    소리의 경로를 자유롭게 하기 (턱, 혀, 연구개)
    소리를 개발하고 강화하기 (가슴, 입, 이빨 울림장치, 부르기, 3도음)

위와 같은 큰 제목들 아래에 다양한 연습훈련들이 있습니다: 바닥에서 하는 연습훈련들은 마음이 몸 깊은 곳까지 가서, 자유롭고 방해받지 않는 호흡, 감정, 소리의 원천을 찾을 수 있도록 도와줍니다. 이 작업 전과정 각각의 단계는 소리의 에너지

를 유기적으로 방출할 수 있도록 디자인 되었습니다. 그렇게 함으로써, 소리를 억지로 만드는 게 아니라 소리가 발생하는 경험에 도달하도록 하는 것입니다. 중간연습 바로 전에 했던, 뒷부분의 연습훈련들, 부르기와 3도음은 호흡관련 근육체계에 더 큰 요구를 보내는 것입니다. 부르는 충동은, 자유로워지고 싶다는 충동보다는 유기적으로 훨씬 더 큰 충동입니다. 3도음은 더 많은 호흡이 필요한 긴 문장들에 대한 연습입니다.

울림, 힘, 소리의 범주(range)등을 개발하기 위한 논리적인 단계 안에서, 이제 울림 사다리의 다음 단계에 해당하는 공동(sinus), 코(nasal), 그리고 머리로 옮겨가야 합니다. 그러나, 이런 더 높고, 외향적인 울림장치들은 호흡관련 근육에 더 많은 요구를 합니다. 다음 단계의 여행을 하기위해 당신은 더 큰 호흡력을 필요로 합니다. 더 많은 폐활량과 더 강하면서도 유연한 호흡관련 근육들이 필요해질 것입니다.

울림사다리에서 잠깐만 벗어나서 호흡 과정에 대한 우리의 관심을 재조명 해봅시다.

작업 12/13일

호흡력 : 횡격막, 늑간 근육(갈비뼈 사이사이에 있는 근육들:inteocstals),

골반 바닥 ... 호흡 체육관

섬세함과 힘 : 생기를 주고, 강화하기

충동 ... 자유로운 무게

예상 소요시간 : ?시간 이상

앞에서 호흡 관련 근육 가운데 가장 커다란 역할을 하고 있는 세 가지 구성요소들에 대해 언급했었습니다. 여기 다시, 이 세 구성요소의 기능과 상호성에 대한 아주 간략한 설명을 요약합니다.

- 횡격막은 기본적인 호흡 근육이고; 명치(solar plexux)가 자리 잡고 있는 집이며; 감정적인 충동을 받고 내보내는 중심부입니다.
- 배의 안쪽 근육과 크루라(curua)는 횡격막을 천골과 골반바닥에 연결해줍니다. 몸 깊은 곳에 있는 이 근육들은 원초적인 에너지와 본능적인 충동에 반응합니다
- 늑간 근육들은 천골 주위의 에너지와 명치(solar plexus)에서 느껴진, 보다 큰 욕구들에 맞는 큰 반응과 반응 능력을 책임지고 있습니다.

지금까지는 호흡에 있어서 가장 중심이 되는 근육으로써 횡격막에 중점

을 두었습니다. 횡격막 아래에는 편하게 비어있는 공간이 별로 없습니다. 그래서 호흡이 들어갈 때, 횡격막이 아래로 움직이면 그 아래에 있던 내장들이 밀려 내려가면서 공간을 만들게 됩니다. 중요한 점은, 들숨이 쉽게 들어가려면 복부에 긴장이 없어야 합니다. 숨이 아랫배까지 간다고 상상하는 것은 아주 유용합니다. 그럼으로써 두 가지의 정신적인 과정이 하나가 될 수 있습니다. 이렇게 상상하는 것은 아랫배가 수축되는 것을 완화시켜주면서 동시에 직접적으로 복부 안쪽의 호흡관련 근육들을 자극합니다. 이 복부 안쪽 근육들은 네번째 요추부터 골반바닥과 횡격막에 연결되어 있으며, 횡격막을 내려오도록 하고, 호흡이 폐로 들어오는 과정중의 하나로써 횡격막을 평평하게 합니다.

　　나는 지금까지, 호흡에 있어서 이완이 얼마나 중요한지를 강조했습니다. 이러한 깊은 이완의 상태에 익숙해지고, 그 이완의 결과로써 유기적인 자각력이 생기기까지는 많은 시간이 걸립니다. 그러므로 호흡력을 늘리고 호흡관련 근육들을 강화하는 훈련은, 밖으로부터의 요구와 안에서 생기는 충동을 호흡과 연결하는 자각력과 민감성이 길러졌을 때까지 일단은 보류하는 것이 좋습니다. 더 큰 호흡력과 더 강력한 호흡은 강한 감정적 능력과 의사소통을 하려는 강력한 욕구를 의미합니다. 그렇지 않다면, 아무 내용도 없는 큰 소리만 날 뿐입니다. 큰 폐활량과 한 호흡으로 한 문장을 끝낼수 있느냐 하는 것과는 아무런 상관이 없습니다. 예를 들면, 수영선수가 물속에 오래 있을 수 있는 능력과, 크고 격정적이고 긴 독백을 하기 위한 호흡과는 서로 상관이 없습니다.

　　호흡을 유지하기 위해서 숨을 누르고 아끼려는 모든 시도는 원래의 목적에 역행하는 것입니다. 이것이 바로 오래된 발성훈련중의 하나인 "갈비뼈를 올리고 숨참기" 같은 것이 오히려 역효과를 내는 이유입니다. 이 호흡법은 말하는 사람에게 숨을 들이쉬고, 횡격막이 숨을 내보내는 동안 팽창된 갈비뼈 근육을 이용해 숨을 잡고 있으면서, 마지막으로 갈비뼈을 내려야 할 때까지 참으라고 합니다. 갈비뼈 사이의 늑간 근육은 무의식적인 자연적인 호흡의 리듬에 의해 늘어나고 수축됩니다. 만약 자연적이지 않은 훈련, 즉 갈비뼈를 들고 숨을 참는 것 같은 훈련으로 이 자연적인 과정에 끼어들려고 하면, 감정과 호흡 사이의 깊고 본능적인 연계를 파괴시키게 됩니다. 호흡관련 근육의 유연성은 정신적인 민첩성을 위한 필수적인 요소입니다. 힘을 얻기위해서 섬세함을 파괴하지는 말아야 합니다. 힘은 커다란 표현들을 다루면서 얻어져야 합니다.

몸과 마음의 상관관계에 대한 당신의 자각력을 높임으로써, 당신은 호흡력의 증대를 탐구할 수 있습니다. 단순히 큰 소리가 아닌 큰 표현력을 얻으라는 말입니다.

진체적인 호흡기관을 구성하는 세개의 큰 호흡 관련 근육들이 있습니다. 횡격막, 복부 내부 근육들, 그리고 늑간 근육(intercostal muscle)입니다. "costae"는 갈비뼈들을 의미합니다. "intercostals: 늑간 근육"은 갈비뼈들 사이사이에 있는 근육들입니다. 이 근육들이 이제 우리가 이완하고 스트레치할 근육들입니다. 먼저, 이 근육들을 유연하고 신축성있게 만들고, 그러고 나서 그 근육들을 길게 만들어서 폐가 더 팽창할 수 있는 더 큰 공간이 생기도록 할 것입니다. 호흡력의 증대가 목표입니다. 복근과 늑간 근육을 분리하여, 아주 명확하고 구체적인 메시지를 늑간에만 보내서 움직임을 자극하는 능력을 가질 수 있는 것이 중요합니다. 호흡기관의 한 부분만 훈련하는 것은 다른 부분에 부정적인 효과를 가져올 수 있습니다. 그래서 하나를 얻고 하나를 잃게되는 경우도 생깁니다.

앞서 했던 연습훈련들에서는, 횡격막과 복부에 주로 집중하였고, 그래서 아마도 갈비뼈들이 아래로 주저앉도록 무의식적으로 허락했을지도 모릅니다. 당신이 만족할만한 깊숙한 호흡을 느끼기 위해 골반과 배 깊은 곳에 집중하면 할수록 당신의 가슴이 꺼져들어 갔을 수도 있습니다. 깊은 호흡 가능성을 잃지 않으면서, 이제 위쪽으로의 팽창도 얻어야 합니다.

늑간이 하는 일 중 하나는 유동성을 잃지 않으면서 갈비뼈들이 폐를 누르지 않도록 갈비뼈들을 들어 올려주는 것입니다. 잠시 동안 이 스물 네개의 갈비뼈와 그 뼈들의 무게를 상상해보세요 그리고 그 무거운 뼈들이 두개의 스펀지 위에 놓여있다고 상상해보세요 만약 늑간 근육들이 제 역할들 안한다면 폐는 이 두개의 스펀지같은 상황에 놓이게 됩니다. 척추의 윗부분 또한 물론 갈비뼈들을 유지하는데 아주 중요한 역할을 합니다. 늑간은 그에 비해 부수적인 역할을 합니다. 만약 어깨죽지뼈 사이에 있는 이 척추 윗부분이 약하다면 갈비뼈들은 다음의 두 가지 상태중 하나가 될 것입니다. 척추가 축 처지면서 윗가슴이 들어가고 아래로 내려올수록 갈비뼈가 안보일 것입니다. 아니면, 늑간 근육이 척추대신 갈비뼈들을 지탱하기위해 훨씬 더 많은 일을 하게 될 것입니다. 두 번째의 경우가 된다면, 늑간들이 갈비뼈들을 지탱하기도 벅차서 폐와 함께 움직이는 것은 상상하기조차 어려운 일이 될 것입니다.

횡격막, 복부 내부 근육들, 그리고 늑간의 가장 효과적인 분업을 발달시키기 위해서, 이제까지 모든 주의가 집중되었던 횡격막과 복부 내부 근육으로부터 주의를 돌려서, 이 세 근육들 사이에 균형을 찾으면서 지금부터는 갈비뼈 부위에만 집중을 하겠습니다.

잠시 동안만, 늑간이 당신의 유일한 호흡관련 근육이라고 상상을 해봅시다.

당신의 갈비뼈들과의 관계를 만드는데 있어서 가장 쉬운 방법은 바닥에 누워서 시작하는 것입니다.

1단계

■ 오른쪽으로 누워서, 아기자세를 합니다.

300   자유로운 음성을 위하여

- 왼손을 왼쪽의 갈비뼈들 위에 올려 놓습니다. 엄지가 몸통 뒤쪽으로 가고 나머지 손가락들이 몸통 앞쪽에 놓입니다. 그리고 팔꿈치는 천장을 향해 세워져 있도록 합니다.
- 아주 정확하게 다음과 같은 상상을 합니다. 당신의 유일한 폐의 공간은 당신의 손이 놓여있는 바로 아래 공간, 왼쪽 갈비뼈들이 있는 왼쪽입니다. 복부, 아랫배, 윗가슴, 혹은 오른쪽 갈비뼈들이 있는 공간으로 숨을 쉬면 안 됩니다.
- 왼쪽 갈비뼈들을 향해서 소리는 내지 말고, 한숨을 쉽니다. 갈비뼈들이 천장쪽을 향해 올라가는 것을 봅니다. 숨이 당신의 몸 밖으로 터져 나오면서, 살바뼈들이 갑자기 바닥을 향해 떨어지는 것을 느끼세요.

갈비뼈들 아래에 아무것도 없다고 상상하고 당신의 갈비뼈가 바닥에 소리를 내면서 떨어지는 것을 상상해 보세요.

- 다음 번 한숨을 쉬려는 충동을 느낄 때―이번에도 소리는 없이 숨만―갈비뼈들에게 1센티미터만 더 천장쪽으로 높이 올라갔다가 바닥을 향해 떨어지라고 주문해 보세요.

너무 급하게 한숨을 쉬려고 하지 마세요. 안도감을 느끼고 싶다는 생각이 들면서 한숨을 쉬려는 충동이 생길 여유를 주세요.

- 매번 새로운 안도의 한숨을 쉬려는 충동이 들 때마다, 바닥쪽으로 떨어지기전에 천장쪽으로 1센티미터만 더 천장쪽으로 높이 올라갔다가 바닥을 향해 떨어지라고 갈비뼈들에게 주문해 보세요. 너댓번 정도 큰 안도의 한숨을 쉬고 나서 갈비뼈들이 더 이상 높이 올라갈 수 없을 것 같다

고 느낄 때 한번던 갈비뼈들에게 최소한 0.5센티미터만 더 올라가보라고 시킵니다.

- 무릎을 편하게 세우고 발바닥은 바닥에 닿은 채로 등을 바닥에 대고 누우세요. 왼쪽 갈비뼈들과 오른쪽 갈비뼈들에 느껴지는 느낌을 대조해 보세요. 의심의 여지 없이 당신은 차이점을 느낄것입니다—모양, 부피, 밀도, 열린 정도 차이점을 생각해봅니다.

- 이제 왼쪽으로 돌아 누워서 아기자세를 합니다. 오른손을 오른쪽의 갈비뼈들 위에 올려놓으세요—그리고 천천히 아주 구체적인 메시지들과 구체적인 이미지들에 주의를 기울이면서 이 연습훈련을 반복하세요.

- 등을 바닥에 댄 자세로 돌아눕습니다. 당신의 갈비뼈들 안쪽에 생긴 공간들에 주의를 기울이세요.

- 오른쪽으로 다시 돌아누워서 왼손을 왼쪽 갈비뼈들 위에 올립니다. 이번에는 당신이 왼쪽 갈비뼈들을 향해서만 숨을 쉴 때, 날숨이 소리로 나가도록 합니다.

- 허-어-어-어흥

이 소리의 진동이 당신의 왼쪽 갈비뼈들 아래에 산다고 상상해보세요. 그래서 갈비뼈들이 바닥을 향해 떨어질 때, 소리들이 앞으로 밀리면서 몸 밖으로 빠져나온다고 상상해보세요.

- 한숨을 반복합니다. 갈비뼈들은 매번 더 높이 올라갑니다. 이제 갈비뼈들이 3도음과 함께 떨어지도록 합니다.

- 헤-에이-에이-에이-에이

노래를 부르지 말고, 한숨을 쉬세요. 절대 숨을 유지하고 지탱한다는 느낌이 들지 않도록, 갈비뼈들이 마치 소리를 내며 바닥에 부딪치듯이 아래로 떨어지게 두세요. 이 3도음들이 당신의 갈비뼈 아래에 산다고 상상해보세요.

비록 숨이 한꺼번에 떨어지며 나가도록 하고 있지만, 3도음을 하기에 충분한 양의 숨이 있다는 것을 알 수 있을 것입니다. 갈비뼈가 아래로 떨어지면서 숨이 한꺼번에 터져나가도록 심리적으로 돕고 있기때문에, 비교적 짧은 이 "문장"을 위한 충분한 숨이 있습니다.

■   이제 엎드린 자세로 돌아누우세요−손을 포개서 이마를 받치거나 팔로 이마를 받쳐서 당신의 얼굴이 바르게 바닥을 향한 자세−그리고 소리없이, 안도의 한숨을 쉬고 싶다는 깊은 생각/충동을 당신의 아랫등 쪽에서 시작해 양쪽 옆의 갈비뼈들까지 느낍니다. 막힘없이 방해받지 않고 충동을 느낀 곳에서부터 안도의 한숨이 쏟아져 나오도록 합니다.

당신의 갈비뼈에 또 하나의 측면을 더했기 때문에, 아주 커다란 안도의 한숨이 됩니다. 들숨에서 당신의 배가 바닥을 향해 아래로 가는 것을 느끼면서, 횡격막, 당신의 아랫등, 골반 바닥이 어떻게 움직이고 있는지에 대한 아주 명확한 그림을 생각할 수 있어야 합니다. 바로 재빨리 당신의 양옆 갈비뼈들을 열고 안도감과 숨에 더 많은 공간을 제공하도록 합니다. 날숨은 아주 재빠른 순간, 명치 중심과 가능하다면 천골을 지나면서, 빠져나가려는 충동을 따라 날아 나갑니다.

■   이제 등이 바닥에 닿도록 돌아누우세요(양 무릎을 천장 쪽으로 세우고, 양 발바닥이 바닥에 놓인 채). 사용 가능한 모든 공간을 그려보면서, 소리없이 안도의 한숨을 쉬고 싶다는 충동을 골반 바닥, 등, 양 옆 갈비뼈

에 느낍니다. 그리고는 날숨의 충동이 횡격막에서 터집니다.

이제 숨을 위한 충분한 공간이 있으므로, 더 많은 숨이 들어오고 나갈 수 있습니다. 그러므로 훨씬 더 긴 "문장"을 사용할 수 있습니다.

- 한숨을 쉬고 싶다는 생각/충동을 두개의 3도음으로 들오고 한번의 한숨으로 나가게 합니다. 역시 "헤이"를 사용합니다.
- 헤-에이-에이-에이-에이-에이-에이-에이-에이

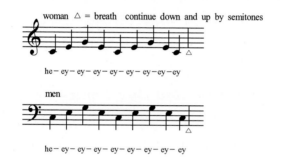

숨을 지속시키려고 노력하지 마세요. 한숨을 쉬려는 생각을 배, 등, 양쪽 갈비뼈들에 넣어주고, 횡격막 정중앙에서부터 자유롭게 나가도록 두세요.

모든 안도감이 두번의 3도음을 통해 몸 밖으로 완전히 나가고 싶어해야 합니다. 충분히 써버리세요. 숨을 붙잡으려 하지 마세요. 갈비뼈들 속에서 횡격막이 떠오르는 그림을 생각하세요.

- 두번의 3도음을 계속하면서 새싹포즈로 자세를 옮깁니다. 당신의 배, 등

그리고 양 옆 갈비뼈들 그림을 계속 생각하세요.

- 네발로 기는 자세로 옮겨갑니다. 척추가 위로 둥글어지는 동안, 안도의 한숨을 "등-배-양 갈비뼈들"로 날아들게 합니다. 그리고 척추가 하나씩 아래로 내려가는 동안 두번의 3도음이 한숨으로 나가게 합니다. 이 움직임이 당신의 꼬리뼈에서부터 시작하는 소리와 함께 시작하도록 하세요.
- 헤-에이-에이-에이-에이-에이-에이-에이-에이
- 서너 번 반복하세요.
- 쭈그리고 앉기 자세로 옮깁니다. 그리고 꼬리뼈를 떠오르게해서 거꾸로 매달린 자세로 갑니다. 들숨이 들어올 때마다, "등-배-양 갈비뼈들"의 그림을 계속 생각하세요. 그러면서 천천히 척추를 하나씩 세워 올라옵니다. 최소한 세번 정도의 '두번씩 하는 3도음'을 하는 동안 척추를 세웁니다.
- 그림을 계속생각하면서 두 번씩 하는 3도음을 한숨으로 내보내면서 방안을 걸어다닙니다.
- 멈춰 섭니다. 길게 "헤-에-에-이"라고 부릅니다.

서서 갈비뼈들을 자각하기

다음의 연습훈련으로 넘어가면서, 스펀지 같은 폐를 직접적으로 움직이는 늑간 근육들(서브 코스탈 근육이라고도 불리는 근육들)은 갈비뼈들의 안쪽에 있는 벽이라는 것을 생각합니다. 강력하면서도 세밀한 움직임들을 자극하기 위해서, 이 벽들은 강력한 심리적인 그림들을 필요로 합니다; 오직 상상력을 통해서만, 이 비자율적인 근육들을 직접적으로 움직이도록 할 수 있습니다.

배를 바닥에 대고 누웠을 때, 들숨에서 아랫등에 느껴졌던 반응을 기억하세요. 폐와 갈비뼈들의 모양을 정확하게 마음속에 그리도록 하세요; 폐는 뒤쪽이 앞쪽보다 약간 더 아래로, 등 아래쪽까지, 내려갑니다. 횡격막은 비대

칭 모양입니다. 앞쪽 보다는 횡격막의 뒤쪽이 더 아래로 내려갑니다. 횡격막 앞쪽은 제일 아래쪽 갈비뼈(흉곽 제일 하단)와 복부 안쪽 벽에 연결되어있고 뒤쪽 갈비뼈(흉곽 제일 하단)와 아래쪽 척추에 연결되어 있습니다.

앞쪽 갈비뼈 아랫부분이 많이 팽창할 수 있기는 하지만, 더 큰 호흡력은 아랫등쪽의 갈비뼈들안에 있습니다. 둘 다 사용해야 합니다.

호흡과정에서 양옆 갈비뼈들이 더 많이 일을 하려고 하는지 살펴볼 필요가 있습니다. 이 갈비뼈들은 효과적으로 숨을 펌프질 할 수 있지만, 그렇게 되면 횡격막/명치와의 연결성을 잃기 쉽습니다.

호흡력을 증대를 위해서, 커다란 욕구들에 대한 반응으로 갈비뼈들이 열리도록 하는 방법에 대해 살펴보도록 합시다.

2단계 갈비뼈 스트레치

- 서서, 당신의 갈비뼈 가장자리들을 만져보세요. 쇄골과 갈비뼈 가장자리들, 가슴뼈부터 앞쪽 가장 아래의 갈비뼈 그리고 척추쪽으로 돌아내려가는 뼈들들 다 만져봅니다. 위치를 정확히 파악하기 위해서, 등 제일 아래쪽 갈비뼈 바로 아래에 손가락을 깊숙히 넣어 보세요.
- 당신의 아랫등 갈비뼈와 양 팔꿈치를 연결하는 고무줄 두개가 각각 달려 있다고 상상해보세요.
- 팔꿈치를 살짝 들어보세요. 직선으로 위로 들었다가 바깥쪽을 향하면서 동시에 앞으로 밀고, 아랫등 갈비뼈에 연결된 상상의 고무줄이 어떻게 움직이는지 느껴보세요. 어깨가 절대 올라가지 않도록 주의하세요. 척추는 곧게 유지합니다. 앞으로 굽히지 마세요. 아랫등 갈비뼈들과 팔꿈치 사이에 강력한 심리적인 연결고리를 만드세요.

- 팔꿈치를 떨어뜨립니다.
- 양 옆으로 팔꿈치를 올립니다. 이번에는 양팔꿈치가 어깨높이까지 올라가도록 합니다. 이것은 반드시 아랫등 뼈부터 등뼈 전체와 옆 갈비뼈들이 스트레치가 되면서 옆으로 열리는 동시에, 위를 향해 움직이면서, 등 갈비뼈 전체가 스트레치되고 열리는 효과를 가져야만 합니다.
- 그 자세에서 이제 팔꿈치를 약 7센티미터 정도 앞으로 움직입니다. 상상의 고무줄이 당신의 아랫등뼈를 척추에서부터 더 멀어지도록 당기게 될 것입니다.
- 늑간 근육이 약간 이완되도록 팔꿈치를 다시 뒤쪽으로 움직입니다.
- 다시 팔꿈치를 앞으로 움직여 늑간을 스트레치합니다.
- 팔꿈치를 다시 뒤로 움직여 늑간을 이완합니다.
- 팔꿈치를 내리고 뒤쪽 늑간이 완전히 이완하도록 합니다.
- 이제 같은 과정을 앞쪽의 늑간 근육에 적용해서 늑간을 스트레치하고 이완합니다.
- 짧고, 강한 고무줄이 당신의 팔꿈치부터 당신의 앞쪽 가장 아래에 있는 갈비뼈에 연결되어있다고 상상해 보세요.
- 팔꿈치를 어깨 높이 만큼 떠오르게 해서, 이제 앞쪽 갈비뼈들이 가슴으로부터 멀어지면서 옆으로 스트레치가 됩니다.
- 앞쪽 갈비뼈들을 더 스트레치하기 위해서, 팔꿈치를 뒤로 움직이세요.
- 팔꿈치를 앞으로 움직여서 늑간 근육들을 이완합니다.
- 스트레치와 이완을 반복하세요.
- 팔꿈치를 내리고 앞쪽 늑간이 완전히 이완하도록 합니다.

스트레치를 할 때에는 실제 갈비뼈들이 서로에게서 점점 더 멀어지는 것과, 상상의 고무줄을 통해 뼈와 뼈 사이의 근육들이 스트레치되고 자극을 받는 그림을 생각하면서 해야합니다. 등을 구부리거나 몸통이 앞으로 쏠리지 않도록, 또 팔꿈치를 너무 많이 뒤로 밀지 않도록 주의하세요: 단지 외적인 등근육과 가슴 근육(latissimus dorsi와 pectorals)만 사용해서 표면적인 스트레치만 하고, 늑간을 스트레치 했다고 착각하기 쉽습니다.

- 팔꿈치를 어깨높이 만큼 떠오르게 합니다.
- 뒤쪽 갈비뼈들이 열리도록 팔꿈치를 앞으로 움직입니다.
- 뒤쪽 갈비뼈들을 그 상태로 유지하고, 팔꿈치를 뒤로 움직여서 앞쪽 갈비뼈들도 열도록 합니다.
- 큰 나무 술통처럼, 어떻게 보면 불편하게도 느껴질 수 있을 만큼 활짝 열린 몸통이 되어야 합니다.
- 좌우 갈비뼈들 전체를 위아래로 움직이면서 점점 더 넓게 만들어서 대형 우산같은 느낌이 들도록 열어봅니다.

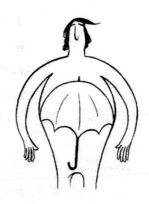

- 갈비뼈들을 그 상태로 유지하고, 양팔을 내리고 어깨에 힘을 뺍니다. (숨쉬기가 불편할 정도로 느껴지는 자세, 갈비뼈들이 지나치게 스트레치 되

고 위로 뜬 것 같은 느낌이 드는 이상한 자세에 있습니다.)

- 이제, 몸 앞쪽 가장 아래의 갈비뼈를 숨쉬기 편할 정도로 내립니다. 하지만, 척추는 그대로 유지하고 뒤쪽 갈비뼈들도 그대로 유지합니다.
- 그러고 나서, 마치 갈비뼈들 전체가 배를 향해 떨어지듯이 갈비뼈들 전체를 떨어뜨립니다.
- 마지막 떨어지는 단계만 빼고, 위의 단계 전체를 반복합니다.

어깨가 계속 앞쪽으로 움직이거나 위로 올라가려고 하는 경우가 있습니다. 이런 경우에는, 아주 열심히, 아랫등 쪽의 가장 아래 갈비뼈에 훨씬 더 많이 집중을 해서, 초점이 그쪽으로 내려가도록 해야만 합니다. 어깨는 반드시 전 과정동안 이완된 상태를 유지해야만 합니다; 이 스트레치는 갈비뼈 가장 아래에서부터 윗팔과 팔꿈치까지 연결되는 양옆을 향한 수평적인 스트레치입니다.

앞쪽 늑간을 스트레치 할 때, 아랫등이 쭈그러들지 않도록 주의하세요. 이것을 방지하는 방법은 무릎을 약간 굽히고 꼬리뼈를 내린 자세를 유지하는 것입니다. 무릎이 뒤쪽으로 밀려서 굳어지면, 항상 아랫등이 쭈그러지게 됩니다.

만약에 들숨에 늑간을 스트레치하고 날숨에 이완하지 않을 수 있다면, 더욱 좋습니다. 늑간을 이완하고 스트레치 하는 동안에 한번에 나가는 긴 숨으로 크게 숫자를 세어보는 것도 좋겠습니다. 이것은 갈비뼈들을 밀면서 숨을 들이쉬고, 갈비뼈들을 움츠리면서 숨을 내쉬려는 의도나 습관을 뒤집어 놓을 수 있습니다. 다시 말해서 뼈를 들었다 놓았다 하면서 들이쉬고 내쉬는 게 아니라, 당신이 늑간 근육과 직접적인 연계를 맺는 연습을 시작한다면, 당신은 늑간 근육을 습관적인 움직임으로부터 해방시킬 수 있습니다. 호흡 충동이 늑간 근육과 재결합되면, 큰 욕구들에 맞는 새로운 호흡공간을 스스로 찾을 수 있게 될 것입니다.

주석... 이 책에 있는 대부분의 호흡과 발성 연습훈련에서 볼 수 있듯이, 호흡기관에 대한 정확한 의식적인 시각화를 통해서 그 호흡기관의 기능을 강화시킬 수 있습니다. 작은 뉘앙스부터 호흡의 전체적 영역까지를 사용하는 것은, 당신 몸 전체의 유기적 조직들에게 이로운 일입니다. 당신이 호흡에 관심을 기울일 때, 더 많은 산소가 혈관으로 들어가 순환을 촉진시키고, 세포의 움직임을 활성화시킵니다. 중추신경계를 구성하고 있는 몸/뇌의 결합은 향상된 호흡 과정을 통해 더 발달됩니다. 예를들어, 머리가 맑아진다던가, 자극에 더 잘 반응하게 되고, 때에 따라서는 더 똑똑해지기도 합니다.

"중추신경계는 신경(nerves)조직에 의해 몸의 모든 곳과 연결되어 있다. 신경 (nerves)은 뉴론(neurons)세포 속에 있는 신경의 돌기들인 axon의 덩어리들이다. 중추신경계와 말초 신경들을 연결하는 모든 신경조직들의 조합은 말초신경계의 구성 요소가 된다. 신경들은 충동을 뇌에서 몸으로 그리고 몸에서 뇌로 보낸다. 혈류를 따라 흐르는 호르몬과 같은 물질들에 의해 뇌와 몸은 화학적으로도 서로 연결되어 있다." (*The Feeling of What Haappen* 중에서 P.325)

당신이 당신의 호흡을 완전히 탐험한다면, 당신 자체를 탐험하는 것이 될 수 있습니다. 당신을 한 순간에서 그 다음 순간까지 살아있도록 만들어 주는 아주 작은 들숨과 날숨의 교환을 관찰하는 민감함은, 당신이 당신 스스로에게 민감해야만 가능해집니다. 비록 잠시 동안만이라도, 외적인 산만함을 잊어버리고 찾을 수 있는, "나의 중심, 개인적인 내속에 살고있는 나 자신", "간단하고, 진실한 나 자신" 말입니다. 반면에, 당신이 깊은 한숨을 쉬고 싶다는 충동을 만들면서, 진정한 안도감을 찾거나 혹은 감사함 같은 것을 생각할 때, 당신의 마음은 몸 깊은 곳으로 뚫고 내려 갑니다. 단지 골반 바닥만 생각하는 것이 아니라 당신의 정신(psyche) 속으로 깊이 들어갑니다. "psyche"(정신, 영혼)라는 말은 고대 그리스에서는 "호흡과 피" 그리고 "영혼"을 의미했습니다. 깊은 한숨을 쉬는 것이, 당신으로 하여금 안도감이 아닌 다른 감정을 느끼게 만들 수도 있습니다. 또는 "즐겁지 못한" 느낌을 느끼게 할 수도

있습니다. 당신의 몸, 피, 그리고 영혼 속으로 깊이 들어가는 숨은 이런 부분의 신
경들을 깨워서, 만들어지지 않은 슬픔, 두려움, 화 또는 (드물기는 하지만) 우스움
등을 불러일으킬 수도 있습니다. 이러한 감정들을 한숨이나, 통곡이나, 신음소리, 분
노의 소리, 으르렁거리는 소리, 소리나 호흡으로 소리치기 같은 것으로 표현하는 것
은 커다란 안도와 위안이 될 수 있습니다. 만약 당신이 이런 경험을 하게 된다면,
계속해서 숨이 들어가고 나가도록 두세요. 숨이 교체되면서 당신과 당신의 몸이 열
려있게 되고, 당신의 감정도 변화할 수 있게 됩니다. 감정은 일단 충분히 자유롭고
진실되게 표현이 되고나면, 변화하는 성질을 가지고 있습니다.

우리가 호흡력에 대한 탐구를 계속하면서, 스스로에게 하는 도전은 다음의 질
문을 자신에게 던지는 것입니다; "나의 상상력, 감정, 욕구는 어느 정도의 능
력을 가지고 있는가?" "내가 찾는 이 큰 공간들을 사용해서 나는 어떤 말들을
할 수 있을까?" 호흡 능력을 발달시키는 과정이 당신의 창조력을 발달시키는
과정이 되도록 하세요.

이제 우리는 호흡관련 근육들을 강화시키는 유기적인 과정으로 옮겨 가
도록 하겠습니다. 옛날의 노래나 발성 훈련에서는 선생님들이 학생들을 바닥
에 눕혀놓고 무거운 사전 서너 개를 배 위에 올려놓고 호흡과 발성 훈련을 시
켰습니다. (우리나라도 "아" "에" "이" "오" "우" 같은 소리를 내뱉으면서 복
근을 밀도록 훈련시키는 복근 강화훈련을 시켜왔습니다.) 이런 훈련의 기본적
인 생각은 바깥 복근을 강화시키면 음성이 강화된다는 것입니다. 우리는 민감
하고 고도로 복잡한 비자율 호흡관련 근육들을 대신하기에는 바깥 복근은 아
주 부족한 외벽에 불과하다는 사실을 배웠습니다. 하지만, 여전히 소리를 강
화할 필요는 존재합니다. 강력한 감정을 표현할 강력한 소리가 필요한 순간에,
우리는 강한 호흡 작용을 일으킬 수 있는 강력한 유기적인 자극을 찾아야 합
니다.

3단계 호흡-충동의 역기

다음의 연습훈련은 강력한 비자율 반사작용을 이용하여 전체 호흡관련 기관들을 아주 왕성하게 자극하기 위해 고안된 연습훈련입니다. 이것은 "폐 진공청소"라고 불립니다. 어떻게 보면, 폐를 깨끗하게 한다는 의미도 있지만, 주로 자연적인 진공의 힘을 이용해서 호흡관련 근육들이 강력한 움직임을 하도록 자극하는 것입니다. 이 연습훈련은 짧은 시간이 걸리지만, 설명하는 데에 오랜 시간이 소요됩니다. 그러므로 모든 설명을 먼저 읽고, 단계별로 따라 하세요. 당신은 호흡과 상상력 체육관으로 들어오고 있습니다. 당신의 뇌와 몸은, 충동이라는 역기를 이용해서 운동을 하게 될 것입니다.

설명:

마치 물에 젖은 스펀지에서 물을 모두 짜내듯이 폐에서 공기를 깨끗이 비워내겠습니다. 공기를 "프----(진동 없이)" 하면서 빠르게 불어내서 남은 것이 하나도 없다고 느껴질 때까지 숨을 짜냅니다.(시간을 많이 보내지 마세요.) 입을 재빨리 닫고, 손가락으로 코를 집게 집듯이 잡아서 숨이 들어가지 못하도록 막습니다. 바로 앞 연습문제에서 했던, 크게 열린 우산 모양으로 갈비뼈들을 열어 줍니다. 몸 안쪽에 만들어진 큰 진공상태를 그려보세요. 이 연습훈련이 잘 되려면, 손가락으로 코를 꽉 막고 입도 다문 상태로, 코로 숨을 들이쉬려고 해보세요. 다른 손은 아랫등(가장 아래 갈비뼈들)에 대고, 숨은 들어오지 않지만 그래도 아랫등쪽의 늑간근육들이 반응하도록 합니다. 순간, 완전한 진공상태를 느낍니다. 그러고 나서, 입을 꽉 다문 상태 그대로, 코를 막았던 손을 놓으세요. 공기가 진공을 채우면서 콧속으로 재빨리 빨려들어갈 것입니다. "숨을 들이쉬어서" 도우려고 하지 마세요. 진공때문에, 숨이 자연적으로 빨려들어가도록 두세요.

행동:

선다.

- "프---(진동 없이)" 하면서 폐를 비운다.
- 코를 집게 잡듯이 막는다. 입을 다문다.
- 숨을 들이쉬려고 노력해서 갈비뼈들이 열린 우산 모양으로 최대한 멀리까지 팽창되도록 한다.
- 몸통 속에 만들어진 진공상태를 그려본다.
- 입은 꼭 다문채로 코를 잡은 손을 놓는다. 공기가 진공을 향해 빨려들어가도록 둔다.
- 자연적인 호흡으로 돌아온다.

어떤 사람들은 진공상태가 되면 갑자기 너무 놀라기도 합니다. 진공상태는 사실 아주 부자연스런 상태입니다. 그러나, 이 상태를 조절하는 사람이 다른 사람이 아닌 바로 당신이라는 것을 기억하세요. 갑자기 놀라는 상태가 되면, 그냥 입을 벌려서 숨을 쉬세요. 그러면 괜찮아질 것입니다.

입은 꼭 다문 상태로 코로 공기가 빨려 들어가도록 하는 이유는 코를 통한 통로가 더 좁기 때문입니다. 그러므로, 호흡관련 근육들이 공기를 빨아들이느라고 더 많이 움직이게 될 것입니다. 이 행동이 그 근육들을 강화시킵니다.

당신이 진공청소를 계속하는 동안 골반관절과 골반 바닥부터 쇄골까지 폐로 가득차 있다고 상상하십시오.

- 숨을 몸 밖으로 불어냅니다.

당신의 몸통 전체가 몸 안쪽으로 쭈그러들 것입니다.

- 코를 잡으세요: 입을 다무세요.
- 다른 손을 아랫등 갈비뼈들에 댑니다.
- 골반 바닥을 내리고, 배를 열고, 등을 열고, 옆 갈비뼈들을 열고 당신의 몸통 전체를 진공상태로 만듭니다.
- 코를 막았던 손을 놓고 공기가 골반 바닥에 날아들어가게 합니다. 골반 바닥, 아랫등, 앞쪽, 양 옆 그리고 윗가슴까지 차례로 차오르는 것을 느낍니다.
- 긴장풀고, 자연적인 호흡으로 돌아갑니다.

진공 상태가 되려는 충동은, 호흡 체육관에 들고 들어가는 상상의 역기(역도 할 때 드는)와 같습니다. 생각과 감정에 반응하는 근육들을 만들도록, 이 충동을 현명하게 이용하십시요

많은 산소가 몸으로 들어가고 나가기 때문에 아마 좀 어지러울 것입니다. 만약 어지럽지 않다면, 당신이 이 연습훈련을 최선을 다해서 하고 있지 않다는 신호일 수 있습니다. 혹은, 당신의 호흡기관들이 아주 양호한 상태라는 신호일 수도 있습니다. 어지러워지는 것을 겁내지 마세요 하지만, 어지러워지려고 일부러 폐 진공 청소를 너무 빨리 반복하지 마세요. 쉬세요. 그리고 다른 연습훈련들을 하다가 다시 이 연습훈련으로 돌아오세요. 호흡기관을 더 훈련하면 할수록 어지러운 증세는 사라질 것입니다.

목구멍의 근육들들 써서 숨을 빨아들이지 않도록 주의하세요 "빨아들이는 것"은 반드시 폐에서 시작되어야 합니다. 아랫등뼈에 집중해서, 코부터 아랫

등까지 직접적인 연관성을 느끼도록 합니다.

다음 연습훈련에서는 호흡 체육관에 충동이라는 역기를 들고 들어가서 반사력, 재빠르게 반응하는 것 그리고 유연성을 기르는 훈련을 하도록 하겠습니다. 역기 대신 작은 공들을 사용한다고 상상할 수도 있겠네요. 힘을 얻기 위해 세밀함을 희생시키지 않으려면, 더 커진 호흡력은 유연성을 동반해야 합니다. 지금까지 반응체로써 확장시킨 당신의 배, 등, 그리고 양옆의 공간들을 그려보면서, 동시에 호흡의 활성 촉진체로써의 횡격막에 집중해 보도록 하겠습니다.

4단계

- 스트레치를 하고, 척추를 따라 내려가고 올라오기를 하고, 목과 머리 돌리기, 그리고 폐 진공청소를 두번 하면서 다음 단계를 준비합니다.
- 몸통 전체의 깊이와 넓이 그리고 길이에 가득차는—진심으로 깊이 느껴지는 즐거운 안도감으로 가득찬—아주 커다란 안도의 한숨을 쉬고 싶다는 충동이 들어오도록 합니다. 한번의 충동 다음에, 바로 다음 충동이 들어오도록 합니다. 너무 급하게 하지는 마세요. 하지만, 충동과 충동 사이에 기다리지도 마세요.

충동이 숨을 움직이게 하고 숨이 몸을 움직이도록 하세요. 도움이 된다면, 이 즐거운 충동이 연기 연습훈련이라고 생각하세요. 아주 나쁜 일이 생길뻔 하다가, 그 일이 일어나지 않았다고 상상해보세요. 그 덕분에 당신은 아주 커다란 안도감을 느낍니다. 이것을 진심으로 한두번 정도 반복한다면, 크기만 하고 내용이 전혀 없는 숨이 아닌, 진짜 안도의 한숨을 쉴 수 있을 것입니다.

숨이, 매번 당신을 바닥부터 꼭대기까지 완전히 채우도록 해보세요. 물통에 물을 채울 때 윗부분부터 바닥으로 채울수 없습니다. 폐도 마찬가지입니다.

- 네번의 아주 큰 안도의 한숨을 연달아 쉬고, 잠시 휴식을 취합니다. 만약 네번이상 계속하면 어지러워 질 것입니다.

이 과정을 마음속으로 그려본다면, 충동에 의해 만들어진 커다란 바람이 들어오면서 횡격막이 날려 내려갈 것입니다. 이 움직임은 마치 비단으로 만들어진 낙하산을 연상시킵니다. 이 커다란 한숨들로 인해서 당신 몸의 내부가 대혼란을 경험할 것입니다. 복부 바깥쪽 근육이 복부 안으로 밀려드는 호흡에 의해서 마치 젤리가 아주 과격하게 밀리듯이 움직일 것입니다. 이 움직임은 소절해서 생기는 것이 아니라 내부로 들어오는 호흡에 의해 생기는 반작용입니다. 몸통 내부는 들어오고 나가는 충동에 의해 부풀어 올랐다가 가라앉습니다.

- 네번의 커다란 안도의 한숨을 반복합니다.
- 쉬세요
- 이제 당신은 여섯개의 반복되는 안도의 한숨을 쉬고 싶다는 충동을 느낍니다. 하지만, 이번에는 그 안도감과 한숨이 아까보다는 조금 작고 더 빠릅니다. 그리고 보다 횡격막 정중앙의 봉우리에 가까운 곳에서 시작됩니다. 이것은 중간크기의 한숨들입니다. 당신이 할일은 이 중간크기의 안도감에 대한 충동을 생산-재생산 하는 것입니다. 단지 맨 마지막, 여섯 번째의 한숨에서 쏟아져 나오는 안도감에 완전히 몸통을 맡겨버리도록 합니다.

이 과정이 마치 숨을 뱉어내는 것 같다는 느낌이 들 것입니다. 그러나 아직은 이것을 "뱉어낸다" 혹은 "헐떡거린다"고 부르지 맙시다. 충동이 근육을 움직이게 되는 것만큼 근육이 충동을 움직이게 될 때까지, 충동과 호흡의 관계를 계속 염두에 두는 것이 바람직합니다. 이것이 완전히 자리잡은 다음에는 당신은 자유롭게 밖에서 안으로, 안에서 밖으로 안전하게 작업할 수 있을 것입니다.

- 기계적으로 되거나, 생각이 들어있지 않거나, 혹은 숨이 얕아지지 않으면서 계속해서 안도감의 충동을 생산-재생산하는 능력을 훈련하세요.
- 네번의 아주 크고 거친 한숨을 반복합니다.
- 중간 크기의 조금 더 빠르고 횡격막/낙하산의 중심에 가까운 한숨을 여섯번 반복합니다.
- 쉬세요.
- 횡격막 봉우리의 정중앙에 초점을 맞추세요. 그리고 아주 빠르고 생동감 있는, 즐거운 기대감으로 가득찬 충동이 작은 호흡들을 그 정중앙으로부터 불러 일으키도록 하세요. 그래서 이 작은 호흡들이 들어오는 만큼 나가면서, 매번 가볍고 빠르게 날아들었다 날아 나가도록 합니다. 실제로, 숨이 빨라지면서 근육이 점점 경직 될 수 있으므로 이 연습훈련은 짧게 짧게 나눠서 하도록 합니다.

이 연습 훈련을 요약하자면:
열개 정도의 빠르고 가볍고 기대감으로 가득 찬 충동과, 안도감으로 나가기.
기대감-안도감으로 나가기-기대감-안도감으로 나가기
호흡이 더 빠르고, 가볍고, 횡격막 중앙에 가까우면 가까울수록, 더 좋습니다.

이 연습훈련 첫부분에 커다란 안도의 한숨을 네번 연달아 반복하는 것은, 근육을 조절하지 않으면서 큰 욕구에 빠르게 반응하고, 반응을 재빨리 내보낼 수 있는 호흡력을 가지도록 하기 위한 것입니다. 두 번째 부분에서는,더 많은 에너지를 만들면서, 동시에 호흡 관련 근육들의 민첩성을 시험하기 위한 것입니다. 세 번째는, 민첩성이 증가하고, 유연성이 필수가 되며, 중요한 재조정 과정을 경험하게 됩니다.감정적인 에너지의 강도가 상승할 때, 긴장없는 상태를 유지할 수 있도록 하는 것. 여기서 "긴장"이라는 단어는 "숨을 잡고있는 상태"를 의미합니다. 감정적인 에너지는 근육들의 여러 가지 행위를 자극합니다. 이 때 근육이 이런 감정적인 에너지들을 방해하거나, 흐름을 막거나, 혹은 멈칫거리도록 하는 일이 없도록 훈련해야 합니다.

변화하는 감정들에 따라 재빠른 반사적 반응들을 자극하도록 만들어진 빠르고 가벼운 충동들은, 강아지가 주인이 자기를 데리고 산책을 나가줄 것을 알아차린 순간을 상상하면, 쉽게 따라할 수 있을 것입니다. 주인과 함께 산책을 나갈 기대감이 들숨과 날숨을 빠르게 흥분시킵니다. 이렇게 흥분한 강아지를 보면, 바깥쪽 복근을 사용하지 않으면서, 긴장감 없이, 얼마나 빨리 숨이 날아들어가고 나오는지를 쉽게 관찰할 수 있습니다. 긴장이 없습니다. 이제 "헐떡이기"라는 단어를 사용하겠습니다. 헐떡인다는 단어가 기계적으로 변하지 않도록 강아지를 생각해 보세요. 행복한 강아지는 아주 기쁜 기대감에 차서 헐떡입니다. 행복한 강아지를 상상하는 것은 횡격막의 빠른 움직임을 자극하도록 도와줍니다.

나는 배우들에게 종종 한 감정을 오래 붙잡고 있으려 하지 말라고 말해 줄 필요를 느낍니다. 배우가 느끼고 싶은 감정이 갑자기 들어오면, 기분이 좋아집니다. 그래서, 그 감정을 놓기 싫어서, 근육들을 사용하면서 그 감정을 붙들게 됩니다; 그러나 그렇게 붙잡기 시작하는 순간, 그 감정은 죽어버립니다. 그런 순간에 배우가 자유롭게 그 감정을 써버릴 용기가 있다면, 더 많은 감정들이 자연스럽게 생겨날 것입니다. 감정을 쥐고 있는 근육들은 감정을 죽여버립니다. 그러나 감정들이 움직이도록 도와주는 근육들은, 신경-근육 조직의 공동작업을 통해, 더 많은 감정들이 생성되도록 도와줍니다. "헐떡이기"는 횡격막의 유기적인 반사작용을 회복하도록 도움으로써, 충동에 대한 자연적인 반응으로써의 호흡을 분출하고 공급합니다.

몸/감정을 하나로 연결해 연습한다면, 헐떡이기 연습훈련은 감정을 전달하는 호흡 관련 근육들의 발달을 도와줄 뿐 아니라, 몸이 무기력하고 감정에 민감하게 반응하지 못할 때, 에너지가 만들어지도록 자극을 줄 수 있습니다.

주석... 아마도 당신은 지금쯤 왜 우리가 한숨을 반복하는지에 대해 의문을 가지게 되었을 것입니다. 안도의 한숨, 즐거움으로 가득찬 한숨을 다뤘고, 그리고 지금은 기대감으로 가득찬 한숨을 다루고 있습니다. 호흡을 자극하기 위한 도구로써 이러한 종류의 한숨을 사용하는 이유는, 부정적인 내용보다 긍정적인 내용을 가지고 증가하는 에너지와 감정의 강도에 반응하면 훨씬 더 쉽게 배울 수 있기 때문입니다.

방어적인 근육의 반응을 풀어주는 것과 막힘없이 에너지를 주고 받도록 재조정하는 것은 즐거운 상황에서 훨씬 빠르게 일어납니다. 그러나, 궁극적으로 이러한 재조정은 인간의 경험을 주고 받는 과정에서 두려움, 고통, 비참함, 분노, 당황, 우울함, 불신, 증오 같은 감정들도 표현할 수 있도록 도와주어야만 합니다. 일단, 편안한 감정들을 가지고 자유롭게 표현하는 과정을 성취하게 되면, 장면이나 대사 속에서 더 어려운 감정들을 표현하기가 쉬워집니다. 책을 통해서 독자들이 이러한 어두운 감정들을 쏟아놓도록 유도하는 것은 무책임한 일이 될 수 있다고 생각합니다. 실험실적인 환경의 수업이나 스튜디오에서, 인간이 경험하는 다른 일반적인 감정들과 함께 공포 같은 어두운 감정들을, 배우가 필요로 하는 범위에 맞춰, 다루는 것이 바람직합니다.

일단 감정에 익숙해짐으로써 자연적으로 그 감정이 조절 가능해지면, 그 감정은 긍정적이라고 볼 수 있습니다. 혼자서 이러한 결과를 얻는 것은 어렵습니다. 왜냐하면, 당신이 습관적인 조절을 멈추는 순간, 옆에 믿을 만한 선생님이 그 순간을 의미 있는 순간으로 만들어 주어야 하기 때문입니다. 습관적인 조절을 멈추는 순간 얻어진 새로운 에너지를 어떻게 사용할지를 가르쳐 줄 사람이 필요합니다. 그렇지 않으면, 자기감정에 그냥 빠져들거나 혹은 완전히 자제력을 상실해 버리는 결과를 가져올 수도 있습니다. 감정적 자제력 상실이나 자기감정에 빠져버리는 것은, 대화(의사소통)와는 정반대의 상태가 되는 것이고, 결국은 다른 사람이 하는 얘기를 듣거나 다른 사람에게 반응하는 것이 불가능하게 됩니다.

이 문제에 있어서 심리치료나 연기수업에 모든 대답이 있다고 말하는 것은 아닙니다. 그러나, 호흡과 발성은 연기 훈련의 일부이어야 하고, 좋은 연기훈련 과정은 때로는 치료적인 기능도 가지고 있습니다.

비교적 가벼운 이야기이기는 하지만, 다음은, "헐떡이기"를 연습하는 과정에서 다양한 감정적인 내용을 "헐떡이기"와 결합시키기 위한 것입니다. 다음의 훈련을 하면서, 다른 사람에게 그 내용을 단계적으로 읽어달라고 부탁을 하면, 훨씬 더 효과적일 것입니다. 만약 혼자서 한다면, 미리 다 읽어서 내용을 아는 상태이더라도, 다음 단계에 어떤 일이 일어날지를 미리 예측하지 말고, 구체적으로 마음속으로 그림을 그리면서 단계별로 해 나가도록 하세요.

서론:

오늘 저녁 다섯시에 가까운 기차(지하철 혹은 버스)를 타고 어느 특정한 역까지 도착하라는 익명의 편지가, 오늘 아침 당신에게 배달되었습니다. 그 곳에 도착하면, 역을 빠져나가서 좌회전을 하고, 길을 따라 걸어내려가서, 그 길 끝에 있는 정원이 있는 집에 도착하라는 내용도 쓰여있습니다. 그 집은 비어있을 것이고, 문은 잠기지 않은 상태이며, 일단 들어가서 위층으로 올라가, 복도를 따라 왼쪽에 있는 방에서 기다려야 합니다.

■ 당신은 그 방안에 도착했습니다.
■ 이제 그 빈 집의 빈 방안에서 기다리고 있고 어둠이 내리기 시작합니다.

연습훈련:
■ 당신은 기대에 차있습니다. 당신의 기대감이 호흡을 자극하고, 호흡이, 아까 경험했던 것과 같은 느슨한 헐떡임으로 갑자기 변합니다. 이제부터 느끼는 모든 것은, 이 헐떡임이 시작되는 몸의 중심부로 바로 보내도록 하세요.
■ 당신은 방 한가운데에 서서 무슨 소리가 나는지 듣고 있습니다. 갑자기 아래층에서 문이 열렸다가 닫히는 소리가 들립니다. 헐떡이면서 들으세요.
■ 아래층에서 발자국 소리가 들립니다.(이 발자국 소리가 당신의 호흡 중심부에 영향을 미치도록 하세요−근육이 굳어지지 않도록 하세요−그냥 호흡만 빨라집니다.)
■ 이 발자국 소리가 층계를 올라 옵니다. 그리고, 2층 복도를 따라 걸어옵니다. (헐떡임이 더 빨라집니다−아직도 호흡 중심부에 있습니다. 바깥근육은 이완상태를 유지합니다.)
■ 발자국 소리가 점점 더 방문에 가까워집니다. 그리고 바로 방문 앞에서 멎습니다.(아주 빠르고 자유로운 헐떡임)
■ 문이 열립니다. 문에 서 있는 사람은 당신이 가장 아끼는 친구입니다. (호흡이 아주 큰 즐거움으로 가득한 안도의 한숨으로 나갑니다.)

이 간단한 시나리오를 비평하려 하지 말고, 당신의 몸에 감각적 경험을 불러

일으키는 환경적 요소로써 이용하세요. 감정이 고조되고 다른 감각적 요소가 첨가되면서, 고조된 감정이 변하는 과정을 이용하세요. 헐떡임은 근육이 경직되는 것을 막아주고, 근육이 경직되지 않으면 이야기가 전개되는 각 단계에서 생성되는 반응이 방해를 받지 않고, 호흡이 몸안에서 생성된 감정을 그대로 몸 밖으로 가지고 나갈 수 있게 됩니다. 이것이 자연적인 의사소통입니다.

기대감이나 불안감이, 친구의 얼굴을 보는 순간, 기쁜 안도감으로 바뀌는 것을 진심으로 느끼세요. (이 시나리오에서 당신이 느끼는 감정적 반응이 다를 수 있습니다. 반응하고 싶은 대로, 느끼는 대로 반응하세요. 그러나 감정의 변화가 반드시 헐떡임에서 한숨을 통해 나가도록 하세요.)

여기에서 가장 중요한 것은, 긴장감이 고조되는 순간에 "근육의 긴장을 만드는" 신경 근육 작용을 해체하고, 그것을 "호흡과 함께 방출하는" 신경 근육 작용으로 전환하는 것입니다. 다시 말해서, 근육의 긴장없이 심리적인 긴장감을 고조시키는 훈련입니다.

5단계

- 빠르고, 몸 중심에 있는 기대에 찬 헐떡임을 소리를 내면서 연습합니다.
- 횡격막이 흉곽 아래에 둥글게 연결된 트램플린(보통 원형으로 생긴 큰 구조물에 스프링으로 연결된 튼튼한 캔버스 천이 연결되어있어 사람들이 그 위에서 뛰면서 위로 솟아오르게 되어있는 운동/놀이 기구) 이라고 상상해보세요.
- 작은 사람—당신—이 그 트램플린 정 중앙에 서서 아래위로 튕겨 오르내

리고 있다고 상상해보세요.(호흡은, 튕기는 속도에 관계없이, "허"와 그다음 "허" 사이에 매번 들어 갑니다.)

- 여섯번에서 일곱번 정도를 튕기다가, 트램플린 위에서 뛰고 있던 작은 당신이 입밖으로 튀어올라 방안의 반대편으로 날아갑니다.
- 허△ 허△ 허△ 허△ 허△ 허△허-어-어-어ㅎ

6단계

- 팔꿈치부터 등 아래쪽까지 연결된 고무줄 그림을 다시 이용해서, 팔을 머리위로 띄워 올리고, 양손을 깍지껴서 머리위에 얹습니다. 척추와 뒷목을 길게 유지해서, 손의 무게 때문에 목이 눌리거나 등이 굽어지지 않도록 합니다.
- 이 자세는 갈비뼈 가장 아랫부분이 좀 더 열리게 되고 따라서 횡격막도 약간 스트레치 된 상태가 됩니다. 트램플린이 좀 더 팽팽해지고 더 잘 튕기게 됩니다.

또한, 이 자세는 헐떡이고 나서 한숨이 나갈 때 갈비뼈들을 떨어뜨리는지, 아니면 *갈비뼈들을 연 상태로 그대로 유지하면서 횡격막이 갈비뼈들을 향해서 떠오르는지*를 쉽게 구분할 수 있습니다.

- 위의 두 번째 상태를 마음의 눈으로 보면서, 기대감을 가지고 헐떡입니다. 먼저 호흡만 하고, 그 다음에 소리를 내면서 음계를 따라 올라갔다 내려옵니다. 매번 한숨이 나갈 때마다 횡격막이 갈비뼈들 방향으로 떠오르는 것을 마음속에 그리세요.

- 팔을 내리세요. 숨을 잡지말고, 갈비뼈들을 연상태로 유지하면서 헐떡이기 연습훈련을 반복합니다. 호흡만 가지고 헐떡이는 것과 소리를 내면서 헐떡이는 것을 번갈아 반복합니다.
- 척추를 떨어뜨리고 꼬리뼈에서부터 거꾸로 매달린 자세에서 헐떡이기 연습훈련을 반복합니다ー이 자세에서 당신의 횡격막이 완전히 긴장이 풀린 상태이고, 횡격막이 편하게 갈비뼈들을 향해 떨어지도록 중력이 돕고 있는 것을 관찰합니다.
- 꼬리뼈를 내려서 쭈그리고 앉기 자세로 갑니다: 헐떡이기, 그리고 기쁜 한숨
- 양손바닥으로 몸 뒤쪽의 바닥을 짚고 바닥에 앉습니다: 척추를 하나씩 하나씩 바닥에 뉘여서 등을 바닥에 완전히 대고 눕습니다. 양 발바닥이 마룻바닥에 닿고 양 무릎이 천장을 향해 선 자세로 눕습니다. 헐떡이기 (먼저 호흡만, 그리고 나서 소리 내면서)를 합니다. 한숨과 함께 숨이 터져 나갈 때 횡격막이 수평으로 움직이는 것을 그려봅니다.
- 몸을 한 방향으로 굴려서 배를 대고 눕습니다: 헐떡이기 연습훈련을 올라가고 내려가는 음계를 따라 반복합니다.
- 허-허-허-허-허허-허-어-어흥

이 자세가 헐떡이기 연습훈련 자세중에서 가장 편한 자세입니다. 당신의 복근은 바닥에 완전히 맡겨진 상태이고, 횡격막의 움직임도 명확합니다.

아기자세에서 반복하세요. 새싹 포즈에서 반복하세요. 그리고 네발로 기는 자세에서 반복하세요.

마지막으로 다시 척추를 하나씩 세우면서 올라와서 바로 섭니다.

일단 명치/횡격막 부위에서 호흡만으로, 그리고 소리를 내면서, 빠르고 균일한 헐떡임을 자유롭게 할 수 있게 되면(빠른 새 들숨이 매번 소리와 소리 사이에 몸으로 들어옴), 두개의 3 도음으로 헐떡이기 연습을 할 수 있습니다. 첫 번째 3도음은 헐떡이기. 두 번째 3도음은 긴 안도의 한숨.

7단계

호흡과 내면의 에너지와의 관계는 민감성을 통해서 견고해지고, 그 관계를 유지하기 위해서 민감성에 의존합니다. 배우의 음성을 위한 가장 중요한 특성들은 음역, 다양성, 아름다움, 명확성, 힘, 그리고 크기입니다. 그러나 민감성이 야말로 다른 모든 특성을 의미있게 만들어 주는 성질입니다. 왜냐하면, 음성이 배우 내면의 에너지(감정, 느낌)을 반영하지 못한다면, 다른 모든 특성들은 별 의미가 없기 때문입니다. 배우 내면의 에너지가 음성을 통해 반영되면, 다양한 감정들을 담은 음역, 정신의 다양성, 내용적 아름다움, 상상력을 담은 명확성, 감정의 힘, 의사소통을 위한 크기와 같은, 음성의 다른 특성들이 살아나게 됩니다. 만약, 진실하고 투명하게 내면을 밖으로 표현하고자 한다면, 심리적으로 아주 미세한 감정/생각까지도 잡아낼 수 있도록 음성관련 근육들을 움직이는 에너지들이 아주 민감하게 조율되어 있어야 합니다. 내용이 강력하다면, 그 내용이 경제적으로 전달되어야만 그 내용의 진실도 그대로 전달될 것입니다. (전달되는 과정에서 더해지고 빠지는 것 없이 전달되어야, 그 내용의 진실도 그대로 전달될 것입니다.)

내면적인 진실로부터 작업하는 것은 이 발성법의 시작부터 강조했던 바이고, 그것을 전달하는데 있어서의 경제성은 이 발성법을 훈련하면서 지금까지 연습해 왔습니다. 당신의 신체적인 자각력이 더 연마되면, 배운것들을 더 세부적으로 적용시킬 수 있습니다. 그 다음 단계는, 보다 높은 경제성을 얻기 위해서 충동이 시작되는 중심점을 더 개발시키는 것입니다.

소리의 접촉을 받고, 또 소리의 접촉이 일어나는 횡격막의 중심점을 지금까지 여러번 언급하고 이용했습니다. 중심(center)라는 말은 느낌의 중심, 호흡의 중심, 에너지의 중심, 그리고 몸의 중심이라는 의미로 모두 사용될 수 있습니다. 중심(center)이라는 말의 의미를 생각해 보면, 모순에 직면하게 됩니다. 중심이라는 것이 정확히 어디에 있는지 찾아내려는 사람이 있는가 하면, 다른 사람은 중심은 어디든지 존재할 수 있다고 말합니다. 우리는 이 두 가지 모두를 사용하겠습니다.

중심(center)이라는 말이 뜻모를 전문용어가 되어버리면, 뭔가를 경험했다고 쉽게 착각하는 함정에 빠지게 됩니다. 왜냐하면, 그게 정확히 뭔지는 모르지만, 그것을 가리키는 단어를 기억하기 때문에 자신이 그것을 경험했다고 생각하는 것입니다. 중심(center)이라는 단어는 무용수인 마사 그레함, 연기 지도자인 마이클 체홉, 혹은 나에게 각각 모두 다른 의미입니다. 중심(center)이란 말을 무슨 종교적인 절대적 진리를 찾듯이 접근하지만 않는다면, 중심(center)은 아주 실용적으로 쓰일 수 있습니다. 중심(center)을 몸 어디에서 찾든지 상관없이, 중심(center)을 찾으려는 노력과 어느 한 곳에서부터 시작해서 일을 하려고 한다는 사실 자체가, 마음을 정리하고 집중하는 에너지를 갖게 해줍니다. 바로 이것이 중심(center)이라는 단어가 가지는 가치입니다. 배우의 존재감이 커지고, 지금 하고있는 이 순간의 연기의 존재감도 커지게 됩니다. 소리의 중심을 찾는 것의 정신적 효과는, 호흡이 성대를 경제적으로 움직이면 움직일수록 소리도 더 좋아진다는 점입니다. 필요 이상의 많은 호흡이 나가면, 바람소리가 섞인 음성이 됩니다. 반면에, 경제적이라는 의미가 숨을 잡고 있으라는 의미가 절대 아닙니다. 지금까지 거의 모든 연습훈련에서 계속해서 반복하며 사용했던 안도의 한숨은 심리적으로 숨을 잡고 있으려는 습관을 없애기 위해 만들어진 것입니다. 이제, 이러한 심리적인 조건이 만들어졌다는 전제하에, 더 이상 숨을 잡지 않는 상태에서 어떻게 호흡을 경제적으로 사용할 지에 대해 탐구해 봅시다.

바로 앞 단계에서, 횡격막의 정중앙부터 아주 빠른 기대에 찬 헐떡임이 생기도록 했습니다. 헐떡이는 동안 횡격막의 움직임에 주의를 기울이면서 소리가 발생하도록 하면, 더 작은 양의 숨이 사용되고, 들숨과 날숨이 이전보다 더 쉽게 교체되는 것을 느낄 수 있었습니다. 불수의 호흡 근육의 반사적인 움직임이 작동되기 시작하는 것입니다. 생각하는 크기 만큼의 소리가 유지되면서, 동시에 소리를 만들어내는 움직임은 감소합니다.

다음의 연습훈련은 중심(center)의 이미지를 한층 더 다듬어주는 작업이며, 그것을 통해 소리를 만들어내는 근육의 노동을, 생각(mind)으로 더 옮겨 줄 것입니다.

8단계

- 들숨과 날숨이 들어가고 나가는 것이 정확히 들리게, 횡격막 정 중앙에서 빠른 헐떡임이 생기도록 합니다. 빠른 속도 때문에 들숨이 거의 들리지 않는다면, 이것은 횡격막에 긴장이 생긴다는 의미이므로 주의를 기울이십시오.

- 이제 입술 다물고, 횡격막 정중앙의 떨림에만 주의를 기울여서, 빠른 속도의 헐떡임을 생각하고 호흡이 커지지 않도록 하세요. 필요한 만큼의 작은 숨이 코로 들어갔다가 코로 나옵니다. 그리고 나서, 코로 마지막 날숨이 날아 나오도록 합니다.

- 떨림------날아 나오는 날숨; 떨림-------날아 나오는 날숨

- 당신의 갈비뼈들이 새장이라고 상상하세요. 그 안에 밝은 색깔의 작은 벌새 한마리가 있다고 상상하세요. 횡격막의 빠른 떨림은 그 작은 벌새가 재빨리 날개를 파닥이는 속도와 같습니다. 날숨이 날아나가는 순간 그 새도 밖으로 날아 나갑니다.

- 입을 연 상태로 입으로 숨 쉬면서, 같은 과정을 해보세요.

- 떨림없이, 아주 정확하게 그 떨림이 일어나던 곳의 중심에서 소리의 접촉이 생기도록 하세요.
- 허-허

이제, 내가 "중심(center, 횡격막 정중앙)"이라고 부르는 곳을 당신의 마음속에 그리세요. 다음 연습훈련은 당신이 호흡이 가는 곳보다 더 깊은 곳까지 도달하도록 이끌것입니다. 만약 당신이, 상상하도록 설명해 놓은 다음의 내용을 그대로 잘 따른다면, 당신은 가장 경제적이면서도 신체적으로 민감한 소리를 사용하게 될 것입니다.

- 시작하기 전에 다음의 내용을 읽으세요.

먼저, 마치 전류가 흐르는 것처럼 횡격막 정중앙에서 작은 떨림이 일어나도록 합니다—그러고 나서 숨이 날아나가게 두세요. 거의 모든 숨이 당신의 몸 밖으로 날아나갑니다. 그러나, 진공청소를 했을 때처럼 쥐어짜서 내보내지 마세요. 이 시점에서는 마치 소리를 낼만한 숨이 남아있지 않은 것처럼 느껴질 수도 있을 것입니다. 들숨을 쉬지말고, 몸 안쪽에서 더 긴장을 풀면서 호흡보다 더 깊은 곳으로 떨어져서 "허"하는 소리와 만나도록 합니다.

- 실제로 해보세요; 떨림/ 호흡 날아나가기/호흡보다 더 깊은 곳으로 떨어져 소리와 만나기; 긴장을 풀고 중심(center)을 다시 채우기 위한 들숨이 들어오도록 합니다.
- 이 과정을 반복합니다.

당신의 몸 속 깊이, 소리가 생기는 곳을 찾고, 그 곳에 주의를 집중합니다. 아마도 명치 바로 위, 뒤쪽 척추 바로 앞에서 소리가 시작되는 것처럼 느껴질 것입니다. 그 곳을 명백하게 신체의 중심(center)이라고 부릅시다.

- 다음과 같이 이 과정을 반복합니다.
- 떨림/ 호흡 날아나가기/몸속으로 더 떨어져서 중심(center)에서 "허"하는 소리와 만나기. 횡격막이 아래로 떨어지면서 새 숨이 들어옵니다.
- 이제 몸속의 중심(center)에서 생기는 소리의 접촉을, 호흡을 이용하지 않고 찾습니다.

이것은 당신의 생각/충동이 몸 중심에서 소리와 만날 때와 마찬가지 느낌이면서, 마치 그 소리를 내기 위해 호흡은 필요하지 않은 것처럼 느껴집니다. 그러나, 소리가 난 다음에 당신이 긴장을 풀면 들숨이 바로 몸안으로 날아들어오면서, 사실은 소리를 낼 때 어느 정도의 숨이 사용되었다는 것을 보여줍니다.

- 다시 해보세요.
- 떨림/ 호흡 날아나가기/몸속으로 더 떨어져서 소리찾기
- 허-허
- 긴장풀면 들숨이 들어옵니다.
- 그 숨을 사용하지 마세요
- 몸속의 중심부터 다시 말합니다.
- 허-허/호흡이 날아 나갑니다/그리고 당신이 직접적으로 숨을 사용하지 않았지만, 숨이 사용 되었다는 것을 깨닫습니다.
- 다시 몸의 중심부터 말을 합니다 "허-허". 긴장을 풀면 숨이 날아들어갑니다.

여기에서 하는 것은, 신체적인 노력을 심리적인 에너지로 대체시키는 작업입니다. 큰 감정(말하고자 하는 내용이 크고 깊이있는 경우)을 더 자유롭게 표현하고자 한다면, 몸속의 중심(center)과 연결된 상태에서 더 큰 생각의 에너지를 내보내면 됩니다.

9단계

- 몸의 중심(center)과 연결성을 찾으면서 "허"를 하고, 그 소리를 "헤에"로 바꿉니다.
- "헤이-헤이-헤이"를 반복합니다.
- 들숨이 몸안으로 떨어져 들어오고, 그 숨을 사용하지 않으면서 "헤이" 소리가 중심(center)에서 나도록 합니다. 매번 "헤이"를 하자마자 바로 이완을 해서, 들숨이 날아들어 오도록 합니다. "나는 소리를 낼때 호흡을 사용하지 않을 거야. 하지만 소리가 나자마자 바로 긴장을 풀어서 숨이 날아들어올 수 있도록 할거야"하는 메시지를 계속해서 마음속에서 되뇌이세요.

여기에서 당신은 소리와 생각(mind) 사이의 중간자 역할을 하는 호흡을 잠시 빼놓은 채로, 소리와-생각의 결합을 직접적으로 다루고 있습니다.

- 준비를 위해서 앞에서 했던 것을 다시 반복하세요. 그리고 나서 "헤이" 소리를 시작하세요, 계속 하면서, 근육에 의존하지 말고 생각에 의존하면서 소리가 더 커져야 한다는 생각을 따라 볼륨이 커집니다. 음은 높아지지 않도록 하면서, 생각과 소리(볼륨)가 동시에 점점 더 커지도록 합니다.

- 들숨을 위해서 횡격막은 아래로 떨어집니다.

소리가 점점 더 강해지는 것은 내적인 힘에 의한 것이며, 바깥의 근육은 완전히 이완된 상태를 유지해야 합니다.

- 다음의 상반된 연습훈련을 해보면서 내적인 힘과 외적인 힘의 차이점을 비교해 보세요: 복근을 아주 세게 안으로 당기면서 "헤이"하고 소리쳐 보세요. 바깥쪽 복근이 안쪽으로 강하게 치듯이 움직이면서 "헤이"라는 소리를 냅니다.
- 이제 바깥쪽 복근은 느슨하게 두고 몸의 중심부에 "헤이"라고 강하게 소리치고 싶다는 충동을 보냅니다.

바깥쪽 근육의 힘을 내는 소리에서 내적-정신적 힘을 내는 소리로 옮겨가는 것을 서너 번 반복하면서 두 가지의 다른 과정과 두 가지의 다른 결과를 경험해 봅니다.

호흡의 경제성이란 이미지, 감정, 그리고 충동과의 뗄레야 뗄수없는 관계를 의미합니다. 우리는 횡격막과 천골/골반이 있는 곳에서 감정을 유발하고, 충동을 받아들이고, 그 충동에 대한 반응을 따르면서, 생각과 몸이 이미지를 호흡의 중심에 떨어뜨리는 경험에 익숙해지도록 훈련하고 있습니다.

중심(center)이란 말이 "이미지의 중심(center)"을 의미한다고 할 수도 있겠습니다.

우리가 몸 안의 풍경을 그리면서 작업을 하는 동안, 우리의 상상력도 많은 훈련을 한 셈입니다. 이제, 마치 화가처럼 이미지를 가지고 실험을 해봅시다. 내적으로 시작되서, 외적으로 최고조에 다다르는 이미지들, 호흡 충동을 자극하고 움직이는 그런 이미지들 말입니다.

10단계

- 벽에서 약 4미터 정도 떨어져 섭니다. 그 벽이 커다란 캔버스라고 상상합니다—적어도 6미터 정도 넓이의 캔버스입니다. 그 위에 당신은 바다의 풍경을 그릴것입니다.
- 다음의 설명을 먼저 읽으세요.
- 캔버스위에 가로로 길게 밝은 파랑색의 수평선을 그려 넣으세요.
- 간단한 모양의 커다란 빨간 배를 그리세요.
- 큰 돛대를 그리고, 두개의 크고 하얀 돛을 그리세요. 노랗고 둥근 태양을 그리세요.
- 다양한 크기와 모양의 구름들을 그리세요. 배 주위를 날아다니는 작은 갈매기들을 그리세요. 캔버스 아래쪽에 당신의 이름을 쓰세요. 이 그림들을 그릴 페인트는 당신의 숨입니다—"프(fff)----(윗니와 아랫입술이 살짝 닿은 채 나가는 숨)". 각각의 이미지를 생각할 때마다 새로운 호흡 충동이 생깁니다. 큰 이미지들은 큰 호흡이 필요하겠지요—수평선, 배. 중간 크기의 이미지들은 중간크기의 호흡이 필요하겠지요—돛, 배, 그리고 구름들 몇 개. 작은 이미지들은 짧은 호흡이 필요하겠지요—갈매기들, 햇살 하나하나, 당신 이름의 획들. 모든 충동들은 호흡을 통해 내적인 "이미지의 중심(center)"과 연결되고, 몸통을 지나서 "프(fff)----"하는 숨소리로 빠져 나갑니다.

- 시작하기 전 마지막 설명은: 각각의 이미지가 갑자기 머릿속에 떠오르도록 하세요. 그리고 그 이미지들을 캔버스에 옮기려는 충동을 빨리 따르도록 하세요. 그리기를 시작하세요.
- 이번에는 소리를 내면서 이 과정을 반복해 봅니다. 반드시 "헤이" "하아" "허어" "히이" 같은, 열린 소리들만 사용하도록 합니다.

11단계

- 지금 막 그렸던 바다의 풍경을, 눈을 감고, 몸 속에 횡격막과 숨이 만나는 지점에 다시 상상해봅니다.
- 눈을 뜨세요. 당신의 내부에 상상한 그림을 그대로 가지고 있으면서 당신이 방금 벽에 그렸던 그림을 동시에 바라봅니다.

당신의 내적인 그림과 외적인 그림을 연결하면서 다음의 단어들이 붓이되고 당신의 소리가 물감이 되도록 합니다.

- 넓은 수평선
- △
- 짙푸른 바다
- △
- 태양은 하늘에서 타오르고
- △
- 두개의 돛을 세우고
- △

- 큰 배 한척 물결 위에 떠 있다.
- △
- 갈매기는 날아오르며 외친다
- △
- 선원들은 모두 어디로 갔는가?
- △

당신의 음성이 내적인 그림과 외적인 그림 사이의 다리가 되도록 하세요.

울림 사다리로의 귀환

증가되는 소리의 용량, 힘, 호흡 관련 근육들의 민감하고 세밀한 반응 능력등을 통한 호흡에 대한 자각력의 증대는 당신의 음성을 더 풍부하고, 생동감 있고, 다양한 표현력을 가진 소리로 만들어 줍니다. 소리의 기본 요소들을 한번 더 짚고 넘어가도록 하겠습니다.

- 말을 하고자 하는 필요와 욕구
- 명확한 생각/감정의 충동
- 호흡
- 울림
- 소리에 화술이 더해지면, 입술이나 혀가 생각과 느낌을 단어들로 정확하게 표현하게 됩니다.

더 증대된 호흡력을 가지고, 이제 다시, 울림 사다리에 대한 자각과 그것의 효과적인 사용에 대해 배웠던 내용을 되돌아 봅시다.

우리는 음성의 낮은 소리 부분을 강화하는 아주 커다란 울림 공간으로 이루어진 가슴 울림소리를 배웠고, 완벽하게 울림을 만들어 줄 수 있는 지붕 모양의 경구개를 가진 달걀처럼 생긴 입 울림 소리도 배웠습니다. 이빨에서 울리는 소리들도 찾았습니다. 각각의 울림 공간에서 가장 극대화된 울림을 얻을 수 있는 음계들도 찾아 보았습니다.

공동(Sinus), 코, 그리고 두개골이 다음 단계의 울림 사다리에 속하는 부분들입니다. 이 울림 공간들로 옮겨가기 위해서는 더 많은 호흡과 호흡 자각력이 필요합니다. 왜냐하면 이러한 부분들에서 나는 울림 소리들은 당신의 혀, 턱, 목구멍으로부터 도움을 받으려는 경향이 강하기 때문입니다. 중간 소리부터 다소 높은 소리에 해당하는 이 소리들은 반드시 호흡과 울림 공간에만 의존해야 합니다. 그래야만 감정적으로 심리적으로 표현력있는 소리가 날 수 있습니다. 책략가인 혀의 신 헤르메스 기억나세요? 소리를 찾는 우리의 여정에서 혀는 반드시 완전히 이완된 상태를 유지해야만 합니다. 아이리스가 무지개 색깔의 중간과 높은 소리들을 투명하고 진실되게 내 보낼 수 있으려면, 혀, 턱, 목구멍은 반드시 완전히 이완된 상태를 유지해야만 합니다.

작업 14일

공동(sinus) 울림 장치 :

얼굴 중간 부분, 중간 소리 ... 나가는 길

예상 소요시간 : 1시간

　　　이제 우리는 울림 사다리의 중간 위쪽에 위치한 중간 소리이자, 음성중에서 가장 섬세하면서도 복잡하고 흥미있는 부분으로 옮겨갑니다. 이 부분은 음성중에서 가장 쉽게 드러나는 부분이고, 그래서 아마 가장 자유롭지 못하게 사용되는 부분이기도 합니다. 가슴, 입, 이빨같은 단순한 모양의 울림 공간에 비교하자면, 여기에 있는 울림 공간들은 복잡한 미로처럼 생겼습니다. 두개골을 직접 들여다보면 얼굴 안에 얼마나 많은, 다양한 모양과 크기를 가진 공간들이 있는지 알 수 있습니다. 어떤 공간들은 딱딱한 뼈 안에 들어있고, 어떤 공간들은 1밀리미터 정도 크기에, 투명한 연골로 둘러싸여 있습니다. 이렇게 다양한 모양과 재질로 이루어져있기 때문에 울림 소리의 질에도 많은 차이점이 있습니다. 그럼에도 불구하고 대부분의 사람들이 중간 소리를 낼때, 한두 가지 음만을 사용합니다. 어떤 경우에는 귀에 거슬리는 소리가 나고, 어떤 경우에는 비음만 강하고, 어떤 경우는 진동이 거의 없는 힘없는 소리가 나고, 어떤 경우는 노래부르는 듯한 소리가 납니다. 중간 소리를 쓰는 대부분의 사람들이 위와같이 한 가지 특징만을 가진 소리를 냅니다. 설령 음성이 듣기에 좋고, 잘 자리잡았고, 잘 조절되어 있다고 하더라도, 그 이상도 이하도 아닌 그저 듣기 좋은 소리만 납니다. 듣기에 좋은 것 같고, 잘 훈련된 듯한 음성을 내는 사람들은, 남이 듣기에 좋은 소리를 내기 위해 더 노력하느라, 자기가 하고자 하는 말의 진실성을 전달하는 데에는 정작 관심을 덜 두게 됩니다. 지속적으로 "듣기 좋은 목소리"를 내기 위해 소리를 끊임없이 조절하는 사람은 자신의 감정을 숨기는데 능숙해집니다.

이 울림 부위에서 아주 다양한 질(quality)의 울림소리들이 날 수 있기 때문에, 아주 미묘한 뉘앙스를 가지고 있는 생각까지도 정확하게 표현될 수 있습니다. 뉘앙스가 일상의 대화에서 거의 들리지 않는다는 것은, 말을 할 때 이러한 정확성(생각의 면밀하고 미묘한 부분까지 음성으로 표현한다는 것, 생각하는 바를 세세하게 그대로 드러낸다는 것) 자체가 현대인의 일상에서는 위험한 일로 간주된다는 것을 보여줍니다. 자신을 드러내기 보이기 쉬운 이 음성 부분은 어렸을 때부터 스스로를 보호하려는 자기 방어본능에 의해 가장 많이 제제를 받습니다. 어떤 자기 방어적 반응은 본능적이고 자동적이며, 어떤 방어 반응은 좀 더 의식적으로 사용된 성격적인 선택이고, 어떤 반응은 모방에 의해 얻어집니다. 혀, 연구개, 턱, 그리고 목구멍에서의 근육 반응들은 원래 가야할 울림 공간으로 소리가 가는 것을 막고, 울림의 방향을 바꿔버립니다. 이렇게 되면, 원래의 울림공간이 아닌 다른 공간에서, 원래 말하려했던 의도를 변형시킨 소리가 나게 됩니다.

이해를 돕기 위해 예를 든다면, "여보, 운전을 너무 빨리하는 거 아니예요?"같은 말이 좋은 예가 되겠습니다. 원래 느끼는 충동은 두려움이지만 "무섭긴 하지만 흥분하지는 말아야지"하는 성격적 선택에 의해서 원래의 충동이 조절됩니다. 만약 처음 충동 그대로 직접적으로 표현했다면, 두려움에서 오는 자극이 호흡과 성대로 하여금 비교적 높은 음역의 진동을 만들고 그것이 얼굴의 중간 부분의 울림 공간을 울리면서 소리가 날 것입니다. 인두(pharynx) 위쪽과 연구개, 공동(sinus) 위쪽의 무수히 많은 아주 작은 근육들이 원래 느꼈던 두려움의 충동을 받아서 소리가 나도록 했을 것입니다. 이 작은 근육 움직들이 일정한 진동수를 유지할 수 있도록 해서 공포의 충동을 정확히 표현했을 것입니다.

성격적 혹은 외부적 요인에서 오는 부차적인 메시지에 의해서 재조정되지 않는다면, 민감하고 정확한 감정의 진동은 민감하고 정확한 음성적 진동을 만들어냅니다. 난폭한 운전을 하는 사람의 경우, 같이 타고 있는 사람이 느끼는 정신물리학적인 반응은 다음과 같을 것입니다:

1) 명치에서 느껴지는 다급한 놀람이 재빠른 들숨을 들어가게 만들고, 동시에 이마, 눈, 머리의 근육, 인두(pharynx) 위쪽이 긴장됩니다.
2) "공포를 표현하지 말아야겠다"는 조절된, 그리고 빠른 결정이 내려집니다. 좀 더 차분하고 가라앉은 듯한 가슴 울림 소리를 찾기 위해서, 습관적으로 터득한 방법으로 혀와 후두를 내립니다.
3) 후두에 있는 근육들을 조정하고, 깊고 좀 더 따듯한 톤을 가지고 있는 낮은 울림소리를 써서 조심하는 게 좋을거라는 메시지를 상대에게 전합니다—어떻게든 속도를 낮추게 만들도록 하려는 노력입니다.

또다른 성격적인 조절의 예를 든다면, 두려움에 대한 충동을 웃음으로 바꾸는 것입니다. 대부분 높고, 깔깔거리는 듯한 웃음입니다. 이 경우는 근육의 긴장을 더 고조시키는 충동을 동반해서, 소리와 긴장이 함께 고조됩니다.

다른 심리적 요소들과 신체적 요소들을 결합하면, 이런 예들은 무수히 만들어 낼 수 있습니다. 기본적인 일차적 충동을 그대로 표현하는 것보다, 이런 우회적인 메시지를 표현하는 경우가 훨씬 더 많습니다. 배우의 소리가 순수한 일차적 감정을 있는 그대로 표현할 수 없다면, 복잡한 감정을 정확하게 표현하기를 기대하기는 더 어려울 것입니다. 배우가 선택한 복합성이나 배역이 요구하는 복합성은 배우 자신의 습관적 방어 반응과 개인적 성격적 선택에 의한 습관들에 의해 왜곡되어서 표현될 것입니다. 따라서 마음속에서 생각한 것과 직접 나오는 대사가 일치되는 않는 경우가 생기는 것입니다. "머리나 가슴으로는 알겠는데, 왜 연기가 그대로 안나올까" 할 때의 문제점 말입니다.

요약하자면, 생각/감정 에너지와 호흡, 진동, 울림을 전혀 방해없이 깔끔하게 서로 연결하는 것은, 음성의 폭과 표현 범위를 넓히는 기초가 됩니다. 음성을 음악적 악기로써 다루면서 감정과 연결되지 않은 소리로만 만들 수 있겠지만, 그 반대로 감정과 소리를 만나게 하고 그 둘이 서로를 자극하도록 할 수도 있습니다. 다음의 연습훈련은 얼굴 중간의 울림장치들을 어떻게 사용하는가에 대한 실마리를 제공합니다.

- 중간 소리 훈련을 하기 위한 신체적 준비
- 당신의 얼굴을 마스크라고 생각하지 마세요. 거울을 볼때 눈에 보이는 면만을 생각하지 말고, 얼굴 내부의 공간들을 생각해보세요. 코 뒤에 있는 공간의 깊이, 피부 아래에 있는 작은 동굴 같은 공간들을 생각해 보세요.
- 먼저, 얼굴에 수직, 수평, 대각선으로 놓여있는 모든 근육들을 움직이고 풀어줘야 합니다. 이 근육들은 의사소통을 도와주면서 움직이거나, 또는 전혀 움직이지 않으면서 의사소통을 방해할 수 있습니다.

얼굴 근육 분리해서 움직이기
- 오른쪽 눈썹을 들었다 내렸다를 반복하세요.
- 왼쪽 눈썹을 들었다 내렸다를 반복하세요.

- 오른쪽 뺨의 근육들만 들어올려서 모았다가 놓기를 서너 번 반복하세요.
- 왼쪽 뺨의 근육들만 들어올려서 모았다가 놓기를 서너 번 반복하세요.
- 윗입술을 들었다 내리기를 서너 번 반복하세요.
- 아랫 입술을 밀어 내렸다가 제자리로 올리기를 서너 번 반복하세요.
- 입 오른쪽 가장자리를 뺨쪽으로 늘렸다가 놓기를 반복하세요.
- 입 왼쪽 가장자리를 뺨쪽으로 늘렸다가 놓기를 반복하세요.
- 입 왼쪽과 오른쪽 가장자리를 번갈아 가면서 뺨쪽으로 늘렸다가 놓으세요.
- 코 윗등을 찡그려서 모았다가 펴세요.
- 코 윗등을 올렸다 내렸다를 반복하세요.
- 오른쪽 눈만 꼭 감으세요.
- 오른쪽 눈을 크게 뜨세요.
- 왼쪽 눈만 꼭 감으세요.
- 왼쪽 눈을 크게 뜨세요.
- 오른쪽과 왼쪽 눈을 따로 감았다 떴다하기를 빠르게 반복하세요.
- 왼쪽 눈썹을 들어올리고 입 오른쪽 가장자리를 뺨쪽으로 늘리세요. 턱은 움직이지 마세요.
- 한꺼번에 모두 제자리로 내리세요.
- 오른쪽 눈썹을 들어올리고 입 왼쪽 가장자리를 뺨쪽으로 늘리세요. 턱은 움직이지 마세요.
- 한꺼번에 모두 제자리로 내리세요.

얼굴 근육들을 수평, 수직, 그리고 대각선 방향으로 동시에 움직이는 방법을 고안해 보세요. 당신의 생각대로 근육들이 움직이고 있는지 거울을 보면서 확인하세요.

마지막으로:

- 얼굴 전체를 쭈그려서 마치 작은 공처럼 탄탄하게 모이도록 합니다.
- 얼굴울 최대한 넓게 스트레치합니다—마치 소리없는 절규를 하듯이 얼굴과 입을 활짝 여세요—
- 얼굴의 긴장을 풀고, 얼굴을 흔들어서 근육들을 털어줍니다.
- 손으로 얼굴을 마사지합니다.

중간 공동(sinus) 울림 장치

영어로 공동(sinus)은 들어간 공간, 빈 공간, 움푹하게 패인 곳이라는 의미를 가지고 있습니다. 뼈속의 빈 공간은 울림소리를 만들기에 아주 좋습니다. 이제부터 하는 작업은 코의 양 옆에 위치한 중간 공동(sinus: 결각이라고 부르기도 함)에 초점을 맞추게 될 것입니다. 코 양옆의 공동은 중간 공동이라고 부르고 코 위쪽과 눈썹위의 공간은 윗공동이라고 부르겠습니다.

1단계

손가락으로 얼굴을 만지면서 얼굴의 생김새를 관찰합니다. 코부터 양쪽 광대뼈까지의 모양을 손가락으로 만지면서 느껴봅니다. 이제, 상상력을 불러와서 당신의 코가 산봉우리이고 양쪽 광대뼈가 산등성이라고 상상해보세요. 산봉우리(코)와 산등성이(광대뼈) 사이에 살짝 내려간 빈 공간을 찾을수 있을 것입니다. 이곳을 "습한 공동(sinus) 계곡"이라고 부르겠습니다. 코-산봉우리 양옆으로 부터 광대뼈-산등성이 사이에 빈공간, 공동(sinus)이 있습니다. 공동(sinus)-계곡은 작은 구멍이 많고, 만지면 부드러우며, 민감하기도 합니다. 코 바깥쪽-위쪽·옆으로 움직이는 작은 원을 손가락으로 그리면서, 이 부분을 가볍게 마사지해 줍니다.

이 부분에 대한 관찰을 끝내고, 다음은 코-산봉우리에서 시작해서 광대뼈-산등성이까지 도달하는 근육(공동(sinus)을 지나는 근육)들을 분리해서 움직이도록 하겠습니다. 이 근육들이 산봉우리에서 계곡을 지나 산등성이까지 연결된 구름다리라고 상상하세요.

■ 이제 이 구름다리 근육들을 위 아래로 움직여 보세요.

이것은 안경이 콧등에서 미끄러질 때, 손을 사용하지 않고 콧등을 찡그려서 안경을 치켜올릴 때와 똑같은 움직임입니다.

거울을 보면서 확인하세요:
1) 콧 잔등 양쪽 옆에 있는 중간 공동 근육만 분리해서 움직입니다.
2) 이마나 윗입술에 있는 근육들은 직접적으로 움직이지 않습니다.
3) 턱을 움직이지 않습니다.

중지로 공동(sinus) 부분을 마사지 하세요.

공동(sinus)부분의 근육을 분리해서 아래위로 움직이는 것과 중지로 공동(sinus)부분을 마사지하는 것을 번갈아 반복하세요.

2단계

■ 혀끝을 느슨하게 이완된 상태로 아랫입술 위에 놓습니다.
   혀는 미끄러지듯 움직이고, 두텁고 이완된 상태로 입 밖으로 나와야 합니다. 만약 혀가 완전히 이완되면 혀는 넓게 퍼져서 입가를 건드리고 움찔거리지 않습니다. 만약 혀에 긴장이 있는 상태이면 혀가 자꾸만 목구멍 쪽으로 당겨져 들어가고, 혀끝이 뾰족하게 모아지거나, 아니면 혀 중간 부분이 아래로 눌려져 내려갑니다.

- 긴장이 풀린 혀를 입술 위에 놓은채로, 공동의 근육을 위아래로 움직입니다.

- 소리를 만드는 과정에 습관적으로 혀가 끼어드는 것을 방지하는 동시에, 몸/마음의 자각력을 가지고 중간 공동(sinus)부분으로 통하는 통로를 찾는 작업을 하고 있습니다.

- 이제 혀끝을 계속 아랫입술 위에 걸쳐놓은 채로, 혓바닥 위쪽과 윗니 사이의 좁은 공간을 통해서 "히"하고 진동없는 한숨을 쉽니다.

- 혀끝을 계속 아랫입술 위에 걸쳐놓고, 혓바닥 위쪽과 윗니 사이의 좁은 공간을 통해서 진동없이 속삭이며 나가는 "히이이이-" 하는 한숨을 다시 쉬면서, 공동 부분에 있는 근육을 위아래로 서너 번 움직입니다.

습관적인 혀의 움직임을 적극적으로 관찰해서, 중간 공동의 움직임과 한숨이 빠져나가는 것에 혀가 반응하지 않도록 합니다.

혀를 내민 상태에서 공동 근육을 움직이면서 자유로운 한숨을 쉬는 것이 마치 한손으로 머리꼭대기를 두드리고 다른 손으로 배에 원을 그리며 문지르는 것과 마찬가지라고 생각했다면, 당신은 습관적인 움직임의 패턴을 바르게 지적한 것입니다.

- 그래서–공동 근육의 움직임이 혀와 전혀 상관없이 될 때까지 계속 연습하세요. 혀는 공동근육 움직임과 상관없이 차분하게 아랫입술 위에서 쉬

고 있어야 합니다.

거울을 사용하세요.

다음 단계는 "히이이이-"하는 한숨에 진동을 더하기 위한 것입니다.

- 혀끝은 아랫입술 위에서 이완된 상태로 두고, 길게 "히이이이---"하는 한숨을 쉬면서, 마찬가지로 공동 근육을 위아래로 서너 번 움직입니다. 이때, "히이이이----"하는 한숨은 중간 '파'음 정도(남자는 한옥타브 아래)로 명확히게 중간 울림음을 생각하면서 쉬도록 하세요.
- 들숨이 들고, 다시 "히이이이--"하는 한숨이 반음 더 높게 나갑니다. 이와 동시에 공동 근육을 움직이면서 혀는 아랫입술 위에 이완된 상태로 놓여있도록 하세요. 3-4번 정도 반음씩 계속 올라가면서 이 과정을 반복합니다.
- "히이이--"하는 한숨을 반복하면서 공동 근육을 움직이고, 동시에 손가락으로 공동 근육을 마사지하세요. 음계를 따라 올라가다가 힘이 들어가는 것같은 느낌이 들면 다시 음계를 따라 내려옵니다.

"히이이이"하는 소리가 아주 명확하게 입으로 나오도록 하세요: 윗니를 지나서 혀끝을 지나서 앞으로.

당신이 공동 부위의 진동을 깨우고 있고, 공동 부위의 움직임에 의해 소리가 영향을 받기는 하지만, 소리 자체가 공동 안으로 들어가지 않도록 하세요. 만약, 움직이는 공동 안으로 소리를 넣는다면, 콧소리만 날 것입니다. 그것이 해로운 것은 아니지만, 코 주위의 많은 다른 부위, 예를 들면 코 옆이나 광대뼈 그리고 작은 뼈 구멍들에서 울려 나올 수 있는 소리들을 그냥 묻어버리게 될 것입니다.

윗니를 지나고 혀를 지나서 소리를 앞으로 나오게 하는 것은 바로 생각의 강도(intensity)입니다. 소리를 미는 게 아니라 강도있게 한숨에 집중하는 것입니다.

이 연습 훈련에서는 혀에 대한 자각력이 절실히 필요합니다. 앞에서 설명한 바와 같이, 혀의 뿌리쪽은 음이 높아질수록 뒤로 당겨들어가려는 경향이 있습니다. 이것은 호흡이 받쳐주어야 할 것을, 근육이 대신하려 하기때문에 생기는 현상입니다. 공동의 울림들이 열리기 시작하면, 음성에 진정한 울림소리의 힘을 더해 주게 됩니다. 음성은 혀뿌리에 의존하던 습성을 버리고, 호흡과 울림의 진정한 힘을 얻게 됩니다. 혀의 긴장을 풀면 풀수록 음성은 더욱더 호흡에 의존하게 되고, 얼굴과 입 전체에 있는 진정한 울림 장치들을 찾게 될 것입니다. 결론적으로, 혀가 이완하면 할수록 음성은 진정한 울림(공명)의 힘을 찾게 된다는 것입니다.

3단계

- 혀가 두텁고, 이완된 상태로 입 밖으로 미끄러져 나옵니다. 정말로 넓게, 입가장자리에 닿은 채로 두텁고 움직이지 않으면서 이완되었는지 확인합니다. 혀가 입안으로 끌려 들어가거나, 혀끝이 뾰족해지거나, 얇아지거나 중간 부분이 아래로 눌리지 않도록 하세요.
- 윗니와 혓바닥 위쪽 사이에 있는 작은 공간으로 "히이이이"가 3도 음으로 혀를 지나 입밖으로 날아나도록 합니다. 3도음의 "히이이이"를 하면

서 공동 근육을 위아래로 서너 번씩 움직입니다. 이 과정에서 혀가 완전히 이완된 상태를 유지하도록 계속 관찰하세요.

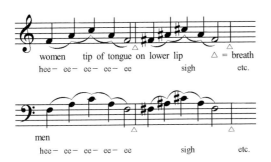

- 새로운 들숨이 들어오도록 긴장을 푸세요.
- 3도음이 수평으로 입을 지나서 입밖의 공기중으로 나가는 것을 그려보세요−위 아래로 움직이는 것이 아니라, 음이 바뀌어도 소리는 일정하게 수평으로 나간다고 상상하세요.

음계를 따라 올라가면서 "히이이이"로 3도음을 하면서 혀와 호흡과의 관계를 살펴봅니다. 아래턱에 있는 혀가(혀뿌리) 단단해지면 소리내는 연습훈련을 계속하면서 엄지 손가락으로 턱 아래 안쪽을 마사지합니다. 이곳은 손가락을 위쪽으로 누르면서 세게 마사지해도 괜찮습니다. 어떤 음을 내고 있는지에 상관없이 소리가 안날때처럼 부드러워야 합니다. 혀가 단단해지면, 호흡에 더 주의를 기울이고, 몸 깊은 곳에서부터 더 자유롭게 터져나오는 한숨을 쉬도록 합니다.

소리를 자유롭게 하기 위한 기본 규칙을 만듭시다−음이 올라가면 올라갈 수록, 더 깊고 더 자유로운 한숨을 쉰다.

■ 혀를 다시 입안에 넣습니다. 그리고 앞의 자세한 내용들을 잠시 생각하지 말고, 그냥 자유롭고 편안하게 "헤-에-에-에-이"하고 부르면서 몸전체를 털어줍니다.

이 단계에서 들리는 소리가 귀로 듣기에 별로 아름다운 소리가 나지 않더라도 조바심을 내지 마세요. 다음의 것에 주의를 기울이는 것으로 만족하세요- 음 높이에 대한 생각에 따라 반응하는 호흡의 자유로움; 풀어지면서 깨어나는 얼굴 근육들; 유지되는 목구멍, 혀, 턱의 자유로움. 당신의 오랜 습관이나 소리에 대한 생각들이 새로운 생각과 경험에게 자리를 넘겨주었기 때문에, 처음에는 이런 결과들이 이상하게 느껴질지도 모릅니다. 이상하게 느껴지는 게 더 나을 수도 있습니다. 자유롭게 되도록 훈련하는 과정에서 듣기 좋은지 아닌지에 신경쓰고 비판하는 것은 방해요소로 작용합니다. 이것은 나중에 소리를 더 다듬는 과정에서 얼마든지 할 수 있습니다. 당신이 마음 속으로 신경을 계속 쓰면서 "끔찍한 소리가 난다"라든가 "이건 내 목소리가 아닌데" 라든가 "난 노래할 때 목소리가 훨씬 더 나아"같은 생각을 하고 있다면, 당신은 연습 훈련에 신경을 집중하고 있지 않을 뿐만아니라 결코 만족스러운 연습훈련의 결과도 얻지 못할 것입니다.

점점 더 높아지는 음에 소리를 맞춰가는 과정은 당신의 음역을 넓혀가기 위한 것임과 동시에 당신의 노래하는 소리도 발달시켜 줍니다. 이것은 또한, 더 큰 요구에 힘을 더 써서 대응하기 보다는 더 자유롭게 내보내는 능력을 길러서 대응하도록, 소리가 나가는 과정을 기본적으로 재조정하는 것입니다. 여기서 말하는 더 큰 요구란, 당신이 연기해야 하는 강한 인물, 혹은 아주 큰 대극장에서 연기할 때, 또는 표현해야 하는 아주 크고 깊은, 강한 감정 등을 의미합니다. 이러한 강력한 의사소통은 반드시 내적인 욕구를 담은 적절한 내적 에너지, 열려있으면서 자유로운 통로를 가진 소리와 몸, 그리고 의사소통을 하고자 하는 강하면서도 관대한 욕구, 그리고 그러한 의사소통을 실제로 옮길 때의 즐거움들을 통해 이루어져야 합니다. 가장 강력하고 감정적인 표현은 가장 강력하고 만족스럽게 나를 풀어놓도록 해줍니다.

주석... 음이 높아질수록 더 큰 한숨을 생각하는 것은 음이 높아질 때 힘을 더 줘서 질러야 한다는 통념을 깨는 것입니다. 지르거나, 밀거나, 힘주거나, 아니면 아예 포기해버리는 것은 높은 소리를 낼 때, 일반적으로 일어나는 심리적 반응입니다. 만약 음이 높아지면 높아질수록 더 큰 한숨을 쉬겠다는 생각을 하면 할수록 당신은 다음의 세 가지를 하게됩니다: 1)호흡 근육이 미리 준비하면서 긴장하는 것을 풀어주게 됩니다. 긴장과 한숨은 정반대의 개념이기 때문입니다. 2)높은 음을 받쳐주고 풀려나게 하는 데 필요한 더 큰 호흡을 공급하게 됩니다. 3)밀고, 힘주고, 고통받으면서 "난 못해"라는 생각을 하는 대신, 즐거움을 동반한 안도감을 느끼게 됩니다. 만약 당신이 음이 하나씩 높아지면 높아질수록 즐거운 안도감도 동반해서 상승한다고 생각한다면, 훨씬 더 많은 호흡과 훨씬 더 큰 에너지 그리고 높은 음에 대한 새로운 태도로 인해 훨씬 더 쉽게 소리를 만들어 낼 것입니다. 경제성도 따라 오게 될 것입니다.

4단계

소리가 높아질수록 자신도 모르게, 충동과 호흡이 느껴지는 곳도 같이 뜨는 것을 보완하기 위해서, 모든 공동(sinus) 연습훈련은 바닥에서 하는 자세들을 이용하겠습니다.

- 등을 바닥에 대고 발바닥은 바닥에 붙인채로 무릎은 세우고 비교적 낮은 음 부터 "헤이"를 3도음으로 하기 시작합니다. 낮은 음에서는 어떤 울림이 쓰이는지 관찰을 하다가, 음이 높아질수록 입 울림이 더 쓰이게 되는

것을 관찰하십시오.

- 당신이 당신의 음역 중간쯤에 왔다고 느낄 때 돌아 누워서 배를 땅에 대고 눕는 자세로 이동하세요: 모음을 바꿔서 "히이이이"로 3도음을 계속합니다. 당신이 한숨을 쉬고자 하는 충동이 아랫등까지 전해지도록 하세요. 들숨에서 아랫등이 천장을 향해 올라가고, 날숨에서 바닥으로 떨어지는 것에 주의를 기울이세요. 진동이 당신의 이빨을 지나 중력을 향해 바닥으로 떨어져 나오는 것을 보세요.

- 이제 새싹 포즈로 옮겨 갑니다. 혀가 아랫입술 위에 놓이도록 하고, 당신의 공동 근육을 위아래로 움직이면서 "히이이이"하는 3도음을 계속합니다. 들숨에 아랫등이 열리는 것을 느끼면서, 소리가 꼬리뼈부터 척추를 타고 등과 뒷목을 지나, 뒷통수와 머리로, 그리고 얼굴의 중간에서 중력을 향해 떨어지는 것을 보세요.

- 발가락을 바닥에 걸고 쭈그리고 앉기 자세로 이동하세요. 팔꿈치들을 양 무릎 안쪽에 넣고 엄지 손가락으로 공동을 살짝 누르면서, 3도음으로 "히이이이"를 하는 동안 엄지 손가락을 가볍고 빠르게 흔들어서 공동 근육을 움직이세요. 소리가 척추를 따라 뒷목과 뒤통수 정수리를 지나 얼굴 중간 부분에서 바로 중력을 향해 떨어집니다.

- 꼬리뼈를 떠오르게 해서 척추가 거꾸로 매달린 자세로 이동합니다. 팔꿈치를 무릎 위쪽에 걸치고 엄지 손가락으로 공동을 다시 마사지하고 털면서, 3도음으로 나가는 소리를 따라 횡격막도 중력을 향해 떨어지는 것을 느낍니다.

- 천천히 척추 하나씩 세우면서 올라와 섭니다. 중력의 중심을 몸 깊은 곳에 두고, 공동에서 느껴지는 명확한 진동의 느낌을 그대로 유지합니다.

지금쯤이면 당신은 당신의 얼굴 바로 뒤에 있는 공간, 특히 광대뼈 뒤의 공간에 대한 자각력을 가져야 합니다. 광대뼈는 울림을 위한 아주 훌륭한 모양을 가지고 있습니다.

- 만약 어지럽다면 무릎에 가벼운 반동을 주세요.

5단계

다음 연습훈련은 집중력과 명확한 정신적 에너지를 필요로 합니다.

- 먼저 준비 단계로, 뽀뽀를 할 때처럼 입술을 삐죽 내밀어 보세요. 그리고 바로 입술 가장자리를 쫙 펴서 입이 양 옆으로 크게 미소짓듯 늘어나게 하세요.
- 이것을 서너 번 반복합니다: 앞으로, 옆으로, 앞으로, 옆으로, 뽀뽀, 옆으로 미소, 뽀뽀, 옆으로 미소.
- 턱을 사용하지 않도록 주의하세요. 새끼 손가락을 아래위의 앞니 사이에 물고, 입술 움직이는 연습을 하세요.

혀끝은 아랫니 뒤에 가만히 쉬고 있어야 합니다. 당신은 지금 광대뼈와 공동에 있는 근육들을 포함한 얼굴의 수직, 수평 근육들을 훈련시키고 있습니다. 입술이 양옆으로 쫙 늘어나며 큰 미소를 지을 때 광대뼈 근육들이 양눈 아래에 확실히 모이도록 하세요.

- 입술을 뽀뽀하듯 모으세요. 이 입술속에 당신이 모으고 있는 작은 공과 같은 진동을 상상하세요. 중간음을 찾아서, 모으고 있는 입술 사이에서 진동의 느낌을 느껴보세요. 진동을 모으고, 내보내고, 모으고, 내보냅니다.

(아주 작은 크기의 "우우-어흥")

- 이제 이 작은 진동의 공이 재빠르게 옆으로 열리는 입술을 따라 옆으로 당겨지면서 소리도 입모양을 따라 당겨지면서 변해서 빠져나갑니다. 앞으로 날아나가는 진동은 강하고 명확한 소리 "웨이"입니다.

"웨이"안에 있는 모음은 "우"와 "에이"입니다.

- 거울을 들여다보면서 이것을 반복하세요. 당신이 입술을 앞으로 내밀때 입가에서 뺨까지 대각선으로 얼굴 근육이 스트레치되는 것을 보세요. 입가를 옆으로 당겼을 때 양옆에서 생기는 움직임을 생각해보고 당겼다가 놓을 때의 강한 움직임을 생각합니다. 당신이 입가의 근육을 갑자기 당겼다 놓을 때 당신의 뺨이 눈 아래까지 움직이는 것을 관찰하세요. 강한 움직임의 결과로 강한 소리가 생길 것입니다. 소리를 지르는 게 아니라, 강한 움직임의 결과로써 강하면서도 날카로운 소리가 생기게 됩니다.

이 소리는 공동/광대뼈 울림을 가지고 그 울림을 강화하면서 나옵니다. 그리고 중간과 위쪽 울림소리를 강화시켜줍니다. 이것은 매우 외향적인 소리이며, 그 소리의 결과는 날카롭고 짧은 큰 소리입니다. 당신이 소리를 지르기 때문이 아니라, 당신의 에너지가 모이고 집중되었기 때문에 이런 소리가 납니다. 외향적이라는 의미는 소리 자체가 안쪽보다 몸 바깥쪽에서 생긴다는 의미입니다. 이것은 열린소리입니다.

- 이제 당신의 흥미를 호흡의 중심점으로 다시 돌려 봅시다. 아주 큰 한숨을 쉬고 싶다는 충동을 느끼면서 숨이 나갑니다. 여섯개의 중간 크기의 한숨과 아주 많은 기대감에 찬 작은 숨들을 쉬세요.

- 기대감에 찬 많은 작은 숨들이 나가는 끝자락에, 그 호흡의 중심에서부터 당신의 입술과 광대뼈까지 전해지는 충동을 "웨이"로 보내세요
- 한번의 날숨으로 "웨이"를 여러번 반복하세요
- 입술을 모으고 "우우", 입술이 양옆으로 멀어지면서 "에이"
- 앞으로 옆으로; 앞으로 옆으로; 앞으로
- 우우 에이 우우 에이 우우 에이

이 모든 과정을 하는 동안에도 진동이 입술에 느껴져야합니다.

- 위아래 앞니사이에 새끼손가락 끝을 문채로 서너 개의 음을 올라가고 내려가면서 반복합니다―#파부터 솔까지.

oo – ey – oo – ey – oo – ey   oo – ey – oo – ey – oo – ey

men : one octave lower   continue to D or E♭

목구멍에는 전혀 무리가 가지 않아야 합니다. 연구개는 열려있고 혀는 이완된 상태로 혀끝이 아랫니 뒤에 닿아있어야 합니다. 턱은 움직이지 않아야 합니다. 호흡의 중심부부터 얼굴 앞쪽까지 명확하게 빈 공간이 있습니다.

- 거울을 사용해서 당신의 입술이 완전히 앞으로 내밀어지고 입가장자리가 완전히 빰쪽으로 쫙 벌어져 올라가는지 확인하세요
- 입술을 털어주면서 긴장을 풉니다.

주석... 발성훈련에 있어서 구시대적인 발상은 소리를 "질러서" 들리게 한 다거나 "소리를 얼굴이라는 마스크 바로 뒤에 놓이게 한다"였습니다.

이 마스크라는 일차원적인 이미지는 얼굴에 있는 삼차원적인 다양한 구조의 뼈들의 복잡성을 무시해버릴 뿐 아니라, 얼굴은 그 뒤에 숨을 수 있는 마스크(보호막)라는 생각을 가지도록 만듭니다. "지르다"는 말의 의미는 "앞으로 던지라"는 얘기입니다. 진심으로 장면에 몰입해서 연기를 하면서 동시에 소리를 앞으로 던지는 것은, 당신 으로 하여금 두 가지의 완전히 다른 노력을 하도록 만듭니다.

이 상반된 의미를 가진 말 대신에, 당신은 진실함, 자유, 그리고 열려있음에 스스로 를 몰입시켜야 합니다. 극장 맨 마지막줄에 앉아있는 관객이 당신이 연기하는 인물 의 생각과 감정을 듣고 느끼기를 원해야 합니다. 그리고 당신은 그 욕구를 성취하 기 위해서 열려있고 이완된 통로를 가진 음성과 몸을 가지고 있어야 합니다. 당신 내부의 세계가 관객이 있는 당신 외부의 세계와 부족함 없이 만날수 있도록 당신의 자각력을 넓힐 수 있어야 합니다.

만약 당신이 전달될 감정/생각의 진실성을 정말로 중요시한다면, 만약 당신이 생각/ 감정을 나누려는 진실한 욕구가 있다면, 그리고 당신의 호흡 발성기관에 어떠한 막 힘도 존재하지 않는다면, 당신의 음성은 당신 내부 깊은 곳에있는 생각/감정의 내용 을, 당신 입 앞을 지나, 관객에게 전달할 것입니다.

당신의 음역에서 중간소리를 강화하기 위해, 당신은 얼굴 앞쪽에서 울림을 자 극하는 소리들을 만들고 연습해야 합니다. 이것은 인위적인 노력 없이도 당신 의 가장 깊은 생각을 드러내고, 활기차고 격정적이며 열정적인 느낌들이 자유 롭게 표현되도록 하는 열려있고 외향적인 소리입니다.

이러한 의사소통의 조건을 만들기 위해서, "웨이(우우에이)" 연습훈련을 재미있게 한 단계 발전시켜 보았습니다. 여러번의 반복은 궁극적으로 당신이 자연스럽게 소리를 사용하도록 도와줄 것입니다.

■ "웨이" 대신에, 똑같은 얼굴과 입술 움직임을 써서;
 −위유 위유 위유
 (이 부분의 연습 문장은, 영어를 그대로 옮겨쓰지 않았습니다. 이 연습 문장의 원래 목적은 영어 발음을 잘 하기 위한 것이 아니라, 공동 울림 장치에 맞는 모음을 사용해서 이 울림 부분을 깨우는 것입니다. 따라서, 이 울림장치에 맞는 모음 소리만 사용하거나, 적절한 모음을 사용해서 짧은 문장들을 만들었습니다. 물론, 저자의 동의하에.)

지금까지는 양쪽 대각선으로 움직이는 뺨근육에 초점을 두었지만, 이제는 "위"에서 입가를 양옆으로 당기고, "유"에서 당겼던 입가를 앞쪽을 향해 내보내세요. "웨이"에서처럼, "위" 소리에서도 "이(우이)"를 써서("이"모음을 사용해), 광대뼈를 울리도록 하세요.

■ 3도음을 하면서 완전히 당겨진 미소와 완전히 앞으로 내밀어진 입술을 사용해서 중간/위쪽 소리를 탐험하도록 하세요.

 위유 - 위유 - 위유 - 위유 - 위유

그리고 이것을 늘려서

■ 위유웨이-위유웨이-위유웨이-위유웨이-위유웨이

- 매번 "위" 안에 있는 "이"를 느끼고, "웨이"를 하면서 광대뼈를 울리세요. "유"는 입술을 모은 상태에서 입술을 내밉니다.
- 3도음: 위유웨이-위유웨이-위유웨이-위유웨이-위유웨이

그리고 그것을 다음과 같이 연장하세요.

- 위유웨이위이 (입의 움직임은 동일합니다.)
- 3도음을 사용해서

  위유웨이위이웨이위유

  위유웨이위이웨이위유

  위유웨이위이웨이위유

  위유웨이위이웨이위유

  위유웨이위이웨이위유

- 턱이 움직이지 않아야 합니다. 턱이 움직이는지 확인하기 위해서 새끼손가락을 이빨사이에 끼고 하세요.
- 이것을 아주 빠르게 말하세요.

다음을 말하세요.

위는 왜요 왜가 왜요

- 점점 더 속도를 높이면서 경쾌한 민첩성을 기릅니다. 빨라질수록 입술이 스트레치 된 상태에서 이완하세요; 입가가 튀듯이 멀어졌다/가까워졌다 하도록 하세요. 소리가 공동/광대뼈 울림을 통해서 나가도록 하세요.
- 올라가는 음계를 사용해서 질문을 하고 내려오는 음계를 이용해서 대답을 하도록 하세요. 중간/높은 음역을 사용해서 다음의 문장들을 질문하고

대답하도록 하세요:

위는 왜요

위는 왜요 왜가

위는 왜요 왜가요 왜요

위는 왜요 왜가요 왜요 왜가

위는 왜요 왜가

위는 왜요 왜가 왜가냐구 왜가죠

아니 왜 안가죠 왜

왜 안가 왜 안가

증가하는 속도와 앞으로 향하는 울림을 느끼면서 즐겁게 연습합니다. 이것은
발음 훈련이 아닙니다. 말할 때는, 이 연습훈련을 할 때처럼 과장된 근육 움
직임을 사용하지 않을 것입니다. 이것은 외향적이고 앞을 향한 울림을 깨우고
입술과 혀를 외향적인 움직임에 포함시키는 연습입니다. 이것이 나중에 하게
될 발음 훈련에 기반을 마련하는 계기가 될 수는 있습니다.

연습

전체 연습 훈련과 함께 매일 연습하세요.

작업 15일

코 울림 장치 :

전달하는 힘 ... 산봉우리

예상 소요시간: 1시간

콧소리(비음)와 코 울림소리의 확실한 차이점을 분명히 짚고 넘어 가겠습니다. 콧소리는 입으로 가는 통로를 제대로 찾지 못한 경우에, 소리가 대신 코로 가면서, 들리는 소리입니다. 콧소리가 나는 신체적인 원인은 게으른 연구개가 혀 뒤쪽에 축 늘어져 있고, 혀도 뒤쪽으로 쏠려 올라가서 소리를 막아서 소리가 코로 보내지기 때문입니다. 콧소리는 활발하지 못한 호흡과도 관계가 있습니다. 콧소리는 낮은 목소리, 높은 목소리, 중간 소리에서 다 들릴수 있으며, 한 가지의 울림 소리가 마치 장막(커튼)처럼 모든 말소리 위에 다 덮이게 되는 것입니다. 깊은 소리가 비음일 때는 마치 코안쪽에 림프조직이 모여서 인두편도가 생겼을 때 같은 심한 비음이 들리거나, 변화없이 단조로운 소리를 가지게 됩니다; 중간 소리가 비음일때는 귀에 거슬리면서 단조로운 소리를 가지게 됩니다; 그리고 높은 소리가 비음일때는 쨍쨍울리는 찌르는 듯하면서도 단조로운 소리를 가지게 됩니다.

반면, 코 울림소리는 몸속의 울림장치 가운데 아주 중요한 부분입니다.

코울림은 밝으면서도 소리를 전달하는 힘을 가지고 있고, 얼굴 앞면 울림구조의 중요한 요소이기도 합니다. 코 울림소리는 쉽게 다른 소리들을 누르고 변형시킬 수 있기 때문에, 이 울림소리의 힘은 반드시 균형을 유지할 수 있어야 합니다. 많은 배우들이 자신의 소리를 코나 광대뼈 쪽으로 올리면 극장의 뒷좌석까지 소리가 들린다는 것을 알고 있습니다. 그래서 다른 소리들을 사용하려는 노력을 거의 안하는 경우가 종종 있습니다. 잘들리는 것은 연기를 하는데 있어서 단지 3분의 1정도에 해당하는 것입니다. 잘 들리고 명확하지만 아무것도 담겨있지 않은 소리는, 듣는 사람들에게 단어들 그 자체 이외에 전달하는 바가 없습니다. 자신이 느끼는 것을 관객과 나누고자 하는 배우들은 감정적인 에너지가 호흡을 움직이게 하고 진동을 만들어 내도록 합니다. 이러한 진동들은 다시 몸속의 모든 울림장치들을 통해, 몸 전체를 거쳐, 얼굴에서 공동, 광대뼈, 코 울림소리들을 모으면서 이동해서, 하고자 하는 말의 내용에 충실한 힘을 실은 음파를 만들면서 나갑니다. 의사소통은 욕구, 의도, 그리고 자유로움에 의해 생겨나는 부산물입니다.

다른 울림장치들과 마찬가지로, 코 안의 빈 공간들도 찾고, 분리하고, 발전시킨 뒤에, 말을 하는 과정에서 자연적으로 반응하도록 자유롭게 놓아두어야 합니다. 이 소리는 울림 사다리 꼭대기에서 두 번째에 있습니다.

울림 사다리는 에너지 사다리라는 것을 다시 한번 기억하세요. 이제 우리는 아주 강도높은 울림을 향해 가고 있습니다. 높은 울림을 위한 자극이 있으려면, 거기에 해당하는 호흡의 자극은 필수입니다.

코 울림장치는 외향적이면서 몸속에서 가장 멀리 앞으로 나와있는 울림장치입니다. 먼저 코뼈의 모양에 주의를 기울이고, 날카로우면서도 오목한 뼈구조 속에 진동이 도착해서 강도있게 울리는 것을 그려봅니다. 예를 들면, 방의 구석에 서서 그 모서리를 향해 소리를 내는 것이 평평한 벽면에 대고 소리를 내는 것보다 더 많은 울림을 만들어 내는 것과 마찬가지의 이치입니다.

1단계

- 손가락으로 오른쪽 코 위를 눌러서 오른쪽 콧구멍을 막으세요. 코 왼쪽을 찡그려 올리고 짧고 날카롭고 빠른 숨들을 코로 들이 킵니다. 다섯번에서 여섯번 정도면 숨이 가득 들어올 것입니다. 그리고는 "ㅍ(fff)----" (윗니와 아랫입술이 만난 상태에서 날숨)하면서 숨이 입으로 빠져나가도록 합니다.

- 손가락으로 왼쪽 코 위를 눌러서 콧구멍을 막으세요. 오른쪽을 찡그려 올리고 짧고 날카롭고 빠른 숨들을 코로 들이 킵니다. 다섯번에서 여섯번 정도면 숨이 가득 들어올 것입니다. 그리고는 "ㅍ(fff)----"하면서 숨이 입으로 빠져나가도록 합니다.

- 코속으로 들어오는 차가운 공기를 느끼면서 이것을 양쪽 콧구멍에 각각 서너 번씩 반복하세요.

2단계

각각의 콧구멍에 서너 번 숨을 들이키고 나서, 쉬세요. 그리고 방금 숨이 날아들어가면서 시원한 공기가 느껴졌던 부분을 생각해 보세요.

- 이제 오른쪽 콧구멍을 막고 왼쪽을 찡그려 올린뒤 중간음에서 허밍을 하세요-낮은 "라"음, 남자는 한 옥타브 아래입니다-. 허밍을 하면서, 진동이 차가웠던 부분을 덥히면서 왼쪽 코로 나오는 것에 집중하세요.

- 왼쪽 콧구멍을 막고, 오른쪽을 찡그려 올린뒤 허밍을 하고 오른쪽 콧구멍으로 나오는 진동을 느껴보세요.

- 콧잔등을 찡그려 올리고, 그 상태로 양쪽 콧구멍으로 짧은 숨을 들이키

고 내보내세요(필요하다면, 이것을 하기전에 미리 코를 푸세요). 물론 입은 다물어야 합니다.

■ 찡그려진 부분을 향해 허밍을 보낸다고 생각하면서 허밍을 하세요. 허밍하는 동안 손끝으로 (두 번째 손가락들을 각각 양쪽 콧구멍 옆쪽에 대고 아주 작은 원을 그리면서) 마사지하세요. 음과 그 다음 음 사이에 새 들숨을 쉬면서, 음계를 따라 올라가면서 반복하세요. 마사지를 하는 동안 허밍은 좀 더 강해지고 코쪽으로 더 집중될 것입니다.

■ 이제, 소리를 백퍼센트 코를 향해 보내면서, 허밍이 모아진 "음---------" 에서 아주 좁은 "미-이이이이"로 바뀌도록 합니다. "이이이"소리가 코를 통해서만 나오도록 하세요.

아주 엉뚱한 상상이긴 하지만, 이 연습훈련을 도와줄 수 있는 그림을 하나 드리겠습니다. 당신의 폐가 머릿속에 있다고 상상해보세요. 당신의 눈썹이 성대라고 상상하고, 당신의 코가 유일한 몸속의 울림장치라고 상상해보세요.

■ "미아-미아-미아"라고 말합니다.

소리가 위쪽에서 내려와서 코로 나온다고 생각하면서, "미아" 소리를 찡그려진 콧잔등을 향해서 보냅니다. 진동이 입으로 절대 가지 않도록 합니다.

■ 긴장을 풉니다. 척추를 따라 내려갔다가 다시 척추를 하나씩 세우면서 올라옵니다. 목과 머리를 돌립니다.

"미아-미아-미아"를 말소리 중 가장 높은 소리를(두성[falsetto]은 빼고) 사용해서 말합니다. 진동이 날카롭게 코를 울리는 것을 느끼세요.

주석... falsetto란 일반적인 말소리에서 벗어난 음역에 있는 소리로써 여자의 두성, 남자의 경우는 카운터 테너의 소리입니다.

falsetto라는 용어는 아직도 일반적으로 사용됩니다. 이것은 옛날 서양 사람들이 잘못 믿었던 통설, "성대위에 또 다른 부차적인 성대가 하나 더 있어서 높은 음을 낼 때에는 부차적인 성대에서 소리가 난다"는 잘못된 생각에서 유래한 단어입니다. 발성에 대한 과학적인 연구가 발달하면서 소리가 어떻게 만들어지는지 알게 된 이후부터는 이 잘못된 생각은 사라지게 되었습니다. 높은 소리들도 성대에서 만들어집니다. 그러나 falsetto란 단어는 그대로 남아서 "두성"을 의미하는 단어로 쓰이게 되었습니다.

■ 긴장을 푸세요. 척추를 따라 내려갑니다. 올라옵니다. 혀를 스트레치하고 이완하세요. "카흥"하고 큰 숨이 들어오고 나가면서 연구개를 풀어줍니다. 그리고 나서, 앞의 연습훈련에서 집중했던 부위를 잊어버리고, 몸의 중심에서부터 "헤---이"하고 길고 자유롭게 부릅니다. 소리가 나가는 동안 몸을 흔들어 털어줍니다.

음이 올라갈수록 내부의 에너지도 증가한다는 것을 기억하면서, 코뼈가 만들어내는 강도있고 울림있는 진동을 두려워하지 마세요. 처음에는 소리의 날카로움을 만들기 위해 목에 약간의 힘이 들어간다고 느낄 수도 있지만, 점차적으로, 몸에 쓰이던 힘이 마음으로 옮겨가는 것을 발견할 수 있어야 합니다. 코뼈 안의 공간으로 가는 길에 대한 마음 속의 이미지가 강해지면 강해질수록 소리에 대한 생각의 힘이 증가되고, 목구멍에 갇히지 않고 자유롭게 나오는 능력도 더 발달하게 됩니다. 만약 목구멍 근육대신, 입술을 이용한다면, 소리를 바로 코로 보내기가 더 쉬워질 것입니다.

입 가장 뒤쪽을 이용해서 코 울림소리를 탐구해 볼 수도 있습니다.

■ 혀 뒷부분과 연구개 사이에서 만들어지는 "응"소리에서 시작해서 "이이이" 하는 소리를 찡그려진 콧등위로 보내세요. ("응이")

주석… 음성이 가지고 있는 중요한 신체물리학적 성질중의 하나는 탄성, 즉 회복력입니다. 혹시라도 다칠까봐 항상 조심하면서 음성을 사용하면, 결코 음성의 능력을 확장시킬 수 없고, 그 가능성을 알 수도 없습니다. 그냥 안전하고 편한 범주에 머물게 될 것입니다. 만약 망설이면서 소리를 낸다면, 당신 생각에는 신체적으로 조심하는 거라고 느낄지 모르지만, 사실은 음성의 중요한 연료가 되는 에너지들도 함께 가두게 됩니다. 잘못된 조심성은 악순환을 초래할 수 있습니다. 새로운 가능성을 시험하기 위해서 가끔은 목이 쉬거나 잠길지도 모르는 위험을 무릅쓸 필요도 있습니다. 혹시라도 목이 쉬게되면, 어떻게 회복하는지 알고 있습니다(어쨌든, 일부러 목이 쉬게 만들라는 얘기는 절대 아닙니다): 혀와 목구멍 이완에 중점을 두고, 기본적인 이완 연습훈련을 모두 하십시오. 그러고 나서, 부드럽게 허밍을 하면서 머리를 돌리고, 척추를 따라 내려가고, 얼굴을 마사지합니다. 허밍은 자연적으로 성대를 마사지해줍니다. 허밍을 하는 것이 소리를 아예 안쓰는 것보다 훨씬 더 성대에 좋습니다. "목이 완전히 쉬거나 잠기면 어떻게 하나"하는 걱정을 없애는 것도, 심리적으로 건강에 더 좋습니다. 이런 걱정들이 오히려 안좋은 상태를 불러오기도 합니다.

만약 이 책에 있는 과정들을 지속적으로 연습해 왔다면, 당신은 자신의 음성에 대한 경험적인 지식을 습득해 왔을 것입니다. 당신 스스로가 자신의 몸을 어떻게 써야 할 지를 알아가고, 자기 신체의 진정한 주인이 되는 과정을 거쳐가고 있는 것입니다. 당신의 음성은 당신의 예술적 작업에 있어서 가장 기본이 되는 도구입니다. 그리고 당신의 창의력이 그 도구를 사용하는 능력이 됩니다. 자각력은 어떤 것이 유용하고 어떤 것이 그렇지 못한가를 가늠하는 잣대가 되어줄 것입니다. 안전한 곳에만 머물러 있으려는 태도는, 당신이 아는 것 이외에는 절대 더 이상 경험하거나 배우지 못하게 만듭니다. 안전한 것만 선호하고, 자신의 한계에 갇혀있는 사람은 결국에는 어떠한 종류의 예술가도 될 수 없습니다.

3단계

- 콧등을 찡그려서 코로 숨을 들이키고 내보낼 준비를 하세요.
- "미아-미아-미아"하는 날카로운 울림소리를 코로 보내세요.
- 양쪽 두 번째 손가락끝을 콧등에 대고, 당신의 손끝으로 진동을 콧등에서부터 광대뼈까지 끌어간다고 상상해보세요. 손끝이 움직이면서 소리가 "미이 미이 미이"에서 아주 폭이 좁은 소리 "메이 메이 메이"로 변해갑니다. 이 소리는 반드시 코를 통해서 나와야하지만, 동시에 더 넓혀진 울림 표면에 의해 영향을 받습니다. 콧잔등 꼭대기에서부터 반대 방향으로 퍼지면서 코를 지나 광대뼈의 위쪽까지 나갑니다.
- 두 세번 반복하세요.

"응"소리를 사용하면서 반복하세요

- 응이-응이-응이 (연습훈련중에는 속도에 따라서 "잉 잉 잉"처럼 들릴것입니다. 어찌되었건, 시작하는 소리가 연구개가 만난 "응"에서 재빨리 "이"로 생각이 바뀐다는 것을 기억하세요.)
- 응에이-응에이-응에이 (마찬가지로 빨라지면 앞뒤소리가 연결되면서, "엥

엥 엥"처럼 들릴수 있지만, "응"에서 시작한다는 생각을 가지고 연구개
에서 시작하세요.)

- 목구멍, 연구개 그리고 혀에 힘을 빼고, 몸을 흔들면서 몸 전체로부터 소
  리가 흔들려 나가게 하세요.

눈을 뜬채로 연습훈련을 하고, 얼굴 전체를 찡그리고 이 연습훈련을 하지 마
세요. (콧잔등만 찡그려 모으고 합니다.)

4단계

이제 당신은 진동을 코에서부터 입으로 옮겨 올 것입니다.

콧속에 강도 높게 진동을 모았으니까, 이제는 당신의 입으로 그 모인 진동이
자유롭게 나가도록 할 것입니다. 여전히 코울림 진동이지만, 코로 나가는 것
이 아니라 입으로 나갈 것입니다. 이렇게 하기 위해서, 코로 소리가 간다고
생각했을 때 자동적으로 닫혀졌던 문, 바로 연구개가, 필요한 때에 활짝 열리
면서 입 통로를 복구시켜야 합니다.

- 아까 했던 것처럼 "미이"를 콧잔등으로 보냅니다. 콧잔등위에 손가락들
  을 올려놓으세요. 그리고 손가락들이 당신의 생각을 안내하면서, "메이"
  를 아까했던 것처럼 광대뼈쪽으로 보냅니다.
- 그리고 나서—바로 여기가 연구개가 열리는 시점입니다—생각을 인도하
  기 위해서 손을 사용하면서, 진동을 의식적으로 입으로 내보냅니다. "마
  아흐-마아흐-마아흐" 하면서 양손바닥이 바로 앞으로 향해 뻗어나갑니다.

턱이, 연구개 대신, 아래로 떨어져서는 절대 안 됩니다.

턱을 포함한 얼굴 전체를 "마아ㅎ"에서 동물의 표효로 열면서 스트레치 합니다.

얼굴 중간부위 근육과 광대근육들이 "마아ㅎ-마아ㅎ-마아ㅎ"가 정확히 나가도록 하고, 결코 턱이 움직이지 않도록 합니다. 윗입술과 뺨이 열심히 움직이도록 하세요.

■ 이완하고- 들숨과 날숨

전 과정을 올라가는 음계를 따라 호흡으로 반복해 보세요.

■ 미이-미이-미이-메이-메이-메이이-마아ㅎ-마아아ㅎ-마아아아ㅎ
   (코)   (광대뼈)   (입)
■ 손바닥을 사용해서 "마아ㅎ"소리가 얼굴에서부터 멀어지면서 양 옆쪽으로 퍼지도록 방향을 잡아줍니다. 연구개의 스트레치와 동시에 연구개의 움직임을 흉내내듯 손바닥 정중앙을 스트레치 하도록 하세요.
■ 전체 과정을 당신의 높은 음성을 사용해서 말해보세요.

음을 떨어뜨리지 마세요.

높은 부분의 음성입니다.

입 울림소리나 그것보다 낮은 울림부위로 소리를 떨어뜨려서 내는 실수를 하지 마세요.

- 전 과정을 "응"소리로 시작해서 반복하도록 하세요.
- 응이-응이-응이
- 응에이-응에이-응에이
- 응아흐-응아흐-응아흐
- 긴장을 풀고; 숨쉬고; 털어내세요.

주석... 이것은 발견하기 어려운 음성부분이고, 일단 사용이 가능해져도, 이해하기 어려울 수도 있습니다. 이것은, 많이 사용되는 중간 부분과 아주 높은 음역(아주 흥분했거나 히스테릭한 소리에 가까운 높은소리) 사이에 있는 소리입니다. 음성을 발달시키는 과정에서 콧잔등에서 나는 소리부터 머리에서 나는 울림소리까지는 종종 빠트리고 넘어가는 경우가 많습니다. 이 부분은 노래를 부를때 소리가 갈라진다(시쳇말로, "삐익, 소리가 난다")는 바로 그부분에 해당합니다. 소리가 이렇게 갈라질 필요가 없습니다. 음성은 말하는 울림부위에서 노래하는 울림 부위로 자연스럽게 넘나드는 법을 알고 있습니다. 갈라지는 소리는 모두 긴장(tension) 때문에 생깁니다.

　　내 관찰에 의하면, 코 울림소리부터 윗공동(눈썹이 있는 부분의 뼈 안쪽)소리 그리고 머리 울림 소리까지가 음성에서 "연약한" 부위입니다. 연약하다는 것은 "약하다"는 의미가 아닙니다. 이 부위의 소리들은 가장 열려있고, 꾸밈없고, 천진 난만하거나, 유약한, 생각이나 감정들을 표현합니다. 이 소리들은 떨림이나, 숨길수 없는 공포, 천진난만한 놀라움, 갑작스럽고 황홀한 즐거움, 순진하고 열린 질문(말끝이 올라가는 질문)같은 것들과 반응합니다. (끝이 단순하게 올라가는 질문들은 놀랄만큼 적습니다. 사람들이 말하는 것을 관찰해보세요. 질문에 대한 대답을 암묵적으로 유도하는 경우가 얼마나 많은지 알게 될 것입니다. 그런 경우에는, 순진하게 문장의 끝이 올라가는 질문을 할 때 쓰는 "연약함"을 사용하지 않습니다.) 대부분의 다른 연약한 부위와 마찬가지로 이 울림 부분은, 말하는 사람 자신을 방어하려는 경향에 의해 가려지게 됩니다. 이런 높은 소리에 해당하는 충동들은 재조정되어 나갑니다. 이런 충동들이 높은 울림 부위에 보내진다고 하더라도 한단계 하향조정되어서 코로 나간다거나, 숨을 잔뜩 섞은 소리로 나가게 됩니다. 이런 강하고 높은 충동이 코로 대신 나가면, 사랑스럽다기 보다는 찌르는 듯한 소리가 나게 됩니다: 필요 이상의 큰 소리는 직접적인 반응 대신에 사용하는, 일종의 방어체계라고 할 수 있겠습니다. 콧소리와 상반되는 방어체계로 쓰이는 것이 숨이 잔뜩 섞인 소리입니다. 안개가 잔뜩 낀것처럼 필요 이상의 많은 숨이 섞인 소리는 상대방을 진정시킴으로써 자신을 방어합니다: "봐요. 난 약하고 별로 힘도 없어요- 난 내가 생각하는 것을 음성을 다 써서 말하지도 못한다구요. 혹시 내가하는 말이 틀릴지도 모르니까, 내가 하는 말을 자세히 못들었으면 좋겠어요."라는 생각이 깔려있습니다.

이해를 돕기위해서 예를 들어, 똑같은 상황에서 일어나는 세 가지의 시나리오를 봅시다:

너무나 사랑했었던 두 사람이 10년만에 처음으로 우연히 모임이나 공공장소에서 마주쳤습니다. 우리가 드는 예에 부합하도록 하기 위해서, 다음의 문장을 사용해서 3가지의 가능한 반응들을 살펴봅시다:

"너무 반가워. 나도 여기 올거라는 거 알았어?"

앞에서 말했던 방어체계에 근거해서 보면, 다음의 두 가지 신체/심리적인 과정이 생길 수 있습니다.

첫 번째
1. 옛사랑을 보는 순간, 아드레날린이 피속에 흐르고, 무릎에 힘이 빠지고, 심장이 빨리 뛰면서 호흡도 증가합니다.
2. 생각: "내가 얼마나 떨리는지 절대 들키면 안 돼"라는 생각을 합니다.
3. 방법: 사교적으로 보이는 좀 과장된 반가움을 내보이면서 반가운 척하는 상태로 가게 되고, 그런 심리상태가 목구멍과 얼굴에 있는 근육들을 실제 호흡보다 더 크게 쓰도록 만듭니다.
4. 결과: 소리의 통로에 있는 근육들이 소리를 코로 가도록 만들고 그러면서 반가움이 섞여있는 사교적인 소리로 만들어져 나옵니다:

"너--무 반갑다아. 나 여기 오는 거 알았어?"
(약간 과장된 놀라움과 반가움: 질문을 하면서 상대방이 "응"이라고 말할 거라는 것을 예상합니다.)

두 번째

1. 옛사랑을 보는 순간, 아드레날린이 피속에 흐르고, 무릎에 힘이 빠지고, 심장이 빨리 뛰면서 호흡도 증가합니다.
2. 생각: "저사람도 나랑 똑같은 기분일까? 저 사람이 무슨 생각을 하는지 알 때까지, 내가 무슨 생각하는지 티내면 안 돼. 만약 내가 먼저 표현했다가 마음 아프게 될지도 몰라."
3. 방법: 감정은 숨긴채로 모든 숨을 먼저 내쉽니다. 감정에 대한 충동을 누른 상태에서 나가는 빈 숨이 성대를 늘어지게 만들고, 소리가 반만 나오고, 진동이 부족한 상태이므로 울림도 적고 생동감있는 억양이나 음조의 변화도 없어집니다.
4. 결과: "너무 반갑다. 나 여기 오는 거 알았어?"가 반쯤 속삭이듯 나갑니다.(별 변화가 없는 어조로 던져진 자기 감정이 드러나지 않는 이 말에 대해서 듣는 사람이 어떻게든 대답할 책임감을 느끼게 만듭니다.)

세 번째

느낌을 그대로 전달하는 열려있는 신체/감정적인 반응은 다음과 같을 것입니다:

1. 옛사랑을 보는 순간, 아드레날린이 피속에 흐르고, 무릎에 힘이 빠지고, 심장이 빨리 뛰면서 호흡도 증가합니다.
2. 반가움이 성대의 움직이는 목 주위의 근육조직을 활성화시키고, 흥분된 호흡과 흥분된 성대가 높은 주파수의 진동을 일으키면서, 동시에 잘 발달된 근육조직과, 위쪽 후두, 그리고 얼굴 윗부분에 의해 포착되고 그 소리가 울리면서 나갑니다.
3. 소리의 음계가 높아집니다: 가볍고 높은 울림으로 소리가 반응하고, 옛사랑은 반은 놀라고 반은 두려우면서도 기쁜 감정이 들어있는 그 소리를 듣고, 정말로 이 사람이 나를 보고 깜짝 놀랐는지 아니면 그동안 나를 찾으려고 애를 썼는지에 대해 진심으로 궁금해지게 됩니다.

5단계

- 코에서 "미아-미아-미아"로 시작해서 손가락을 콧잔등에서 눈썹쪽으로 끌어올리면서 "메이-메이-메이"를 윗공동(upper sinus)으로 올립니다.

진동은 코를 통해 나와야 합니다.

윗공동(upper sinus)은 이마뼈 바로 뒤에, 눈썹 바로 위에 있습니다.

- 반복 하세요－이번에는 손을 머리 꼭대기까지 올리세요. 머리 정수리에 활짝 열리는 문이 있다고 상상해보세요. 그리로 소리가 빠져나간다고 상상하세요－연구개도 열립니다.
- 반복하세요. 그리고 아주 천진 난만한 질문을 하듯이 마지막 소리를 "마-이-이-이-이"하면서 올라가도록 합니다.
- 미아-미아-미아-메이-메이-메이-마이-마이-마이-이-이-이?

두성(falsetto)로 가지 않도록 하세요.

눈썹이 질문과 함께 치켜올라가지 않도록 합니다. 만약 치켜 올러간다면, 당신의 소리는 갈 수 있는 만큼 충분히 멀리가지 못하게 됩니다.(눈썹은 연구개의 움직임을 대체하려고 하는 경향이 있습니다.)

- 반복하세요: 질문의 끝부분 "마이-이-이-?"를 하고, 같은 호흡에 바로 이어서 "와이?"를 같은 음과 같은 울림부분을 사용해서 말합니다.
- 미아-미아-미아-메이-메이-메이-마이-이-와이-이-이?

- "와이-이-이-?"를 머리 정수리 위로 보냅니다.
- "미이-미이-미이-메이-메이-메이-마이-이-와이-이-이?"를 반복하세요.
- 그리고 "와이 플라이?" "와이 플라이 쏘우 하이(why fly so high)?"
  (이 문장이 영어라고 해서 이 연습훈련이 우리말과 맞지 않는다고 생각하지 마세요. 왜냐하면, 정말로 중요한 것은, 코 울림부분에서 열린 "아이"소리로 끝나는 모음을 가지고 천진난만한 질문을 하면서 소리가 나가도록 연습하는 것입니다. 아니면, "오우" "아이"같은 열린 모음이 들어있고 "아이" 모음으로 끝나는 천진난만한 질문을 한글로 만들어 보세요. 그리고 그 문장을 가지고 연습해보세요.)
- 영문을 그대로 사용하는 것이 거슬린다면, "와이 아이?" "와이 아이 오우 아이?" 하는 모음만 사용하면서 이것이 아주 천진난만한 질문이라고 생각하면서 연습하시면 됩니다.

이것을 음계, 몸의 울림 부분, 질문, 그리고 횡격막에서 전달되는 알고 싶다는 욕구에서부터 누적된 에너지를 가지고 반복합니다.

6단계

- 산 정상에 서 있다고 상상하세요. 그 산과 다른 산 사이에 아주 깊은 계곡이 있습니다. 다른 산의 정상에 당신의 친구가 서 있습니다. 하늘은 푸르고, 공기는 맑고 상쾌합니다.
- 이 환경이 당신에게 영향을 줍니다. 환희에 가득찬 명치/횡격막의 중심부터 길고, 높고, 곡선감이 있게 "아야"하고 반대편 산 정상의 친구를 불러보세요.

- 똑같은 장면, 똑같은 감정, 그리고 똑같은 "부르고 싶다는 욕구"를 상상하세요. 하지만, 이번에는 부르는 것을 숨으로만 하세요. 숨이 호흡의 중심에서 넓은 통로를 지나서 "아아--"하고 날아 나갑니다.
- 다시 음성을 사용해서 부르세요.

만족스러운 결과를 얻기 위해서, 울림사다리의 높은 부분과 높은 부분의 음역에 에너지를 줄 수 있는 가상의 장면을 만드는 것입니다. 기술적으로 해 온 연습 훈련들이 자동적으로 나오기 위해서는 연습한 만큼 효과가 있을 것이라는 믿음이 있어야 합니다. 목구멍의 근육들에 의해 변화/왜곡되지 않으면서 부르고 싶다는 충동이 자연스럽게 횡격막으로 들어가야 합니다. 그리고 횡격막은 동시에 그 충동의 크기에 맞는 호흡이 들어오도록 해야 하고, 그 부르고자 하는 욕구에 부합하는 충동과 에너지가 몸 밖으로 날아나가야 합니다. 지금까지의 훈련을 하고, 또 혼자 열심히 연습을 해 왔다면, 이제는 목구멍, 연구개, 그리고 턱이 자연스럽게 유연하고 민첩하게 부르는 소리에 맞게 열릴 수 있습니다. 그리고, 그 열림을 통해서 높은 울림 공간(울림 장치)들에 부르는 소리가 도달해서 반대편 산 정상에 있는 당신의 친구와 의사소통을 할 수 있는 정도의 진동과 소리를 전달할 수 있습니다. 횡격막, 늑간 근육, 복부 내부의 호흡 관련 근육 조직들은 커다란 욕구/충동에 생동감있게 반응합니다.

　이제부터는, 당신 자신의 음성적 악기를 연마하는 기술적이고 의식적인 작업과, 상상력에 근거한 작업들(음성이 진실하려면, 무의식적으로 작동되어야 한다는 것을 알고)을 번갈아 할 수 있도록, 자기만의 상황이나 장면을 상상하기 시작해야 합니다. 기술적인 작업에서는 사용하고자 하는 근육들을 생각을 통해서 움직이는 길을 찾고, 상상력에 근거한 작업에서는 그 찾아진 길을 아는 상태에서, 그 길위를 여행하는 것입니다. 당신은 당신의 "소리"만을 배우는 게 아니라, 당신 자신을 사용하는 방법을 다시 배우는 것입니다. 그렇게 함으로써, 당신이 상상하는 한 장면을 따라갈 때, 여행을 시작하기 전에, 그 이미지에 대한 첫 충동을 그 길의 출발점에 보내게 됩니다. 에너지 근원의 중심이 되는 곳에서 시작해서, 이미지를 떠올리고, 감정적인 반응을 격려하고— 그러고 나서 그 이미지와 에너지를 생각/감정/호흡의 깊은 우물에서부터 해방되어 나오게 합니다. 만약 잘 안되는 것 같고, 잘 못하고 있다는 생각이 든다면, 다시 기술적인 측면의 연습훈련들로 돌아가서 열심히 스스로를 연마하세요. 그리고 다시 창조적인 측면의 당신에게 자신을 맡겨보세요. 기술적인 측면에서 창조적인 측면으로, 창조적인 측면에서 다시 기술적인 측면으로, 그러나 이 단계에서 두 가지를 동시에 하려고 하지 마세요.

연습
전체 연습훈련과 함께 매일 연습하세요.

작업 16일

음역 :

3-4 옥타브 ... 지하에서 다락방까지

예상 소요시간 : 1시간

      울림 사다리 중에서, 이제 둥근 지붕모양의 머리 꼭대기 부분만 남았습니다. 울림 사다리의 가장 윗부은 음향학적으로 완벽한 모양과 재질을 가지고 있습니다. 고주파의 소리가 머리에서 울리면서, 간단하면서도 강하게 나갑니다. 그러나 소프라노, 테너, 카운터 테너, 아니면 매일 소리지르는 사람이 아닌 이상 머리 울림 소리는 그렇게 자주 쓰거나 친근한 소리는 아닙니다. 이 소리에는 몸의 중심에서 만들어져야만 하는 아주 밀도 높은 에너지가 있습니다. 머리 울림소리 자체를 바로 만들어 내려고 덤비는 것보다는, 필요한 에너지가 자연스럽게 생성되도록 울림 사다리 전체에 해당하는 전체음역을 다 개발하고 훈련한 후에 접근하는 것이 훨씬 쉽습니다. 이론상으로, 전체 음역을 하기 전에 머리울림 소리에 접근하지만, 실제로는 전체 음역을 먼저하고 머리 울림 소리로 가는 것이 더 효과적입니다. 더 넓은 음역을 통해 음성을 자유롭게 하기 위해서, 다음 연습훈련에서는 울림 사다리 전체에 대한 당신의 자각력을 사용하겠습니다.

1단계

- 뼈가 몸을 유지해 준다는 자각력을 가지고 편하게 서세요. 눈을 감고, 자신의 내부에 주의를 기울입니다. 당신의 몸이 집이라고 상상합니다. 가장 아래에 있는 갈비뼈들 밑에 집의 기반이 있다고 상상합니다. 가슴이 지하실이고, 로비가 입이고, 1층이 입부터 눈까지이고, 2층이 눈부터 머리카락 바로 아래까지의 이마이고, 다락방이 머리 꼭대기(정수리)라고 상상합니다.

- 당신의 음성이 집의 기반에 기계설비가 장착된, 엘리베이터라고 상상하세요. 긴 "헤-에-에-이" 소리를 사용해서 당신의 음성/엘리베이터가 작동됩니다. 이 엘리베이터는 집안의 모든 울리는 층들을 다 방문하면서 집의 기반에서부터 다락방까지(당신 음성의 가장 낮은 음부터 가장 높은 음까지) 올라갑니다.

엘리베이터가 움직일때 집은 움직이지 않습니다. 입을 열고, 절대로 어깨, 턱, 혀, 입술, 눈썹이 음성/엘리베이터가 움직이는 대로 따라 움직이지 않도록 합니다.

- 당신이 다락방에 도착하면 호흡이 바뀝니다. 그리고 집 기반에서부터 다시 전기가 공급되어서 다락방부터 기반까지 다시 내려갑니다. 엘리베이터의 속도는 각층에서 일정하고 각층에 있는 모든 울림공간을 지나면서 내려갑니다.

내려갈 때, 다락방에서 바로 로비로 내려가서 지하실에서만 오래 머물려는, 훌쩍 뛰어 넘어 내려가려는 경향이 있습니다. 그러지 않도록 주의하세요.

- 이 그림이 몸에서 친숙하게 느껴질 때까지 서너 번 반복하세요.
- 주의해야 할 점들:

  엘리베이터를 움직이는 에너지는 올라가든지 내려가든지에 상관없이 항상 기반에서부터 옵니다.

  만약 올라가는 중이나 내려오는 중에 전력이 모자란다면, 전력을 쥐어짜지 말고, 다시 기반에서부터 전력을 얻고 이동하세요.

  (숨이 모자라면, 멈추고, 들숨이 들어오고, 멈춘 곳부터 다시 계속 가세요.) 이것은 숨을 한번에 얼마나 오래 지속하나 하는 게임이 아닙니다. 이미지의 정확성과 울림공간에 대한 감각적인 이해에 집중하세요. 음계는 이것의 부산물입니다.

2단계

당신 몸속의 울리는 층들을 다 방문했으니 이제는 자유롭고 편안하게 당신의 음역을 다루어 봅시다.

- 재빨리 척추를 따라 떨어졌다가 재빨리 올라옵니다.

떨어지는 것은 다음의 두 과정으로 나뉩니다: 갑자기 무겁게 머리가 떨어지고, 재빠르게 척추가 떨어집니다. (무릎을 살짝 구부리는 것을 잊지 마세요. 안그러면, 균형을 잃을 수 있습니다)

다시 올라가는 것은 재빨리 떨어진 반동으로 튕겨오르는 것에서 시작해서, 척추를 타고 빨리 올라가서, 머리는 가장 나중에 떠오릅니다.

- 서서—"헤이"를 당신 음역의 가장 낮은 곳, 뱃속에서부터 시작하세요. 머리를 떨구고 척추를 따라 내려가면서 소리는 반대로 가장 낮은 음부터 가장 높은 소리까지 올라갑니다. 올라가는 소리와 내려가는 척추가 빨라지도록 해서, 갑작스럽게 마지막에 떨어지는 움직임에 의해 가장 높은 소리가 정수리에서부터 자유롭게 중력을 향해 쏟아지도록 합니다.
- 새로운 숨. "헤이"를 가장 높은 음에서 시작합니다. 척추를 따라 올라오면서 소리를 낮은 음으로 내려갑니다. 그래서, 바로 서서 머리가 맨 마지막에 떠오르게 될 때, 소리는 배속으로 떨어지게 됩니다.

척추를 따라 내려갈 때 소리는 올라가고, 소리가 내려갈 때 척추는 올라옵니다. 다음에 유의하세요:

심리적으로, 매번 당신이 척추를 따라 아래로 떨어질 때 중력의 힘에 도움을 받아서 소리가 더 높이 올라갈 수 있도록 해보세요. 소리가 당신의 정수리에서 쏟아져 나간다고 상상합니다.

긴장을 풀고, 자유롭고, 걱정 없이 하세요: 아래로 떨어질 때, 마지막 움직임이 소리가 위로 올라가도록 충격을 주어야 합니다.

높은 음을 유지하려고 하지 마세요- 그냥 빠져나오게 두세요.

너무 심각한 자세로 이 연습훈련에 임하려고 하지마세요. 심각한 자세는 이 연습문제의 목표에 역행하는 것입니다.

당신이 서 있을 때, 유용한 이미지는, "헤이"가 당신의 꼬리뼈에서부터 시작해서 척추를 타고 머리까지 이동해서 당신의 정수리를 통해 빠져나간다는 것입니다. 당신이 꼬리뼈부터 거꾸로 매달린 자세일때는 바닥에서 시작해서 정수리를 통해 척추를 타고 내려오다가 꼬리뼈까지 도착합니다(척추를 따라 올라오는 동안 소리는 정수리부터 척추를 타고 내려와 마지막에 꼬리뼈에 도착합니다).

3단계

바닥에 등을 대고 누워서 울림사다리 각각의 울림부분을 다 방문하고 음미하면서 음역을 따라 천천히 올라옵니다.

척추 그림이 다시 유용하게 쓰일 수 있습니다. 이번에는 척추가 기차 레일이고 소리가 기차라고 상상합니다. 소리는 꼬리뼈 끝에 있는 기차역을 출발해 척추를 타고 마지막 종착역인 정수리에 도착했다가, 다시 정수리 역부터 척추를 타고 꼬리뼈까지 이동합니다

이 자세에서 호흡과 마음을 사용해서 당신이 정말로 모든 음역을 고르게 방문하고 있는지를 체크해 볼 수 있습니다. 음이 높아지고 낮아지는 것에 따라서 입을 더 크게 벌리거나 작게 벌릴 필요가 전혀 없습니다. 또, 턱을 들어서 뒷목이 짧아지게 한다거나, 눈썹이 올라갈 필요가 전혀 없습니다. 높은 음을 내기 위해서 근육을 사용해서 목에 힘을 줄 필요가 전혀 없습니다. 생각과 호흡이 당신이 필요로 하는 전부입니다. 울림 공간은 몸안에 이미 내장되어있는 공간들입니다.

4단계

■ 일어서서 3단계의 자각력을 가지고, 1단계와 2단계를 반복하세요.
"헤-에이--에이-에이"

5단계

■ 아래에서 위로, 위에서 아래로 당신의 음역 전체를 왔다갔다 하세요.
■ 무릎을 아래위로 튕겨줍니다(마치 용수철이 아래위로 움직이듯).
■ 어깨를 아래위로 튕겨줍니다.
■ 입술을 터세요
■ 턱을 흔들어 주세요
■ 혀를 풀어주세요.

연습

전체 연습훈련과 함께 매일 연습하세요.

작업 17일

머리 울림 장치 :

높은 강도 ... 둥근 지붕을 연주하기

예상 소요시간 : 1시간

이 수업의 1단계에서는 음역을 자유롭게 하는 과정과 두개골(정수리)에 관한 연습 훈련들을 병행하겠습니다. 여기에서, 명확하게 이해한다면 아주 유용한 개념 하나를 다시 소개하겠습니다. 작업 16일의 2단계에서 갑자기 몸을 앞으로 떨어뜨리는 신체적인 과정은, 근육을 사용해서 애쓰지 않으면서도 음이 높아지도록 도왔습니다. 횡격막이 갈비뼈를 향해 떨어지는 느낌이 들 정도까지 당신의 복근 전체가 완전히 이완된 상태였을 것입니다. 높은 소리를 내기 위해서 근육이 필요하지 않습니다. 그러나, 더 많은 에너지가 만들어져야만 합니다.

■ 작업 16일의 2단계를 반복하세요. 그리고 나서 바로 선 상태에서, 앞으로 떨어질 때의 신체적인 에너지를, 마치 하늘에 존재하는 중력이 있다고 상상하는 정신적 에너지로 전환해 보세요: "헤이"가 낮은 음에서부터 높은 음으로 자유롭게 나가도록 하세요.

몸이 앞으로 떨어질 때 중력에 의해 생기는 신체적인 에너지는 큽니다. 우리의 마음은 이러한 신체적 에너지만큼 큰 정신적 에너지를 만들어 내기 위해, 이렇게 경험을 사용할 수 있습니다.

관찰할 수 있는 큰 근육들로부터 거의 도움을 받지 않고서도 높은 소리를 만드는 것이 가능하다는 의미입니다. 높은 음은 호흡과 성대 사이에 증가된 공기역학적인 압력에 의해 만들어집니다. 이런 압력의 증가는 호흡관련 근육과 후두 근육들에 의해 만들어집니다. 위험한 점은, 해부학적인 지식이 의식적으로 복근을 사용할 것을 부추기게 되고, 그로 인해 무의식적인 신경물리학적 반응에 불균형을 가져오게 된다는 것입니다. 진실된 결과를 얻기 위해서 경제성은 필수적입니다. 다시 말해서, 복근을 안으로 당기고 내미는 것, 혹은 소리를 크게 내기 위해서 하는 일련의 행동들이, 정신적인 에너지를 신체적인 노력으로 대체해 버립니다. 음성의 높은 부분에 해당하는 소리에서, 정신적인 에너지는 주로 감정적인 에너지를 의미합니다. 그러므로 정신적 에너지 대신 근육을 사용하려 애쓰는 것은 아주 잘못된 방법이라 하겠습니다.

1단계

■ 긴 "헤이"로 당신의 음역을 따라 올라 오면서, 척추를 따라 빠르게 내려 가세요.

당신이 꼬리뼈에서 거꾸로 매달려 있을 때 당신의 정수리(다락방) 위로 날아 나가는 가장 높은 소리를 생각해보세요: 남녀 모두, 이제는 이 소리가 두성 (falstto)이어야 합니다.

- 새로운 들숨이 들어가도록 하고, 아직도 거꾸로 매달린 상태에서, 높은 falstto 소리인 "키이이이"를 좀 전에 정수리(다락방)을 지나 나갔던 소리와 같은 높이로 내보냅니다. 이 소리가 당신 정수리를 지나 중력을 향해 바로 떨어져 나가게 하세요. 이 "키이이이"소리는 마치 요들처럼 들릴 수도 있습니다. 한 음을 너무 길게 유지하려고 하지 마세요.
- 긴장을 풀고, 소리내지 말고, 천천히 척추를 하나씩 쌓아올리면서 올라옵니다. 다 올라오면, 높은 falstto에서 "키이이이"를 다시 날아 나가게 합니다. 이 소리가 정수리를 울리는 느낌을 느낄 수 있어야 합니다.
- 키이아-이이이 △ 키이아-이이이 △키이아-이이이

남자들은 약간 더 낮은 음에서 시작해야하지만, 대부분의 남자들은 다음의 음들 까지 올라가는 게 가능합니다.

진동과 더 큰 유연성을 위해서, falstto가 나갈 때 빠르고 가벼운 진동을 생각하세요.

- 키이이이-이이-이이-이이이-이이이 △키이이이-이이-이이-이이-이이이

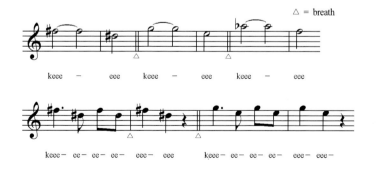

이러한 소리를 만들기 위해 필요한 생동감있는 정신적 에너지 때문에, 당신의 횡격막 정중앙에서 생동감있는 호흡 반응을 느낄 수 있을 것입니다.

이런 반응이 저절로 생기도록 하고, 거기에 무언가를 더하려 하지 마십시오. 바깥쪽 복근을 밀거나 당기려고 하지 마세요. 배가 알아서 움직일 것입니다. 그러나, 이것은 횡격막이 위로 떠오를 때 배가 안으로 들어가게 되는 수동적인 힘에 의해 움직이는 것입니다. 근육이 능동적으로 움직여서 생기는 강한 신체적 움직임과, 다른 무엇에 대한 반응으로써 무의식적으로(수동적으로) 생기는 강한 신체적 움직임의 차이점을 아는 것은 매우 중요합니다. 근육은 안에서부터 반응해야 합니다. 그러나 모든 것이 연결되어 있기 때문에 바깥쪽 근육도 이에 영향을 받아 부차적으로 움직이게 됩니다. 몸 깊숙히 있는 호흡 관련 근육조직들은 강한 충동에 의해 자극을 받고, 그것을 강한 움직임으로 바꿉니다. 그리고 여기에서 생성되는 에너지는 바깥쪽 근육을 움직여서 만드는 에너지와는 그 성질이 다릅니다.

2단계

- 1단계에서 했던 것과 같은 "키이이이-이"하는 높은 falstto를 하겠다는 충동을 느끼세요. 그러나 이번에는 소리없이 숨만 사용하세요. 이 강한 생각은 횡격막 중심에서부터 강한 반응을 일으킬 것입니다. 그리고 강한 숨이 당신의 이빨 사이로 빠져나가도록 할 것입니다.
- falstto 음을 반복해서 재생하겠다는 생각/충동에 집중하고, 몸이 그 생각/충동에 적절한 에너지로 반응하도록 하면서, "키이이이-이"를 서너 번 숨만 사용해서 내뱉습니다. 새로운 생각, 새로운 호흡에 대한 충동이 매번

새롭게 들어오도록 하세요.

- 생각, 호흡, 그리고 내적인 에너지를 가지고, 소리가 이것들에 의해 생성되는 부산물이라는 생각을 하면서, 소리를 냅니다.
- 소리로 하는 것과 호흡만으로 하는 "키이이"를 번갈아 가면서, 올라가는 음계를 따라서 반복하세요.

소리가 정수리에서 울리는 것을 느낍니다.

당신이 강한 생각-충동에 완전히 몰입할 때, 의사소통을 하려는 에너지는 완전하게 그 목적만을 위해 사용됩니다.

3단계

- 소리를 가장 낮은 음으로 떨어뜨립니다. 그리고 마음에 긴장을 풀고 호흡이 가슴 울림 부분에서 "헤이" 소리를 내면서 울리도록 하세요.

평소에 잘 하지 않는 높은 음으로의 스트레치를 한 이후에 당신의 성대가 훨씬 더 이완되어서 이전보다 더 깊고 낮은 소리가 난다는 것을 발견할 수 있을 것입니다.

4단계

- falstto 소리로 가지 않으면서 "헤이"하고 얼마나 높은 음까지 부를 수 있

는지 해보세요.

특히 남자는 머리 꼭대기 정수리에 강하게 울리는 소리를 찾을 수 있고, 목구멍이 자유로운 상태에서 에너지-호흡의 중심과 잘 연결되어 있다면, 그 소리를 유지하기가 아주 쉽다는 것을 알게 됩니다.

■ 여자는 "키이이이"하는 높은 falstto 소리가 거의 아주 얇게 삐져나오는 소리가 날 때까지 올라갈 수 있습니다. 절대 첫소리나 마지막 소리를 지속하고 오래 내려고 하지 말고, 에너지가 몸의 중심에서부터 용수철처럼 튀어 오르도록 하세요. 이것을 가볍고, 즐겁게, 소리가 날아오르듯이 하세요.

익숙하지 않은 영역에 대한 두려움을 없애고 경계를 허무는 것이 바로 음역의 가장 높은 소리까지 자유롭게 오가도록 훈련하는 첫 번째 이유입니다. 소리의 질 자체는 중요하지 않습니다. 성대가 강해지고 목구멍이 자유로우면 소프라노나 테너, 카운터 테너 소리를 위한 훌륭한 재료를 개발할 수 있습니다. 아름다워지는 것은 기다려야 가능합니다.

falstto 소리를 훈련하는 것은 호흡 관련근육과 성대의 유연성과 힘을 증가시킵니다(이 부분의 음역은 과학적으로 "다락(loft)" 울림부위라고 불리기도 합니다. 이것보다 더 올라간 곳은 "휘파람(whistle)" 울림부위라고 불리기도 합니다.). 이 훈련은 남녀 모두의 음성에 도움이 됩니다. 균형있게 짜여진 음성 훈련의 가장 마지막 단계로써 한다면, 이러한 강화 연습은 음역 전체에 도움을 주기 때문입니다. 어떤 남성들은 자신이 이 소리를 낼 수 없는 것을, 이 소리가 남자답지 못해서 안낼 뿐이라고 착각하기도 하지만, 예전에 비해서 문화적으로 남자들은 더 이상 이런 높은 소리를 내는 것을 꺼려하거나 싫어하지 않게 되었습니다. 유사하게, 여자들은 가슴소리가 여자들이 내는 소리가 아니라고 생각합니다. 좀 더 높은 소리가 여자다운 소리라고 생각하기도 합니다. 남자들도 여자들의 소프라노 음역의 소리를 낼 수 있고, 힘을 들여서 쥐어짜지 않은 자유로운 falstto 소리를 2 옥타브 이상 개발할 수도 있습니다. 남녀모두 높은 falstto 소리를 훈련시킴으로써 음성 전체에 걸친 유연성을 얻을 수 있습니다. 이것은 습관적인 억제를 없애주고, 강력한 에너지들을 분출시키며, 강력한 진동과 소리에 대해 더 친숙해질 수 있도록 해줍니다. 목을 상하지 않으면서, 심리적인 고통도 없이, 아주 극단적인 감정의 표출을 더 자유롭게 할 수 있도록 만들어줍니다.

지금까지 주어졌던 모든 연습훈련과 마찬가지로, 이 머리 꼭대기에서 나는 소리도 전후관계를 가지고 훈련해야 합니다. 그리고 이 전후관계는 울림 사다리 안에서 찾을 수 있습니다. 음성전체를 고르게 훈련하고 개발시키기 전에, 바로 이 머리 울림으로 뛰어들지 마십시오. 지금까지 주어졌던 모든 연습 훈련들을 하면서, 의식적인 신체적 이완부터 차례대로 놓여진 단계들을 다 밟아서 머리 소리에 도달해야 이 부분의 소리를 제대로 찾을 수 있다는 것을 다시 한번 강조합니다. 각 단계들을 건너뛰거나, 일관성 없이 뭘 하는지 모르게 이것저것 골라서 하지 않도록 하세요. 처음에는 부자연스럽게 느껴질지도 모릅니다. 그리고, "나는 이런 이런 연습은 필요없어" "내 몸에 안맞아"라는 생각이 들지도 모릅니다. 그러나 이러한 생각들은, 당신이 지금까지 가지고 있던 음성을 그대로 유지하려는 습관들이, 아주 교묘하게, 당신에게 변화를 거부하도록, 지시를 내리는 것입니다. 열심히 꾸준히 하기 싫은 연습훈련도 건너뛰지 않으면서 전 단계를 고르게 계속하면, 당신은 당신의 음성 전체를 균형있게 발전시킬 수 있을 것입니다. 하다보면, 특히 더 좋아하는 울림 부분이 생길 수도 있습니다. 가슴소리, 중간 울림 부분, 혹은 falstto에 빠지게 될 수 있습니다. 만약 당신이 좋아하는 부분에만 관심을 가진다면, 당신은 이전과 다름없는 균형 잡히지 않은, 유연성이 부족한 음성을 가지게 될 것입니다.

연습

매일, 전체 연습 훈련과 함께 매일 연습하세요.

작업 18일

음역 훈련 :

힘, 유연성, 자유 ... 스윙

예상 소요시간 : 1시간

　　　　이제 호흡의 확장과 자유, 소리의 구체화, 진동의 방출과 확대, 소리의 경로를 자유롭게 하는 턱 혀 연구개의 이완, 그리고 울림소리와 울림공간 전체를 경험했습니다. 이제 당신은 당신 음성의 체육관에 들어갈 준비가 되었습니다. 당신이 태어날 때 가지고 있었던 3-4 옥타브에 해당하는 말소리와 노래소리를 가진 기쁨을 다시 즐기면서 운동을 할 수 있습니다.

　　당신에게 "아르페지오"를 소개하겠습니다. 그리고 당신과 아르페지오가 함께 할 수 있는, 해방감이 느껴지는 여러 개의 게임을 소개하겠습니다. 아르페지오는 3도음의 큰언니(큰 형)입니다. 이것은 더 멀리 가고 더 많이 흔들리고(swing), 날아오르고, 두려움도 없습니다. 날개를 뻗고 나가지만, 항상 다시 돌아옵니다.

　　3도음은 5개의 음을 오가지만, 아르페지오는 8개를 오갑니다. 둘 다 자유로움을 즐깁니다. 그러므로 당신도 그 음들 안에서 자유로워지세요. 아르페지오와 함께 어울려 노는 가장 주된 이유는 자유로워지기 위해서입니다.

■   아르페지오:

이 소리의 패턴에 친숙해지도록 편안하고 긴 "헤이-에이-에이-에이-에이-에이-
에이"를 하세요. 그러고 나서, 노래를 하거나 음을 유지하려는 생각을 버리세
요. 이것은 긴 문장이고, 길고 대담한 생각이며, 길게 수평으로 나가는 한숨입
니다. 마치 요요를 수평으로 던지면 수평으로 나갔다가 다시 수평으로 돌아오
듯이 아르페지오를 요요라고 생각하고 던지세요. 중심이 되는 소리는 첫 번째
와 맨 마지막의 음과, 가장 높은 음입니다. 당신의 소리가 그네 위에 있다고
생각하거나, 갑자기 떠오르면서 날아간다고 상상해도 좋겠습니다.

아르페지오에 익숙해지면, 당신의 소리가 이완되고 자유로운지도 체크해 보세
요:

여유를 가지세요. 자유, 힘, 그리고 음역을 발달시키려는 생각은 아주 빨리 할
수 있지만, 실제로는 천천히 반복적으로 음미하는 과정에서 얻어지게 됩니다.

■ 헤이-에이-에이-에이-에이-에이-에이

1단계

먼저, 이완할 수 있는 음들에서 시작하세요.

■ 긴 한숨으로 아르페지오를 내보냅니다.

무릎을 튕기면서(무릎에 용수철이 달린듯 가볍게 아래위로) 합니다.

■ 음계를 따라 내려가면서, 아르페지오가 한숨으로 나갑니다.

어깨를 튕기면서(날개죽지뼈 아래에 용수철이 달린듯 가볍게 아래위로) 합니다.

■ 아르페지오가 한숨으로 나가면서, 목을 돌립니다.
■ 그러고 나서 음계를 따라올라가면서 허-어-어-어-어-어-어흥를 합니다.

women

hu- u- u- u- u- u- uh

men

- 아르페지오가 한숨으로 나가면서, 턱을 손가락으로 잡고, 느슨하게 흔들어 줍니다.
- 아르페지오가 한숨으로 나가면서,

혀를 풀어서 느슨하게 해줍니다.

다음과 같습니다:

- 허여-여여-여여-여여-여여-여여-여여
- 아르페지오가 한숨으로 나가면서,

연구개를 스트레치 합니다:

- 응아-응아-응아-응아-응아-응아-응아흥

다시 "헤이"로 돌아와서,

- 헤이-에이-에이-에이-에이-에이-에이

- 높아지는 음을 따라 편하게 날아 나가도록 하면서, 머리는 거꾸로 매달리고 소리가 당신의 정수리를 통해 중력을 향해 떨어질 때까지, 척추를 따라 내려가면서 아르페지오를 내보냅니다. 그리고는 천천히 내려가는 아르페지오를 따라 척추를 세우며 올라옵니다- 꼭대기에 도착하면 무릎을 튕겨서 어지러움을 미리 방지해 주세요.

- 입술을 털면서 아르페지오를 합니다.

- 내려가는 아르페지오에서 척추를 따라 내려가서 쭈그려 앉기 자세까지 갑니다. 소리가 꼬리뼈부터 척추를 타고 정수리로 쏟아져 나오는 것을 그려봅니다.

- 손을 엉덩이 뒤쪽의 마룻바닥에 대고, 엉덩이를 바닥에 내려서 앉으세요. 척추를 천천히 뒤쪽 바닥으로 놓으면서 바닥에 완전히 눕습니다. 무릎은 천장을 향해 세워둡니다.

- 다리를 한쪽 방향으로 떨어뜨려서 대각선 스트레치로 갑니다. 그리고 낮은 골반 관절부터 아르페지오가 크고 길게 열린 통로를 따라 골반 관절부터 어깨까지 막힘 없이 쏟아져 나오도록 합니다.

- 다른쪽 대각선 스트레치로 옮겨서 반복합니다.

- 다시 몸을 굴려서 등을 바닥에 대고 눕습니다. 두개의 골반관절과 넓은 골반 바닥이 호흡과 진동으로 가득찬 것을 상상하면서 아르페지오가 나가도록 합니다.

- 모든 울림 공간들을 명확하게 그려봅니다. 깊은 소리가 가슴에서 꿈틀대는 것, 아르페지오가 높아지면서 도착하는 뼈로 둘러싸인 입 울림공간을 보고, 공동/광대뼈/얼굴 앞면 그리고 코 울림 공간을 지나, 머리 울림 공간까지 자유롭게 날아오르는 것을 보십시오.

기억해야 할 점: 노래부르기가 아닙니다. 노래부르지 마세요—이것은 자유로

운, 날아나가는, 한숨입니다.

나가는 소리에서 생기는 횡격막의 움직임(비단으로 만든 낙하산이 떠오르듯 횡격막이 갈비뼈들을 향해 떠오르는 것)과 숨이 날아들어오는 것과 동시에 갑자기 골반쪽으로 떨어지는 움직임을 명확하게 그리면서 아르페지오를 합니다.

■ 만약 당신이 힘을 줘서 소리를 밀어내려고 한다면, 무엇을 해야할지 아시죠?—혀를 풀고, 턱을 풀고, 연구개를 열고, 몸의 깊은 곳에서부터 한숨이 나가도록 하세요.

■ 아르페지오로 "히이-이이-이이-이이-이이-이이-이이"를 하면서 몸을 굴려서 배를 땅에 대고 누운 자세로 옮겨 가세요. 아랫등(허리 뒷부분)과 양옆 갈비뼈들의 공간을 생각합니다.

■ 아르페지오로 "헤이"를 다시 하면서 몸을 굴려서 새싹자세로 갑니다.

■ 네발로 기는 자세로 옮겨갑니다. 척추가 아래로 향하는 곡선을 그리는 동안 아르페지오가 한숨으로 나갑니다.

■ 꼬리뼈부터 거꾸로 매달린 자세로 갑니다. 척추를 하나씩 쌓아 올리면서 음을 따라 내려가는 아르페지오를 합니다.

아르페지오를 한번 하는 것이 쉬워지면, 두번씩 하세요- 두번의 아르페지오를 한 호흡으로 합니다. 생각을 확장시키고 욕구를 증가시킴으로써 당신의 호흡력을 훈련하세요. 세번의 아르페지오는 아주 긴 생각입니다. 긴 생각이 들자마자, 그 생각은 늑간 근육과 아랫등 공간에서의 반응을 자극해서 더 많은 호흡이 날아 들어 오도록 합니다. 호흡을 "유지"할 필요는 전혀 없습니다. 긴 생각을 하세요 그러면 호흡은 지속될 것입니다.

확장된 음성을 몸으로부터 자유롭게 하기위한 다른 몇 가지의 신체적인 움직임을 소개하겠습니다.

스윙(흔들기):

중력과 그것의 반동을 이용한 스윙은 어떤 종류든지 자연적인 에너지를 만들어 냅니다.

팔 스윙과 다리 스윙은 에너지를 발산하도록 아주 훌륭하게 도와주며, 스윙을 하면서 이 사실에 주의를 기울이면 최대의 효과를 얻을 수 있습니다. 일단 스윙의 주요 원리를 익히면 다양한 스윙들을 하는 것도 쉬워집니다.

측면 팔 스윙

마지막 연습훈련에서 나는 다음과 같은 말을 했습니다. "자유, 힘, 그리고 음역을 발달시키려는 생각은 아주 빨리 할 수 있지만, 실제로 이것들은 천천히 반복적으로 음미하는 과정에서 얻어지게 됩니다."

다음의 연습훈련에서는 설명을 천천히 읽고, 주의깊게 그 설명들을 받아들이고, 움직임의 자연스럽고 빠른 속도와 속도감에 당신 자신을 던져버릴 것을 권합니다.

1단계

- 양팔을 어깨높이에서 수평으로, 몸통과는 직각이 되게 옆으로 뻗은 상태에서 시작합니다. 양발은 골반뼈 아래에 놓여있어야 합니다. 당신의 척추

는 곧게 서 있어야 합니다. 스윙을 하는 동안, 당신의 척추가 살짝 웨이브를 만들면서 움직이거나, 앞으로 기울어지려고 할 수 있습니다. 척추를 완전히 중력과 수직인 상태로 유지하세요.

■ 이제 당신의 양팔을 갑자기 떨어뜨리세요. 이것을 관찰하면서 중력에 주의를 기울입니다.

■ 양팔을 원래의 위치로 다시 떠오르게 하고, 이번에는 양팔을 떨어뜨리면서 동시에 양팔이 당신의 몸앞에서 서로 어긋나면서 두어번 왔다갔다 하도록 내버려 두세요.

팔이 떨어질 때, 척추 윗부분이 같이 내려앉지 않도록 하세요. 척추를 길게 유지하고 어깨 관절부터 완전히 긴장을 풀어서 이 경험이 당신의 팔에서만 일어나도록 하세요.

■ 양팔을 다시 양옆으로 떠오르게 하고, 이번에 떨어질 때는 무릎을 튕기세요. 그래서 당신의 팔들이 여분의 에너지를 더 받아서 원래의 위치로 다시 떠오를 수 있도록 합니다. 그러고 나서 팔을 다시 떨어뜨리세요.

이제, 당신이 팔을 떨어뜨리고 동시에 무릎이 중력을 향해 살짝 굽혀집니다. 그리고 당신의 무릎이 중력의 반작용으로 다시 펴지면서 올라오고, 이것이 척추에까지 전해지고, 그것이 다시 팔과 손가락들까지 전해지면서 팔과 손가락들이 수평으로 양옆을 향해 뻗어가게 됩니다.

당신이 스윙을 할 때 앞으로 몸이 기울지 않도록 하세요. 당신의 척추는 수직이어야 합니다.

팔이 몸통 앞으로 떨어졌다가 다시 양옆을 향해 떠오를 때, 어깨죽지 안에 느껴지는 움직임에 주의를 기울여 보세요.

■ 이제, 양팔을 떨어뜨리고, 무릎이 중력을 향해 살짝 떨어지다가 다시 반작용으로 튕겨 올라옵니다. 에너지가 당신의 다리에서부터 솟아올라서 척추를 지나 수평으로 팔과 손가락들을 거쳐 나가도록 합니다. 양팔이 당신의 몸앞으로 떨어지도록 하고, 그 즉시 중력의 반작용으로 다시 떠올라서 양 옆으로 뻗어갔다가 다시 몸앞으로 떨어지도록 하세요. 중력과 중력 반작용의 효과는 계속되는 스윙 속에서 반복됩니다.

중력의 끌어당기는 힘은 영원히 고갈되지 않습니다, 그러므로 중력의 반직용도 마찬가지입니다. 만약 당신이 양팔을 정말로 떨어뜨리고 무릎을 중력에 맡긴다면, 그 결과로 생기는 중력 반작용을 이용할 수 있습니다. 팔을 다시 떨어뜨리고 다시 반작용을 이용한다면, 마치 이 움직임을 영원히 반복할 수 있을것 같이 느낄 것입니다. 노력을 하지 않아도 자연적인 힘을 이용해서 움직이게 되는 것입니다.

■ 스윙의 재미에 빠져보세요. 그리고 스윙의 움직임에 몸을 맡겨보세요. 이렇게 하지 않으면 당신은 이 과정 전체를 조절하게 될 것입니다. 중력과 중력의 반작용에게 그냥 맡기십시오.

2단계
팔이 양쪽으로 뻗어있는 상태에서 아르페지오를 시작하고, 양팔이 떨어지면서 동시에 소리가 날아나가도록 도와줍니다.

- 팔이 떨어지는 것의 반응으로 아래쪽에서부터 에너지가 올라오고 중력의 반작용이 척추를 타고 올라와서 양팔을 따라 수평으로 나간다는 이미지를 계속 떠올립니다. 한 가지 다른 점은, 지금은 그 에너지가 음성이라는 것입니다. 리듬은 아주 자연적으로 생겨나야 합니다. 첫 번째 "헤이"와 가장 높은 음에서의 "헤이"는 당신의 양팔이 수평으로 뻗어나갔을 때 나옵니다; 마지막 음은 양팔이 두 번째로 몸통앞으로 떨어질 때 나옵니다. 그리고 나서 양팔이 세 번째로 수평으로 뻗어질 때, 새 들숨이 들어갑니다. 팔 스윙은 규칙적인 리듬을 가지고 있고, 아르페지오도 그 리듬을 따르게 됩니다. 아르페지오의 마지막 음을 길게 늘이거나 유지하려고 하지 마세요. 음을 늘이거나 유지하면, 팔이 바깥으로 스윙되면서 올라갈 때 자동적으로 날숨이 날아들어갈 기회를 막아버리게 됩니다.

아르페지오는 길고 끊어지지 않는 소리로 나갑니다.

- 소리가 신체적인 움직임과 맞아 떨어지도록 합니다. 당신의 소리는 당신의 팔과 함께 중력을 향해 떨어졌다가, 팔과 함께 다시 수평으로 날아올라, 팔과 손가락들을 지나 옆으로 나갑니다. 당신의 음성, 신체, 마음, 중력, 그리고 중력의 반작용이 모두 하나로 움직입니다.

다리 스윙
균형을 잃지 않기 위해서, 오른쪽 다리 스윙을 할 때는 왼손으로 의자 등받이 같은 것을 짚고 하세요. 왼쪽다리 스윙을 할 때는 반대로 하면 되겠지요.

1단계

- 오른쪽 무릎을 허벅지 높이 정도까지 올려서 땅바닥과 허벅지가 수평이 되도록 합니다. 무릎 아래 다리는 느슨하게 달려있도록 합니다. 척추를 길게 유지하고, 몸통이 왼쪽 다리부터 위쪽으로 올라가면서 무게가 가벼워진다고 생각하세요. 골반 관절을 보세요. 무릎부터 다리를 떨어뜨려서, 몸 뒤쪽까지 날아가면서 곡선을 그리고는 재빨리 다시 앞으로 떠오르도록 합니다. 그러고 나서 다리를 내립니다.
- 왼쪽 다리도 하세요.

다리에 보내는 메시지는 "멀리 가라"입니다. 다리를, 몸통에 구속된 상태로부터 해방시키면서, 골반 관절을 열고 그 안에 숨어있는 긴장을 푼다고 생각하십시오.

2단계

아르페지오를 하면서 다리 스윙:

- 아르페지오는 아랫배에서 시작됩니다. 그리고 다리와 함께 던져지면서 다리와 함께 스윙을 합니다. 첫 번째 "헤이"는 다리가 떨어지는 순간(떨어지면서 뒤로 갈때)에 나가고, 가장 높은 음의 "헤이"는 다리가 시작하던 지점으로 다시 돌아오는 순간 나갑니다. 마지막 "헤이"는 아래로 떨어지면서 뒤로 갈 때 나옵니다. 이 움직임 다음에 다리가 다시 앞으로 올 때, 새 호흡이 자동으로 날아 들어옵니다. 당신의 무릎이 앞으로/위로 스윙을 할 때, 아랫등은 길어지고 호흡이 날아 들어옵니다.

소리가 다리로 내려가고 다리와 발을 지나 날아나가는 것을 보세요. 음계를 올라가고 내려가면서, 서너 번씩(한 다리씩) 반복하세요.

앞에서 설명을 위해서 "첫 번째 헤이", "마지막 헤이"라고 나눠서 불렀지만, 실제로 "헤이"는 끊어짐이 없이 연결된 하나의 긴 소리여야 합니다.

어깨와 골반 관절에 몰렸던 긴장이 숨어있는 경우가 많습니다. 스윙을 제대로 잘하면 이렇게 감추어진 긴장들을 풀게되고, 충동이 중추 신경계를 막힘없이 왔다갔다 할 수 있게 됩니다(손가락 끝에서 발가락 끝까지). "신체와 마음 사이에 오가는 길(통하는)이 놓여있다"는 의미는, 팔과 다리에 있는 긴장이 풀리면, 마음속에 있는 억압(부자유함)도 풀리게 된다는 뜻입니다.

연습
전체 연습훈련과 함께 매일 연습하세요.

작업 19일, 20일, 21일 그리고 그 이후

소리가 언어가 되도록 정확히 발음하기 :

자음과 모음들 ... 소리의 관절들

영어에서 정확한 발음(articulation)이라는 단어는 "관절이 있다"는 의미입니다. 이것은 입으로 흘러나오는 진동이 음절을 가진 단어들로 분리되어 말이 되는 과정을 최대한 쉽고 명확하게 정의한 것이라 하겠습니다. 반면에, 생각이 말이 되는 과정을 지나치게 단순화시킨 설명이라고도 할 수 있습니다. 그러나, 지금 단계에서 개개인의 특성을 최대한 살리면서 언어(말)의 영역으로 들어가기 위해서는 이런 단순한 정의를 사용하는 것이 가장 안전하다고 생각됩니다. 풍부하고 창의적인 의사소통은 개개인의 독특함에서 비롯됩니다. 자유로움이 의사소통의 기초가 되어야 합니다. 옥스퍼드 영어사전에서 정의한 대로 "말"이 "음성 관련 신체기관들의 자연적인 움직임: 생각과 감정의 언어적 표현"이라면, 그러한 자연적인 능력의 자유로운 발달과정에서 "맞는 것과 틀리는 것"에 대한 규칙은 존재하지 않습니다. 신체기관과 말하는 사람의 마음 사이에 민감한 연결성이 존재하는 한, 마음이 발달할수록 자연적인 신체적 능력도 함께 발달합니다.

지금부터 할 연습훈련은, 마음과 연관된 말하기를 다룰 것입니다. 정확하게 말을 할 수 있도록 도와주는 근육들은, 제한하고 조절하려는 것으로부터 반드시 자유로워져야 하고, 마음/생각의 민첩함을 그대로 반영할 수 있을만큼 재빨리 반응해야 합니다. 나는 당신에게, "말하기에 있어서 유일한 정답(표준화법)을 찾으라"고 하지 않을 것입니다. 말하기의 정답을 찾는 것(소위, 표준화법이라 불리는 것)은 살아있는 사람의 혀에 있기보다는 책 속에 있는 경우가 더 많습니다. 살아있는 의사소통은 고정되어 있지 않기 때문입니다. 미국화법의 표준, 표준 영어, 표준 유럽식 영어, 혹은 심지어 표준 발음도 대부분 계층 의식의 반영에 크게 영향을 받습니다. 대부분, 이러한 시도들은 실패할 수밖에 없습니다. 다양한 의사소통 형태를 가지고 있는 사회를 반영하기 위해서, 여러 가지 방법으로 말하고, 다양하고 유연하게 의사소통을 하는 것에 대해 융통성을 가져야 합니다. 또한, 한 걸음 더 나아가서, 다양한 종교와 문화에 뿌리를 두고 있는 풍부한 소리들을 보존하고 즐길 수 있어야 할 것입니다.

　　표준 화법에 대한 대안이 무질서와 혼란을 의미하는 것은 아닙니다. 이 점에 대해서, 나는 의사소통이 말하는 사람 뿐만 아니라 듣는 사람도 포함한다는 것을 강조하고 싶습니다. 그러므로 말하는 사람이 아무리 스스로 만족을 한다고 하여도, 만약 듣는 사람이 이해할 수 없다면, 이것은 의사소통의 기능을 상실한 것이라는 뜻입니다. 말하고자 하는 내용을 왜곡시키는 어떤 것도, 듣는 이의 정확한 이해보다 중요할 수는 없습니다. 예를 들자면 말할 때 대사의 리듬과는 전혀 상관없는 개인의 습관적인 리듬이 계속 나온다거나; 말하는 내용을 듣도록 만들기보다는 다른 곳에 더 신경이 쓰이도록 만드는 음성적인 매너리즘(예를 들자면, "이 대사는 슬프니까 울먹이는 소리로 이 독백을 다 말해야지"라고 생각한다면, 그 인물이 왜 슬픈지, 그 슬픔 속에서 생각이 어떻게 변화하는지를 얘기하는 진실한 내용에 귀기울이기 보다는 울먹이는 소리에만 더 신경이 쓰이도록 만들고, 결국에는 대사 내용보다는 '울먹이니까 슬프다는 얘기구나'라는 아주 일반적인 매너리즘으로 듣는 사람을 끌고가게 됩니다); 억양이나 사투리가 지나치게 강해서 듣는 사람이 머리속으로 해석을 해가면서 들어야 하는 경우; 혹은 매혹적으로 아름다운 목소리 때문에 목소리의 음악적 매력만 들리는 경우.

이러한 왜곡들을 다루기 위해서 필요한 한 가지 특성은 바로 감수성(민감성)입니다. 잘 쓰여진 희곡은 그 안에 명백히 느껴지는 리듬, 질감, 그리고 스타일이 들어 있습니다. 감수성이 풍부하고 민감한 독자(배우)는 그 희곡 속의 리듬이 자신의 리듬을 바꾸도록 합니다. 그리고, 그 새로운 색과 질감을 자신의 음성속에 흡수하고, 그 새로운 스타일이 대사 전달의 형태를 바꾸도록 합니다. 감수성이 풍부한 배우는 의사소통의 욕구(대사 속, 언어속에 있는 생각과 감정)를 전달할 수 있는 음성을 원할 것입니다. 이 책에 수록되어 있는 연습훈련들은 궁극적으로 그 목표에 도달하기 위한 것입니다. 자기 주위에서 어떤 일이 일어나고 있는가를 들을 수 있을 정도로 이완되어 있는 배우들, 관객이 한명이든 여러명이든 간에 듣는 사람을 존중하는 배우들은 가장 알아듣기 힘든 사투리나 억양을 쓰면서도, 인물의 특성을 잃어버리지 않으면서, 자신의 말을 관객이 이해할 수 있도록 만들 것입니다.

대부분의 사투리들은 확실한 지역적 특색때문에 입 주위 근육의 형태에 영향을 받고, 그것이 소리를 특정한 곳으로 가두게 됩니다. 미국의 중부나 뉴욕 억양의 콧소리는 혀뒷쪽과 연구개의 습관적인 자세때문에 생겼습니다. 남부의 느린 억양은 혀는 아주 게으르게 누워있고 턱이 거의 모든 일을 하기때문에 생깁니다. 남부 켄싱턴의 소리는 혀와 입의 작은 일부분만을 사용하고, 목은 거의 사용하지 않으며, 지나치게 발달한 콧소리만 사용합니다. 우리나라 경상도 사투리의 경우도 턱과 혀의 뒷부분을 주로 사용하며 끝소리가 턱이나 목구멍을 향해 아래로 떨어지는 경향을 가지고 있습니다. 전라도의 경우는 바쁘게 움직이는 혀와 콧소리의 영향을 주로 받습니다.

이러한 마음과 근육의 습관은 한 가지 제한된 환경하에서 발달되어 왔습니다. 내외적인 환경이 바뀌면서 딱딱하게 굳은 습관들도 완화됩니다. 음성의 전체적인 가능성이 열리고, 3-4 옥타브의 음역을 얻게 되고, 조화를 찾고, 질감을 갖게 되면서 자유로워지면, 말하고자 하는 내용에 따라 스타일을 바꾸는 것이 훨씬 더 쉬워집니다. 이 가능성을 제한하는 유일한 요소들은 재능의 부족이나, 상상력의 부족, 혹은 인생 경험의 부족입니다. 우리가 할 발음 훈련의 기본 전제는 발음 관련 근육들을 가장 경제적으로 사용하는 것입니다. 이러한 경제성을 통해서, 생각과 실제 사이의 예민한 연결고리가 생길 수 있습니다. 민첩한 입술과 혀, 습관으로부터의 자유를 가지고 있다면, 이제 정확한 언어를 구사하기 위해 유일하게 필요한 것은 정확한 생각입니다.

발음을 도와주는 표면들

발음을 위해 가장 많이 쓰이는 것은 바로 혀 앞날, 혀 중간 부분, 혀 뒷부분, 그리고 혀가 자연스럽게 건드리게 되는 입천장의 표면들입니다. 그리고 나머지의 발음들은 거의 입술에 의해 만들어집니다. 이런 좁은 공간 안에서 모든 단어들을 만들기 위해서, 발음 기관들은 에너지, 정확성, 그리고 섬세한 팀웍을 가진 곡예단처럼 움직여야 합니다. 모음을 만들고 자음이 모음들을 끊어주도록 하는데 쓰이는 근육들의 공동 작업은 너무나 미세하고 복잡하기 때문에, 호흡관련 근육과 성대 주위의 근육들과 마찬가지로, 무의식적인 조절에 의해 더 잘 움직입니다. 한번 더 강조하겠지만, 말하는 사람의 마음 상태를 반영하기 위해서는 근육들을 긴장으로부터 해방시켜야하고, 유연하게 해야하며, 명확한 생각/충동에 의해 연주되어질 수 있도록 두어야 합니다.

먼저 할일은 발음 기관들을 나누어서, 각각의 발음 기관을 자극할 수 있는 자음들을 가지고 훈련하는 것입니다.

자음

[입술]

1단계

- 거울을 보면서, 당신의 의도한 대로 의도한 부분의 근육만 움직이는지 아닌지를 확인하세요. 전체적으로는 입술에 주의를 기울이세요. 윗 입술을 위아래로 움직이면서 위로 들어서 윗니가 다 보이게 멈추고, 다시 입술을 아래로 떨어뜨립니다.

윗입술은 이완된 상태로 유지하면서 다른 부위가 아닌 윗입술만 움직이도록 합니다.

- 서너 번 반복합니다(빈정거리듯이 윗입술이 올라가도록 만드는 근육은 콧수염이 있는 부분에 있습니다)
- 윗입술에 긴장을 풀고 아랫입술에 주의를 집중합니다. 아랫니와 윗니를 살짝 닿은 상태로 두어서, 턱이 움직이지 않도록 하고, 아랫입술을 아래로 내려서 아랫이빨이 드러나도록 합니다. 이 부위를 움직이는 근육은 아랫입술 바로 아래의 앞턱을 덮고 있습니다.

턱의 움직임과 앞턱 근육의 움직임을 구별하세요. 이 연습훈련들과 다음의 입술, 혀 연습훈련을 하는 동안 턱뼈는 움직이지 않아야 합니다.

- 입술을 불어서 풀고 이완합니다.

다음의 움직임을 서너 번 반복합니다.

- 윗입술 올리고, 내리고, 올리고, 내리고, 올리고, 내리고
  아랫입술: 내리고, 놓고, 내리고, 놓고, 내리고, 놓고

아랫입술과 윗입술을 불면서 털어주세요.

2단계

- 큰 미소를 짓듯이 양 입가를 길게 스트레치 합니다.
- 그러고 나서 바로 입술을 앞으로 쭉 내밀어서 가능한 작게 모읍니다.
- 아랫입술과 윗입술은 붙이지 말고, 윗니와 아랫니는 서로 닿은채로, 입술을 옆으로 스트레치하고, 앞으로 내밉니다.
- 서너 번 반복하고 입술을 털고 이완합니다.

손가락들을 입가에 넣고 입술을 양옆으로 늘립니다.

- 손가락을 갑자기 뺍니다. (고무줄을 당겼다 놓듯이)
- 입술을 불면서 털어줍니다.

1단계와 2단계를 서너 번 반복하세요.

이것들은 윗입술과 아랫입술 주위의 일반적인 근육들을 좀 더 유연하게 하는 방법입니다. 좀 더 세부적인 근육들은 자음을 만들 때 사용됩니다. 이런 근육

들이 턱과 떨어져서 별개로 움직일 수 있게 되는 것은 아주 중요합니다. 이빨들이 서로 닿아있을 때, 턱은 움직이지 못하게 되고, 발음기관들이 움직일 수밖에 없습니다.

- 입술 근육의 독립적인 반응을 발달시키기 위해서, 이빨을 서로 닿게 한 채로 한번, 이빨을 떨어지게 하고 한번, 이렇게 번갈아 가면서 1단계와 2단계를 반복하세요. 이가 떨어질 때도 턱은 이완된 상태에서 움직이지 않아야 합니다.

발음 훈련을 하는 동안, 호흡 충동과의 연결성을 유지하고, 자유로움을 잃지 않으면서, 동시에 발음에 집중하는 것이 중요합니다. 입술과 혀를 훈련할 때, 호흡, 진동과의 관계를 상실하면서 소리가 입에서 바로 시작하는 경향이 있습니다. 발음은 더 확장된 자각을 필요로 합니다. 소리가 시작되는 원천에서부터 소리를 다루는 기관들에 이르기까지를 포괄하는 자각력 말입니다. 그렇지 않다면, 정확하게 발음할 재료 자체가 없어지게 되는 것입니다. 그저 분리된 "조각/ 관절"들이 생길 뿐이지요. 이것은 아주 흔히 발생하는 일입니다. 예를 들어 어떤 배우들은, 발음은 아주 훌륭하고 마디마디가 명확하게 끊어집니다. 자기가 무슨 말을 하고 있는지 이해조차 못한 상황에서 발음만 정확하게 나가는 배우들 말입니다. 지나치게 발달한 입술 근육과 혀는 완전한 의사소통의 필수 요소인, 음성과 발음 사이의 균형을 깨뜨릴 수 있습니다.

3단계

- 허밍으로 한숨을 쉬면서, 허밍하는 동안 입술을 다문채 움직여서 진동을

맛보세요. 입술에 진동을 모았다가 입술이 갑자기 열리면서, 밖으로 날려
보냅니다. 당신의 입술은 여러 개의 공을 공중에 던지는 재주꾼입니다.

- 음ㅁㅁㅁㅁㅁㅁㅁ-어흥 음-어흥 음ㅁㅁㅁㅁㅁ-어흥-음ㅁㅁㅁ-어
  흥-음ㅁ-어흥-음ㅁㅁ어흥-음어흥--음어흥-음어흥-음어흥
- 점점 빨라지면서─진동을 입술앞으로 바로 바로 던지세요. 다음의 리듬
  을 따라해 보세요. ~은 짧은 소리 /는 긴 소리입니다.

      ~   ~   /   ~   ~   /
- 음어흥-음어흥-음어흥-음어흥-음어흥-음어흥

이제 진동이 당신의 입술을 떠나는 순간 진동의 모양을 바꿔보세요:

- 음ㅁ-미이 음ㅁ ㅁ-미이이

"이"소리가 입밖으로 나가는지 확인하세요. 입밖으로 나가야 합니다. "음"은
비음 자음입니다. 이 자음과 함께있는 모음도 코로 따라가려는 경향이 생깁니
다. 입술 밖으로 앞을 향해 나가는 소리의 흐름을 상상하면서, 소리가 앞으로
흘러가도록 하세요. 혀가 이완된 상태인지도 확인합니다.

모양을 다시 바꾸세요:

- 메에이 메에이 메에이
- 미이이 미이이 미이이
- 메에이 메에이 메에이

나가는 진동의 모양을 다시 바꾸세요.

- 마-아ㅎ 마-아ㅎ 마-아ㅎ
- 미이이 미이이 미이이
- 메에이 메에이 메에이
- 마-아ㅎ 마-아ㅎ 마-아ㅎ

모음이 바뀔 때, 당신이 일부러 입모양을 바꿔야 할 필요가 없다는 사실을 관찰합니다. 입술은 위로 올라가고, 내려오고, 진동을 모았다가 내보냅니다. "이이"나 "에이" 그리고 "아아ㅎ"같은 모양들은 당신이 생각하는 순간 저절로 만들어집니다. "이아" 소리가 날 때, 혀 뒷부분은 연구개 쪽으로 비교적 높이 올라갔다가, "아"소리에서 다시 아래로 이완되면서 평평하게 떨어집니다. 당분간은 모음이 스스로 생기도록 내버려두고, 자음에 대해 감각적 경험을 해보도록 합시다.

입술과 진동 사이의 느리고 관능적인 관계를 연습해 봅시다.

- 음ㅁㅁㅁㅁ미이이이 음ㅁㅁㅁㅁ미이이이 음ㅁㅁㅁㅁ미이이이
- 음ㅁㅁㅁㅁ미이--에이 음ㅁㅁㅁㅁ미이--에이 음ㅁㅁㅁㅁ미이--에이
- 음ㅁㅁㅁㅁㅁ마아아아아아ㅎ 음ㅁㅁㅁㅁㅁㅁ마아아아아아ㅎ 음ㅁㅁㅁ
  ㅁㅁㅁ마아아아아아ㅎ

입술 표면과 진동사이의 관계를 탐구하고, "자음"에 대해서는 생각하지 마세요. 듣지 마세요. 입술의 촉촉한 부분끼리 만나고, 근육이 최소한의 움직임을 사용하고, 진동에 의해 자극을 받습니다. 필요하지 않은 노력을 들이면 입술이 경직되고 진동은 죽어버리게 됩니다.

이제, 에너지를 바꿔서, 빨라지세요:

- 미이이-미이이-미이이 메에이-메에이-메에이 마아ㅎ 마아ㅎ 마아ㅎ

그러고 나서 리듬을 바꿔줍니다.

- 미이이 미이이 미이이-메에이 메에이 메에이-마아ㅎ 마아ㅎ 마아ㅎ
- 미이이 미이이 미이이-메에이 메에이 메에이-마아ㅎ 마아ㅎ 마아ㅎ
  (세번 반복하세요)
- 미이이 미이이 미이이 미이이 미이이
- 메에이 메에이 메에이 메에이 메에이
- 마아ㅎ 마아ㅎ 마아ㅎ 마아ㅎ 마아ㅎ
  (세번 반복하세요)
- 미이이 미이이 미이이 미이이 미이이 미이이
- 메에이 메에이 메에이 메에이 메에이 메에이
- 마아ㅎ 마아ㅎ 마아ㅎ 마아ㅎ 마아ㅎ 마아ㅎ
  (세번 반복하세요)

명확하고 정확하게 반복할 수 있는 한, 당신이 만들고 싶은 형태의 리듬을 만들어 가면서 소리를 가지고 즐거운 탐험을 하세요. 뇌에서부터 전해지는 메시지를 입술이 독립적으로, 아주 명확하고, 민첩하게, 받을 수 있는 연습을 할 수 있게, 신체의 다른 부위는 움직이지 않으면서 연습해야 합니다.

4단계는 "ㅂ"소리를 사용한, 비슷한 패턴의 연습훈련입니다. "ㅁ"을 발음할 때 사용했던 것과 같은 부위의 입술이 움직입니다. 그러나 진동과의 관계만 변합니다. "ㅁ"소리는 유지되는 소리인 반면, "ㅂ"은 한번에 터져나오는 소리(파열음)입니다.

터지는 듯한 움직임이 생기는 "ㅂ" 소리를 내기위해서, 진동과 입술 표면이 반응하는 징확한 지점을 찾으세요.

4단계

아래위 입술이 서로 닿게 합니다. 소리가 날 것을 미리 예상하지 마세요. 이완된 입술을 자각합니다. 이빨은 입술 뒤에서 살짝 떨어진 상태로 있습니다. 혀는 입속에서 아주 느슨한 상태로 있고 턱도 이완된 상태입니다. 이제 "브" 소리를 생각해보세요. 어느 근육들이 먼저 반응하나요? 아직 소리를 내지는 마세요.

만약 이것을 아주 느리게 한다면, 당신은 입술이 움직이기 전에 입안의 반응을 포착할 수 있을 것입니다. 예를 들자면, "브"소리를 내려고 혀가 갑자기 뻣뻣해져서, 소리가 나기 바로 직전에 목에 뭔가 걸리는 듯한 소리가 생길 수도 있습니다. 이것은 경제적이지도 아주 명확하지도 못합니다. "브"소리가 바로 당신의 입으로 가는 것을 생각하는 연습을 하십시오.

- "브"소리를 생각하세요 – 가볍게 "브" 소리를 냅니다.

진동은 작은 소리의 터짐과 함께, 바로 입술에서 날아 나와야 합니다. 이 소리의 어느 부분도 목구멍에 걸려 있으면 안 됩니다. 소리가 도착하는 부위를 느끼고 들으면서 찾으세요. 만약 힘들게 이 소리를 내면, 소리가 자유롭지 못하고 '소리의 경로(혀, 턱, 연구개)' 어딘가에 갇히게 됩니다.

- 입술에서 작은 공 같은 진동이 튕겨져 나가는 것을 느껴보세요.
- 그 공을 가지고 장난을 하세요: 버흥-버흥-버흥

그 공을 평평하고 얇은 물체로 바꾸세요.

- 비이-비이-비이

모양을 다시 바꾸세요.

- 베이-베이-베이

다시 바꾸세요.

- 바흥-바흥-바흥

생각에 반응하도록 입술을 느슨하게 유지하세요. 입술이 너무 열심히 일하지 않도록 하세요.
　진동이 터지는 소리를 가지고 놀아봅시다.

■ 비이~비이~비이/ 베이~베이~베이/ 바ᇰ~바ᇰ~바ᇰ/

그 다음에는, "ㅁ"소리부터 해왔던 패턴을 따라서, 리듬과 속도를 바꾸면서 입술이 반응하는 능력을 키워주는 훈련을 하세요.

[혀 (혀 앞부분)]

입술을 잠시 놔두고, 혀 앞날로 가봅시다. 혀끝과 혀 앞날을 구분해 봅시다. "트" "드" "스" "즈" (ㅌ,ㄷ,ㅅ,ㅈ)같은 모음을 발음할 때 가장 효과적이고 자연스럽게 이 소리들을 내는 부위가 바로 혀끝의 약간 뒷쪽과 경구개의 윗니 바로 뒤에서 조금 올라가서 꺾이는 모서리(윗니 뒤쪽으로 가다가 입천장쪽으로 꺾어지며 올라가기 바로 전 부분)입니다. 혀가 입안을 채우려고 부풀면, 혀날은 가장자리를 주욱 돌아가면서 치아와 닿게 됩니다. 이때 자연스럽게 경구개 윗니뒤의 모서리에 닿게 되는 혀의 앞부분이, 발음할 때 앞으로 나가는 자음 소리들을 내기 위해서, 훈련을 해야 하는 부위입니다.

다음은 이 부위를 분리하고 강화시키기 위한 연습훈련입니다. 입 밖에서 혀근육을 과장되게 사용해 연습함으로써, 혀가 입안에서 이완된 상태에 있을 때 아주 편안하게 작용할 수 있도록 하는 것입니다.

5단계

■ 혀를 느슨한 채로 아랫입술 위에 걸쳐놓고 입밖으로 살짝 내밀어 둡니다. 거울을 사용해서 혀가 두텁고 넓은 상태이며 어떠한 미동도 없이 편하게 놓여있는지 확인하세요. 만약 혀가 좁고 앞으로 뾰족해지면서 모여있거

나, 얇고 납작한거나, 움직인다면, 이완이 안된 상태입니다.

■ 마치 혀 앞쪽 1센티미터 지점에 마디가 있어서 정확히 굽혔다 폈다 할 수 있는 듯, 혀 앞쪽을 들어서 윗입술을 건드립니다. 그리고 다시 혀 앞쪽을 아래로 굽혀서 아랫입술을 건드립니다. 아래위로 움직이세요. 특히 윗입술과 아랫입술을 건드리세요.

■ 입 밖에서 혀를 양 옆으로 왔다갔다 입가를 건드리면서 움직이세요.

턱이 따라 움직이지 않도록 주의합니다.

■ 앞의 두 가지 움직임을 번갈아 가면서 서너 번 반복하세요.

■ 그러고 나서, 혀끝을 아랫니 뒤에 두고, 혀를 스트레치하고 이완합니다.

■ 한번 더 혀 앞부분을 아랫입술에 댑니다. 그리고 아까처럼 위로 올려서 윗입술에 대고 이번에 혀가 떨어지는 순간 "르"소리를 냅니다.

마치 당신이 당신 입밖에 혀를 내놓고 말하는 것과 같습니다. "러ㅎ 러ㅎ 러ㅎ"라고 말하세요. 매번 "르"소리가 나고 나면 혀 앞부분은 아랫입술에 닿아 있습니다.

■ 앞에서 사용한 모음들을 이용하면서 이 혀가 입술에 닿는 연습을 반복하세요. 모든 연습은 혀를 입밖에 내놓고, 혀가 직접적으로 윗입술에 닿았다가 아랫입술 위에 떨어져야합니다.

■ 리이--리이-리이 레이-레이-레이 라아ㅎ-라아ㅎ-라아ㅎ

■ 그리고, 혀가 입안으로 미끄러져 들어가도록 하세요. 빠르고 편안하게 위의 것을 반복하세요. 이번에는 매번 "ㄹ"소리가 날때마다 혀앞이 윗니뒤

의 경구개 모서리를 건드렸다 떨어져야 합니다.

리이-리아-리아-레이-레이-레이-라아흥-라아흥-라아흥

- 혀를 입밖에 내놓고 하는 것과 입 안에 넣고 하는 것 두 가지를 번갈아 가면서 반복하세요:

  입밖에서 천천히.

  입 안에서 빨리.

입안에서 "ㄹ"소리가 어떠한 노력도 들이지 않은 채 편안하게 나와야 합니다. 왜냐하면, 혀가 지금까지 입 밖에서 과장된 스트레치를 해서, 충분히 이완된 상태가 되었기 때문입니다.

- 입술로 "ㅂ"과 "ㅁ"소리를 연습했을 때처럼, "ㄹ"소리가 혀에서 재빠르고 생동감있게 반응하는 능력을 키우세요. 점차적으로 속도를 증가시키고 리듬을 바꾸세요.
- 이제 "ㄷ"소리를 만들기 위해 혀에 필요한 움직임을 찾아봅시다. 혀 날 이 윗니 뒤의 경구개 모서리를 만나면서 진동이 앞으로 밀려나가게 됩니다. 그리고 혀는 아래로 떨어집니다.

  디이-디아-디이 데아-데이-데이 다아흥-다아흥-다아흥

"ㄷ(드)"소리는 "ㄹ(르)"소리보다 더 혀를 강하고 민첩하게 만듭니다. 왜냐하면, 강한 자음 소리를 내기 위하여 발음을 만드는 표면들의 만남 자체가 강해질 필요가 있기 때문입니다.

"브"와 "드"소리를 낼때 진동이 유사한 방법으로 다루어진 것에 주목하세요. 진정한 효과를 얻기 위해서는, 두 표면이 만날때 진동을 정말로 느끼는 것이 아주 중요합니다. 진동은 목구멍에서 나오지 못하고 있는데, 재빠른 입술이나 혀가 "프"나 "트" 같은 소리를 앞에서만 만들 수 있습니다.

■ "ㄴ(느)"소리를 찾기 위해서 같은 설명을 따르도록 하세요.

이 소리는 "ㅁ"과 유사한 성격(비음)을 가지고 있습니다. 혀 날이 윗니 뒤 경구개 모서리와 닿기 때문에, 입 앞쪽이 막혀서 소리가 코로 갑니다. 그러나 혀 앞날이 아래로 내려가자마자 자음 바로뒤의 모음이 입앞으로 쏟아져 나와야 합니다.

■ 니아-니아-니아 네아-네아-네아 나아흐-나아흐-나아흐
■ "미이 미이 미이"할 때 했던 모음들과 리듬들을 사용해서 "니이 니이 니이"를 하고, 두 가지를 번갈아 가면서 반복하세요.

[혀 (혀 뒷쪽)]

6단계
세 번째로 중요한 발음 부분을 훈련하기 위하여, 목젖 바로 앞에서 혀 뒷부분과 경구개의 가장 끝부분이 만나는 곳을 분리해야 합니다.

■ 혀끝을 아랫니 뒤에 확실하게 붙이고 하품을 하세요. 하품을 하는 중간에 혀 뒷부분을 올려서 경구개 끝부분(연구개의 바로 앞쪽)과 만나도록 하세요. 하품을 중간에 방해한 이소리는 "응아" 할 때의 "응" 소리가 됩니다.

- 다시 하품을 하면서 "응"소리를 길게 내다가 소리를 계속 내는 상태에서 혀끝을 연구개에서 떼어 버립니다. 그러면 소리가 "아아흥"로 바뀌게 됩니다.

하품 진짜로 하지는 말고 하품하는 느낌을 이용해서 혀 뒷부분을 위아래로 움직이면서 다음의 소리를 냅니다:

- 응--아아흥-응--아아흥 (아아흥는 하품하는 것처럼 스트레치되는 느낌입니다.)

이 소리도 역시 비음입니다.

입과 목에 긴장을 푸세요. 혀 뒷부분을 앞에서 사용했던 모음과 리듬을 사용해서 훈련하세요.

- 잉이-잉이-잉이 엥이-엥이-엥이 앙아흥-앙아흥-앙아흥
- 입술, 혀 앞부분, 혀 뒷부분을 번갈아 가면서 연습하세요.
- 미이이 미이이 미이이-메에이 메에이 메에이-마아흥 마아흥 마아흥
- 니이-니이-니이 네이-네이-네이 나아흥-나아흥-나아흥
- 잉이-잉이-잉이 엥이-엥이-엥이 앙아흥-앙아흥-앙아흥
- 리듬을 바꿔가면서 해보세요.
- 이번에는 혀 뒷부분이 경구개의 가장 끝을 가볍지만 날카롭게 치면서 진동이 "브"나 "드"소리를 낼때와 같은 터지는 느낌을 가지고 나오도록 하세요. 만약 당신이 설명을 정확하고 차분하게 따른다면 당신은 "ㄱ(그)"소리를 내게 될 것입니다. 이소리도 "ㅂ(브)"나 "ㄷ(드)"와 같이 터지면서

나오는 소리입니다.

- 이제는 익숙해졌을 연습의 패턴을 따라서:
- 거흥 거흥 거흥 부터 시작해서
- 기이-기이-기이 게이-게이-게이 가아흥-가아흥-가아흥

혀끝이 이완된 상태로 아랫니 뒤에 붙어서 움직이지 않도록 하는 것을 꼭 기억하세요.

턱도 따라 움직이지 않고, 이완된 채로 가만히 있어야 합니다.

7단계

드디어 연습훈련들을 하면서 입술부터 시작해서, 혀 앞날, 혀 뒷쪽, 그리고 다시 입술로 돌아왔습니다. 발음기관들을 민첩한 상태로 유지하기 위해서 마치 매일 이를 닦는 것처럼 이 연습훈련들을 규칙적으로 해야합니다.

입술부터 혀 앞부분:
- 버흥-더흥-버흥-더흥-버흥-더흥

혀앞부분에서 입술:
- 더흥-버흥-더흥-버흥-더흥-버흥

천천히 점차적으로 속도를 내면서 입술부터 시작하는 것과 혀부터 시작하는 소리를 번갈아 연습합니다.

그러고 나서 혀 뒷부분부터 혀 앞부분으로:
- 거흥-더흥-거흥-더흥-거흥-더흥

혀 앞부분에서 혀 뒷부분:
- 더흥-거흥-더흥-거흥-더흥-거흥

처음에는 천천히 그러고 나서 속도를 내면서 혀 뒷부분과 혀 앞부분을 번갈아 가면서 연습하세요.

입술부터 혀 앞부분 혀 뒷부분:
- 버흥-더흥-거흥-더흥-버흥-더흥-거흥-더흥-버흥-더흥-거흥-더흥

혀 뒷부분부터 혀 앞부분 그리고 입술:
- 거흥-더흥-버흥-더흥-거흥-더흥-버흥-더흥-거흥-더흥-버흥-더흥

처음에는 천천히 하다가, 점점 속도를 내세요.

명확하고 정확하게 하는 것이 가장 중요합니다.

이 연습훈련들을 하는 동안, 입이 사용할 수 있는 안정된 소리가 끊기지 않고 흘러 나올 수 있도록, 횡격막의 중심에서부터 자유롭게 한숨이 진동으로 흘러 나오록 하세요. 당신의 음성과 발음이 되는 표면들과의 연결성에 주의를 기울이지 않는다면, 이 자음들은 아주 쉽게 끊기거나 생기가 없어집니다. "ㅂ ㄷ ㄱ ㄷ"소리들과 친숙해지면, 당신도 모르는 사이에 기차의 칙칙폭폭하는 리듬을 사용하게 될 것입니다. 그 리듬이나 다른 리듬들을 이용해서 연습에 생기를

불어 넣도록 하세요.

- 이 "ㅂㄷㄱㄷ" 소리를 가지고 변화를 주면서, 음계를 따라 올라가고 내려가고, 아르페지오를 하고, 노래를 하면서, 자음에 의해 방해받는 게 아니라 자음에 의해 움직여지는 한숨이, 몸의 중심(횡격막 중심)에서부터 흘러나온다는 것을 기억하세요.
- 이 "ㅂㄷㄱㄷ", "ㅂㄷㅂㄷ", "ㄷㅂㄷㅂ", "ㄱㄷㄱㄷ", "ㄷㄱㄷㄱ"를 이용해서 가슴소리부터 머리 소리까지 왔다갔다 하세요. 가장 낮은 소리부터 가장 높은 소리까지, 한숨을 내보내면서, 울림사다리의 어느 부분도 건너뛰지 않으면서 왔다갔다 하세요.
- "ㅂㄷ", "ㄷㅂ", "ㄷㄱ", "ㄱㄷ", "ㅂㄷㄱㄷ"를 사용해서 즉흥적으로 대화를 해보세요.
- 이것들을 사용해서 질문과 대답을 즉흥적으로 해보세요.
- 이것들을 사용해서 정치적인 논쟁을 즉흥적으로 해보세요.
- 이것들을 사용해서 사랑의 장면을 즉흥적으로 해보세요.
- 사야할 물건들을 나열해 보세요. 모든 표현을 이것들만 사용해서 해 보세요.

이런 즉흥극을 하는 동안, 파트너에게 부탁하거나 거울을 이용해서 당신의 눈썹이 필요 이상으로 움직이는지 아닌지 관찰해보세요. 눈썹을 긴장이 풀린상태로 두세요. 당신의 머리가 앞뒤로 움직이는지도 확인하고, 앞뒤로 움직이지 않도록 합니다.

정확한 발음을 하기 위한 에너지들이, 눈썹, 손, 어깨, 혹은 고개를 끄덕이는 행동으로 옮겨갑니다. 이러한 움직임들은 모두 불필요한 외적인 행동들이며,

아직까지는, 표현은 오직 호흡기관과 입을 통해서만 전달되어야 합니다. 나중에, 손이나 어깨를 움직이는 정도는 의사소통을 좀 더 도울 수도 있지만, 지금은 연관성이 부족한 이런 부분들은 이완상태로 두고, 혀와 입이 더 많은 책임을 감수하도록 만들어 줘야 합니다. 내가 전에 언급했듯이, 눈썹의 움직임은 거의 대부분이, 생생한 발음이나 연구개의 반응을 대신하려는 것입니다. 특별한 몇몇 종류의 감정들만이 눈썹의 움직임을 필요로 합니다(아주 믿기지 않는 질문이나, 놀람, 찡그림 등). 불필요하게 눈썹을 많이 움직이는 것은 눈썹의 움직임이 당신의 소리를 대신하려 하기 때문입니다. 말소리의 음계가 올라가는 대신 눈썹이 올라가거나, 입술과 혀가 대신 눈썹들이 움직이려고 합니다.

8단계

5단계에서 설명했던 패턴을 따라서 비음들을 연습하세요

- 머흥-너흥-머흥-너흥-머흥-너흥
  너흥-머흥-너흥-머흥-너흥-머흥
  엉흥-너흥-엉흥-너흥-엉흥-너흥
  너흥-엉흥-너흥-엉흥-너흥-엉흥
- 머흥-너흥-엉흥-너흥-머흥-너흥-엉흥-너흥-머흥-너흥-엉흥-너흥
- 엉흥-너흥-머흥-너흥-엉흥-너흥-머흥-너흥-엉흥-너흥-머흥-너흥

모든 "어흥"소리는 입을 통해 밖으로 나가야 합니다. 자음만 비음입니다.

9단계

같은 패턴과 리듬을 따라서 "ㅍ", "ㅌ", "ㅋ"를 합니다.

이 소리들은 진동이 쓰이지 않은 "ㅂ", "ㄷ", "ㄱ" 소리들로써, 진동 대신에 호흡이 터져 나오는 소리입니다.

진동없이 호흡만 (속삭임)

■ 퍼흥-터흥-퍼흥-터흥-퍼흥-터흥
■ 터흥-퍼흥-터흥-퍼흥-터흥-퍼흥
■ 커흥-터흥-커흥-터흥-커흥-터흥
■ 터흥-커흥-터흥-커흥-터흥-커흥
■ 퍼흥-터흥-커흥-터흥-퍼흥-터흥-커흥-터흥-퍼흥-터흥-커흥-터흥
■ 커흥-터흥-퍼흥-터흥-커흥-터흥-퍼흥-터흥-커흥-터흥-퍼흥-터흥

이 연습훈련들을 가지고, 호흡이 자유로운지를 확실히 체크 할 수 있습니다. 목구멍에서 소리가 나지 말아야하고, 발음이 만들어지는 표면들에 부딪혔다 떨어지는 순간, 가볍고 투명한 소리가 나야합니다. 투명한 소리를 내기 위해 호흡을 뒤로 잡고있다는 느낌이 들어도 절대 안 됩니다. 횡격막의 중심에서 완전히 터져 나온다는 느낌을 가지고 한숨이 나와야 합니다. 그리고, 그렇게 나오는 숨을 입술과 혀가 건드리면서 숨이 바로 입을 통해 날아 나가야 합니다. 목구멍에 힘이 들어가지 않고, 호흡과 발음기관 사이에 자유로운 접촉이 있다면 당신은 횡격막에서 무언가 파닥거리는 듯한 느낌을 느끼게 될 것입니다. 이것은 입과 몸의 중심 사이의 연관 관계를 정화시켜주는 아주 유용한 현상입니다. 그 파닥거리는 듯한 느낌은 "ㅍ". "ㅌ", "ㅋ" 같은 소리를 만들기

위해서, 빠르고 반복되는 호흡의 작은 멈춤들이 입술과 혀에 의해서 생겨나고, 그것이 호흡에 영향을 미치기 때문에 발생합니다.

깨끗하고 날카로운 "ㅌ" "ㅋ" 소리를 만들기 위해 당신의 혀가 경구개에서 날카롭고 재빠르게 내려오도록 하세요. 만약에 혀끝이 너무 앞쪽으로 가면(치아위로), "ㅌ"대신에 "ㅊ"소리가 날 것입니다. 혀의 앞쪽과 뒤쪽 모두 다 경구개/연구개로부터 재빨리 아래로 떨어져서, 소리가 자유롭게 **빠져나가도록** 해야할 것입니다. 좁은 통로로 나가는 소리는 거친 숨소리처럼 나옵니다.
(다음의 소리들은 한글에는 없는, 영어에서 쓰이는 자음들입니다. 원본에 있는 부분을 삭제하지 않고, 그대로 번역해서 넣었습니다. 흥미로 읽어보시는 것도 좋을 듯 합니다.)

기타의 진동을 사용한 자음들과 그 자음들의 진동을 사용하지 않은 형태

입술:
- V 와 F
- "Vvvv" 소리는 윗니와 아랫입술이 만나서, 이 둘사이에서 진동이 울릴 때 만들어집니다.
- "Ffff"는 "Vvvv"를 진동없이 호흡만으로 발음하면 생기는 소리입니다. 윗니와 아랫입술 사이의 관계가 조금 더 부드럽습니다. 왜냐하면, 호흡이 진동보다는 더 부드러운 반응을 만들기 때문입니다.

혀:
- "Z"와 "S"

"Zzzz"는 "Vvvv"와 비슷한 카테고리에 속합니다. 두개의 표면이 서로 마찰을 하면서 생기는 소리입니다. 이것은 혀 앞부분과 윗니 뒤의 경구개 모서리가 마찰하면서 생기는 소리입니다. 강한 "Zzzz" 소리를 내기 위해서는 혀 앞부분을 경구개 모서리에다 꼭 붙이고, 혀끝은 아랫니를 살짝 건드리는 상태에서, "Zzzz"소리를 낸다는 생각이 혀가 닿는 표면들 사이로 진동을 강하게 보내면 됩니다. 처음 시작할 때는 거의 "dzzz"같은 소리가 날 것입니다. 그러나, 강한 소리를 내기 위해 이것을 사용하다가 나중에 "d"소리를 빼면서 소리내면 됩니다.

"Ssss"는 진동을 사용하지 않고 낸 "Zzzz"소리입니다. 만약 혀가 이완된 상태라면 풍부한 "Ssss" 소리가 생각을 따라 자연적으로 발생할 것입니다. 거친 "Ssss"가 나는 경우는 대부분 혀의 긴장으로 인해 혀가 윗니쪽으로 밀리면서 이빨사이에 있는 공간으로만 소리가 나가게 되고, 따라서 바람이 많이 섞이고 거친 "Ssss" 소리가 나게됩니다. 이 소리는 듣는 사람이나 말하는 사람 모두에게 거슬리는 소리가 될 수 있습니다.

"S" 소리를 내는 공간에 대해서는 하나의 정답이 있다고 말하기 어렵습니다. 이 소리는 각자의 구강구조에 따라 다른 곳에서 생길 수 있습니다. 혀의 긴장을 풀고 입바닥에 두터운 상태로 혀를 놓고, 윗니 뒤의 경구개 모서리와 가장 편안하게 닿는 혀부위를 찾습니다. 혀가 입천장이 있는 둥근 부분으로 가지 않도록 하세요. 혀끝이 이완되어있고, 혀표면과 경구개 모서리 사이로 강한 호흡이 흘러나가도록 하면, 깨끗한 "Ssss" 소리가 날 것입니다.

혀끝을 아랫니 뒤의 아랫니와 아랫잇몸이 만나는 부분에 두세요. 거기에 혀를 두고, 혀 앞부분과 경구개 모서리의 강한 연관성을 연습하세요:

- Zzzzeee Zzzzey zzzzaaa

길고, 강하고 진동이 느껴지는 Z 소리여야 합니다.

- 그리고 Z를 생각하되 진동없이 호흡만으로 Zzzzeee Zzzzey zzzzaaa를 하고 그 결과를 들어보세요. 강한 "ssss"소리가 납니다.
- 이제, 진동없는 "zzzz"를 생각하면서 모음에 진동을 더해서 "이이이" "에 이" "아아"를 발음하면 아주 강한
- 시시시이 세세세에이 사사사아

소리가 납니다. 이것은 당신이 습관적으로 내는 "s"소리와는 조금 다릅니다. 당신의 호흡, 입, 생각 중에서, 어디에 다른 점이 있는지를 찾는 것은 당신이 할 일입니다.

    혀:
- "th"와 "th"

이 소리는 진동을 사용한것과 그렇지 않은 것이 있습니다. 이 소리는 혀끝이 윗니와 아랫니 사이의 좁은 공간으로 나가려는 상태에서 만들어집니다.(윗니 와 아랫니 사이에 혀끝을 살짝 문 상태로 진동, 혹은 호흡으로 만들어지는 소 리)

    혀:
- "J"와 "CH"
- "ZJ"와 "SH"
- "Y"
- "R"

혀 중간 부분이 경구개의 둥근 입천장에 거의 닿을 듯이 올라가면서 만들어지는 소리들은: "j(judge, justice 같은 단어들의 j발음)"와 이것에서 진동 대신 호흡만을 사용하는 "ch", 파열음인 "ZJ(pleasure 같은 단어의 발음)", 그리고 이것에서 진동 대신 호흡만 사용하는 "sh"-(마찰음), 그리고 혼합된 소리인 "y(이+어ㅎ= 여ㅎ)"가 있습니다.

"R"은 소리를 둘러싸고 의견이 분분한 발음 가운데 하나입니다. 여기서 나는 내 개인적인 의견 두 가지만 짚고 넘어가도록 하겠습니다. 미국식 발음에서의 "r"은 소리를 목구멍쪽으로 가둬두지 않도록 해야하고, 영국식 발음에서 배우들이 "연극식 발음"으로 사용하는 "rrrr"(혀를 또르르르 굴리면서 발음하는 르 소리)는 쓸데 없는 장식용으로 붙이는 습관을 버려야 하며 희극적 효과를 위해서 사용하는 경우를 빼고는 사용이 금지되야 한다고 생각합니다.

입술:
"W(우+어ㅎ= 우워ㅎ)"도 혼합된 소리입니다.

여러 가지 종류의 발음 연습 게임들이 있습니다. 그리고 꼬이는 발음들로 만들어진 문장들로 연습하는 것도 정신적/발음적 민첩성을 길러주는데 도움이 됩니다.

이러한 방법으로 생각의 민첩성과 발음의 민첩성을 동시에 길러주게 됩니다. 만약 당신이 생각을 재빠르게 할 수 있다면, 발음도 원하는 만큼 빨리 할 수 있게 될 것입니다. 당신의 생각, 호흡, 입술, 그리고 혀가 자극을 받아 움직이는 동안, 당신의 몸 전체가 진정한 이완상태를 유지할 수 있다면, 생각을 더 빨리 할 수 있을 것입니다. 신체적이완을 잘 유지하면 할수록, 정신적인 집중력은 더욱 더 높아집니다.

모음

모음에 관한 잘못된 공상에 대해 먼저 이야기 하겠습니다. 음성학자가 나에게
해 준 말을 수년 동안 그대로 믿었던 적이 있습니다. 그는 나에게 특수한 후
두내시경까지 보여주면서, 모음이 직접적으로 성대에서부터 시작된다고 했습
니다. 비록 지금은 그것이 사실이 아니라는 것을 확실히 알게 되었지만, 나는
창조적 과정에서 저지르는 이런 실수들을 두려워하거나 멈추지는 않을 것입니
다. 나의 목표는 모음이 왜곡되거나 생명력없는 무채색으로 표준화되는 것을
막고, 모음에 대한 존경어린 관심을 되찾도록 하는 것입니다.

　　모음 소리들 안에는 본질적인 음악성이 내재하고 있습니다. 발성 피질
(cortex)에서 인식된 모음의 모양을 성대가 대략적으로 인식하면, 그에 따라
진동이 들어간 소리이건 아니면 호흡만으로 나는 소리이건 상관없이, 울리는
음높이가 바뀌게 됩니다. 간단한 시범을 통해서 이 과정을 쉽게 관찰할 수 있
습니다. 입술을 앞으로 삐죽 내밉니다. 그리고 내민 입술로 호흡을 내보냅니
다. 음을 들어보세요. 이번에는 입가를 양옆으로 늘린 채로 호흡을 내보내 보
세요. 음을 들어보세요. 혀를 완전히 이완한 상태로 두어서 호흡이 바로 입술
로 가도록 하세요. 입술이 앞으로 내밀어졌을 때는 낮은음, 입술이 양옆으로
늘어났을 때는 높은음이 나옵니다. "오"소리를 생각하는 것에 반응하면서 성
대는 입술모양과 비슷하게 동그란 모양으로 바뀌면서 낮게 울리는 소리의 통
로를 만듭니다. 반면, "이" 소리를 생각하면, 그 반응으로 성대가 서로 가까이
당겨져서 생기는 좁은 공간으로 호흡이 빠져나가면서 높은 음의 모음소리를
내게 됩니다. 주요한 모음들은 성대 사이에서 모양을 바꾸면서 각 모음이 본
질적으로 가지고 있는 음높이의 차이점을 만듭니다. 각 모음들의 미묘한 차이

점을 제대로 나타내기 위해서는, 모음 소리를 만들고 조절하는 입술, 혀, 인두의 벽들, 그리고 연구개가 필요합니다. 성대에서 모음의 형태를 만드는 일은 불수의 신경계와 깊은 관련이 있습니다. 이러한 미묘한 근육의 조절작용은 아주 민감해야만 합니다. 호흡을 붙잡는 긴장감은, 자유로운 소리에 의해서만 만들어지는 본질적인 모음의 높이(pitch)를 바꿔버릴 수 있습니다.

이 음높이와 모음의 관계를 설명하는 것이, "이"소리는 낮은 음에서 내면 안된다고 하는 의미는 절대 아닙니다. 모음소리 자체가 가지고 있는 음과 말을 하면서 감정의 기복에 따라 선택되어지는 음높이가 서로 결합하고 변화함으로써 조화롭고 흥미로운 음성을 만들게 됩니다. "sleep"이라는 단어를 예를 들어 봅시다. 말 안듣는 아이에게 "Go to sleep!(어서 자!)"라고 단호하게 얘기해 보세요. "이" 모음 소리와 중간-높은 음 울림소리가 아주 깨끗하게 만나는 지점이 있습니다. 가장 기본적인 소리는 감정과 모음의 음높이를 동시에 반영합니다. 이제 이 "sleep(잠에 빠져드세요)"이라는 단어가 깊은 가슴소리를 통해서 나오도록, 최면을 건다고 생각하면서 말해보세요. 원래 모음의 음과 가슴울림 소리가 서로 조화롭게 섞이는 것을 들어보세요. 이것이 바로 말소리의 자연적인 풍부함이며 자연적인 질감입니다. "이"소리는 소리 자체나 음이 모호하지 않기 때문에, 이런 조화된 음을 듣기가 가장 쉬운 모음중 하나입니다. (한글로 "이"모음을 생각한다면: 갑자기 날카로운 것에 손가락을 베었을 때 깜짝 놀라는 순간을 상상하면서 "피"라는 단어를 말해보세요. "이" 모음 원래의 높은 음과 놀란 감정이 함께 중간-높은 울림소리에서 만나게 됩니다. 이번에는, 다른 사람을 위해 자신을 희생한 용감한 사람의 무덤앞에 꽃을 놓으면서, 숭고한 희생정신을 생각하며 "피"라는 단어를 말해봅니다. "이"모음 원래의 음과 숭고함을 생각하는 깊이있는 가슴울림 소리가 서로 만나면서 조화를 이루게 됩니다.)

다른 모음들을 연습할 때는 더욱 세밀하게 귀기울이는 것이 필요하고 이것은 좋은 훈련이 됩니다. "Moon"이라는 단어를 풍요로운 추석의 보름달을 생각하면서 말해보세요. "우" 모음이 원래 가지고 있는 낮은 음이 깊고 낮은 울림소리와 함께 만나게 됩니다. "Look at the moon". 이번에는 환하고 둥글 게 떠 있는 달을 재빨리 손가락으로 가리키면서 "저기, 달!"하는 느낌으로 "Moon"을 말해보세요. "우"모음의 원래 낮은음과 달을 재빨리 보면서 생기는 높은 음이 서로 조화를 이루면서 섞이게 됩니다. (같은 예를 한글로 든다면: 오랫동안 깊이 사랑했던 연인과 이별을 했습니다. 그 사람과 눈오는 날 많은 추억을 가지고 있습니다. 어느날, 창밖에 눈이 내리기 시작하고, 눈내리는 창 밖을 바라봅니다. 가슴 깊은 한구석이 천천히 아파오면서 "눈"이라는 단어를 말합니다. 원래 "우"모음의 낮은 음과 가슴 깊은 곳의 아픔을 실은 가슴 울림 소리가 서로 잘 만나게 됩니다. 어린시절에 며칠동안 눈내리기만 기다리다가, 어느날 아침 일어나서 창문을 열자마자, 창밖에 밤새 내린 하얀 눈이 쌓여있 습니다. 가득 쌓인 눈을 보면서 "눈!"하고 환호성을 지르며 밖으로 뛰어나가 는 장면을 상상해보세요. 깊은 "우"소리가 흥분과 환희를 가진 높은 울림과 섞여서 서로 조화를 이루게 됩니다.)

다소 분석적으로 설명을 했지만, 실제로 이렇게 소리가 감정과 어우러지 는 과정은 거의 동시에 일어납니다. 그러므로, 다시 한번 강조하는데, 이런 기 능이 거의 무의식적으로 발생할 수 있도록, 뇌에서부터 오는 충동을 관장하고 포착하는 근육들이 긴장으로부터 자유롭고 아주 민감할 수 있게 두는 것이 중 요합니다. 효과적인 모음을 만드는데 가장 기본이 되는 것은 경제성입니다. 경제성이 없이는 민감성도 있을 수 없고 민감성이 없이는 세세한 것들을 포착 해내지 못합니다. 세세한 것들을 포착하지 못하면, 세세한 음악성도 존재할 수 없습니다. 그러므로, 만약 당신이 턱을 사용하지 않고 모음 소리들을 낼 수 있다면, 턱을 사용하지 마십시요. 턱은 울림을 좀 더해줄 수는 있지만, 모 음이 전하고자하는 정보를 전달하는데 있어서는 불필요한 존재입니다. 만약 당신이 소리를 내기 위해서 턱을 움직인다면, 혀나 입술을 사용하는 것보다 훨씬 더 많은 에너지를 소비하는 것입니다.

혀와 입술을 턱과 분리시키는 것은 명확한 발음을 위해서 아주 중요합니다. 그러나 이 논리를 지나친 극단으로 끌고 가면, 웅변하듯이 말을 하는 사람들이 쓰는, 가장 파괴적인 방법을 쓰게 될 수도 있습니다(오래전에 영국에서는 턱을 움직이지 않게 하기 위해서, 뼈로 만든 약 2센치 정도 되는 기구를 입에 물고 발음 연습을 시키거나 와인 코르크를 입에 물고 발음 연습을 하라고 시키는 사람들이 있었습니다. 우리나라에서도 어떤 웅변학원이나 아나운서 학원들에서 이런 위험한 방법을 따라서 볼펜이나 다른 물건들을 가로로 입에 물고 발음 연습을 시키는 곳이 있다고 합니다.) 내가 단언하건데, 이렇게 훈련받은 배우는 결코 어떠한 역할도 효과적으로 연기해 낼 수 없습니다. 이렇게 인위적으로 입에 뭔가를 물고 턱을 고정시킨 상태에서 발음을 정확히 하기 위해서는 작은 발음 기관들과 근육들이 크게 과장을 할 수밖에 없습니다; 이것을 부지런히 연습한 학생들은 이상한 연설조를 사용할 수밖에 없고, 말하기에 있어서의 자연스러운 음악성을 얻을 모든 희망을 말살시켜버리게 됩니다. 또한 이 방법은 턱에 긴장을 만들게 되고, 턱의 긴장이 목으로 전달되고, 호흡에도 긴장이 생길 수밖에 없습니다.

다시 반복하겠습니다. 명확한 발음은 명확한 생각에서 시작됩니다. 입을 바쁘게 움직이며 열심히 대사를 하는데, 그 배우가 하는 대사의 내용이 전혀 전달되지 않는 경우를 많이 봤습니다. 반면에, 어떤 배우들은 발음에 신경쓰는 것처럼 보이지 않는데, 그 배우가 말하는 내용이 명확하게 이해가 되는 경우가 있습니다. 궁극적으로, 대사의 정확성은 그 배우가 얼마나 명확하고 구체적인 의도를 가지고 있느냐에 달려있습니다.

그러므로, 모음을 연습하는데 있어서 내가 관심을 두는 것은, 자유롭게 하고, 발달시키고, 민감하게 만드는 구체적인 과정들을 거쳐서 몸과 소리를 자유롭게 함으로써, 음성이 아주 구체적인 생각과 의도에 반응할 수 있는 능력을 키우는 것입니다. 당신이 당신 자신과 당신의 음성이 연결되는 경험을 하고, 한층 높아진 자각력을 가지게 되면, 당신의 귀(소리를 민감하게 듣는 능력)도 안전하게 훈련될 수 있습니다. 그렇게 되면, 듣는 능력은 자신을 평가하기 위한 수단이 되기 보다는 예술적 재능의 일부가 될 것입니다.

루이스 코릴리아니의 "The Joy of Phonetics"는 모음, 억양, 혹은 사투리를 배우기에 훌륭한 책입니다. 이 책의 기본 철학은 "Freeing the Natural Voice"에서 우리가 다루고 있는 것과 같은 맥락입니다. 코릴리아니는 음성의 자유로움과 관능성을 언어적으로 확대시키는 방법들을 개발함으로써 더 이상 밀성과 회법을 따로 구별할 필요가 없도록 하였습니다. 내가 가르치는 모음 작업의 체계적 것들은 W.D. Aiken의 책 "The Voice"에 기초를 두고 있습니다. 이 책의 내용들은 영국식 영어를 위해서는 좋지만 미국식 영어를 위해서는 어느 정도의 조정이 필요합니다. 그의 작업의 중요한 가치는 울림에 기초를 두고 있고, 울림의 음계과 모음 소리 음계가 같이 움직인다는 것입니다.

하지만, 음성이 더 자유로워지고, 발달하면 발달할수록 모음에 대한 훈련이 점점 덜 필요해 진다는 게 나의 생각입니다.

다음 장에서는 음성이 언어를 위한 수단이 될 것이므로, 추상적인 규칙이 아니라 단어의 중대한 요소로써의 자음과 모음을 신체적으로 탐구하기 위해 당신의 자각력을 넓히게 될 것입니다.

연습 훈련 (점검)

다음은, 우리가 지금까지 배운 발성 훈련 전반을 연습하는 방법입니다. 이것은 먼저 호흡과 호흡력을 자극하고, 연습훈련 순서들을 바꿨으며, 이전보다는 빠른 속도로 진행됩니다.

1. 전체적인 이완과 신체적 자각
2. 갈비뼈와 늑간 근육 스트레치
3. 폐 진공청소하기
4. 네번의 큰 한숨; 여섯번의 중간 크기의 한숨; 몸 중심에서 생기는 기대감에 가득한 헐떡임
5. 자연적 호흡 자각

   (1번에서 5번까지 하는데 약 5분 정도 소요)
6. 소리의 접촉
7. 평소보다 두 배 빠른 속도로 "허-허음ㅁㅁㅁㅁ어흥"를 하면서 올라가고

내려가는 음계를 따라가며 하기:

허-허-음ㅁㅁㅁㅁㅁ어흥

헐떡임을 하면서 찾았던 몸의 중심에 대한 자각력을 가지고, 호흡이 몸 깊은 곳까지 재빨리 날아 들어가도록 합니다.

8. 머리와 목 돌리면서 허밍하기. 목을 한방향으로 빠르게 굴립니다. 그리고, 새 들숨이 들어오도록 재빨리 몸속의 긴장을 풀고, 빨리 반대 방향으로 목을 굴립니다.(빠르게 하라는 말은, 목주위의 근육을 이완해서 힘을 사용하지 말고 숨 한번에 목을 여러번 돌리라는 뜻입니다.)

9. 척추따라 내려오면서 허밍하기. 숨 한번에 재빨리 떨어졌다가 올라오기: 꼭대기까지 올라갔을 때 소리가 나가도록 하세요. (중력에 몸을 맡기면서 아래로 머리부터 차례로 빠르게 떨어지고 아래에서부터 다시 차례로 튕겨 올라가기.) 무릎 튕기기, 어깨 튕기기를 하면서 각각 서너 번씩 반복하세요.

10. 턱을 흔들어 느슨하게 풀어줍니다-소리 내면서

11. 혀 연습훈련, 새로운 리듬으로 평소보다 두 배정도 빨리 하세요.

12. 아래로 떨어져서 꼬리뼈에서부터 거꾸로 매달린 자세로 가서 머리를 아래로 떨군 채 올라가는 음계를 따라 혀 연습훈련들을 하세요.

13. 그 자세에서 느슨하게 헐떡이기를 하세요.

14. 그 자세에서 혀 연습훈련들을 하세요. 그리고 "히여-여-여흥"를 하면서 천천히 척추를 하나씩 세우면서 올라오세요. (매번 할 때마다 들숨이 들어오기전에 재빨리 긴장을 풉니다)

15. 잠깐 쉬세요

16. 헐떡이기 전체를 다하세요. 천천히-중간속도-빠르게

17. 연구개. 중간 속도로 헐떡이기를 할 때와 같은 템포로, 빨리 들어가고 나가는 숨에 "카아흥"를 합니다. 이것을 하는 동안 횡격막의 움직임은 6개

의 중간 속도 헐떡이기를 할 때와 동일합니다. 소리의 경로와 호흡의 근원 사이의 상호 협력관계를 생각하면서 하세요.

18. 16번을 하면서 몸 안에 생긴 에너지를 이용해서 상상의 계곡 저편에 있는 사람을 "하아-이이"하고 불러보세요.

19. 목을 길게하고 고개를 뒤로 젖힌 상태에서 목구멍을 여세요. 숨으로만 "하"를 천천히 헐떡입니다.

> 목이 길고 고개는 정면을 향한 상태에서: 숨으로만 중간 크기의 "허" 헐떡이기를 합니다.
> 호흡이 몸의 정중앙에서부터 올라와서 입천장까지 바로 올라오도록 하세요.
> 목이 길고 고개는 앞으로 떨군 상태에서: 빠르게 "히이" 헐떡이기.
> 호흡이 횡격막 정중앙에서부터 날카롭게 앞니로 오도록 하세요.
> 순서를 반대로: 고개 앞으로 떨구고, 정면보고, 윗머리 뒤로 젖히고 공간의 형태를 바꾸면서 합니다.

20. 가슴 울림소리

> 하-아흥-하-아흥-하-아흥

입 울림소리

> 허흥-허흥-허흥

이 울림소리

> 히이-히이-히이

순서를 거꾸로 바꿔가면서(가슴-입-이, 이-입-가슴, 가슴-입-이...) 서너 번 반복합니다.

21. "헤에-에-에-에-에이"하고 부르면서 자유로움을 느껴보세요.
몸을 흔들면서 해보세요.

22. 폐 진공청소하기

23. 헐떡이기를 순서대로 다 하기

24. 공동(Sinus) 울림소리. 손가락으로 문지르면서 하기와 콧잔등을 위아래로 움직이면서 하는 것, 그리고 바로 서서 고개를 떨구고 하는 것을 번갈아 가면서 하세요. 중간-높은 음의 울림소리

25. 코 울림소리. 빠른 헐떡이기를 즐거운 기대감과 함께 하세요. 그리고, 그 에너지를 이용하여 진동을 코뼈로 강하게 바로 보내고, 재빨리 광대뼈를 따라 이동하다가 입으로 자유롭게 나가도록 하세요.

26. 가장 낮은 소리부터 가장 높은 소리까지 "헤에이"를 하면서 모두 훑으세요. 다시 높은 소리부터 낮은 소리까지 훑어 내려오세요.
    가장 낮은 소리부터 두성(falsetto)까지 울림사다리 어느 부분도 빠짐없이 방문하세요.

27. 빠르게, 흥분된 헐떡이기를 하다가 그 에너지가 당신의 음성을 머리 꼭대기로 보내서 falsetto의 "키이이-이이"소리로 나가도록 합니다.

28. 빠른 두성(falsetto)이 들숨에 의해 점점 흥분되어가면서 그 에너지를 타고, 소리가 더 높이 올라가면서 바로 바로 머리 위로 빠져나갑니다.

29. 깊은 가슴 소리 "헤에이" 여러번

30. 음역을 이동하면서, 혀를 느슨하게 풀기 "허-여-여-여흥".
    가장 낮은 소리부터 가장 높은 소리까지:

    > 음역을 이동하면서, 턱 흔들어주기
    > 음역을 이동하면서, 소리가 지하실에서 다락방까지 가는 동안 몸 전체를 흔들어 느슨하게 하기.
    > 음역을 이동하면서, 척추를 떨어뜨리고 다시 올라오기를 한 호흡에.

31. 정확하게 말하기(발음). 진동없이 입술과 혀를 유연하게 하기. 얼굴 근육 하나하나씩 분리해서 움직이기. "웨이", "왜요", "위유웨이"를 하면서 입가를 모았다 늘렸다 하기.

음역을 이동하면서. "웨이 웨이 웨이..."를 지하실에서 다락방까지 다락방에서 지하실까지.

버흥-더흥-버흥-더흥-버흥-더흥   더흥-버흥-더흥-버흥-더흥-버흥

버흥-더흥-거흥-더흥-버흥-더흥-거흥-더흥-버흥-더흥-거흥-더흥

거흥-더흥-버흥-더흥-거흥-더흥-버흥-더흥-거흥-더흥-버흥-더흥

이 소리를 사용해서 말을 하세요. 아르페지오로 음계를 따라 올라가고 내려오면서 하세요. 음역 전체를 따라 이동하면서 반복하세요. 천천히 하고, 그러고 나서 아주 빨리 해보세요. 리듬을 즉흥적으로 만들어가면서 말해보세요. 속삭이세요.

퍼흥-터흥-퍼흥-터흥-퍼흥-터흥   터흥-퍼흥-터흥-퍼흥-터흥-퍼흥

커흥-터흥-커흥-터흥-커흥-터흥   터흥-커흥-터흥-커흥-터흥-커흥

퍼흥-터흥-커흥-터흥-퍼흥-터흥-커흥-터흥-퍼흥-터흥-커흥-터흥

커흥-터흥-퍼흥-터흥-커흥-터흥-퍼흥-터흥-커흥-터흥-퍼흥-터흥

마찬가지로 다른 발음 훈련들도 하세요.

32. 시, 독백, 방백을 하거나 노래를 부르세요.

어떠한 부분도 빠트리지 않으면서 여러 가지로 변화를 주면서 혼자 계속해서 훈련할 수 있도록 위의 연습과정을 완전하게 배우세요. 유기적으로 에너지를 내보내는 순서는 유지해야 합니다. 여기에 더 넣을 수 있는, 누워서 하는 여러 가지 연습훈련들도 배웠습니다. 그리고, 힘과 자유로움을 더 발전시키기 위해 스윙과 아르페지오도 함께 연습하도록 하십시오.

이런 연습훈련은 당신을 완전이 깨어있는 기분이 들게 만들어야 합니다. 피곤해진다면 무언가 잘못하고 있는 것입니다. 만약 피로해 진다면, 반응에 대한 본질적인 에너지를 무시한 채로, 열심히 힘들여 운동을 하고 있다는 뜻입니다. 절대 숨을 "들이쉬지"마세요. 이러면 힘이 듭니다. 호흡은 자연적으로

들어올 것입니다. 그리고, 헐떡이기 연습을 하면서 당신은 자연적인 반사작용
의 속도를 재생해 왔고, 자연적인 민첩성을 훈련해 왔습니다.

제3부

대본, 그리고
연기와의 관계

단어들 ... 이미지

언어는 본능적, 신체적, 원시적으로 시작되었습니다. 고통, 배고픔, 기쁨, 혹은 분노로 인한 울부짖음이, 시간이 지나면서, 진화하는 지능/신체/정신의 요구에 따라 반응하는 근육들을 이용해 점점 더 세분화되고 정확해진 의사소통으로 발전했습니다. 점점 더 증가하는 정보를 정확히 전달하고자 하는 욕구때문에, 뇌가 입속의 근육들을 정렬해서, 긍정적인 것과 부정적인 것을 구분하도록 했고, 점차적으로 물체 혹은 사실을 묘사할 때 입속의 근육들이 반응하도록 했고, 나중에는 언어의 아주 미세한 부분까지 다루게 된 것입니다. 입이 원래 가지고 있던 기능들인 씹기, 깨물기, 빨기, 핥기, 키스하기, 으르렁거리기, 입맛 다시기 등의 움직임과는 전혀 다른 움직임인 단어를 만드는 것을 정확히 언제 시작했는지는 알 수 없습니다. 위에 나열한 모든 움직임들은 실용적인 것들입니다. 언어는 입에 있는 신경의 끝자락들부터 몸속의 감정과 감각의 저장고(storehouse)에 직접적으로 연결되어 있습니다.

지난 300-400백년 동안 활자의 발달과 통신의 발달에 따른 의존도가 높아지면서, 이렇게 언어와 감정/감각을 직접적으로 연결하던 선을 점점 덜 사용하게 되었습니다. 이것이 어떤 도움을 주었는지는 모르겠지만, 어쨌든 이런 발달은 우리가 정보를 얻는 수단을 귀에서 눈으로 옮기도록 만들었습니다. 눈이 정보를 얻는 행위는 거리를 두고 이루어집니다. 신체와 떨어져 있습니다. 반면 귀가 얻는 정보는 내면화가 쉽게 됩니다. 눈은 정보를 객관화 시키고, 귀는 주관화 시킨다고 할 수 있겠습니다. 말을 통해서 귀로 들어온 정보는 진동을 통해서 몸속을 이동합니다. 눈으로 보는 정보는 신체적인 반응없이, 평가, 판단, 식별의 영역으로 바로 이동합니다. 구술/청취를 통한 의사소통은 배우의 삶입니다. 듣는 것은 생기의 근원이고, 산소이고, 음식이며, 마실거리입니다; 배우가 들으면, 그 배우는 몸-마음으로부터 대답합니다. 만약 당신이 이 책에 있는 연습훈련들을 성실하게 해왔다면, 당신은 음성이 신체적, 감각적, 관능적, 감정적 반응들을 일으키면서 몸속을 여행하도록 신경신체물리학적인 경로를 복구하는 작업을 해 온 것입니다. 그러나 언어와 신체와의 본능적인 관계를 복구하기 위해서 아직도 해야 할 일들이 많이 있습니다.

일상에서 말은 아주 공리적이 되었습니다. 그리고 언어신경에서 바로 입으로 가도록 조절되어 왔습니다. 극도로 흥분한 상태가 되지 않는 한, 격정적인 감정을 표현하는 일이 거의 없습니다. 격정적인 분노, 기쁨, 사랑, 비통함 같은 감정들은 일상의 통제를 깨면서 본능적인 진실에 불을 붙일 수 있습니다. 그러나, 아주 일상적인 것이거나 아주 극단적인 상황이 아니더라도, 본능적 연결성의 도움을 얻어 표현할 수 있는 많은 것들이 있습니다.

만약 우리가 말을 몸 속에 재생시키고자 한다면, 정보를 전달하려는 목적보다는 말의 감각적 본질에 대한 자각이 우선되어야 합니다. 지적인 능력을 무시하라는 얘기가 아니라, 지성과 감정 사이의 무너진 균형을 다시 회복하기 위해서 한동안 감정에게 우선권을 주어야 한다는 말입니다. 우리는 하루의 대부분을 약속을 잡고, 안부나 소식을 전하고, 고객이나 상사와 대화하면서 무미건조한 사실, 정보, 숫자를 교환하는 것에 음성의 대부분을 사용합니다. "물건 목록(이거하고, 저거하고, 이런 다음에 저러고...:사실을 나열, 열거하는 것)"을 만드는 부분의 뇌가 언어사용의 전반을 장악해버렸고, 감정과 상상력을 주관하는 영역의 뇌는 잃어버린 주권을 찾으려고 고군분투하고 있습니다. 몇 가지의 예를 들고, 주의할 점들을 이해하고 나면, 말을 다시 신체적, 감각적, 감정적 근원으로 복귀시키는 일은 그렇게 어렵지만은 않습니다. 이제부터 할 연습훈련들은 다소 실험적입니다. 이것들은 더 많은 실험들과 신선한 아이디어들을 얻기 위해 만든 것이지, 규칙을 만들기 위한 것이 절대 아닙니다.

1단계

당신의 느낌과 당신의 몸에 각각의 모음이 주는 각기 다른 효과들을 탐구해 보도록 합시다. 모음과 자음의 느낌은 말속에 있는 부차적 언어의 의미를 드러냅니다. 모음과 자음의 느낌은 우리를 의사소통의 욕구와 연결시켜 줍니다. 느낌이라는 단어는 신체적 감각과 감정적인 영향을 동시에 의미합니다.

당신의 몸이, 소리에 의해 연주되는 악기가 될 준비를 하세요. 서 있거나, 눕거나, 앉으세요. 어떤 자세를 취하든지간에, 그 자세에서 아주 깊은 이완을 통해 막힘없는 신체자각이 가능한 상태가 되고 진동이 자유롭게 흐를수 있게 될 준비해야 합니다. 적합한 자세를 고르세요. (편하게 누운 자세가 가장 긴장이 덜하고, 가장 잘 받아들이는 자세입니다.)

명치/횡격막 부위에 집중하세요. 몸의 중심부에서 길고 편안한 한숨이 "아아흥-아아흥"하고 나옵니다.

- 몸통의 중심부터 강물같은 소리가 가슴, 목구멍, 입을 지나 흘러나가고, 팔과 손, 배 그리고 다리를 통해 흘러나가는 것을 상상합니다.

- "아아흥-아아흥" 하면서 넓게 흐르는 진동의 강물이 당신의 몸을 움직일 수 있다고 상상해보세요.
- 전류처럼 흐르는 소리의 충동이 당신의 몸과 소리를 동시에 작동시킨다고 상상해보세요.

"아아흥-아아흥"하는 한숨이 나갈 때마다 드는 느낌들을 소리와 함께 자유롭게 내보내세요.

이제 다음의 소리를 생각하세요.

- 이이이이이이이이이
- 그 생각의 당신 몸의 중심, 명치/횡격막 부분으로 보내세요.
- "이이이이이이이이이"하면서 소리가 한숨처럼 나갑니다.
- 그 소리가 당신의 몸과 사지로 흐르도록 하세요. 그 소리가 당신의 몸을 자극하도록 하세요. 당신의 몸이 "이이이"하는 소리가 가지고 있는 본능적인 성질을 느껴보도록 하고, 또 이소리가 "아아아흥"소리와는 어떻게 느낌이 다른지 차이점을 찾아보세요. 그리고 당신의 몸이나 당신이 느끼는 느낌이, 이 차이점을 반영하는지 관찰해보세요.
- 이제, 같은 과정을 "우우우우우우" 소리를 내며 합니다.
- 몸 중심에서부터 소리들을 생각하고, 다음의 소리들과 번갈아 가면서:
- 아아흥-아아흥-아아흥
- 이이이이이이이이
- 우우우우우우우우우
- 순서를 바꿔보세요.
- 각 모음의 형태에 충실하도록 하세요.

(모음이 어떤 느낌을 가지고 있고, 어떻게 움직이는지 느낀 대로 내보냅니다.)

만약 이것들을 누워서 했다면, 지금까지의 과정을 서서 반복해서, 소리들이 공간을 이용해서 당신의 몸을 직접적으로 움직이도록 하세요.

2단계

좀 전에 했던 세 가지 모음을 짧고, 날카로운, 스타카토로 해 봅시다.
(엉어에서는 앞의 긴소리와 아래에 소개된 짧은 소리가 각각 다른 모음으로 취급됩니다. 예를들어, 각각 should / fool, feet / fit, hot / father의 모음들은 발음기호 자체가 서로 다릅니다. 우리말에서는 단어에 따라 길이의 차이는 나지만 소리 자체는 다르지 않습니다. 원본에 있는 영어 예문 대신, 긴소리 짧은 소리로써 이 모음들을 느끼고 경험해 보도록 하겠습니다.)

- 아
- 이
- 어
- 횡격막이 마치 트램플린인것처럼 이 소리를 순서대로 하나씩 횡격막 중앙으로 떨어뜨렸다가 다시 튀어 오르도록 해보세요
- 소리 하나하나를 헐떡이면서 합니다.
- 각 모음이 높은 음과 낮은 음을 오르내리면서 튕기듯 나옵니다.
- 각 모음들이 어떤 느낌을 주는지 관찰해 보세요
- 이 짧은 스타카토의 모음들을 몸속에서 넣으세요. 이 소리들이 당신의 몸을 움직이도록 하세요. 이 작은 소리들에 의해 당신 몸의 일부만 움직

이게 될지도 모릅니다. 짧은 "이"소리는 "아아흥-아아흥" 소리와는 확실하게 다른 느낌을 줄것입니다.

3단계

서로 상반되는 신체적 음성적 반응을 유발하도록, 상반되는 모음들을 몸 속에 하나씩 넣어보세요.

- 우
- **아아흥-아아흥-아아흥**
- 이
- 우우우우우우우우
- 이이이이이이이
- 아
- **아아흥-아아흥-아아흥**

이것은 반응의 신체적 음성적 유연성을 길러주기 위한 것입니다. 리듬을 바꿔가면서, 길고 짧은 모음들 사이의 다른 점에 주의를 기울여 보세요.

자유로운 소리/움직임과, 소리에 움직임을 입혀서 억지로 만들어 내는 것 사이에는 확실한 차이점이 있습니다. 창의력을 사용해서 움직임을 고안해내는 것은 우리가 지금 하고 있는 것과 완전히 다른 연습훈련입니다. 여기서 목적은 특정한 모음의 본질적인 성격을 충분히 발견하고 알아가면서 당신의 몸과 소리가 그것을 받아서 표현할 수 있는지를 보는 것입니다. 만약, 당신이 편안하고 깊은 울림속에서 느리고 따뜻한 움직임을 가진 "우우우우우" 소리를 높은 스타카토에 맞춰 억지로 만들어내고 있거나, 높은 음역에서 나오고 손이나 발만을 사용해서 움직여도 될 "이" 소리를 깊은 레가토로 내고 있다면, 당신은 소리 위에 당신이 고안해낸 아이디어를 억지로 입히고 있는 것입니다. 당신이 가지고 있는 다양성은 각기 다른 여러 가지의 모음을 사용함으로써 훈련시킬 수 있을 것입니다.

나는 명확하게 매우 다른 성질을 가지고 있는 모음들을 예로 사용했습니다. "웨"와 "왜", 혹은 "에"와 "애" 같이, 아주 작은 차이점만 가지고 있는 모음들도 다루어 보면서 꾸준히 열심히 한다면, 당신은 미세한 근육들과 울림 부분의 민감성을 발달시키게 될 것입니다. 그리고 그 결과로서, 이렇게 발달된 부분들이 말속에 들어있는 색깔, 음악, 그리고 세세한 뉘앙스까지도 자연스럽게 반영할 수 있게 될 것입니다.

4단계
이제부터는 자음을 자유롭게 만드는 연습으로 옮겨가도록 하겠습니다.

- 입에 주의를 집중하세요.
- 입술 사이에 생기는 "음ㅁㅁㅁㅁㅁㅁㅁ" 소리의 신체적 감각을 느껴봅니다. 입술을 다문채로 이리저리 움직이면서, 음을 높게 또 음을 낮게 소리내어 봅니다.
- "음ㅁㅁㅁㅁ" 소리의 진동이 몸통 중간까지 퍼지도록 하면서 입이 "음" 소리를 낼 때, 당신은 어떤 감정을 느끼는지 관찰해 보세요.
- "브ㅂㅂㅂㅂㅂㅂ" 소리를 느끼고 경험합니다.
- 이 자음의 성질을 그 자음 자체로부터 느끼도록 하세요.

- 이번에는 혀가 "은ㄴㄴㄴㄴㄴㄴㄴㄴ"과 "즈ㅈㅈㅈㅈㅈㅈ" 소리를 맛보도록 하세요.
- 혀, 윗니 뒤의 경구개 모서리, 그리고 몸의 중심을 연결하는 끊이지 않는 강물같은 진동을 그리면서, 길고 여유있게 이 소리를 음미하세요.
- "스ㅅㅅㅅㅅㅅㅅㅅ"와 "프ㅍㅍㅍㅍㅍㅍㅍ"소리도 맛보세요.

이 두 소리는 진동을 사용하지 않은 "무성음"입니다.

이 소리들을 낼 때 어떤 느낌이 듭니까?

- "브", "드", "그" (유성음)와 "크", "트", "프" (무성음)를 소리내 보세요.

이 소리들이 가지고 있는 스타카토같은 성질과, "므"와 "스"가 가지고 있는 레가토의 성질을 비교하면서 느껴보세요.

- 스타카토의 성질을 가진 자음과 레가토의 성질을 가진 자음들을 소리내고 느껴보세요 (호흡의 진동이 스타카토 성질을 가진 유성 자음을 소리낼 때에는 중립적인 모음 "어흥"와 함께 터져나오도록 하세요: 예를들어 "버흥", "더흥". 무성 자음일때는 속삭이듯이 나오고: "퍼흥", "터흥". 레가토의 성질을 가진 자음과 함께 나올때는: "므", "스" 같이 모음 "으" 소리와 함께 나오도록 합니다.)

예: (굵은 글씨체는 유성음: 보통글씨체는 무성음입니다.)

- **버흥** 즈ㅈㅈ 프ㅍㅍ **느ㄴㄴ** 커흥 스ㅅㅅ 터흥 **더흥 므ㅁㅁ**

- 자음을 몇 개씩 묶어서, 그 자음들에 리듬패턴을 주세요.

  예를들어: 므ㅁㅁ 커ㅎ 즈ㅈㅈ 프ㅍㅍ 터ㅎ 터ㅎ 더ㅎ 느ㄴㄴ

  (굵은 글씨체는 유성음: 보통글씨체는 무성음)
- 위에서 만든 것처럼 자음의 리듬패턴을 사용하면서 몸을 움직여보세요.

5단계

두개의 상반되는 모음/소리/느낌과, 두개의 상반되는 자음/소리/느낌을 골라서
서로 섞어보세요. 예를 들자면, '우우+아'와 '즈즈+트'를 같이 섞으면

- 우우우즈즈즈타
- 즈즈아우우우트
- 트아즈즈즈우우우

긴 소리는 더 길게 늘이고, 짧은 소리는 가능한 짧게 끊어주세요.

- 당신의 모음/자음 섞인 소리들에 음역, 음량, 그리고 리듬을 즉흥적으로
  더해 보세요.
- 이 소리들이 당신의 몸을 통해 나가도록 하면서, 그 소리들이 당신의 몸
  을 움직이는, 언어로 만들어진 음악이 되게 하세요. 단, 노래를 하진 마
  세요; 이 연습 훈련은 당신의 말하는 소리를 확장시키기 위한 것입니다.

몸이 각각 다른 소리들을 느끼고, 그 각각의 소리가 가지고 있는 성질에 부응
(respond)하면서 움직이도록 하세요. 당신이 소리를 사용하는 게 아니라, 소리
가 당신을 움직이도록 하세요.

- 5단계의 앞부분에서 소리를 섞었던 것과 같은 방법으로, 세개 이상의 상반되는 모음과 자음들을 섞어보세요. 명확한 리듬 패턴을 사용해서 이 자음과 모음들의 조합이 질서를 갖추도록 합니다(그냥 아무렇게나 웅얼거리는 소리가 되지 않도록). 특정한 의미로부터 자유로운, 소리 그 자체에 대한 충동에 당신의 몸과 음성이 반응하도록 합니다.
- 즈즈즈이프프프알로오오트아파키이이
- 프우음ㅁ ㅁ마아아브우우우프프이스스이트아구우구우우나아아
- 변화하는 에너지에 따라 당신의 몸, 입, 그리고 호흡을 움직일 수 있도록 소리들을 섞어서 사용하세요.

리듬이나 혹은 다른 에너지들 때문에 각각의 자음이나 모음이 가지고 있는 본연의 성질이 무시되지 않도록 주의하면서 위의 소리/움직임 연습훈련을 하는 것이 중요합니다. 당신의 몸과 음성을 통해서 이 소리들이 나가도록 한다면, 그 소리들이 가지고 있는 진동의 영향으로 에너지가 생길 것입니다. 당신의 몸이 이완되어있고, 마음이 열려있다면, 소리는 곧바로 에너지를 만들어 냅니다. 또한 당신의 느낌을 표출할 수 있는 통로도 생겨납니다. 당신의 감정들을 표출하기 위해서 이 연습훈련을 이용할 것인지, 아니면 이 연습훈련의 규칙에만 매달릴 것인지는 당신이 결정해야 합니다. 특정한 소리에 의해서 특정한 에너지들이 생성되고, 그 에너지들이 다시 소리들을 돕게된다는 것이 이 연습훈련의 규칙입니다.

예를 들어 설명하면,

- 드르프르트아즈즈우우우이이이
- 이것을 음계에서 본다면 다음과 같을 것입니다.

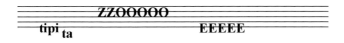

만약 당신이 리듬과 움직임을 써서 이것을 서너 번 반복한다면 다음 그
림처럼 변할지도 모릅니다:

TI PI TA ZOOOOOOEEEEEEEEE

■ 하나의 음에 모두 밀어넣지 않도록 주의하세요. 그러면 안 됩니다. 이유
   없이 흥분해서, 각각의 소리가 울려야하는 부위를 벗어나서 나는 것도
   피하도록 하십시오.

ZZOOOOO
tipi ta   **EEEEE**

각각의 모음이 가지고 있는 그 자체의 음악성에 귀 기울이세요. 그리고 그 소
리를 속삭이세요. 진동을 빼고 이 소리들을 내보세요. 그러면, 호흡이 각각의
모음소리에 따라 변하는 입모양을 빠져 나오면서 자연스럽게 만들어지는 음높
이(pitch)의 변화를 들을 수 있을 것입니다.

6단계

지금부터, 모음 자체가 가지고 있는 음악성을 울림사다리와 연결시키는 방법

하나를 살펴보겠습니다. 모음과 울림은 우리 몸 안에 살고 있습니다.(우리 몸 안에 각각의 울림부위가 따로있고, 특정한 모음이 가지고 있는 소리에 가장 어울리는 울림부위가 몸안에 있습니다.) 이제, 자음과 모음을 깨우는 활력적인 준비 운동을 소개하겠습니다. 이 준비운동은 각각의 모음앞에 자음을 붙여서 그 소리들을 사용하면서, 낮은 음부터 시작해서 가장 높은 음까지, 모음들의 음역을 지나가도록 합니다. 신체의 다른 부위에 속해 있는 각각의 소리가 각기 다른 에너지, 기분, 느낌, 그리고 풍부한 감정을 불러일으키도록 하세요. 또한 소리가 나갈 때, 당신의 몸도 따라 움직이세요.

- 마치 당신의 손도 말을 하는 것처럼, 소리가 몸으로부터 나가도록 손으로 모양을 만들거나, 소리가 움직이도록 도와주거나, 몸을 쓰다듬거나, 두드려주세요.
- "주우우우우"하는 소리가, 당신의 다리와 골반을 움직이면서 다리와 골반 바닥을 여행하도록 하세요. (소리가 몸을 움직인다는 것을 염두에 두세요. 몸을 먼저 움직이기 시작하고나서 소리를 내는 것이 아닙니다.)
- 이제 배에 커다란 입이 있다고 상상해 보세요. 그리고 그 입으로 "워우우어"하는 소리가 몸통 가운데를 움직이면서 나옵니다.
- 가장 아래에 있는 갈비뼈 바로 밑에 붙어있는 횡격막/명치 부위를 생각하면서 "샤아어-아어-아어"하는 긴 소리가 나옵니다. (이때 "아어"의 음절을 잘라서 스타카토로 발음하지 말고, 두소리의 경계를 연결해서 레가토로 발음하세요. "샤아어"에서 "어"는 마지막에 아주 짧게 약간 들리는 듯하게 납니다.)
- 이제, 주먹 하나는 가슴 바로 앞에 대고, 다른 주먹은 바로 등 뒤 같은 위치(양 어깨죽지뼈 사이)에 대세요. 마치 소리가 가슴을 관통하며 양방향으로 나가듯이 "가흐" 소리가 터져나옵니다. 이와 동시에, 주먹을 앞뒤

로 뻗습니다.

- 양손을 가슴 위쪽에 올려놓고 긴 "음ㅁㅁㅁ" 소리에서 시작해서 넓고 따 듯하게 열리는 듯한 소리 "마아아아아"가 나오면서 양팔이 가슴을 옆으로 쓸면서 양옆으로 쫙 뻗어나갑니다. 당신의 가슴에서 나오는 소리의 진동이, 넓고 여유있는 목구멍 공간과 양 옆으로 넓게 뻗어나간 팔과 손을 지나 날아 나갑니다.

- 손가락을 입술에 대고, 마치 아주 짧은 키스를 날리듯이, "퍼ㅎ"하는 소리가 나갑니다. 가볍게, 입에서 나가는 공기를 느끼면서 합니다.

- 모호하고, 안개가 낀듯한, 약간 불확실한, 마치 긴 한숨소리 같은 소리가 손과 입을 통해 나갑니다. "허-어-어-ㅎ"

- 손가락을 뺨에 올려놓고, 짧고 폭발하는 듯한 외향적인 강한소리 "배" 소리가 입술로부터 바로 뺨 중간을 통해 나옵니다. 강하고 밝으면서 생기있는 소리가 나도록 하세요.

- 거기에서, 광대뼈로 올라가세요. 손가락으로 콧날 바로 양옆으로 놓여있는 광대뼈 언저리를 찾으세요. 혀끝이 "데ㅎ" 하는 소리를 튕기면서 내보냅니다. 입 앞으로 나와서, 명랑하게 위를 향해 나가는 소리입니다.

- 소리와 몸을 따라 위를 향해 올라온 여행이 이제 눈높이까지 왔습니다. 눈알 둘레의 둥근 뼈들을 만져보세요. 두개골의 눈구멍을 마음속에 그려보세요. "영혼을 향해 난 창문(windows to the soul)"인 눈과 우리의 눈을 둘러싼 부위가 얼마나 연약한지를 생각해 보세요. 거의 투명하게 느껴지는 진동이 우리의 유약함, 놀람, 경이, 천진난만함, 당황함을 표현하면서, 이 부분에서 흘러나옵니다. "페에이-에이".

- 그리고, 빠르게 핀으로 찌르는 듯이 뛰어오르면서 나는 소리가 바로 이마 정중앙에서 튀어 나옵니다. "키"

- 마지막 소리는, 마치 정수리에 있는 작은 구멍에서 나선형으로 올라오는

듯한 "뤼이아-이-이-이"입니다. 이 소리의 떠오를 듯한 에너지가 당신을 뛰어오르게 해야합니다. 이것은 장난스럽거나, 기쁨에 넘치거나, 황홀하거나, 흥분했거나, 떨리거나 할 때의 에너지이며, 웃거나 팔짝 팔짝 뛰지 않으면서는 할 수가 없습니다.

가장 위까지 올라왔으니, 이제 다시 가장 아래까지 내려가 보세요. 각각의 소리에 의해 각기 다른 에너지와 기분이 생기도록 하세요. 각 소리가 그 소리 고유의 음파와 음높이에 맞게 나오도록 반드시 주의를 기울이세요. 호흡은 자유로운 상태이고, 소리가 가는대로 기꺼이 몸을 맡기세요.

이것이 순서입니다(삼각형으로). 아래에서 위로, 위에서 아래로 순서를 따라 하세요.

다시 여기서 시작해서, 내려갑니다.

뤼이아-이	정수리	뤼이아-이
키	이마 정 중앙	키
페에이	눈	페에이
데흥	광대뼈	데흥
배	뺨 가운데	배
허-어-어흥	입	허-어-어흥
퍼흥	입술	퍼흥
마아아아아흥	가슴(심장)	마아아아아흥
가흥	가슴 중앙	가흥
샤아어-아어	명치	샤아어-아어
워우우-우어	배	워우우-우어
주우우-우우	다리와 골반 바닥	주우우-우우

여기서 시작해서 올라갑니다.   **끝납니다.**

무엇보다, 각각의 소리가 나기전에 새로운 호흡충동이 들어가도록 해주어야 합니다. 이 순서에 익숙해지면, 마치 문장을 만들 듯이, 몇 개의 그룹으로 소리들을 묶을 수 있습니다. 그러나, 이 문장들이 소리와 움직임을 통해 충분히 구체화되도록 하는 것을 잊지마세요.

주우우 워어 샤아어 △
가ᅙ 마아아아ᅙ △
퍼ᅙ 허-어ᅙ 배 데ᅙ △
페-에이 키 뤼이이이 △
뤼이이이 키 페-에이 △
데ᅙ 배 허-어ᅙ 퍼ᅙ △
마아아ᅙ 가ᅙ 샤아어 워어 주우우우

그리고 다음 단계인,

주우우 워어 샤아어 가ᅙ 마아아아ᅙ △
퍼ᅙ 허-어ᅙ 배 데ᅙ 페-에이 키 뤼이이이 △
뤼이이이 키 페-에이 데ᅙ 배 허-어ᅙ 퍼ᅙ △
마아아ᅙ 가ᅙ 샤아어 워어 주우우우

그리고 마지막 단계인:

주우우 워어 샤아어 가ᅙ 마아아아ᅙ 퍼ᅙ 허-어ᅙ 배 데ᅙ 페-에이 키 뤼이이이 △
뤼이이이 키 페-에이 데ᅙ 배 허-어ᅙ 퍼ᅙ 마아아ᅙ 가ᅙ 샤아어 워어

주우우우 △

모음, 자음, 몸과 에너지를 엮어주는 이 음계는 넓은 영역의 소리와 음높이들을 사용함으로써 충분한 준비운동을 시켜줍니다. 이것은 대사에 생명력을 불어넣어주고 언어를 생동감있게 만들어주는 에어로빅입니다(내적 자아를 위한 에어로빅).

7단계

말을 몸 속에 넣어주는 방식으로써 1단계부터 6단계까지를 사용하면서, 의성어를 선택하고, 가능한 한 그 의성어의 감각을 생각하지 않으면서, 그 의성어를 몸의 한 부분에 넣어보세요.

■ 예를들어:

철퍽, 쿵쿵쿵, 중얼중얼, 속닥속닥, 철썩(찰싹)

만약 "철퍽"이라는 단어를 선택한다면, 다음과 같은 과정을 거쳐갈 것입니다.

■ 몸의 중심에서부터 호흡이 날아나오면서, 혀앞날이 윗니 바로 뒤의 경구개에 부딪쳤다가 떨어지는 순간 "츠" 소리로 터지듯 나오는 것을 느껴보세요.
■ 짧은 스타카도의 "어"가 횡격막에서 튀어올라오면서 소리가 터져나오는 것을 느껴보세요.
■ 혀끝이 재빨리 다시 윗니 뒤의 경구개 모서리에 닿고, 액체같은 느낌의 "ㄹ"소리의 진동이 혀와 경구개 표면위에서 만나는 것을 느껴보세요.

- 횡격막에서 시작된 호흡이, 스타카토의 "ㅍ" 소리로 입 앞쪽에서 양입술 사이로 터져나와 입밖으로 나가는 것을 느껴보세요.
- 스타카도의 "어"가 횡격막에서 튀어올라오면서 소리가 터져나오는 것을 느껴보세요.
- 튀어 올랐던 물방울들이 다시 수면위로 떨어지듯이, 연구개가 목안쪽의 혀 표면위로 떨어지면서 "ㄱ" 소리가 나는 것을 느껴보세요.
- 하나씩 천천히, 각각의 소리마다 새로운 호흡이 들어오도록 하면서 반복합니다.
- 신체적 자각이 중심이 된 상태에서, 각각의 소리가 서로 만나서 한 호흡으로 나오게 될 때까지 점차적으로 속도를 증가시키세요.
- 이 소리들이 만들어낸 감각이나 이미지를 받아들이세요.
- 이 단어가 주는 감각을 몸의 중심에 떨어뜨리고, 어떤 느낌이 드는지 관찰해보세요.

단어의 감각과 진동이 당신을 통해서 나가게 하세요.

- 소리, 감각, 연관성, 느낌 등을 움직임을 통해서 느껴보세요.

8단계
뚜렷한 이미지를 가진 단어들을 선택하세요.

- 예를 들자면:
    바람, 나비, 구름, 하늘
    땅, 돌, 바위, 벽돌

바다, 물결, 시냇물, 강, 대양

불, 불꽃, 화염, 불똥

- 눈을 감고 마음의 눈으로 그 이미지를 명확하게 보세요.

- 그 이미지를 호흡의 중심/명치에 떨어뜨리세요.

- 들숨이 날아 들어올 때 그 이미지에 당신의 감정이 반응하도록 하세요. (그 이미지를 보고 드는 느낌/감정을 찾으세요.)

- 마음의 눈으로 특정한 이미지를 보세요. 그 이미지를 볼 때 느껴지는 감정을 찾으세요. 그 감정에 부합하는 소리를 찾으려는 욕구가 생깁니다. 그때 찾아진 소리는 입을 통해 나가면서, 입술과 혀에 의해서 그 이미지를 의미하는 특정한 단어로 발음되면서 나갑니다. 당신이 마음의 눈으로 이미지를 볼때 느껴졌던 감정이, 그 감정 자체를 표현하고 싶은 욕구를 충족시키려고 소리와 단어를 이용하게 됩니다. 감정이 단어를 필요로 하게 됩니다.

9단계

감정적인 이미지를 가진 단어들을 고르세요.

- 예를 들자면:

  사랑   분노   낄낄거리고 웃기   비애

- 단어 하나를 몸 깊은 곳에 떨어뜨리고 어떤 느낌이 드는지 보세요. 서두르지 않고 시간을 가진다면, 그 단어가 당신에게 어떤 의미인지를 보여주는 연상되는 이미지들이 떠오르거나, 아니면 그 단어의 의미가 아주 직접적으로 당신에게 와닿을지도 모릅니다. 다시 말하지만, 그 단어에서 생겨나는 감정들과 호흡이 하나가 되도록 하세요.

10단계

좀 더 추상적인 이미지를 가진 단어들을 골라보세요.

- 예를 들자면:

  보라 빨강 파랑 노랑 톱날같은 둥근

  쏜살같은 임시의 기발한 얄팍한 둔감한

- 당신 내면에서 이 단어들 하나하나가 의미와 연관성을 만들도록 하세요.
  그 느낌들이 호흡, 음성, 그리고 말로써 표현되도록 하세요.

11단계

동사를 사용해 보세요.

- 예를 들자면:

  뛰다 가라앉다 탐험하다 살다 죽다 싸우다 가다 날다

  죽이다 위로하다 진정시키다

12단계

작은 단어들을 가지고 실험해 보세요.

- 예를 들자면:

  위하여 그리고 ~에게 그것 만약 그런 지금 그것

  무엇 어떻게 또는 그러나 ~에 대항해서 ~지 않으면

  ~한 이래로

각 단어들을 충분히 느껴본다면, 이 단어들도 자신만의 독특한 성격을 도출해 낼 것입니다. 보통, 문장 안에서 더 힘이 있는 이미지들에 붙어서 보조적인 역할을 하지만, 이런 부수적인 단어들이 가지고 있는 성질들은 억양에 특유의 색깔과 미묘한 차이를 더합니다. 이러한 단어들은 생각에 극적인 영향을 주고, 가능성을 열어주거나, 반전을 가져오고, 관계를 형성하거나 파괴시키기도 합니다.

13단계

8단계부터 11단계까지 사용했던 단어들을 엮어서 의미없이 나열해보세요.

- 예를 들자면:

  나비들   파랑   낄낄거리고 웃기   중얼거리기
- 하나의 이미지(무언가를 반영하든지 혹은 추상적이든지) 다음에 다른 이미지를 차례로 떠올리고, 그 이미지들을 따라 감정도 변화시키는 능력을 훈련하세요. 이미지를 머리에서 보거나 듣고 그 이미지를 몸의 중심으로 반사시켜서 볼 수도 있고, 이미지를 바로 몸 중심에서 볼 수도 있습니다.
- 차례로 각각의 단어/이미지/감정이 정확하게 음성에 반영되도록 하세요. 먼저, 천천히 정확하게 한순간에서 그 다음 순간으로 이어가면서 해보고, 그 다음에 각 단어의 독립적인 성격을 잃지 않으면서 빠르게 해보세요. 예를들어, "파랑"색 "나비"를 연결지어서 나비가 파란 색이 되지 않도록 하고, 낄낄거리고 웃는 것이 중얼거리는 것에 영향을 미치지 않도록, 서로 독립되어있으면서 다른 이미지가 빨리 바뀌면서 이어서 떠오르도록 하세요.
- 이제 이 단어들로 문법에 맞는 문장을 만들어 봅시다. 예를 들어:

- "중얼거리는 파란 나비가 낄낄거리고 웃는다."
- 이제, "파랑"과 "나비" 두 단어를 나란히 놓고, 두개의 독립된 이미지가 아닌 "파란 나비"라는 하나의 새로운 이미지를 떠올립니다. 하나로 합쳐지기 전에 독립된 두개의 이미지를 거쳐서 왔기 때문에, 더 풍부한 요소들을 내재하고 있습니다. 여기에 "중얼거리는"을 합쳐서 "중얼거리는 파란 나비"가 하나의 움직이는 이미지가 되게 하세요. 그리고 "낄낄거리고 웃는다"가 더해지면서 그 움직이는 이미지가 바뀌고, 느낌도 바뀝니다.
- 예 2:
  독립된 단어들－타오르다(화염) 바다 쿵쾅거리다 분노 노란
  문법적으로 맞는 문장－"쿵쾅거리는 바다가 노란색 분노로 불타오른다"
- 바다는 하나의 이미지입니다. 바다에 "쿵쾅거리다"가 더해지면 바다의 이미지가 변합니다. "분노"는 그 자체로는 "빨간색"을 연상시킬지도 모릅니다. 그러나, 바다의 "노란색 분노"가 되어야 합니다. "타오르다"의 이미지가 있습니다. 그러나 대양이(바다가) 타오르는 것은 또다른 이미지입니다.

이 연습훈련의 포인트는 각각의 독립된 단어들이 당신의 소리에 영향을 미치도록 하는 것입니다. 문장 전체의 의미를 한꺼번에 통째로 전달하기 보다는 문장안에 더 많은 생명력을 불어 넣기 위한 것입니다. 첫 번째 예로 만든 문장은 말이 되지 않습니다. 그러나 전반적인 내용은 나비가 웃는다는 것입니다. 전반적인 느낌은 낄낄거리고 웃는 것이고, 그 느낌이 문장에 묻어날 수 있습니다. 이 경우에는 파란 색이나 중얼거린다는 것은 별로 중요성을 가지지 못합니다. 두 번째 예에서는 전반적인 느낌은 분노입니다. 그러나 그 분노를 묘사하는 세부적인 것들이 문장안에 들어있습니다. 음성이 "쿵쾅거림", "노란" 그리고 "바다"가 주는 느낌을 민감하게 포착한다면 이러한 세부적인 그림까지

듣는 이에게 전달이 가능합니다.

유치원에서 동시를 배울때가 생각난다고 할지도 모르겠네요─"하늘에는 태양이 있다"라면, 하늘을 보면서 손으로 가리키고 억양도 올라갑니다. "그리고 땅은 아래에 있다", 땅을 보고 목소리도 땅으로 떨어집니다. 하지만, 우리가 하는 연습훈련은 음성이 자유롭게 움직이도록 하고, 내적인 감각과 이미지에 생동감있게 살아서 반응하도록 하기 위한 것입니다. 당신의 음성이 유연해지고 민감해지면, 이렇게 감수성이 풍부하고 감각적인 영향력을 소유한 음성을 가지고, 문장전체의 의미를 전달하는 음성의 본연의 의무로 돌아가면 됩니다. 색깔과 이미지의 극대화를 통해 감각에 의한 음조(억양)의 변화가 생길 것입니다. 그러나 감각만 음조(억양)에 영향을 미치는 것은 아닙니다.

대사... 예술

일반적인 관찰들

이 책은 화술이나 화법과는 별개로 의사소통의 수단으로서의 음성에 초점을 맞추고 있습니다. 자연적인 음성이 자유롭게 되면, 모든 분야의 예술적 가능성을 향해 뻗어나갈 것입니다. 요즘에는 말을 전혀 사용하지 않고 하는 연극도 있기는 하지만, 대부분의 연극은 어떤식으로든 음성을 사용합니다. 현대 무용극에서 음성을 사용하기도 하고, 인형극도 넓은 범위의 음성을 사용하지만, 이런 경우들은 배우의 음성훈련 본연의 목적에서 좀 더 떨어져 있는 분야입니다. 배우의 음성훈련 본연의 목적은 연극의 대사에 충실하게 생명력을 불어넣는 것입니다. 이 작업의 궁극적인 목표는 쓰여있는 대본을 표현되는 언어로 뛰어나게 재해석할 수 있도록 훌륭히 준비된 음성을 만드는 것입니다. 배우는 연극을 완성하기 위한 공동 작업자로써 발성과 화술 작업을 합니다. "종이에 쓰여진 대본에서 무대 위에 살아나는 언어로(From page to stage)"라는 표현은 함축성있는 표현입니다. 이것은 페이지 위에 죽어있는 단어들을 재생시키고 형상화시켜서 살과 피가 있는 살아있는 말로 무대 위에 올려놓음으로써 실현될 수 있습니다.

영어로 대본(text)이라는 말의 어원은 "엮어서 짜다" "꾸며내다"라는 뜻을 가진 라틴어의 "texere"에 그 뿌리를 두고 있습니다. "textile(직물, 옷감)"이라는 단어도 같은 어원에서 비롯되었습니다. 대본(Text)은 단어를 사용해서 생각들을 엮어놓은 옷감입니다. 배우는 쓰여져 있는 말들을 소리로 옮겨야하고, 연기의 예술성은 말로 쓰여있는 생각 뒤에 숨어있는 감정/느낌들을 직관적으로 끌어내어 표현하는 배우의 능력에 달려있습니다. 배우의 음성적 장인성(기술)이, 대사 뒤에 있는 근본적인 감정들을 끌어내는 직관력의 정도를 나타내게 됩니다.

서양 연극은 주로 언어적이고 대본에 기초를 두고 있습니다. 연극 문학이 요구하는 바를 충족시키기 위해서 배우는 언어에 대한 욕구를 길러야하고 대본에 대한 넓은 이해력을 길러야 합니다. 이 책의 마지막에, 대본에 어떻게 접근해야 하는지에 대해 언급하도록 하겠습니다. 발성을 위한 대본 작업은 단순히 분석적인 작업이 아닙니다. 책상머리에 앉아서 대본의 의미를 논하는 게 아니라 몸과 마음 속에서 대본에 있는 언어의 의미가 씨뿌려지고, 뿌리가 생기고, 유기적으로 자라나도록, 배우가 개인적으로 대본속의 말을 흡수하는 과정을 말합니다. 책상머리에 앉아, 뇌의 전두엽만 사용해서 분석하고 결정하고 결론지은 결과들을 사용하는 것과는 달리, 몸과 마음을 움직임으로써 놀라운 진실들, 머리로는 예상하지 못했던 결과들이 솟아날 것입니다(몸과 마음의 지능 말입니다. intelligence of the body-mind).

데카르트적인 사고방식, "나는 생각한다, 고로 나는 존재한다"로 요약될 수 있는 사고방식은 공연 예술가들에게는 별 의미가 없습니다. 신체물리학적인 영역(신체를 이용해서 인물/사물/감정/생각/느낌을 표현하는 공연예술분야)에서 일하는 우리같은 사람들에게는 "나는 존재한다. 고로 나는 생각한다"가 훨씬 더 맞는 말입니다. 안토니오 다마지오의 책 "Descarte's Error"는 몸과 마음의 소통경로를 재탐색하면서, '생각을 위해서는 존재가 자리잡아야 한다'는 신경학적인 증거를 제시합니다. 나는 이 책의 앞부분에서도 다마지오의 말을 인용한 바 있습니다. 우리가 언어, 대본, 그리고 단어들에 대한 여행을 시작한 이 시점에서, 그의 두 번째 책 "The Feeling of What Happens"을 잠시 살펴보도록 하겠습니다. 언어가 어떻게 작용하는지에 대한 다마지오의 설명은 내가 흉내낼 수 없는 독창성과 우아함을 가지고 있습니다.

언어(단어들과 문장들)는 언어 그 자체가 아닌 다른 것들, 존재, 사건, 관계, 추측 등이 언어적이지 않은 이미지들을 번역해서(언어체계를 이용해서) 옮겨놓은 것입니다. 언어의 형태로 존재하지 않는 것을 설명하거나 언급하기 위해 낱어나 문장 같은 부호체계를 이용해서 언어로써 그것을 설명하는 것처럼, 언어를 인식하고 자신을 표현하기 위해 언어를 사용하는 인간도 언어와 별개로 존재합니다. 그러니까 먼저 무언가가 존재하고 그것을 설명하기 위해서 언어를 사용하는 사람 "나", 그리고 언어가 있다는 것을 인식하는 지식, "안다"가 있다는 것입니다. "안다"는 사실에 대한 비언어적인 이미지와 그것을 인식하는 존재인 "나"가 "나는 안다"라는 문장을 말하도록 동기를 부여합니다.

언어가 먼저 생기고, "나"라는 존재에 대한 인식과 "의식"이 나중에 생겼다는 주장은 틀렸다고 볼 수 있습니다. 아무것도 없는(nothing) 상태에서는 언어가 생겨날 수 없습니다. 언어는 우리가 존재하는 것들에게 이름을 붙일 수 있도록 합니다.

"언어의 사용"이라는 인간에게 주어진 탁월한 재능을 가지고, 의식을 재료로 사용하여 물질에서 추론에 이르는 거의 모든 것들을 언어로 표현할 수 있습니다. 그리고, 지금 현재, 인간의 의식/인식의 기본 과정은 인류의 역사에 있어서나 개인의 역사에서 가장 지나치다 싶을 정도로 끊임없이 언어로 옮겨지고, 발표되고 있습니다(인류의 역사 동안, 지금처럼, 지나치리만큼 인간의 인식과정이 수 없이 언어로 옮겨지고, 쓰여지고 읽혀진 적은 없습니다). 이 때문에, 언어를 넘어서 어떠한 영역이 있는지를 상상하는 것은 많은 노력이 필요한 일이 되었습니다. 그러나, 그러한 노력은 반드시 필요합니다.

(안토니오 다마지오의 책 The Feeling of What Happens 중에서. pp107-108)

배우가 활자화 되어있는 언어를 말로써 구술화시키는 과정에서 반드시 해야 하는 노력은 바로 소란스러운 이성적 뇌를 잠시 조용하게 만들고, 쓰여 있는 활자들이 비언어적인 이미지, 느낌, 존재감, 욕망, 그리고 깊이 숨어있는 기억들로 녹아서 변화될 수 있게 만드는 것입니다. 단어, 문구, 문장은 마치 조약돌 같아서, 그것들을 몸-마음의 연못에 던지면 그 연못에 물결을 일으키고 변화를 가져옵니다. 연못속의 물이 뭐냐구요? 바로 신체적, 감각적, 관능적, 감정적 에너지들입니다. 그리고 이러한 에너지들이 뚜렷해지고, 몸 밖으로 나가려 하면, 그 연못의 물은 진동으로 바뀌고 음성이 되는 것입니다. 비언어적인 이미지들은 뇌에서 만들어지고 재단된 단어들을 사용하지만, 뇌에 의해서 조정되지는 않습니다. 이 책을 통해 여러분이 지금까지 해온 발성 훈련은 언어를 이런식으로 만날 준비를 마치는 과정이었습니다.

이상적으로, 발성은 어떠한 의도적인 테크닉을 적용하기보다는 유기적으로 자연스럽게 "연기". "대사하기" 혹은 그냥 "말하기"에 융화되어야 합니다. 음성을 자유롭게 만들기 위한 이 작업이 몸 속에 깊이 녹아든다면, 그 사람은 자연적으로 더 자유로워질 것입니다. 그 사람과 그 사람의 소리는 하나가 될 것입니다. 많은 경우에 자연적인 연관성이 생깁니다. 어떤 사람은 발성 수업에서 연기 수업으로 옮겨가서, 전에 경험하지 못했던 색다른 자유를 경험할 수 있습니다. 그 자유는 발성과 부분적으로만 연관성이 있을 수도 있습니다. 공연이나 리허설 전에 발성 워밍업을 하는 것이 불필요하다고 생각할 수도 있겠지만, 리허설이나 공연 이전에 발성 워밍업을 함으로써 공연이나 리허설이 훨씬 더 잘 되는 배우들이 있습니다. 대부분의 훌륭한 배우들은 항상 공연 한 시간 전에 신체적 음성적인 워밍업을 합니다. (단지 천부적인 재능을 타고난 배우들 중에, 길거리에서 들어와 바로 무대에 올라가도 훌륭한 공연을 하는 사람들이 있겠지만, 젊은 배우들은 이런 예외적인 경우를 본보기로 삼아서는 절대 안될 것입니다.) 워밍업의 목표는 악기를 잘 조율하는데에만 있는 것이 아니라 배우의 창조성의 근원에 도달하는 길을 여는 것입니다.

연기를 하는 순간이 진실과 만날때, 소리와 말들은 어떻게 작용해야 할지 알고 있습니다. 최근의 연기 훈련들은 학생들이 충동을 느끼고 충동을 만들고 거기에 따라 움직일 수 있도록 비언어적 충동적인 상태에 이르게하는 연습훈련이나 즉흥연기 방법들을 사용해서 학생들을 지도하고, 흔들어 놓기도 하고, 속아 넘어가게(생각하지 못한 순간에 원하는 상태로 가도록)하기도 합니다. 순간에 정밀로 몰입한 상태를 경험할 수도 있고, 그 상태로 가는 방법에 익숙해지고, 창조적인 과정에서 우연성을 배제하는 능력을 발달시키기도 합니다. 그러나, 배우는 진실에 도달하는 열쇠를 가능한 많이 가지고 있어야 합니다. 대본에 어떻게 깊이있게 접근하고, 언어를 어떻게 호흡과 음성에 연결하는지를 아는 것은 "연기"라는 열쇠고리에 황금 열쇠 하나를 더 달아놓는 것과 같습니다.

이 책에서 지속적으로 다룬 주제는 바로 이미지의 사용입니다. 정확한 신체적인 이미지를 사용하기도 했고 구체적인 상상의 이미지를 사용하기도 했습니다. 중추신경계는 청각적, 후각적, 촉각적, 시각적, 인상적, 상징적인 이미지들의 끊임없는 흐름을 통해서 신체 기관 전체를 관리합니다. 발성에 있어서 이미지를 사용하는 것은 듣기와 말하기를 신체기관 전체의 움직임에 연결시키는 역활을 합니다. 듣기는 귀에만 해당하는 것이 아닙니다. 말하기는 입에 의해 독점되는 것도 아닙니다. 몸 전체를 통한 듣기와 말하기는 발끝부터 머리끝까지에 이르는 한 사람, 그 사람 자체를 포함합니다. 몸 전체가 귀이고, 몸 전체가 하나의 입입니다.

이 경험을 바탕으로 우리는 대본 이해를 가속화하는 과정을 만들어 낼 수 있습니다. 신체 전체를 통해 얻어지는 지적인 능력이 뇌의 전두엽에서만 나오는 지적 능력보다 훨씬 더 위대합니다. 그리고, 언어가 살과 피가 될 때에, 비로소 말하는 사람은 진정한 이해를 향해 가게 됩니다.

웨일즈 출신의 시인 구웨네스 루이스가 다음과 같이 이야기 했습니다(한국적으로 이해하자면, 머리형 인간과 내장형 인간을 생각하시면 이해가 쉽겠습니다).:

나에게 있어서, 진보하는 방법은 옳은 것과 틀린 것을 구별하기 위해서 내안의 다른 부분들을 이용하는 것이다. 나름대로 잘 설명하자면, 생각하는 것을 머리에서 배로 옮긴다고 표현해야 할 것 같다. 모든 상상, 기억, 이해력, 구체화를 끊임없이 연습하는 곳이 머리이다. 개인적 선입관에게 헌정된 가상 현실 미술관이라고 할 수 있겠다. 그 미술관에 걸린 그림들은 선명하긴 하지만— 아니, 거부할 수 없을 정도로 끌리는 그림이지만— 그것이 진실인지 거짓인지(옳은지 그른지)를 구별할 수가 없다. 왜냐하면 이 미술관 안에서는 둘다 맞는 것 같이 느껴지기 때문이다. 머리는 여러 가지 가능성을 가늠해 보는데에 아주 탁월한 재주가 있어서, 다 맞는 구석이 있다고 생각하기 쉬우므로, 도덕적 판단을 하기가 거의 불가능하다.

배는 시각적으로 작용하지 않고, 본능적으로 움직인다. 배는 어둠속에서 "볼 줄 안다". 잘 들어보면, 배는 믿을만한 조언을 해준다. 거짓말을 하면 속이 꼬이고, 옳고 그름을 따지기 전에 이미 뭘 해야할지를 알고있기도 하다. 강아지가 본능적으로 자기가 뭘 좋아하고 싫어하는지를 아는 것처럼, 배가 내리는 결정은 항상 확실하다. 머리는 뭐가 가능한지를 나열하지만, 배는 무엇인지를 말해준다.

머리로 인생을 살려고 하면, 몸의 다른 부위로 내려가서 다른 부분으로부터 보는 것이 힘들어 진다. 그러나, 머리에서 내려와 다른 부위로 인생을 보려고 노력하는 과정에서 얻어지는 통찰력은 가히 놀랄만한 것이다.

(구웨네스 루이스의 Sunbathing in the Rain: A Cheerful Book about Depression 중에서. p.223)

당신이 만약 머리로 인생을 사는데에 익숙하다면, 아마 대본도 머리로 읽을 것입니다. 심지어는 배로 인생을 사는 사람도(장형 인간), 대본과 삶은 별개라고 생각하면서, 대본을 머리로만 읽는 경우가 허다합니다. 배로 옮겨와서—그리고 더 아래로 내려와서—대본을 보는 것은 당신에게 많은 통찰력을 줄 것입니다.

발성 작업과 더불어, 자신이 하고있거나 배운 연기법이 무엇이든 관계없이, 대본 자체를 연구하는데 사용할 수 있도록 고안한 간단한 방법들을 제시하겠습니다.

대본을 보는 방법과 그것에 관한 일반적인 견해들

머리로 읽기: 단계적으로 따라가는 습관

종이에 활자로 찍혀있는 대본과 당신의 관계는 어떤지 테스트를 해봅시다. 시나 독백을 골라보세요. 페이지에 찍혀있는 대사를 보세요. 첫 번째로 하는 일이 무엇입니까?

99%의 사람들은 처음 종이에 찍혀있는 대본을 보면 재빠르게 대충 읽어 내려가면서 어떤 내용인지를 알아내려고 합니다. 그러니까, 줄거리가 어떻고, 등장 인물들이 누구인지를 알려고 합니다.

어떤 내용인지 왜 알고 싶을까요? 상황을 파악하기 위해서; 상황을 파악해서 그 내용에 대해 좀 더 지적이고 싶고; 그래서 대사를 어떻게 말할지를 빨리 결정하고 싶기 때문이지요. 당신의 머리가 당신에게 "모르는 건 겁나는 일이야"라고 말합니다. 당신은 단계적으로 따라가는 습관에 잡혀있습니다. 단계적으로 따라 가면서 읽는 것은 이성적인 정보를 얻도록 해줍니다.

그러나 배우는 자신의 에너지의 방향을 재조정해서, 종이 위에 쓰여진 정보가 바로 수직으로 몸속으로 떨어져서 영혼의 우물안에 있는 무의식의 지하수와 만나도록 해야합니다.

단계적으로 따라가는 습관을 저지하는 방법

페이지 위에 적혀있는 단어들이 씨앗이라고 생각해보세요.
당신의 몸은 비옥한 옥토입니다.
단어들의 씨앗을 심으세요.
씨앗들을 품을 시간을 가지세요. 싹이 틀 시간을 주세요.
씨앗들이 태어나고, 말해지려는 욕구가 가득차게 되면,
말로 다시 태어나도록 하세요.

단어들은 다음의 것들이 되기 위해서 명치나 천골부위로 떨어져야 합니다.

이미지들 감정들 암시들
의도들 묘사들 기억
가능성 행동 에너지

이런 소용돌이치는 요소들이 호흡과 만나고, 내적반응들과 느낌들이 충동과 말하려는 욕구에 맞춰집니다.

호흡이 진동이 됩니다.

의식의 내적 흐름이 단어들의 순서를 찾습니다.

입이 정확하게 발음하려는 욕구에 응답하고, 종이에 인쇄된 글자와 말하는 사람이 결합함으로써 생긴 진실을 구체화된 언어들이 표현하게 됩니다.

위의 설명이, 평소에 당신이 당연하게 생각하고 별로 신경쓰지 않는 과정을 다소 복잡하게 풀어 놓았다는 점에 나도 동의합니다. 누구나 글을 읽을 수 있습니다. 하지만, 내가 여기서 말하고자 하는 것은 "어떤 방법으로 읽고 있냐?"는 것입니다. 수평적 직선적으로 읽는 것은, 독창적이지만 통제적인 전뇌의 안전한 영역속에 우리를 가두어 둡니다. 수직적으로 읽는 것은 우리의 감각적, 감정석, 신체적 존재와 각자의 인생 경험에서 나오는 예측불가능한 반응들의 창조적인 무질서 상태로 우리를 이끌 것입니다. 전뇌는 우리를 안전하게 보호하지만, 안전함과 편안함은 창의력을 겁내는 사람의 피난처입니다. 배우는 불안정성, 알려지지 않은 것, 상상력의 경계를 넘는 것에 대한 열망을 가지고 있어야 합니다. 왜냐하면, 이런 경계선을 여행함으로써 창의력의 세계에 도달할 수 있기 때문입니다.

읽기 재활 작업

우리는 말하는 동안, 우리가 말하는 내용을 이미지로써 본다는 것을 자각하지 못합니다. 그 이미지들은 아주 빠르게 지나갑니다. 그 이미지들이 충동이 됩니다.

혼잣말이나 또는 다른 사람에게 이런 말을 합니다: "출근하기 전에 수퍼마켓에 가서 우유 살 시간이 있는지 모르겠네", "집에 올 때 세탁물 찾아 올 거야", "...를 만나러 가기 전에 고양이 밥줄 시간이 있겠다." 이것들은 모두 아주 일상적 내용들이지만, 이미지가 들어있는 말들입니다. 어떤 학생들은 나에게 자기가 별로 시각적인 인간이 아니라고 말합니다. 촉각이나, 청각이 더 발달했다고 말합니다. 하지만, 이런 작은 일상적인 일들 속에서 이미지가 어떤 것인지를 알기 시작하고, 다른 감각들과 균형을 이루도록 시각적 감각을 개발할 수 있습니다.

좀 더 추상적인 얘기들도 시각적일 수 있습니다. "오늘 기분이 별로다", "어떻게 해야할지 모르겠어", "다 소용없다고 느껴져". 이런 익숙한 기분들부터 우리 존재에 대한 익숙한 질문인 "인생의 의미는 뭘까?"에 이르기까지, 이미지는 인상적인 색깔과 모양의 결합으로 넘쳐납니다. 기분과 감정, 감각과 행동은 이미지의 흐름 속에서 우리에게 전달됩니다.

말할 때에는 그 말을 하는 목적이 있습니다. 대사를 공부할 때, 우리는 뻔히 보이는 대사의 목적을 넘어서 그 대사 깊숙히 들어있는 개인적인 욕구, 그 인물이 이미지를 통해서 경험한 욕구까지 파고 들어가야 합니다. 전체적인 과정의 속도를 줄여서 대사들이 존재하기 전에 생긴 이미지들을 가지고, 그 인물의 정신, 그 인물의 신체조직을 천천히 공을 들여서 각인해야 합니다.

일단 이 이미지들이 심어지면, 충동들이 생겨납니다. 말이 쏟아져 나옵니다. 만약 이미지들을 제대로 심었다면, 나오는 대사들도 진실될 것입니다. 배우는 자기가 힘들게 공들여서 인물의 정신 속에 새겨놓은 이미지를 더 이상 "지켜 보지" 않을 것입니다. 신체-정신의 유기체가 움직이고, 충동이 자동적으로 음성과 말에 관련된 반사적 근육체계에 불을 붙일 것입니다.

결과적인 진실성은 심어진 이미지들의 깊이에 의해 좌우됩니다.

지금까지 배운 해부학적 심리적 내부의 풍경을 사용함으로써, 심어진 이미지들을 더 깊이 있게 만들 수 있습니다.

읽기 재활법

대사를 처음 배우기(learn) 시작할 때, 외운다(memorize)는 말을 쓰지 마세요. "외운다"는 말은 빠르고, 급한 공리주의적 인상을 풍깁니다. 외운다는 말은 인쇄된 글자들을 머릿속으로 옮겨서 보도록 만듭니다. 어느 페이지 몇째줄인지, 위쪽인지, 아래쪽인지, 책장을 넘기고 있는지가 마음속으로 보이는 상태말입니다. 거의 당신의 눈 위쪽에 글자가 찍히는 화면을 달아놓은 것처럼, 머릿속으로 글자들을 보고, 읽습니다. 이런 방법으로 대사를 배우면, 빨리 억양이 굳어지고, 습관적인 말투를 바꾸기가 어려워집니다. 인간적인 내용이 결여된 기계적인 대사가 됩니다.

옛날식 영어 표현인 "learn by heart(직역을 하면 "가슴으로 배운다": 암기한다는 뜻)"는 대사를 배울때 어떻게 해야 하는지를 말해줍니다. 당신이 연기하는 인물의 언어를 당신 내면의 풍경 속에 빨아들여야 합니다. 그 인물의 언어를 호흡해야만 합니다. 그래서, 그 말속에 들어있는 생각이 느낌이 되고, 당신 몸 속의 세포들이 여기에 반응해서 변형하도록 말입니다.

연습훈련: 간단히 시작하는 방법은, 먼저 바닥에 등을 대고 누워서 대본을 옆에 놓습니다. 발성과 신체 워밍업을 했다는 가정 하에서, 당신의 자각력이 당신의 하체부위에 활발하게 살아있습니다.

- 몇 글자를 볼 수 있도록 게으르게 천천히 대본을 듭니다.
- 대본을 내려 놓습니다. 들숨이 그 몇 개의 단어를 몸 아래쪽으로 데리고 들어가도록 합니다. 자연스럽게 호흡을 하면서, 이 단어들이 이미지, 느낌, 행동(생각으로만), 기분, 질문 등 여러 가지 다른 것들로 변화하는 것을 관찰합니다.
- 그 단어들이 더 이상 종이 위에 찍힌 글자가 아니라 다른 것이 되었을 때, 몸 밖으로 자유롭게 나가는 소리와 함께 그 단어를 말합니다.

등을 바닥에 대고 누운 자세에서, 대각선 스트레치, 아기자세, 새싹 자세, 그리고 바나나 스트레치로 자세를 바꿔가면서, 그 다음의 단어들도 계속 같은 과정으로 말합니다.

바닥에 누운 채로 대사들을 배웁니다.

밖으로 자유롭게 나가는 소리로써 대사를 배웁니다—속삭이면서 하지 마세요.

이미지들, 느낌들, 연관된 것들을 계속 탐험하세요.

단어를 반복할 때마다 새로운 의미를 찾으세요—한 가지 해석을 고수하지 마세요.

몸의 자세가 바뀌는 것에 영향을 받아서, 단어를 말하는 것도 바뀌도록 하세요.

주저하거나 망설이지 마세요- 단어/대사를 배우는 동안 소리도 자유롭게 나가도록 하세요.

- 바닥에서 하다가 지치면, 자세를 바꾸세요; 쭈그리고 앉기 자세에서도 말해보고, 네 발로 기는 자세에서도, 머리를 떨구고 꼬리뼈부터 거꾸로 매달린 자세에서 해보세요. 깊이 심면서, 단어를 말하세요.
- 일어선 자세까지 오더라도, 몸의 중심이나 더 아래쪽의 깊은 곳까지 단어를 떨어뜨리는 것을 잊지 마세요.

말하면서 골반을 움직여보세요.

말하면서 무릎을 튕겨보세요.

말하면서 어깨를 튕겨보세요.

몸을 털고, 척추를 물결치는 것처럼 움직이고, 걷고, 깡총깡총 뛰고,

스트레치를 하면서 말을 하세요.

대사가 **어떻게** 나와야만 한다는 결정을 하지 마세요. **무엇을** 말하고자 하는지, **왜** 이 말들을 하는지를 찾아내세요.

신체적 상태를 계속 바꾸는 것은, 예상할 수 없었던 단계의 생각이나 아이디어들이 나오도록 열어주고 성급하게 만들어 놓은 해석을 없애도록 도와 줍니다. 조심성은 던져버리고, 생각하는 대로 소리를 내면서 대본을 따라 느끼세요. 이것이 순수하고 능동적인 연구입니다.

기억할 것: 말하기는 생각/느낌의 충동, 말하려는 욕구, 숨, 진동, 울림, 발음과 연결되어 있습니다. 이와 관련된 근육들은 이미지에 의해 촉발되는 muscular-skeletal, 불수의 근육들입니다.

대사를 흡수하고 말하는 과정에 대해 생각해 보는 또 다른 방법은, 일종의 기억에 의한 방법입니다.

> 영문 M으로 시작하는 신경을 써줘야 하는 3가지;
> 정신 (Mind)   신체의 중심 (Middle)   입 (Mouth)

이 세곳은 자극을 받는 곳입니다—정신(신체-정신적 경험), 신체 중심(명치/횡격막, 충동과 이미지에 민감한 부분), 입(입술과 혀, 동일하게 민감한 부분). 입술과 혀도 생각하고 느낍니다. 그냥 발음만 만드는 게 아닙니다.

> 영문 M으로 시작하는, 없애 버려야 할 3가지;

근육화(Muscling) 조절하기(Manipulation) 저작(Mastication)

근육이 주도적인 역할을 하도록 만드는 것은 쉽습니다. 근육이 말하는데 주도적 역할을 하게 되면, 진실은 사라져 버립니다. "내가 하는 말 믿어, 안그러면,...", "너한테 크고 확실하게 말하고 있잖아", "나를 믿어!"

실생활에서 감정을 표현할 때 근육이 끼어드는 경우가 너무나 많아진 결과, 근육의 경험이 이렇게 말합니다; "화가 난다는 건, 주먹과 어깨에 힘이 들어가고, 턱을 꽉 다물게 되고, 복근이 뭉치는 거야. 슬픔은 목구멍이 꽉 메이는 느낌이 들고, 얼굴이 일그러지고, 가슴이 답답해지는 거야." 그러나, 이런 근육 움직임들은 대부분 생겨난 감정에 대한 습관적인 반응이며, 실제로는 느껴지는 감정을 억제하기 위한 반응입니다. 배우가 감정을 자유롭게 표현해야만 할 때, 원래 자신이 가지고 있는 습관적인 자제력을 넘어서려고 애를 쓰게 되면서 불필요한 근육의 긴장을 가져옵니다. 그 배우는 이렇게 애쓰는 것이 정말 진실되고, 강력하고, 정말 효과적인 감정적 표현이라고 착각할 수 있습니다.

감정은 호흡이라는 바람을 타고, 음파를 타고, 몸 속에 내재되어 있는 울림장치들을 통해 울려 퍼집니다. 정확하게 말하자면, 강한 충동을 표현하기 위해서는 근육도 사용할 수밖에 없습니다—두살배기가 떼 쓰는 것을 보면 알 수 있습니다. 그러나 감정적인 에너지가 이런 근육들을 통해서 빠져 나가는 것과 이런 근육들 속에 갇히는 것에는 커다란 차이가 있습니다. 근육들이 내부에서(신체적 감정적으로) 강한 자극을 받아서 이 자극이 밖으로 표현되는 것과, 쥐어짜고, 조절하고, 힘을 휘두르는 것 사이에는, 그 진정성에 있어서, 눈에 보이게 확연히 다른 차이점이 있습니다.

일주일에 여덟번 공연을 하기 위해서는, 감정을 표현하는 배우는 이런 에너지의 흐름이 어떻게 몸을 타고 나가는지를 알아야만 합니다. 신경적으로 어긋난 감정 표현을 매일 똑같이 반복하는 배우는 금방 탈진과 피로에 무릎을 꿇게 될 것입니다.

대본과 대본이 요하는 것에 대한 몇 가지 구체적인 관찰

모든 희곡의 모든 대사들에 생명을 불어넣고 빛을 발하도록 만들 수 있는 한 가지 간단한 방법이라는 것은 존재하지 않습니다. 다른 시대, 다른 지역, 다른 사회는 각기 다른 문학적 스타일을 통해 표현되었고, 이런 희곡들은 각기 다른 접근법을 필요로 합니다.

예를 들어, 셰익스피어의 연극을 제대로 공연하기 위해서 필요한 작업은 따로 있습니다. 우리가 지금 사용하는 영어보다 400년이나 어린 영어를 이해하고 내것으로 만드는 법을 알아야 합니다. 아이엠빅 팬타미터(셰익스피어 시대에 사용되었던 음율 법칙)와 그것의 불규칙성, 운문과 산문 구조 같은 대사의 형태속에 들어있는 단서들을 사용해서 의미를 찾아낼 수 있어야 하고, 이 모든 것들을 엘리자베스 여왕 시대의 상황속에서 이해할 수 있어야 합니다. 셰익스피어의 세계속으로 빠져들기 위해서 필요한 자세한 정보를 제공하는 책들은 많이 있습니다. 나의 또 다른 저서 "Freeing Shakespeare's Voice: The Actor's Guide to Talking the Text"도 이런 책들 가운데 하나입니다.

그리스 희곡부터 시작해서, 셰익스피어, 그리고 부쉬콜트에 이르는 고전 희곡들은 서사적인 내용의 고조된 경험을 전달하기 위해 종종 시를 사용하거나 극적인 언어를 사용합니다. 이야기 내용은 말을 통해 전달됩니다. 묘사된 인물들을 통해서 희곡에 쓰여있는 언어를 어떻게 극적으로 재생하느냐에 그 공연이 달려있다고 해도 과언이 아닙니다. 연극에 필요한 정보들은 대본에 다 있습니다.

근대 연극은 보통 입센, 스트린드버그, 체홉부터 시작합니다. 이 시점부터 영어권의 배우들은 번역본과 씨름해야 하고, 숨겨진 의도(subtext:표면적인 대사와는 다른, 인물의 내면에 있는 생각이나 의도)의 영역에 들어가야만 합니다. 이 연극들에 사용되는 언어는 아직도 시적이고 고조되어 있지만, 대사로 표현되는 이야기들보다 각 인물들의 내면의 삶이 인물들의 행동을 좌우하게 됩니다.

햄릿 3막 2장의 대사에 나오는 셰익스피어의 격언처럼 "행동을 대사에 맞게하고, 대사를 행동에 맞추게."는 고전 연극을 할 때 완벽한 조언입니다. 그러나, 셰익스피어는 이렇게 그의 충고를 이어갑니다. "..이것을 지키되: 자연의 미덕을 거스르지 말게. 무엇이든 과하게 하는 것은, 연극을 하는 목적에 반하는 거니까. 예나 지금이나 변함없이 거울을 들여다 보듯이 있는 그대로를 반영해야 해. 자연의 미덕을 있는 그대로 보여주고, 그 이미지, 그 시대의 몰골과 인상을 들여다 보고 꾸짖을 것은 꾸짖어야 해." 이 충고는 셰익스피어의 시대의 연극의 임무 뿐만 아니라 근대 연극과 현대 연극, 그리고 그 이후에 올 미래 연극의 임무를 보여줍니다.

입센과 체홉은 그들이 살았던 시대를 반영하는 거울을 치켜들었습니다. 그들의 시대는 심리적이고 개인적인 극적 사건들을 나타내기 시작하고, 고대에는 존재하지 않았던 분열된 존재들을 나타내기 시작했습니다. "근대"라는 수식어는 입센에서부터 조지 버나드 셔를 거쳐 아서 밀러와 테네시 윌리엄스까지 이어집니다. 이 극작가들의 언어는 그 사회와 그 사회속의 인간관계를 깊숙히 파고 듭니다. 그리고 그 당시에 살았던 사람들에게 그들의 갈등과 욕망을 표현하는 풍부한 언어들을 부여합니다. 근대 희곡에서 언어는 여전히 정체성을 만드는 구성 요소로 작용합니다.

오늘날의 극작가 사회를 반영하는 거울을 들고, 그 거울을 들여다보고 귀기울이면, 언어의 정체성을 잃어버린 사회를 봅니다. 영화와 텔레비젼에서 인물을 나타낼 때 언어는 그저 빙산의 일각에 불과합니다. 대사는 단지 어디서 사건이 벌어지는지를 알려주는 표지판 정도의 역할만 할 때도 있습니다.

연극에서 음악과 기술의 발달, 특수효과와 음향은 과거에 언어가 표현했던 것들을 대신합니다. 연극의 생명이라고 할 수 있는 갈등은 이제는 격리—극도의 고통에서 자신을 분리시킴으로써 고통을 회피하는 능력—로 대체됩니다. 격리를 나타내는 언어는 장황하고 설득력 있어 보이지만, 가려진 삶 위로 떠다니기만 합니다. 오늘날의 배우는 동기와 행동을 찾아내기 위해서 한층 더 깊이 파고 들어야만 합니다. 에너지는 대사 속에 숨겨지거나 감추어진 것들에서 옵니다; 잠재적 언어, 준 언어(paraverbal), 내적 언어입니다. 현대의 음성은 대부분 제한된 음성입니다. 영어권 사람들이 사용하는 음역은 아주 좁아졌습니다. 대부분의 의사소통이 4-5개의 음역에서만 이루어집니다. 인간의 감정 전체와 생각의 미묘함까지 모두 표현할 수 있는, 3-4 옥타브의 음역을 사용하는 것이 가능함에도 불구하고 거의 사용되지 않는다는 것은 우리가 평소에 얼마나 많이 우리의 생각과 느낌을 억누르는지를 보여줍니다.

"현대", "근대", "고전"을 분류하는 것을 들으면서, 근대의 음성은 현대의 음성만큼 기술적/기계적인 의사소통 시스템에 영향을 받지 않았다는 것을 알 수 있습니다; 온 가족이 같이 식사하는 것, 가족끼리 여가시간에 노래 부르거나 시 낭송을 하는 것, 대중 연설이나 정치적 논쟁, 구연 동화, 시를 배우고 개인적으로나 단체로 시낭송 하는 것을 장려하는 교육, 또는 문학에 대한 존경과 숭배를 가졌던 시대. 그 시대에는 음성의 폭과 에너지가 공동체의 중심에 있었습니다.

고전 희곡의 대사들을 들으면 그 시대의 음성이 얼마나 폭넓고 자유로운지 알 수 있습니다. 고대 그리스인들의 거대한 이야기들은 그 크기에 걸맞는 커다란 음성적 감정적 능력을 요구합니다. 이런 이야기들은 코러스가 이야기를 전개할 때 사용하는 노래나 노래하듯 읊는, 시적인 언어를 통해서만 표현이 가능합니다. 영국의 셰익스피어, 말로, 존슨, 웹스터, 포드; 프랑스의 몰리에르, 라신, 코넬리; 이탈리아의 가찌, 타쏘; 스페인의 칼데론은 풍부하게 언어를 사용했고, 언어를 넘치도록 사용할 수 있을 만큼 언어를 중시했던 유럽 사회를 대변합니다.

수천년에 걸쳐 전해진 구술의 역사에 뿌리 내린 노래, 시, 이야기들을 통해서 자양분을 받으면서, 사회의 모든 계층이 실용적인 목적으로 음성 전체를 사용했었습니다. 들에서 혹은 농가에서, 사람들은 서로를 부르고, 싸우고, 울고, 축배를 들었습니다. 도시의 거리에서는, 사람들이 목청껏 외치면서 물건을 팔았습니다. 학교와 대학에서는, 소년과 청년들이 수사학의 화법에 맞춰, 라틴어 시간에 배운 것을 위풍 당당하게 암송했습니다. 존 돈의 설교를 들으러 오는 교인들로 넘쳐나던 세인 폴 성당에서, 존 돈의 음성은 교회 천정을 쩌렁쩌렁 울리면서, 자리가 없어 성당 앞의 묘비들 사이에 모여있던 교인들에게까지 들렸다고 합니다. 배의 선장들은 돛대에 매달려 있던 망보는 소년들을 향해 소리를 쳤고, 전장에서는 지휘하는 장군의 음성을 듣고 병사들이 돌진했고, 왕과 왕비, 귀족과 아가씨들은 위엄있는 웅변술로 백성들을 다루고, 매일 모엣과 마드리갈, 캐논과 캔토넷을 부르면서 훈련한 음악적인 음성을 잘 사용했습니다.

이 소리들을 들을 수 있도록 우리가 우리 상상의 귀로 듣는 연습을 계속한다면, 이 소리들이 가졌던 음폭과 울림을 들을 수 있다고 나는 믿습니다. 이 음성들은 고전적 음역을 가진 소리입니다. 우리는 이러한 조상의 소리를 듣는 센서를 가진, 상상속의 타임 머신이 필요합니다. 역사 공부나 독서를 통해 이런 상상력을 기르는 것은 매우 중요합니다. 그리고, 보이지 않는 귀와 눈을 믿을 수 있어야 합니다.

무선 전신과 무선 단파를 발명한 물리학자인 굴리에모 마르코니에 대한 재미있는 일화가 있습니다. 그가 발견한 전자기파 테크닉은 거의 모든 근대 라디오 기능의 기초가 되었습니다. 이 이야기가 어떻게 전해졌는지는 불분명하지만, 역사적 상상력을 자극하기에 좋은 이야기라 생각됩니다. 그의 노년에

(그는 1937년에 사망했습니다), 아직도 새로운 연구를 하고 있냐고 누군가가 그에게 물었습니다. "그럼요" 그가 대답했습니다. 그렇게 노년에까지 하고 있는 과학적인 연구가 무엇인지 묻자, 음파가 끝없이 우주속에서 영원히 이동한다는 사실에 근거해서, 과거에 살았던 사람들이 했던 말을 듣는 기술을 만드는 것이라고 대답했습니다. "수 세기에 걸쳐 사람들이 했던 연설들 중에서 어떤 것이 가장 듣고 싶으십니까?"하고 묻자, 예수의 "산상 설교"라고 대답했다고 합니다.

우리 조상들의 음성들은 여전히 우주의 바다를 떠다니고 있을 겁니다; 아마도 예수는 아직도 축복을 내리고 있을지도 모릅니다. "온유한 자는 복이 있나니 저희가 땅을 기업으로 받을 것이요." 조상들의 기억이 우리 측뇌에 저장되어 있다고 말하는 사람들도 있습니다. 어떤 방법으로든지 간에, 우리는 과거와 연결될 수 있는 능력을 가지고 있습니다. 그리고 고전 속의 언어들은 과거의 음성을 찾아 여행하고자 하는 배우들에게 믿을만한 지침서가 되어줍니다.

이렇게 넓은 카테고리—고전, 근대극, 현대극—안에, 여러 가지의 예외나 변형도 존재합니다. 더 자세히 연구하기 위한 지침으로써, 더 복잡하게 분류할 수도 있겠습니다.

대사 속으로 들어가기(대사와 하나되기) … 상상력

대본을 이해하기 위해 접근하는 시점에서, 당신은 지적 능력을 사용하게 될 것입니다. 지적 능력은 더 많은 것을 질문하고 알아내기 위한 체크 리스트를 제공합니다. 무엇을 들으려고 하는 거야? 이런 각도로 생각해 보는 건 어때? 왜 네가 이런 말을 하는지 정말 알고 있는 거야?

하지만, 지적 능력이 독재자가 되어서는 절대 안 됩니다. 지적 능력은 상상력을 충동, 감정, 감각, 소리에 연결시켜 줍니다. 그리고 감정에 헤어나지 못할 정도로 지나치게 빠지지 않고, 자신을 보호하기 위해 지나치게 충동을 억제하지 않게 하는 아주 중요한 임무를 맡고 있습니다. 지적 능력은 창의적으로 솟아나는 모든 것들에 모양과 의미를 가진 형태를 부여합니다. 지적 능력은 당신의 귓가에 여러 가지 제안을 속삭여 당신이 탐험하고자 하는 것들의 방향을 유도합니다. 지적 능력은, 궁극적으로, 통로이지 지배자가 아닙니다.

여기 당신의 감각적 안테나를 민감하게 만드는 방법 몇 가지를 소개합니다. 습관적으로 아래의 체크 리스트를 가지고 충분히 연습을 하면, 당신은 어떤 대본이라도 그 대본의 독특한 스타일과 내용에 맞는 귀를 가지고 읽을 수 있게 될 것입니다. 이 체크 리스트는 연기하는 것과 대본의 경계선 사이의 어딘가에 놓여있습니다. 하지만, 다른 배우들과 주고 받으면서 리허설을 하기 전에, 배우가 대본을 가지고 배우 숙제를 할 때 쓰여질 수 있고, 반드시 쓰여져야 합니다.

체크 리스트:
- 전환점들:
  생각의 전환점, 주제의 전환점, 논리의 전환점, 행동의 전환점
- 육하 원칙(여섯 가지 불변의 질문):
  누가, 어디서, 언제, 무엇을 , 왜, 어떻게
- 다섯개의 P:
  개인적, 심리적, 직업적, 정치적, 철학적
  (Personal, Psychological, Professional, Political, Philosophical)
- 동력:
  대본의 동력, 인물의 동력, 사건의 동력
- 리듬:
  말의 리듬, 인물의 리듬, 장면의 리듬

전환점이란 무엇인가?
- 전환점이란 대사에서 생각이 바뀌는 지점, 만약, 하지만, 아니면, 그래도, 등의 단어들이나 마침표가 쓰이는 지점입니다.
- 전환점이란 감정에 변화가 생기는 지점입니다.
- 전환점이란 행동에 방향의 변화가 생기는 지점입니다.

여섯 가지 불변의 질문은 무엇인가?

1) 누가: 다섯개의 P에 대한 대답이 "누구"입니다. 그리고 "지금 누구에게 말하고 있습니까?"와 "여기 또 누가 더 있습니까?"에 대한 대답입니다.

2) 어디서: "지금 말하고 있는 장소는 어디입니까?" "어디에서 오는 길입니까?" "어디로 가는 중입니까?"라는 질문을 합니다.

3) 언제: 시간에 대한 질문입니다—년도, 달, 날, 시간, 계절—. 일어나는 사건과 연관된 시간입니다.

4) 무엇을: 당신이 하는 말의 내용이 무엇인지를 묻습니다; 논쟁의 내용이 무엇인지; 사건의 내용이 무엇인지.

5) 왜: "왜"는 당신의 의도를 묻는 것입니다. 지금하고 있는 말을 하는 의도가 무엇입니까? 앞의 4번까지의 질문이 의도를 찾아내는데 도움이 됩니다. "왜"는 왜 당신이 당신이 쓰는 단어들을 쓰는지에 대한 질문이기도 합니다. 인물이 간단하게 "X"라고 말할 수도 있었는데 왜 굳이 "Y"라고 했는지에 대한 질문 말입니다.

6) 어떻게: 방법과 전략들을 묻는 질문입니다—심리적, 행위적, 신체적인 전략이나 방법

다섯개의 P는 무엇인가?

1) 개인적: 개인적 사실들은 모두 말하는 사람의 인생에 관한 모든 것입니다: 나이, 성별, 인종, 가족관계/가족사, 키, 몸무게, 생김새, 교육 수준 등.

2) 심리적: 심리적 사실들은 인물이 행복한지, 침울한지, 공격적인지, 우울한인지, 그리고 성격 형성에 영향을 미친 어린시절의 경험과 그 이외의 다른 성격형성 과정의 경험들을 말합니다.

3) 직업적: 직업적 사실들은 그 인물의 사회적 지위가 무엇인지; 예를 들어 어떻게 생계를 꾸려가는지, 직업이 뭔지 등을 말합니다.

4) 정치적: 정치적 사실들은 그 인물이 어떠한 정치적 상황 아래에서 살고 있는지를 설명합니다. 사회 경제적 구조에서 그 인물이 어디에 속하는지. 그 인물이 정치적인 활동에 참여하는지 아닌지, 등.

5) 철학적: 철학적 사실들은 종교적인지 아닌지, 신의 존재를 믿는지 아닌지, 어떤 종교의식에 참여하는지, 존재의 의미를 찾으려 하는지, 물활론자 인지, 하루 하루 그냥 사는지, 등.

동력의 구성요소는 무엇입니까?

- 속도는 동력의 구성요소입니다.

  (빠른, 더 빠른; 느린, 더 느린; 느림과 빠름의 중간)

- 음의 높낮이도 동력의 구성요소입니다.

  (높은, 더 높은; 낮은, 더 낮은; 중간 음역)

- 소리의 크기도 동력의 구성요소입니다.

  (큰, 더 큰; 부드러운, 더 부드러운; 중간 크기)

리듬의 구성요소는 무엇입니까?

- 동력은 리듬의 구성요소입니다.

- 강조는 리듬의 구성요소입니다.(강한 강조와 약한 강조가 병행되어서)

- 규칙성, 불규칙성, 음의 절분(syncopation)은 리듬의 구성요소입니다.

리듬, 동력, 그리고 전환점은 모두, 대조적인 것을 민감하게 살려낼 수 있도록 훈련받은 배우에 의해 예술적으로 표현될 수 있습니다.

배우는 다섯개의 P에 대한 답과, 거기에 근거해 얻어진 여섯 가지 불변의 질문에 대한 답을 반드시 알아야 합니다. 자기가 연기하는 인물이 모르고 있는 정보들이 있다고 하더라도, 배우는 모든 정보를 다 알아야 합니다.

내가 앞서 말한 것을 다시 반복하겠습니다. *이 체크 리스트는 연기하는 것과 대본의 경계선 어딘가에 놓여있습니다. 하지만, 다른 배우들과 주고 받으면서 리허설을 하기 전에, 배우가 대본을 가지고 배우 숙제를 할 때 쓰여질 수 있고, 반드시 쓰여져야 합니다.*

일단 개인적 작업을 통해 사실과 상상, 관계, 기억, 동기, 음악, 그리고 리듬의 조화로운 저수지가 만들어지면, 이 저수지는 다른 사람들과 작업을 같이 하면서 얻게되는 신선한 재료들과 다시 만나고 섞이고 변화 될 수 있습니다.

이 체크 리스트를 적용해서 하나하나 답하는 게 힘들 수 있겠지만, 연습을 하다보면-반복적인 노력을 통해서-, 지적 능력은 가운데로 몰리는 자각 능력을 확장하게 되고, 훨씬 더 깊고 넓게 "읽을" 수 있게 됩니다.

하이쿠

내가 앞서 나열한 내용을 어떻게 사용하는지 설명하기 위해서 특정한 종류의 시를 사용하도록 하겠습니다. 이 설명이 여러분이 대본이나 글을 가지고 작업 하는데 도움이 되기를 바랍니다. 내가 만약 여러 가지 스타일의 글들을 가지고, 각 스타일 마다 어떻게 작업을 해야 하는지 일일히 예를 든다면, 아마도 이 책안에 다 쓰지지 못할 것입니다.

하이쿠는 대본 작업을 하는 재능을 기르는데 안성맞춤인 작은 체육관입니다. 잘 쓰여진 하이쿠는 17개의 음절안에, 세 가지의 다른 감정을 이끌어내는 이미지가 최소한 세개가 있어야 합니다.

이 책에서는 일본에서 고전으로써 인정받는 하이쿠만을 사용했습니다. 이미지와 감정을 제대로 전달하기 위해서는, 하이쿠의 17음절의 법칙을 영어로 완벽하게 지키면서 번역할 수가 없었습니다. 내가 하이쿠를 사용하는 이유는 짧은 글 안에서도 너무나 많은 것이 일어나기 때문에 수업시간을 효율적으로 쓸 수 있기 때문입니다. 고전 하이쿠를 쓰는 이유는, 오랜 세월 동안 살아남아 왔고, 힘으로 가득차 있기 때문입니다. 감정적으로 심리적으로 효과가 있고, 말하는 사람이 그 단어들에 의해 움직여지려는 준비가 되었을 때만 효과가 있습니다. 뭔가를 더하려고 하거나, 연기를 하려고 하는 것 보다, 그 언어들에 의해 움직여질 준비가 되어 있을 때 효과가 있습니다. 그래서 하이쿠는 간략하면서도 효과적인 연기 훈련 도구입니다.

하이쿠를 통해서 배울 수 있는 또 한 가지는 그 신의 진실에 도달하기 위해서는 글쓴이를 생각해야 한다는 것입니다. 어느 정도 상상의 단계에서 글쓴이와 함께하지 않고서는 그 언어들을 제대로 표현해 낼 수 없습니다. 하이쿠의 기원은 알려지지 않았지만, 하이쿠는 17세기와 18세기에 번성하였습니다. 나는 이 시기의 하이쿠에서 다섯편을 뽑았습니다. 이 시들은 An Introduction to HAIKU, An Anthology of Poems and Poets from Basho to Shiki에서 찾아 볼 수 있습니다. 헤롤드 헨더슨이 번역했고 더할 나위없이 훌륭한 설명들도 곁들여 놓았습니다. 헨더슨은 이 책에서, 하이쿠 작가 중 가장 훌륭한 작가로 칭송받는 바쇼에 대해 다음과 같이 적었습니다.

...의식적으로든 무의식적으로든, 바쇼는 그의 후기 하이쿠 작품 대부분에 누구나 찾을 수 있는 의미뿐만 아니라, 그 의미를 넘어서는 많은 것들을 담았습니다. 읽으면 읽을 수록, 단어 하나 하나에 더 깊은 뜻이 보이고, 하찮게 여겨지던 것에도 의미가 있습니다. 그 모든 것이 하나의 존재에 귀속된 부분들이라고 여겨집니다. 바쇼는 선종(선종 불교) 사상에 심취했고, 그의 모든 작품에 그 영향이 나타났다고 합니다. 이것은 사실일 확률이 아주 높습니다. 하지만 지금까지 누구도 선종 사상이 정확히 무엇인지 꼬집어 설명할 수 있었던 사람은 없습니다. 선종에서 사토리는 아주 강한 감정적인 경험을 뜻하는 것으로, 그 경험을 말로는 묘사할 수 없다고 합니다. 이것은 "현실을 깨닫는 것"이라고 불리기도 했습니다. 선종을 모르거나 수행하지 않는

사람들은, 바쇼와 그의 시에 나타난 영향을 보고 관찰할 수밖에 없습니다. 바쇼의 시에 나타나는 선종 불교의 영향은 삶에 대한 풍미; 매 순간을 최대한 사용하고자 하는 것; 순간 순간에 대한 감사를 자연 속에서도 찾는 것; 혼자 살 수 있는 것은 없고, 중요하지 않은 것도 없으며; 모든 관계에 대한 예리한 자각력입니다.

그 다음에 할 일은 대본(여기서는 하이쿠)에 생명과 호흡과 존재를 불어넣기 위해서 필요한 것이 무엇인가를 실험하는 고된 과정과, 그 과정을 거쳐서 그 대본에 담겨있는 의미를 명백히 밝히는 것입니다. 일단 이 과정을 이해하고 나면, 시간이 오래걸리지 않습니다. 그러나 먼저 이해를 하기 위해서, 느린 속도로 단계별로 나가도록 하겠습니다.

다음 다섯 편의 하이쿠를 쓴 시인들은 오니츠라(1660-1738), 소도(1641-1716), 바쇼의 제자인 조소(1661-1704), 이사(1762-1826), 그리고 바쇼(1644-1694)입니다.

1단계

- 종이 한 장에 하이쿠 한편을 큰 글씨체로 쓰되, 각 줄 사이 간격을 크게 띄어씁니다. 이것을 하이쿠 한편당 두장씩 만듭니다.

초록빛 곡식의 들녘
종달새가 솟아오른다.
저 너머에
다시, 내려온다.

내 오두막의 봄
정말. 거기엔 아무것도 없다
거기엔 모든것이 있다.

"나는 방금 갔었다
호수 바닥에!"
그것이 새끼 오리 얼굴에
쓰여진 표정이다.

남자 하나
파리도 하나
이 큰 거실에

구름이 온다 때때로
인간에게 쉴 틈을 준다
달을 바라보는 것에서

2단계 하이쿠 1번

초록빛 곡식의 들녘
종달새가 솟아오른다.
저 너머에
다시, 내려온다.

- 직선적인 습관을 저지하세요: 하이쿠를 적어 놓은 종이에서 각 단어 하나 하나씩을 오려냅니다. 단어가 하나씩 써있는 작은 종이 조각 더미를 앞에 두세요.

- 바닥에 누우세요. 아무 종이 조각이나 순서에 신경쓰지 말고 그냥 집으세요. 얼굴 가까이에 들어서 종이에 쓰인 글자를 보세요. 호흡과 함께 그 단어가 몸 깊은 곳으로 들어가도록 하세요. 몸속에서 그 단어가 이미지나 감정, 행동, 혹은 추상적 모양이 되도록 두세요. 충분한 시간을 주어서 그 이미지가 더 확실해지도록 하세요.

- 종이를 내려 놓으세요.

- 그 단어에서 시작된 느낌이 당신의 호흡 속에 들어가서 소리를 내도록 하세요. 그 단어를 말할 때, 당신 몸 속에 있는 상상이 그 단어 속에 담겨져 나가도록 하세요.

- 소리의 에너지와 이미지가 당신이 그 단어를 말할 때 당신의 몸을 움직이도록 하세요.

- 단어 하나 하나씩 계속 하면서, 앞에 놓은 종이 조각 더미에 있는 단어들을 모두 하세요.

- 단어 하나 하나가 당신의 몸 속으로, 호흡 속으로 들어오도록 해서 정말로 그 단어를 보고, 맛보고, 만지고, 그 의미를 찾으세요.

3단계

- 2단계에서 썼던 하이쿠의 두 번째 종이를 한줄씩 자르세요.
- 바닥에 누워서 각 줄에 있는 단어들이 당신의 몸 속에 들어오고, 호흡과 함께 당신의 상상력도 들어오도록 하세요. 단어들이 하나의 그룹으로써

새로운 그림이 되도록 합니다. 단어를 하나씩 따로따로 경험했기 때문에, 지금 마음속에서 보는 그림들은 더 뚜렷할 것입니다. 이제 각각의 단어들이 서로 연관성을 찾았습니다. 그리고 변화했습니다.

- 그 그림들이 말이 되어서 나오도록 하세요.
- 분리된 줄들이 상상력과 이미지들에 의해 생긴 감정에서 에너지를 모으면서, 이미지들이 당신을 일으켜 세웁니다. 이미지들이 몸을 움직이게 하세요.
- 세세한 부분까지 더 정확해 질때까지, 계속해서 몸을 활발하게 움직세요. (문장을 순서대로 합니다.)

- 초록빛 곡식의 들녘
  - 당신의 가진 이미지는 아주 정확하고 꼼꼼해야 합니다.

  색깔
  하나 이상의 들 (여러 개의 논)
  목초가 아닌 - 곡식(벼)

초록의 곡식은 계절을 말해줍니다 - 늦은 봄이나 여름.
들녘의 이미지를 유지하면서 - 어떤 감정이 생기는지 보세요.

- 이제 다음 이미지가 생겨나도록 두세요.

- 종달새가 솟아 오른다
  - 이미지가 바뀝니다 - 감정도 바뀝니다.

이것이 전환점입니다.

■ 정확한 이미지를 가지세요: 종달새는 작은 새이고, 기쁨에 찬 것 같은 노래 소리를 내고, 수직으로 날아 오릅니다.

● 저 너머에
이 거리감은 중요성을 가지고 있고, 바로 앞에서 이미지의 느낌이 어떤 것인지를 정해주는 역할을 합니다.

이것은, 숨 삭은 스게일외, 전환점입니다.

■ 이미지를 유지하세요—어떤 기분이 드는지 보세요.
■ 다음 이미지가 생겨나도록 두세요.

● 다시, 내려온다.
이 새로운 이미지와 함께 드는 기분은 어떤 것입니까? 그 새로운 기분이 생기는 감정적 전환점을 기억하세요.

4단계

이것은 그냥 예쁜 자연에 대한 시가 아닙니다. 자연에서 일어나는 한 순간을 포착한 시인의 관찰은 그 순간 시인이 느꼈던 감정적이고 심리적인 관점에서 표현됩니다. 존재의 중요한 한 순간이 지각력을 높입니다. 고조된 시적인 언어는 그 언어들 뒤에 있는 감정들과 그 장면을 빛나게 해 줍니다. 말하는 사람의 임무는 이 시에 대한 영감이 시인에게 들어왔던 그 순간으로 들어가는 것입니다. 그러고 나서, 말하는 사람은 그 시인의 상태와 동일한 상태를 자기 자신 속에서 찾아서 그 순간을 재생해 내야 합니다.

시인이 영감을 얻는 순간을 찾아내기 위해서는 당신은 여섯가지 불변의 질문과 다섯개의 P를 살펴보아야 합니다. (모든 질문을 다 적용할 수 없는 경우도 있습니다.)

1) 생각-감정의 전환점과 더불어 이미지들이 다시 생겨나도록 합니다.
   그 이미지들을 내 몸속과 몸 밖에서 동시에 보는 연습을 하세요.
   (밖에서 보는 이미지는 그 장면 자체이고; 몸 속의 이미지는 감정적으로 중요한 것입니다)
2) 이미지들과의 상관관계 속에서, 그 당시의 시간과 장소에 있는 시인을 상상해보세요.
   누가? 그는(그녀는) 누구입니까?
   어디? 들녘에 있습니까? 대문 앞에 서 있습니까?
   언제? 하루 중 언제입니까? 1년 중 언제입니까?
   무엇을? 바로 그 순간 시인의 인생에는 어떤 일이 일어나고 있습니까?
   왜? 왜 시인이 갑자기 들녘과 종달새를 보고 이 하이쿠를 써야만 하겠다고 느끼게 되었을까요?
3) 이제 그 장면속에, 작가 대신 당신 자신을 넣어보세요. 상상을 하거나 당신의 경험속에서 같은 장면을 찾아보세요. 당신 자신에게 똑같은 질문들을 하세요.
4) 당신과 시인에 대한 위의 대답에, 다섯가지 P가 새로운 것들을 더해줄 것입니다. 예를 들면:

개인적: 시인은 몇살입니까? 나는 몇살입니까? 왜 우리는 들녘이 보이는 시골에 있습니까?

심리적: 파릇파릇한 어린 곡식이 있는 풍경은 젊음과 밝은 미래를 느끼게 합니다. 들에서 종달새가 솟구쳐 날아 올라가는 순간의 흥분이 있습니다. 내 삶에 뭔가 흥분되는 일이 생길 듯한 예감이 듭니다. 그러나, 곧 종달새가 다시 내려오고 내 희망도 사라집니다.

직업적: 밝은 미래, 희망, 그리고 그에 반하는 실망감은 직업적 사회적인 성공과 좌절, 일이 잘 풀릴때와 그렇지 못할 때, 경험해 본 익숙한 느낌입니다. 나는 항상 사랑에 빠지고 또 실패하기도 합니다. 이 하이쿠의 배경은 시인의 직업적 사회적 배경과 관련이 있습니까? 나의 직업적 사회적 배경과 관련이 있습니까?

정치적: 이 하이쿠는 시인이 살았던 시대의 정치적인 상황과 관련이 있을 수도 있습니다. 이 하이쿠에서는 정치적인 것은 접어 두겠습니다.

철학적: 시인과 나 모두 인생이 기대와 실망으로 가득차 있다는 것을 알고 있습니다. 그러면서도, 매번 그것을 경험할 때 마다 마치 처음 겪는 것처럼 느껴진다는 것도 알고 있습니다.

5단계

이제 이 시속에 표현해야 할 내용들을 찾았으니, 어떻게 감정이나 이미지가 변화하는지를 좀 더 매끄럽게 깨달을 수 있습니다. 다시 말해서, 말하는 사람은 이미지와 느낌에 부합하는 미묘한 움직임(동력)을 찾아낼 수 있다는 뜻입니다. 하지만, 이런 전환점(느낌이나 생각, 문장이 변화하는 지점들)들을 표현할 때 주의하세요. 머리가 뭔가 흥미로운 것을 "듣고", 마음대로 교통정리를 하려고 할 위험성이 있습니다. "여기는 빠르게 말하고, 여기는 높은 소리로 말하고, 여기는 느리게, 끝은 조용히 말해." 만약 지적 능력이 어떤 동력을 사용할지 참견하고 명령을 내리면, 그 결과물은 생명력 없는 표현이 됩니다.

5) 동력

● 초록빛 곡식의 들녘
앞에서 했던 모든 작업에 근거해 볼 때, 이 단어들은 깊이가 필요합니다—무게를 가지고 서서히 나타납니다.

● 종달새가 솟아오른다.
날아오르는 종달새의 속도는 "초록빛 곡식"을 말할 때와는 전혀 다른 에너지로 빛을 발해야 합니다.소리가 높아질 수도 있고, 속도가 빨라질 수도 있겠지요.

● 저 너머에
거리, 거리감, 모음의 소리가 이 부분을 천천히 전달하게 만들고, 단어들도 약간 늘려 발음되는 느낌이 들 수도 있습니다. 아마 음높이도 천천히 바뀌겠지요.

● 다시, 내려온다
고조되었던 감정도 떨어지고, 음성도 감정과 함께 떨어집니다. "내려온다" 부분은 거의 베이스 드럼과 같고, 무거운 의미로 마지막 울림이 됩니다.

6)   리듬

하이쿠의 리듬은 이미지, 감정, 단어들의 상호관계(동력)안에 있는 본질적인 성격에서부터 생겨납니다. 하이쿠에 쓰인 거의 모든 단어는 강력한 강세를 가지고 있고, 열 여섯개의 음절중 다섯개만 강세가 없는 음절입니다.

6단계

하이쿠를 말하세요. 중요한 이미지의 변화에 따라 생기는 세 가지 감정의 변화를 경험하세요.

7단계 하이쿠 2번

내 오두막의 봄
정말 거기엔 아무것도 없다
거기엔 모든것이 있다.

■ 첫 번째 하이쿠를 했을 때와 같은 순서를 따라하세요. 단어들을 하나씩 따로 자르세요. 이미지, 감정, 움직임의 저수지 속으로 그 단어들을 흡수하세요. 단어를 하나씩 말하되, 그 단어속에 들어있는 상상력을 표현하면서 말하세요.

■ 하이쿠를 한 줄씩 자르세요. 몸 속에 흡수하세요. 그 단어들이 당신의 입 밖으로 나오면서 당신의 몸을 움직이도록 하세요.

■ 문장을 순서대로 놓이게 하세요. 당신이 각 이미지들을 보고 말할 때, 당

신의 몸 안과 몸 밖의 이미지를 동시에 보도록 하세요. (밖의 이미지는 그 장면이고, 몸 안의 이미지는 감정적인 중요성입니다.)

여섯가지 질문과 다섯개의 P에 대답을 합니다.

주석... 이 시점에서, 학생들은 주로 개인적이기는 하지만 뚜렷하지 못한 이미지들을 떠올립니다. 예를 들어, 해변에 있는 가구가 거의 없는 작은 별장을 상상합니다. 그리고 "거기엔 모든 것이 있다"를 "그래도 쓸만하다" 정도로 생각합니다. 그러나 개인적 의미는 반드시 시인이 사용한 단어에 부합해야 합니다. "오두막"이고 "정말 아무것도 없습니다". 제주도에 있는 펜션을 생각해서는 안 되고, 반드시 상상력을 사용해서 그 빈 오두막을 보아야 합니다.

하이쿠를 처음 발표하고 학생들은 "그래서, 뭐?"라고 생각하는 경우가 종종 있습니다. 단어들은 평범하고, 사실은 별로 흥미롭지도 않습니다. 그러나 시인은 이 단어들을 글로 썼습니다. 만약 학생이 이 하이쿠의 의미를 이해하려 한다면, 시인이 자신의 오두막과 가졌던 관계를 반드시 그 학생 자신의 것으로 만들어야 합니다. 만약 그 오두막이 정말 빈 오두막이고, 자기 것이라고 생각한다면, 그 오두막이 어디에 있고, 어떻게 생겼고, 왜 소유하게 되었는지, 그리고 그 오두막과 나와의 관계는 어떤 것인지도 상상이 가능해집니다.

"봄"의 중요성은 그냥 지나치기 쉽지만, 시인이 그 오두막을 보는 것이, 계절 때문에 더 선명해집니다. 그래서, 봄을 말하면서, 다른 계절과 다르게 그 오두막을 도드라져 보이도록 만드는 이미지를 떠올려야 합니다. 아마도, 그 오두막이 너무 추워서 겨울에는 살 수 없을지도 모릅니다. 가을에는 눅눅하고 추울수도 있겠지요. 하지만 봄에는, 내가 너무나 아끼는, 나 혼자만의 시간을 그 오두막에서 가질 수 있습니다. 왜 내가 다른 사람을 내 오두막에 초대하지 않는지 알 수 있겠네요.

　　"아무것도 없다'와 "모든 것이 있다"는 어떻습니까? 혼자있는 고요함이 "아무것도 없다"입니까? 내가 오두막에 혼자 있을 때, 나는 어떻습니까? 그리고, 봄바람에 실려오는 꽃내음을 맡습니까? "만족해. 배도 부르고. 이게 모든 것이 다 있는 거라고 할 수 있지?"라고 생각하는 자신을 발견할 수도 있습니다.

　　다섯개의 P에서 우리는 이 하이쿠의 좀 더 깊은 철학적인 의미를 유출해 낼 필요가 있습니다. 만약, 이 오두막이 나 자신 이라면, 이 하이쿠는 내가 내 영혼을 새롭게 하는 순간을 표현한 것이라고 볼 수도 있습니다. 명상을 통해 무(nothingness)의 상태가 되고, 그 완전한 무의 상태에 도달함으로써 존재에 대한 완전한 깨달음을 얻는 것을 표현한 것이라고 할 수 있습니다.

■　구체적인 이미지에서 이미지로 옮겨 가면서, 각 이미지가 구체적고 감정
　　적 개인적 반응을 가지도록 하면서, 하이쿠를 말하세요. 과거로 부터의
　　반향과, 시인의 영감이 울려나게 하세요.

8단계 하이쿠 3번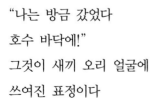

　　"나는 방금 갔었다
　　호수 바닥에!"
　　그것이 새끼 오리 얼굴에
　　쓰여진 표정이다

첫 번째, 두 번째 하이쿠와 같은 과정을 따르세요. 계속 할수록 당신의 내면의 눈과 귀가 더 많은 것을 보고 들어야 합니다.

당신이 찾아낸 것들과 내가 읽은 것을 비교해 보세요. 내것이 무조건 맞다고 할 수는 없습니다. 하지만, 내가 적은 것들은 당신이 더 탐험을 계속하도록 가능성을 제시할 수는 있습니다.

- "나는 방금 갔었다
나는 방금 뭐라고 표현하면 좋을지 모를 곳에 갔었다

- 호수 바닥에!"
내가 상상하는 연못 바닥은 놀라움으로 가득찬 어두운 세계, 혹은 환상의 모험 여행 같은 것입니다─아니면, 그 반대로 절망의 구덩이에 빠지는 것일 수도 있습니다.

- 그것이 새끼 오리 얼굴에
나는 이 작은 오리가 태어나서 처음으로 다이빙을 해서 호수 바닥에 처음 가봤다고 상상합니다. 머리에서 물을 털면서 "아아! 살았다!"하는 기쁨과 자랑스러움을 가지고 주위를 둘러보는 새끼오리라고 생각합니다.

시인이 우울함에 가득차서 호수 가장자리를 걷다가, 갑자기 물속에서 올라오는 새끼오리를 봅니다. 놀란것 처럼 보이기도 하고, 미소를 지으며 장난스럽게 웃는 것 같아보이기도 합니다. 시인은 갑자기 마음이 가벼워 지는 것을 느끼면서 이렇게 말합니다. "그래도 난 살아있어! 난 이겨 낼거야!"

- 쓰여진 표정이다

9단계 하이쿠 4번

> 남자 하나
> 파리도 하나
> 이 큰 거실에

앞에서 했던 과정을 따라 하세요. 더 많은 전환점을 찾으면 찾을수록 더 좋습니다. 예를 들어, "남자"가 첫 번째 이미지입니다. "하나"라는 이미지를 여기에 더하면, 그 이미지는 조금 이상하게 변합니다. 약간 위협적인 느낌이 드는 것 같기도 합니다. 그 다음 이미지와 균형을 이루는, "파리도 하나". 이상함이 더 커집니다. 이 두 구절을 한번에 묶어서 읽어내려가지 마세요. "하나"라는 반복과 두개의 상반되는 이미지 사이의 긴장감을 느끼세요.

당신이 어디에 있는지, 남자와 파리와 시인은 어디에 있는지 생각해 보세요. 당신과 시인이 남자입니까? 당신은 창문을 통해 파리와 남자를 들여다보고 있습니까? 이 거실은 그냥 거실입니까?

기억할 것: 이 장면을 보고, 시인으로 하여금 하이쿠를 쓰도록 만든 강한 심리적 정신적인 이유가 반드시 있었을 것입니다.

다음을 읽기 전에 당신이 혼자 해야할 하이쿠 작업을 다 하시기 바랍니다.

내가 이 하이쿠를 어떻게 읽었는지를 설명할 때, 이것이 정답이라고 하는 게 아니라는 걸 기억하시기 바랍니다. 이것은 내 해석일 뿐입니다.

나는 이 이미지가 주는 빈 공간의 크기와 적막감에 사로잡힙니다. 아마도, 그 적막감은 벽이나 천장에 붙어있는 파리의 윙윙거림 때문에 깨지겠지요. 나는 파리와 남자가 서로 쳐다보는 것을 봅니다. 이 장면에는 일상적이고 소소한 것을 넘어서는 무언가가 있습니다. 마치 커다란 거실이 삶 그 자체나 혹은 세계를 은유하는 듯 합니다. 남자와 파리가 인류의 마지막 존재입니다. 남자가 파리를 죽일까요 아니면 파리가 남자를 죽일까요?

이 해석은 내 머리에서만 나온 것 아닙니다, 직설적이고 쉬운 대답에 만족하지 않는 이미지들과 질문들을 거쳐 나온 것입니다. 극단적인 것들이 매력적으로 보이기 시작합니다. 삼사백년을 거쳐서 전해 내려온 하이쿠는 어느 정도 극단적 상황에서 쓰여졌습니다. 그렇지 않았더라면, 그 이미지가 가진 효과는 희미해졌을 것입니다.

이것은 배우들을 위한 기초작업입니다. 좀 더 복잡한 "공연"의 영역으로 옮겨 가기 전에 이 작업과 반드시 친숙해져야 합니다.

반드시 감정적 상상력을 몸안에서 경험할 수 있어야 합니다. 당신이 만약에 고전극이나 시적인 연극을 진실성을 가지고 연기할 수 있으려면, 몸안에 생겨난 감적적 상상을 언어로 표현할 수 있어야만 합니다.

내가 "할 수 있어야만 합니다"라고 한 점에 주목하세요. "고전극이나 시적인 작품에서 표현의 풍부함은 미학적 규칙이 아닙니다. 당신이 개인적인 표현력의 한계에서 벗어나 자유롭게 되면, 다양한 스타일 안에서, 표현법을 마음대로 선택할 수 있게 됩니다.(자기 습관 속에 갇히지 않고, 다양하게 존재하는 많은 스타일 중에서, 그 특정한 극의 특정한 인물을 연기하는데 필요한 스타일 대로 선택해서 말할 수 있게 됩니다)"

10단계 하이쿠 5번

> 구름이 온다 때때로
> 인간에게 쉴 틈을 준다
> 달을 바라보는 것에서

● **구름이 온다 때때로**
내 첫인상은 회색 구름입니다; 먹구름은 슬픔이나 우울함을 표현합니다.

● **인간에게 쉴 틈을 준다**
아! 이 구름은 평화롭고 편안한 구름이구나.

● **달을 바라보는 것에서**
구름이 밤하늘의 달을 지나가고 있습니다. 달이 상징하는 것은 무엇일까요? 사랑, 광기, 꿈이나 열망, 아니면 잠 못 이루는 밤? 이제 시간이 밤이라는 것은 알게 되었습니다. 시인과 나는 잠을 이룰 수 없습니다. 우리는 사랑에 빠졌거나, 무엇엔가 집착하고 있거나, 미래의 영광에 대한 굉장하면서도 실현 불가능한 꿈을 생각하고 있습니다. 달은 우리의 광기를 반영합니다. 그리고 이따금, 감사하게도, 과거의 실패한 사랑이나, 사라진 집착, 혹은 무너진 야망을 기억해내고, 그렇게 된게 얼마나 다행이었는지도 생각이 납니다. 현실이라는 이름의 구름은 평온합니다. 그러나 구름 뒤로 달이 다시 고개를 내밀고- 집착이 우리를 다시 사로잡습니다.

● **구름이 온다**
리듬은 무겁고 아주 느립니다—어조는 어둡습니다.

• 때때로

이것이 첫 번째 이미지의 영향을 조금 가볍게 바꿉니다. 모음은 밝지만 마지막 "오"는 느립니다.

• 인간에게

이것은 개인적인 인간 세상에서 냉담한 자연의 세계로 넘어가는 전환점입니다. 둘 다 우주적인 척도 위에 존재합니다. 리듬은 약간 빨라지고, 모음은 짧습니다. "구름이 인간에게 주는 것은 무엇일까?"라는 질문이 에너지를 다음 단계로 나가도록 합니다.

• 쉴 틈을 준다

"기회"라는 단어가 희망을 가지고 음성을 살짝 높이고, "쉴 틈"이라는 단어는 음성에 안정감을 줍니다.

• 달을 바라보는 것에서

이 하이쿠는 깔끔하게 끝나지 않습니다; 밝은 달빛이 우리를 달의 광기에 동요하도록 만듭니다.(luner: 달의, lunatic: 광적인, 광인)

이 하이쿠의 리듬은 다른 하이쿠들과 다릅니다. 하이쿠의 내용 때문에 그렇기도 하지만, 느린 이미지에서 시작해서, 중요한 이미지들 사이에 짧고 작은 단어들이 끼어들어 있기 때문입니다.

• 구름이 온다 때때로
  인간에게 쉴 틈을 준다
  달을 바라보는 것에서

달을 바라보면서, 당신은 의미를 찾고 있습니다. 당신은 이 시에 푹 빠져들 수 있습니다. 이 시의 정수에 닿으려고 애쓰다가, 미칠 것 같다고 생각할 수도 있습니다.

달이 당신의 음성일 수도 있을까요? 당신의 음성을 이해한다는 것은 어렵습니까?

어떤 역을 준비하고 있습니까? 그 인물을 찾고 있습니까?

잠시 구름이 덮이도록 두세요. 쉬세요. 신경을 끄세요. 욕심을 버리세요.

다음 번에 당신이 그 달을 다시보면, 갑자기 달이 더 정확하게 보일지도 모릅니다.

나음 빈에 당신이 이 하이쿠를 말할 때는 그 의미 뒤에 숨겨진 느낌을 다 표현할 수 있을지도 모릅니다.

다음 번에 당신이 당신의 음성을 훈련할 때는, 당신의 음성이 완전하고, 자유로우며, 완벽하게 당신 소유가 될 수 있을지도 모릅니다.

부 록

다음은 로버트 사탈로프 박사(M.D, D.M.A.)의 책 Anatomy and Physiology of the Voice and Choral Pedagogy에서 발췌한 내용입니다.

인간의 음성은 놀랍고, 복잡하고, 아주 예민합니다. 그것은 아주 고상한 지적 사상을 전달할 수 있을 뿐만 아니라, 아주 미묘한 감정의 뉘앙스까지도 표현할 수 있습니다. 인간 음성의 독특함과 아름다움이 오랜 세기에 걸쳐 칭송받았음에도 불구하고, 의학은 겨우 1970년대 말부터, 음성이 어떻게 작용하고 어떻게 음성을 돌봐야 하는지를 이해하기 시작했습니다. 건강하게 말하고 노래하기 위해서 자세한 해부적 신체적 정보를 섭렵해야 할 필요는 없지만, 그래도 최소한 신체적 해부적 기능과 구조에 대한 기본적인 이해는 도움이 됩니다...

해부학적 구조

신체의 어떤 부위가 음성을 만드는가?

후두란 무엇인가?

후두는(영어로 voice box라고 불리기도 함) 정상적인 음성을 내는데 필수적이지만, 음성 작용이 해부학적으로 후두에서만 일어나는 것은 아닙니다. 음성 작용은 복부와 등에 있는 근육들, 갈비뼈들, 폐, 그리고 인두, 입안의 공간, 그리고 코에서 생깁니다. 각각의 구성요소가 소리를 만드는 데 있어서 중요한 역할을 합니다. 후두가 없어도 소리를 낼 수는 있습니다(예를 들어, 후두암으로 후두를 제거한 환자들). 몸 안의 거의 모든 기관은 어떤식으로든 음성을 만드는 것과 연관되어 있고, 음성 기능 장애와도 관련이 있을 수 있습니다. 예를 들어, 발목이 삐어서 자세가 휘어지면, 그 결과로 복근 기능이 손상을 입게 되고, 그 결과 목소리의 비효율성, 약한 소리, 혹은 쉰 소리를 가지게 됩니다. 후두는 네 가지 기본적인 해부학적 단위로 구성되어 있습니다. 뼈, 내재근(intrinsic muscles)들, 외재근(extrinsic muscles)들, 그리고 점막(mucosa)입니다. 후두뼈에서 가장 중요한 부위는 갑상 연골(thyroid cartilage)과 윤상연골(cricoid cartilage: 갑상연골 아래쪽에 위치하며 아래로 제1 기관연골과 연결되는 후두 연골의 하나), 그리고 두개의 피열연골(arytenoid cartilag: 발성과 깊은 관계가 있는 후두에서 윤상연골 뒷부분위로 얹혀 있는 1쌍의 연골)입니다. 후두의 내재근은 위의 연골들과 연결되어 있습니다. 내재근 중의 하나인 vocalise 근육은 (갑상 피열 연골 근육의 일부) 피열 연골의 끝에서부터 후골(결후: Adams apple) 바로 아래에 있는 갑상 연골 안쪽까지 연결되어서 성대(vocal cords, vocal folds)를 형성하고 있습니다. 성대는 울림판, 또는 성도(성대에서 입술 또는 콧구멍에 이르는 통로)에서 소리를 만드는 역할을 합니다. 성대 사이의 공간을 성문, 혹은 성대문이라고 부릅니다. 내재근은 성대의 위치, 모양, 그리고 긴장을 조절하거나, 성대를 가까이 모으거나, 서로 떨어지게 하거나, 혹은 긴장을 증가시켜서 길이를 길게 만듭니다. 내재근이 이런 역할을 할 수 있는 이유는, 후두 연골이 상대적인 각도나 거리를 바꿀 수 있게 부드러운 근육들과 연결되어 있고, 따라서 연골사이에 있는 조직의 긴장 정도와 모양을 바꿀 수 있기 때문입니다.

피열연골도 흔들거나, 돌거나, 미끄러질 수 있습니다. 이런 움직임은 복잡한 성대의 움직임이나, 성대 날의 모양을 바꾸는 것을 가능하게 합니다. 후두 양쪽에 하나씩 있는 근육만 제외하고 모든 근육들이 두개의 후두 순환 신경 중 하나에 의해 자극을 받습니다... 이 구조는 목부터 가슴으로 내려가서 다시 후두로 올라오는(그래서 "순환" 신경이라는 이름이 붙었습니다) 긴 경로를 따라 흐릅니다...나머지 근육(윤상 갑상 근육: cricothyroid muscle)은 양쪽의 우등 후두 신경에 의해 자극을 받습니다...그것은 음성의 크기, 멀리 잘 나가게 하는 것, 그리고 음 높이를 조절하는데 매우 중요한, 성대가 길어지도록 만드는, 긴장감을 생성합니다. "가짜 성대(false vocal folds)"는 성대 위에 위치합니다; 진짜 성대와 다르게, 가짜 성대는 보통 말할 때나 노래할 때 서로 닿지 않습니다.

후두 위쪽에서는 어떤 일들이 일어나는가?

성문상부 성도(supraglottic vocal tract:성대 위의 통로)는 인두, 혀, 구개, 입안, 코, 그리고 다른 구조들을 포함합니다. 모두 함께, 울림 장치로써 작용하고, 음질을 결정짓고, 들리는 말소리의 성격을 결정짓습니다. 성대 그 자체는 "윙윙"거리는 소리만 만듭니다. 노래, 연기, 건강한 말하기 등을 훈련하는 과정에서 후두에만 변화가 오는 것이 아니라 발성 관련 근육들의 움직임, 조절, 그리고 성문상부 성도의 모양도 변화합니다.

후두 아래에서는 어떤 일들이 일어나는가?

성문하부 성도(Infraglottic vocal tract: 성대 아래 소리의 통로)는 음성의 힘의 원천입니다. 가수나 배우들은 성량을 결정하는 복합체 전체를 "지지대" 나 "횡격막"이라고 부릅니다. 사실, 성량을 풍부하게 만드는 과정은, 해부학적으로 특히 더 복잡한 과정이고, 아직까지 완전히 밝혀지지 않았습니다. "지지대" 나 "횡격막"이라는 용어를 사용하는 사람들도, 다른 의미로 이 용어를 사용하는 경우가 많습니다. 그러나, 성량을 풍부하게 만드는 과정에 대한 해부학은 아주 중요합니다. 왜냐하면, 음성을 "지지하는(support)" 힘의 부족은 종종 음성 기능 장애를 가져오기 때문입니다.

음성을 지지하는 메카니즘의 목적은 조절된 공기의 흐름을 성대사이로 보내는 힘을 만들어 내는 것입니다. 활동적인 호흡 관련 근육들이 수동적인 근육들과 함께 작용합니다. 호흡 관련 주요 근육은 횡격막과 갈비뼈들 사이 사이에 있는 바깥쪽 늑간 근육들입니다. 조용히 호흡할 때에는 날숨은 수동적 입니다...

음성을 지지하는 메카니즘의 기능 장애는, 성량을 풍부하게 만드는 기능 과 관계없는 후두 근육을 호흡 대신 사용하기 때문에 발생하는 경우가 대부분 입니다...

음성의 생리학
음성을 만들기 위해 어떻게 상호작용을 하는가?

뇌와 신경은 발성과 어떤 관계가 있는가?

발성의 생리학은 아주 복잡합니다. 의욕적인 발성은 뇌의 대뇌피질에서 시작됩니다. 소리를 내라는 명령은 언어를 관장하는 뇌 부위와 다른 부분들의 복잡한 상호작용을 수반합니다... 무슨 말을 할 것인지에 대한 생각이 운동피질 안에 있는 중심전회(대뇌 반구 전두엽에서 중심구와 중심전구 사이에 있는 회)로 전달되고, 이것이 또 다른 명령을 뇌간(호흡기능과 순환기능 같은 생명을 위한 제어작용을 하는 곳으로, 척수와 대뇌 사이에 있으면서 소뇌에 싸여 있는 뇌의 일부분) 속에 있는 뇌의 운동핵과 척수로 보냅니다. 이 부위들이 후두, 가슴, 복부 근육, 발음기관의 움직임을 조정하는데 필요한 복잡한 메시지를 내보냅니다. 이런 충동들이, 듣는 사람 뿐만 아니라 말하는 사람이나 노래하는 사람 자신에게도 들리는, 소리를 내기 위해서 합쳐집니다...비록 그 메카니즘과 촉각적(느낌과 촉감) 반응이 완벽하게 이해되지 않는다 하더라도, 목구멍와 발성 관련 근육들로부터 받는 촉각적인 반응은 나가는 소리를 세밀히 조정하는 데에 도움이 됩니다.

소리는 어떻게 만들어지는가?
발성은 호흡과, 울림판(진동판), 울림 장치가 서로 상호작용 해야만 발생합니다.

　　발성을 하는 동안, 성대 아래의 근육 조직은 반드시 재빠르고 복잡한 조정을 해야 합니다. 왜냐하면 성문이 열리고, 닫히고, 모양을 바꾸는 동안, 그 근육의 저항도 끊임없이 바뀌기 때문입니다. 각 발성 주기의 시작 단계에서, 성대는 거의 서로 붙어있고, 성문은 없어집니다. 이것이, 보통 말할 때, 약 7 센티미터의 물의 압력 정도로 성대 아래의 압력이 높아지도록 합니다. 성대가 서로 붙어있기 때문에, 공기가 통하지 않습니다. 성문하압(성대 아래의 압력)이 성대를 아래에서 위로 밀면서 성대 사이에 공간이 생기고 그 사이로 공기가 흘러 나갑니다. 호흡에 의해 생긴 베르누이 압력이 성대 사이를 지나가고, 위쪽이 아직도 열리는 중인데 아래쪽의 성문을 즉시 닫으려고 하는 성대의 기계적 특성들과 결합합니다. 베르누이의 원칙이나 수학적 내용은 복잡합니다.

이것은 트럭이 빠른 속도로 지나갈 때 옆에 서 있으면 트럭쪽으로 당겨지는 느낌이 드는 것이나, 샤워를 세게 틀어놓고 샤워 커튼을 닫으면 샤워 커튼이 물쪽으로 움직이는, 이런 익숙한 예를 통해서 이해가 더 쉽게 되는 흐름효과(flow effect)입니다.

성대 윗부분은 성대가 바로 다시 튕겨서 중간으로 돌아오도록 하는 강력한 탄성을 가지고 있습니다. 이 탄성은, 성대의 위쪽 끝이 늘어나 있고 공기의 반작용이 약해질 때, 더 커집니다. 그러고 나면, 성대의 위쪽은 성문 주기를 마치고 다시 가운데로 돌아옵니다. 성문하압이 다시 커지고, 같은 과정이 반복됩니다...

음높이는 진동수의 지각(perceptual)에 의한 상호작용입니다. 대부분의 상황에서, 성대가 얇아지고 늘어나면 기압은 높아지고, 공기 진동수 발생은 증가하고, 음도 높아지는 것입니다...

음성 근본 신호(voice source signal)라고 불리우는, 진동하는 성대에 의해 만들어진 소리는, 기본 주파수, 많은 다른 배음(倍音)들, 또는 높은 배음들을 포함한 복합적인 소리입니다...

소리의 형태는 어떻게 만들어지는가?

인두, 입 안의 공간, 코안의 공간은 상호 연결된 울림장치 역할을 합니다... 어떤 울림 장치들은 약해지고, 어떤 울림 장치들은 더 향상됩니다. 향상된 주파수는 상대적으로 더 높은 폭과 강도를 가지고 울리게 됩니다. 손드버그는 성도(성대에서 코나 입까지의 통로)가 모음의 구성 음소(포먼트·입 안에서의, 특히 모음의 음정 등의 주파수 세기의 분포를 말하며, 구강의 크기 등에 따라 개인의 차가 생겨 개인의 독특한 음색이 생기는 원인이 된다)라고 불리는 4-5개의 중요한 진동 주파수를 가지고 있다는 것을 입증했습니다. 구성 음소(포먼트)의 존재는 균일한 음성의 스펙트럼에 변화를 주고 포먼트 주파에서 상승점을 이룹니다. 이러한 구성 음소의 변화에 의해 개인의 차가 생겨 개인의 독특한 음색이 생기는 원인이 됩니다.

음높이와 크기는 어떻게 조절하는가?

기본 주파수와 강도를 조절하는 메카니즘은 특히 중요합니다. 대부분의 경우 성대의 작동상의 특성을 바꾸는 것이 더 효과적이지만, 음높이에 따라 반응하는 기본 주파수는 공기의 압력이나 성대의 작동 특성에 의해 바뀔 수 있습니다. 윤상 갑상 근육(cricothyroid muscle)이 수축할 때, 이것은 갑상 연골이 축이 되어 돌도록 하고, 갑상 연골과 피열연골(arytenoid cartilag) 사이의 거리를 증가시킵니다. 그 결과 성대가 늘어나게 됩니다. 이것이 성문 아랫부분의 압력과 만나는 성대의 표면을 확대시키고, 공기의 압력이 더 효과적으로 성문을 열도록 합니다. 게다가, 성대의 신축성있는 조직이 당겨지면 훨씬 더 효과적으로 제자리로 튕겨져 돌아올 수 있습니다. 이 주기가 짧아지고 더 자주 반복되면 기본 주파수와 음높이가 높아집니다. 갑상 피열 근육을 포함한 다른 근육들도 이 과정에 기여합니다.

음성의 강도(intensity)는 크기에 비례하고, 성도에서 성문의 움직임이 공기 분자를 흥분시키는 정도에 비례합니다. 기압의 상승은 성대가 중간 부터 큰 폭으로 움직이도록 만들기 때문에 음성의 강도를 증가 시킵니다. 그러나, 실제로는 성대의 진동 때문이 아니라 갑작스런 공기 흐름의 차단 때문에, 성도에서 소리가 생기고 강도의 조절도 이루어 집니다. 이것은 입술로 "zzzz" 소리를 낼 때 생기는 음향학적 진동의 메카니즘과 유사합니다. 후두에서 공기의 흐름이 날카롭게 차단되면 차단될수록, 소리의 강도는 증가합니다.

결론

음성 메카니즘은 후두, 복부와 등 근육 체계, 갈비뼈들, 폐, 인도, 입 공간, 그리고 코로 구성되어 있습니다. 각 구성요소들은 소리를 내는데 중요한 역할을 합니다. 음성의 생리학은 고도로 복잡하고, 언어와 관련된 뇌 중심부와 다른 영역간의 상호작용을 수반합니다. 후두, 가슴, 복부 근육, 발음기관의 움직임을 조정하면서, 신호들은 뇌간(호흡기능과 순환기능 같은 생명을 위한 제어작용을 하는 곳으로, 척수와 대뇌 사이에 있으면서 소뇌에 싸여 있는 뇌의 일부분) 속에 있는 뇌의 운동핵과 척수로 보내집니다. 신경계의 다른 부분들은 부차적으로 필요한 조정력을 제공합니다. 발성은 호흡과, 울림판(진동판), 울림장치가 서로 상호작용 해야만 발생합니다. 음성 근본 신호(voice source signal)라고 불리우는, 진동하는 성대에 의해 만들어진 소리는, 기본 주파수와 여러 가지 다른 배음을 포함한 복합적인 소리입니다. 인두, 입 안의 공간, 코 안의 공간은 상호 연결된 울림장치들의 역할을 합니다. 이것들은 음질을 결정짓고, 모음의 구성 음소(포먼트: 입 안에서의 특히 모음의 음정 등의 주파수 세기의 분포를 말하며 구강의 크기 등에 따라 개인의 차가 생겨 개인의 독특한 음색이 생기는 한 원인이 된다)을 만들어서 소리가 잘 들리도록 합니다. 특정한 해부학적 조정(adjustment)을 통해 기본 주파수와 강도가 조절됩니다.

감사의 말

이 책, Freeing the Natural Voice의 1976년 원본을 출판하도록, 1년 동안 수업을 접어두고 이 책의 집필에만 전념할 수 있도록 도와주신 포드 재단에 감사를 드립니다. 그리고, 집필에 필요한 환경을 가지고 있는 빌라 서벨로니에서 5주를 보낼 수 있도록 도와주신 록펠러 재단에도 감사를 표합니다.

개정 증보판을 만드는 동안, 이 책을 수정 보완할 수 있도록 한 학기의 창작 휴가를 주신, 컬럼비아 대학의 예술 대학원 학장이셨던 부르스 퍼거슨 씨께도 감사를 드립니다. 마저리 한론, 줄리 쉬헌, 조아나 위어, 앤드리아 해링, 그리고 프랜 버넷에게 진심으로 감사를 표합니다. 1976년에 쓰여서 거의 그대로 다시 이 책에 실린, "음성은 어떻게 작용하는가"를 쓰는 데 도움을 주신 탐 쉽 씨께 감사를 드리고, 해부학적 이미지를 논할 때 인용을 허락해 주신 로버트 사탈로프 박사님께도 감사를 드립니다.

또한, 인간의 음성에 대한 작업에 애정을 가지고, 나의 혹독한 교사 훈련 프로그램을 통과해서, "Freeing the Natural Voice"를 가르치는 모든 선생들에게 이 책을 바칩니다.

뉴욕에서
크리스틴 링크레이터

옮긴이 김혜리

1999년부터 2002년까지 뉴욕 Columbia University에서 연기 M.F.A 과정을 마쳤다. 1999년부터 크리스틴 링크레이터에게 직접 발성법을 사사받았고, 2003년부터 2007년 자격증 취득 과정에서는 크리스틴 링크레이터와 앤드리아 해링에게 직접 교육을 받았다. 2007년 뉴욕에서 링크레이터 발성교수 자격증(Designated Linklater Teacher)을 취득하였다. 크리스틴 링크레이터가 작고한 2020년까지 꾸준히 교류하며 링크레이터 보이스 센터(Scotland)를 방문하였고, 2018년과 2019년에는 미국, 독일, 영국, 호주, 중국 국적의 교육자들에게 링크레이터 자격증을 수여하는 최종 워크숍에서 크리스틴 링크레이터의 수업을 돕기도 하였다.

2010년부터 현재까지 국민대학교 연극전공 교수로 재직 중이며, 2004년부터 Screen Actors Guild(미국 영화배우노조), Actors Equity Association(미국 무대배우연합)의 정회원이다. 2009년부터 극단 ETS(Eye To Soul)의 연출로 활동하며 꾸준히 배우와 연출로서 활동을 이어가고 있다. 2020년부터는 국내외 TV 및 영화 주연급 배우들의 연기 코치로도 활동하고 있다.

- 강의   국립극단(2011, 2012), 명동예술극장(2011), 서울연극센터(2012-2024, 2014년 제외), 대만 가오슝국립극장(2017), 한양대 겸임교수 역임(2007-2008), 경희대 출강(2008), New York University(2008-2010), PACE University(NY. 2005-2007) 외 다수

- 연출   FACE, BIG LOVE, THE JUNGLE, BENT, 욕조연극, 인피니트 에이크, 나이팅게일의 소리, 사랑해 416 그 후, 자베트, 리처드 3세 외

- 연기   FACE(뉴욕, 스코틀랜드, 서울), Richard III(뉴욕 La mama), Songs of Dragons Flying to Heaven(미국, 독일, 스위스, 프랑스, 네덜란드, 벨기에, 노르웨이), All is Not(뉴욕), Belated Flowers(뉴욕), 사랑해 416 그 후, 여름과 연기, Hope and Faith(ABC), Law & Order (NBC), Law & Order SVU(NBC), Spa Night(2016 선댄스 영화제 공식 경쟁작, 2017 John Cassavetes상 수상), Expats(Amazon Prime TV 2024) 외 다수. Apple TV 시리즈 "파친코" 시즌 1, 2 연기 코칭(주조연급 남자배우들)

자유로운 음성을 위하여

초판1쇄 발행일 ● 2009년 2월 20일
초판6쇄 발행일 ● 2024년 4월 5일
옮긴이 ● 김혜리 / 발행인 ● 이성모 / 발행처 ● 도서출판 동인
주소 ● 서울시 종로구 혜화로3길 5 118호 / 등록 ● 제1-1599호
Tel ● (02) 765-7145 / Fax ● (02) 765-7165
E-mail ● donginpub@naver.com

ISBN 978-89-5506-385-1   정가 23,000원